U0935865

济钢年鉴

JIGANG YEAR BOOK

2021

《济钢年鉴》编纂委员会 编

冶金工业出版社

图书在版编目(CIP)数据

济钢年鉴．2021/《济钢年鉴》编纂委员会编．—北京：冶金工业出版社，2022.12

ISBN 978-7-5024-9338-7

Ⅰ．①济…　Ⅱ．①济…　Ⅲ．①钢铁厂—济南—2021—年鉴　Ⅳ．①F426.31-54

中国版本图书馆 CIP 数据核字(2022)第 236592 号

济钢年鉴 2021

出版发行	冶金工业出版社	**电　　话**	(010)64027926
地　　址	北京市东城区嵩祝院北巷 39 号	**邮　　编**	100009
网　　址	www.mip1953.com	**电子信箱**	service@mip1953.com

责任编辑　于昕蕾　美术编辑　彭子赫　版式设计　郑小利

责任校对　郑　娟　责任印制　禹　蕊

北京捷迅佳彩印刷有限公司印刷

2022 年 12 月第 1 版，2022 年 12 月第 1 次印刷

787mm×1092mm　1/16；18.75 印张；10 彩页；469 千字；290 页

定价 128.00 元

投稿电话　(010)64027932　投稿信箱　tougao@cnmip.com.cn

营销中心电话　(010)64044283

冶金工业出版社天猫旗舰店　yjgycbs.tmall.com

(本书如有印装质量问题，本社营销中心负责退换)

《济钢年鉴》（2021）编纂委员会

《济钢年鉴》（2021）编辑部

编 辑 说 明

《济钢年鉴》(2021) 由济钢集团有限公司办公室组织编纂，是自1987年创刊以来连续出版的第35部年度资料性文献。《济钢年鉴》(2021) 全面记载了济钢集团有限公司2020年的生产经营建设、转型发展及党的建设等方面的情况，力求图文并茂，为读者提供认识、了解济钢的最新信息资料。

本部年鉴框架设计均采用栏目、分目和条目分类法编排，设特载、会议报告、概况、大事记、合作交流、专项工作、专业管理、党群工作、生产经营、媒体看济钢、先进与荣誉、统计资料、附录13个栏目。设中英文目录检索，为丰富年鉴的信息含量，卷内设反映集团公司重大事件和发展成就的彩色图片16面，全书约计47万字。

本部年鉴入选资料均经撰稿单位专职编审人员和撰稿单位领导审核。主要数据由职能部门统计提供，计量单位采用中华人民共和国法定计量单位。

《济钢年鉴》(2021) 的编辑出版，得到了集团公司各级领导、各单位供稿人员、编辑人员和冶金工业出版社的大力支持与协助，凝聚着集体智慧和汗水。在此，对参与撰稿、编写人员所付出的辛勤劳动表示诚挚的谢意，并真诚地希望继续得到各方面的关心与支持，恳请批评指正。

《济钢年鉴》(2021) 编辑部

2021年12月

“九新”价值创造体系

新主线：经营创效　财务创效　资产创效

新核心：创新创效　效率创效

新秩序：资 金 流　实 物 流　信 息 流

全 上 线　全 受 控　全 协 同

新纪律：严禁造假　严禁隐瞒　严禁消极

新风险：客观认知　知识结构　心力成长

新动力：三项制度改革

——契约化管理

——市场化管理

——职业化管理

新作风：干部：忠诚　智慧　干净　担当

职工：活力　动力　成长力

新主业：新技术　新产业　新业态　新模式

软实力　硬功夫　真挣钱

新架构：应对当前　储备未来　脱胎换骨

“六大攻坚战军规”

（三项纪律　四项提倡　四项严禁）

一、一切行动以“九新”价值创造体系为指引。

二、无条件执行，满怀激情工作。

三、大局至上，克服本位主义。

四、问题导向，以解决问题为要。

五、价值导向，以创造价值为本。

六、目标导向，以结果论成败。

七、激励导向，以奋斗者为荣。

八、严禁“新官不理旧账”，不做历史遗留问题的制造者。

九、严禁造假、隐瞒、消极、懈怠。

十、严禁以“外部条件”不具备找借口。

十一、严禁推诿扯皮、敷衍塞责。

济钢集团有限公司党委书记、董事长 薄 涛

济钢集团有限公司党委副书记、总经理　苗 刚

各级领导 关心关怀

2020年7月7日，山东省委书记刘家义，省委副书记、省长李干杰到济钢防务公司调研科技创新工作，共同见证首批空间行波管下线

2020年12月11日，济南市政协副主席李继民带队到济钢创智谷分公司调研“商量工作”中心建设及活动开展情况

2020年11月3日，新华社国内部副主任郛焕庆带队的报道团队就贯彻落实党的十九届五中全会精神到济钢环保新材料公司采访

2020年10月31日，历城区委副书记、区长曹殿军一行来济钢调研

2020年10月13日，商河县委书记翟军一行到济钢防务公司考察交流

齐心协力　共谋发展

2020 年 1 月 7 日，济钢集团召开第二十届职工代表大会第三次会议暨 2020 年工作会议

2020 年 5 月 14 日，济钢集团召开第二十届职工代表大会代表团长、工会主席联席会议

党建引领　砥砺初心

2020 年 12 月 23 日，济钢集团举办党的十九届五中全会精神宣讲报告会

2020 年 7 月 1 日，济钢集团召开庆祝中国共产党成立 99 周年暨“七一”表彰大会

2020 年 2 月 21 日，济钢集团召开党风廉政建设工作会议

2020 年 12 月 4 日，济钢集团召开共青团第十次代表大会

2020 年 5 月 9 日，济钢集团党委召开“牢记初心使命，锤炼过硬本领”济钢青年代表座谈会

济钢各级党组织开展主题党日活动，重温入党誓词

搭建平台　争先创优

2020 年 4 月 29 日，济钢集团召开 2020 年庆祝“五一”“五四”暨先进集体先进个人表彰大会

2020 年 4 月 10 日，济钢集团召开 2019 年度“六大攻坚战”评功授奖表彰大会，表彰“九新先进集体”和“二次创业先锋”

2020 年 7 月 30 日，济钢集团召开 2019 年度创新表彰大会

2020 年 9 月 10 日，济钢集团召开“构建新型导师带徒体系，优化职工心力成长生态”启动大会

底线思维　军事管理

2020 年 1 月 3 日，济钢集团召开 2020 年安全环保工作会议

2020 年 6 月 1 日，济钢集团正式启动“安全生产月”活动

2020 年 6 月 17 日，济钢集团组织抗洪抢险应急演练

职工签订安全生产承诺书

济钢集团举办安全基础管理培训班

2020 年 11 月 25 日，济钢集团在鲍山举行消防安全应急演练

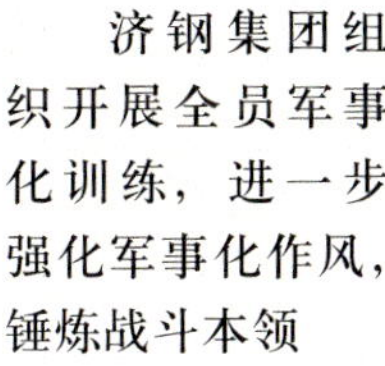

济钢集团组织开展全员军事化训练，进一步强化军事化作风，锤炼战斗本领

战略合作 增添动能

2020 年 4 月 8 日，济钢防务公司与北京银行济南分行全面战略合作签约仪式举行

2020 年 11 月 28 日，济南市政府与中国科学院空天信息创新研究院"1+4"深化合作协议签约活动在空天信息科技馆举行

2020 年 12 月 3 日，济钢集团与山东高速路桥集团战略合作协议签约仪式举行

2020 年 12 月 31 日，济钢集团与山东领军科技集团全面战略合作签约仪式举行

品牌力量　助推发展

2020 年 7 月 21 日，中宣部“走向我们的小康生活”中央媒体采访报道组来济钢参观采访

2020 年 7 月 26 日，济钢集团党委书记、董事长薄涛荣获济南市“影响济南”经济人物

济钢集团党委书记、董事长薄涛接受山东卫视采访

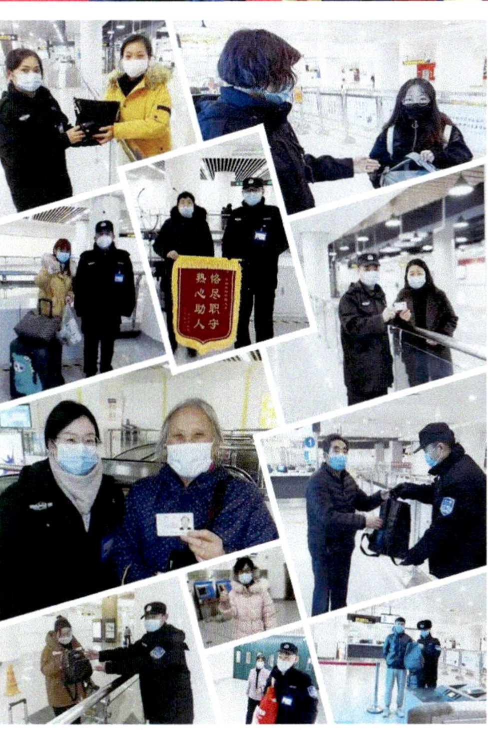

济钢保安为济南地铁保驾护航，得到社会各界普遍认可

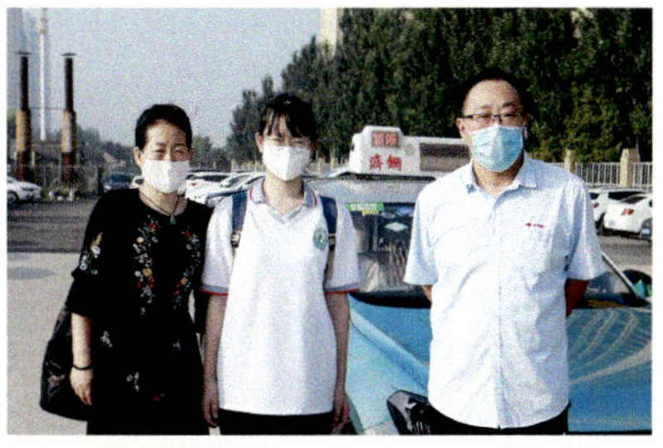

高考期间，济钢顺行出租车公司开展“爱心助考”活动，为高考学子“保驾护航”

上下一心　共同战疫

2020 年 8 月 27 日，济钢集团召开疫情防控表彰大会，为"济钢抗'疫'最坚堡垒"和"济钢抗'疫'最美护旗手"颁奖

承诺书

尊敬的车间领导：

目前新型冠状病毒肺炎肆虐，给人民群众生命安全和身体健康造成巨大威胁。作为地铁一号线的安检员，我们深知肩上的责任。

在此，我们郑重承诺：坚守岗位，履职尽责，严格落实防控措施，不信谣不传谣，积极配合车站做好疫情防控工作，为保护人民生命安全和身体健康贡献自己的一份力量！

承诺人

2020 年 1 月 29 日

济钢集团上下一心，众志成城，筑起抗击疫情的铜墙铁壁

多元济钢　实力济钢

济钢创智谷

空天信息科技馆

济钢环保新材料公司

济钢冷弯型钢公司

济钢国际物流公司

济钢鲁新建材公司

智慧济钢　精品济钢

萨博汽车公司职工操作机械臂对产品进行加工

冷弯型钢公司新产线项目调试生产

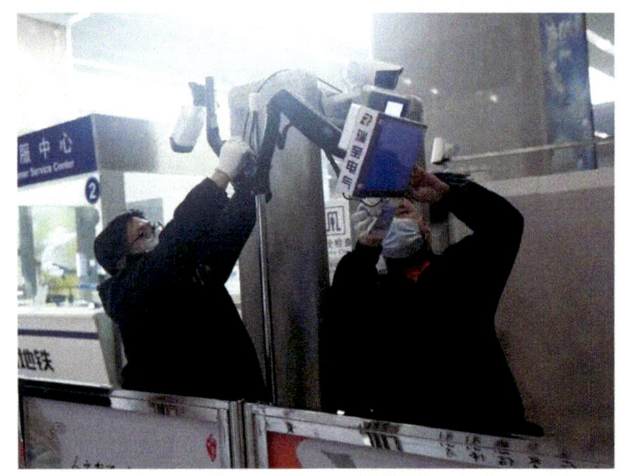

瑞宝电气智能测温二代产品在济南轨道隆重上线

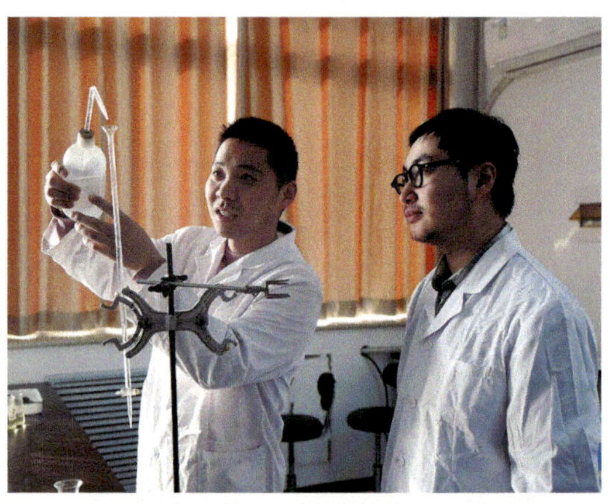

研究院标液攻关小组进行技术实验

城市矿产产品整装待发

鲁新建材公司职工奋战在一线

幸福济钢　和谐济钢

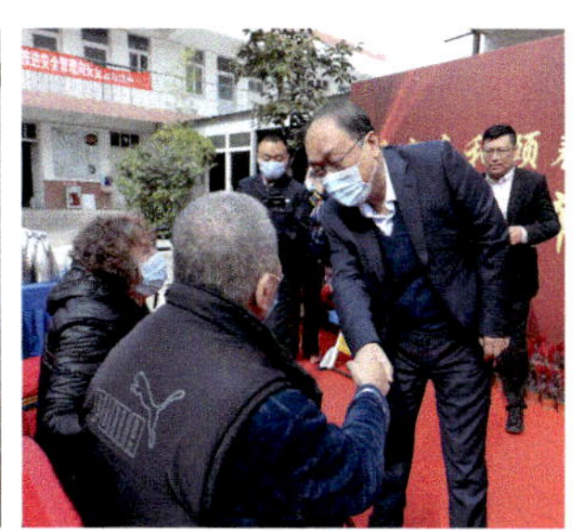

春节、重阳节等节日期间，集团领导为困难职工、老党员、退伍军人送去节日祝福和组织关怀

公司领导走访看望困难职工

开展金秋助学活动，为学子圆梦

传承弘扬中华民族优秀传统文化

职工积极参加“青春向党，缅怀先烈”为主题的献血活动

组织职工开展“转型发展冲在前，效率变革勇争先”为主题的长跑活动

开办暑假托管班，解决职工的后顾之忧

济钢集团举办“初心永恒，使命无疆”为主题的春节联欢晚会

目　录

特　载

会 议 报 告

概　况

大 事 记

合作交流

专项工作

专业管理

党群工作

生产经营

媒体看济钢

先进与荣誉

统计资料

附 录

Contents

Important Notes

Conference Reports

General Situation

Chronicle of Events

Cooperation and Exchange

Activities for the Major Theme

Professional Management

Party-Mass Working

Production and Operation

Jigang in the Eye of Medium

Honors and Remarks

Statistic Documents

Appendix

特载

TEZAI

核心理念

☆ 企业使命——二次创业，重塑济钢

建设全新济钢，造福全体职工

省政府办公厅副主任王健到冷弯型钢公司督查疫情防控和安全生产工作

2月4日，省政府办公厅副主任王健到冷弯型钢公司督导检查新型冠状病毒感染肺炎疫情防控和安全生产工作，对冷弯型钢公司疫情防控措施落实、现场安全管理工作给予肯定。省国资委总会计师王志刚，山钢集团党委书记、董事长侯军，山钢集团副总经理、济钢集团党委书记、董事长薄涛陪同。

王忠林到钢城矿业公司调研中科院空天信息研究院产业化项目

2月12日，省委常委、济南市委书记王忠林到济钢钢城矿业公司调研中科院空天信息研究院产业化项目，看望慰问节日期间坚守岗位的干部职工，并向大家致以新年的祝福。济南市委常委、组织部部长李刚，市委常委、秘书长蒋晓光，市委常委、副市长郑德雁，济南市发展改革委、科技局、工业和信息化局、财政局、自然资源和规划局主要负责同志，济钢集团党委书记、董事长薄涛，党委副书记、总经理苗刚，副总经理谢文及中科院空天信息创新研究院相关负责人陪同调研。

王忠林察看了项目规划建设，了解了中科院空天信息创新研究院齐鲁研究院、空天信息科技馆建设等情况，听取了有关情况汇报。王忠林指出，要立足济南产业基础和比较优势，大力发展量子科技、超级计算、生物制药等高端产业，着力培育区块链、先进电磁驱动、空天装备等十大前沿产业，进一步提升战略性新兴产业发展能级，加速推动新旧动能转换。

王忠林强调，空天信息产业未来发展潜力巨大，要高标准规划，高水平建设，抢抓发展机遇，优化产业布局，加快项目建设，确保早日投产见效，为加快省会高质量发展做出新的贡献。

中科院空天信息研究院产业化项目是近十年来国家级研究单位在济南首次新设的实体研究机构，填补了山东省空天信息产业领域空白，从签约到注册仅用了17天，创造了“济南速度”。目前，位于钢城矿业公司的空天信息科技馆主体工程已经封顶。

市政协主席雷杰一行来济钢走访慰问

2月21日，市政协主席雷杰，市委常委、市总工会主席雷天太，市政协秘书长李光忠，市总工会常务副主席傅金峰一行走访慰问济钢集团劳模和困难职工，并赠送慰问金。济钢集团党委副书记、总经理苗刚，党委副书记、工会主席王景洲接待了客人。市总工会有关负责同志，济钢集团工会/团委负责人及有关人员陪同。

苗刚对市政协主席雷杰，市委常委、市总工会主席雷天太，市政协秘书长李光忠，市总工会常务副主席傅金峰一行的到来表示欢迎，介绍了济钢转型发展基本情况，感谢市委市政府对济钢转型发展的关心和支持。他表示，目前济钢转型发展项目陆续落地，为后续发展提供了坚实支撑。中科院空天信息研究院产业化项目为今后主业培育和产业生态培育奠定了基础。逐年提高职工收入增强职工福祉，广大干部职工建设济钢的热情、工作的激情高涨，对济钢未来的发展满怀信心。希望市委市政府继续支持济钢转型发展，早日实现“二次创业，重塑济钢”“建设全新济钢，造福全体职工”的共同使命。

雷杰指出，济钢转型发展取得的成绩令人鼓舞和振奋，济钢为山东省、济南市经济社会的发展做出了很大贡献。济钢集团讲政治、顾大局，抓住山东省新旧动能转换重大工程的有利契机，按照新发展理念积极转型发展。济钢集团领导班子带领广大干部职工攻坚克难、勇于担当，发展具有潜力的新兴产业，取得了显著成绩，保持了平稳良好的发展势头。今后将一如既往地支持济钢集团的发展，关心关爱济钢困难职工，对济钢集团创造美好的未来充满信心。

市政协主席雷杰，市委常委、市总工会主席雷天太，市政协秘书长李光忠，市总工会常务副主席傅金峰一行到工作现场走访慰问劳模姜和信，入户走访慰问困难职工，并送上慰问金。

济南市政协副主席张作平到瑞宝电气调研

2 月 22 日，济南市政协副主席张作平一行到瑞宝电气公司就开展政府集中服务工业企业活动进行调研，集团公司副总经理刘学燕陪同调研。

张作平详细了解了集团公司转型发展和瑞宝电气公司在生产、党建、创新、规划以及与供电局合作、人才引进等方面的情况，对集团公司和瑞宝电气公司成功转型以及取得的成绩给予高度赞扬，鼓励瑞宝电气公司继续做好经营发展，为济南市和山东省新旧动能转换重大工程贡献力量。

张作平一行参观了全国劳模姜和信创新工作室和瑞宝电气公司智慧能源管控平台，通过视频远程观摩了章丘制造园区生产情况。

党委书记、董事长薄涛接受山东电视台《品牌山东》栏目专访

4 月 27 日，集团公司党委书记、董事长薄涛接受山东电视台《品牌山东》栏目专访，就济钢转型发展以及疫情防控与复工复产等工作回答了媒体关注的问题。

薄涛介绍了济钢辉煌的历史和转型发展、疫情防控情况，他表示，面对疫情，济钢集团及时辨识风险，早谋划、早行动、早部署，坚持底线思维、理性准则，把职工生

命安全健康放在第一位，提早准备防疫物资，不仅保障在岗职工的防疫物资供应，同时也满足内退职工防疫物资需求。济钢集团作为国有企业主动承担社会责任，积极组织青年志愿者、保卫部职工、内退老党员配合社区做好疫情防控工作。

据了解，《品牌山东》栏目是山东广播电视台开办的大型融媒体访谈栏目，其中《品牌馨对话》板块以主持人与企业家访谈的形式，展现新旧动能转化背景下企业的新发展、新变化和新风貌，是对企业发展贡献的高度肯定。

中宣部“走向我们的小康生活”中央媒体采访报道组来我公司参观采访

7月21日，中宣部“走向我们的小康生活”中央媒体采访报道组来我公司参观采访。报道组包括人民日报、新华社等13家中央主要新闻媒体和省直主要新闻媒体。集团公司党委书记、董事长薄涛接受了媒体记者的采访。党委副书记、工会主席王景洲陪同。

薄涛在接受记者采访时表示，济钢集团始终坚定二次创业的信心和初心，在上级坚强领导下，紧紧抓住山东省新旧动能转换重大战略机遇，积极探索“产城融合”新模式，推动济钢发展一年一大步，转型发展全面起势，焕发出新的活力，奋力实现“建设全新济钢，造福全体职工”的使命目标。

报道组参观了环保新材料公司和萨博汽车公司，采访了全国劳模姜和信、转岗职工代表杨勇。

薄涛荣获“影响济南”经济人物

7月25日，第十二届“影响济南”经济人物评选活动颁奖典礼在龙奥大厦举行。山钢集团副总经理、济钢集团党委书记、董事长薄涛荣获“影响济南”经济人物，并接受了媒体记者的专访。

薄涛在接受专访时表示，获得这份荣誉最大的感受就是“沉甸甸”，市委市政府一直以来对济钢的关心关爱沉甸甸。济南市广大市民对济钢的认可沉甸甸。济钢广大职工对建设新济钢的期盼沉甸甸。获得这份沉甸甸的荣誉，深刻感受到市委市政府对企业家的关心关爱，对济钢转型发展的高度重视和深切关怀。济钢是一家有底蕴、有格局、有情怀的企业，全体干部职工将用新济钢的新发展，助力省会扬起“龙头”，贡献“济钢力量”。

薄涛说，济钢集团紧紧抓住省市新旧动能转换重大战略机遇，积极探索“产城融合”新模式。济钢已经走出了转型阵痛，实现了城市钢厂的绿色转型。未来，新济钢将重点围绕“新材料、高端装备制造和城市服务”三大产业，横向扩张+纵向提升，高端引领+跨界融合，特别是在高端制造领域聚焦空天信息，全面深化与中科院空天院的合作，倾力打造研发成果转化、新旧动能转换、传统企业转型的“三转”新品牌，为济南市空天信息这一新兴产业的发展做出贡献。

据了解，该评选活动由济南市委市政府主导、济南日报报业集团主办，已成功举办了十一届。“影响济南”经济人物评选颁奖典礼被誉为济南经济界“奥斯卡”，是济南市经济领域最具影响力的评选活动，是全市实体经济发展、产业提质振兴的重要风向标。

济南市公安局党委副书记、政委王健一行来访

9 月 4 日，根据济南市委政法委“万警进万企”行动部署，济南市公安局党委副书记、政委王健，济南市中级人民法院办公室副主任王言亭，济南市人民检察五检察部副主任周进，济南市公安局经济犯罪侦查支队政委张亦农，济南市公安局经侦支队处长于豪一行来集团公司走访，实地查看了济钢防务空天信息产业基地建设情况。集团公司党委书记、董事长薄涛，副总经理刘学燕接待了客人。双方就济钢防务空天信息产业发展进行交流座谈。

薄涛介绍了济钢防务空天信息产业发展情况和未来发展规划。他表示，空天信息产业是蓝海产业，发展前景广阔。2019 年，济钢集团与中科院空天信息创新研究院在产业、科技领域深度创新合作，由中科院空天信息创新研究院、济钢集团等共同组建成立了济钢防务技术有限公司，目前首批空间行波管已下线。今后将发展新材料等产业，围绕空天信息产业构建产研学融合发展生态圈。

王健听了空天信息产业发展情况介绍后表示，济钢发展思路超前，产业布局科学，是转型发展的典范，增强了我们服务的责任感和使命感，将竭尽全力做好项目建设的服务工作，支持济钢的发展。

据了解，为深入贯彻党中央关于统筹推进疫情防控和经济社会发展的决策部署和省委、市委工作要求，经济南市委政法委员会研究决定，在全市政法系统开展“万警进万企”行动。聚焦重大项目、国有企业、民营企业、中小微企业复工复产堵点、痛点、难点，帮助企业解决困难，为疫情防控与经济发展提供政法保障。

省冶金行业新时期产业工人队伍建设改革试点观摩会在我公司召开

10 月 26 日，省冶金行业新时期产业工人队伍建设改革试点观摩会在我公司召开，山东省冶金工会副主席吴晓瑞带队组成的观摩组现场观摩了山钢集团产业工人队伍建设改革工作。山钢集团工会主席卢彤书出席观摩会。济钢集团党委副书记、工会主席王景洲参加会议。济钢集团工会相关负责人介绍了“构建新型导师带徒体系，优化职工心力成长生态”工作开展情况。

卢彤书简要介绍了企业改革发展和生产经营情况。他表示，山钢集团呈现出改革力度大、发展质量高、职工队伍强的特点，企业经营绩效逐年提升。山钢集团工会以讲政治、重务实、增福祉、重一线、强规范为重点，围绕服务企业、服务职工开展了大量工作，取得了良好绩效。

吴晓瑞对山钢集团产业工人队伍建设给予充分肯定，她表示，山钢集团工会工作许多做法和经验都走在前列，值得学习和推广，是全省冶金行业产业工人队伍建设改革工作的标杆。

济钢集团工会相关负责人介绍了“构建新型导师带徒体系，优化职工心力成长生态”工作开展情况。“构建新型导师带徒体

系，优化职工心力成长生态”是深刻理解践行“九新”价值创造体系，促进职工心力成长、素质提升，实现高技能人才必要储备的有效手段。新型“导师带徒”体系符合新时期产业工人队伍建设的总要求，带人带艺带创新，利国利企利职工。突出思想政治引领，导师带徒重在带人；突出专业技能传承，导师带徒重在带艺；突出创新创造实践，导师带徒重在创新。构建新型“导师带徒”体系，努力为职工创造心力成长的良好生态，在重点工作任务、重大转型项目、重点攻坚课题层面为“导师带徒”创造实践机会和拓展机遇。围绕思想引导、传经授艺，多层面扫描，多角度配合，指导和协助导师多方式授课传“经”，帮助徒弟学习不间断，成长不止步。同时，制定考核奖励机制，提供师徒共进共荣等政策支持，促进活动健康开展。努力造就一支适应“二次创业，重塑济钢”要求的“狮子型”“学习型”干部职工队伍，助力山钢集团高质量发展。

观摩组一行观摩考察了瑞宝电气公司姜和信创新工作室。

新华社记者团来我公司采访

11 月 3 日，新华社国内部副主任郛焕庆带队的报道团队就贯彻落实五中全会精神到环保材料公司采访。新华社山东分社党组成员、常务副总编杨守勇，市委宣传部副部长伊沛扬等陪同。集团公司党委副书记、总经理苗刚接受了记者的采访。集团公司党委副书记、工会主席王景洲陪同并接待了记者团一行。

苗刚接受记者采访时表示，济钢集团打造持续发展的“新生态”，与城市环境相融合，由城市“排放型”企业转变为城市“消纳型”企业。深入贯彻新发展理念，融入新发展格局，推动高质量转型发展，将以军民融合为着力点，以产城融合为主线，以产业园为载体，倾力打造国内具有品牌影响力的新材料、高端装备制造提供商和城市综合服务运营商，倾力打造研发成果转化、新旧动能转换、传统企业转型的“三转”新品牌，全力构建政、产、学、研、用五位一体融合发展的生态圈，努力成为“城市钢厂转型和山东省新旧动能转换的新标杆”。

环保材料产业园是山东省新旧动能转换重大项目库入选项目。园区利用所在地的优质石灰石资源，依靠现有的装备、环保、人才、技术和市场优势，采用清洁生产工艺，生产环保新材料等高端产品。将来生产的高端碳酸钙产品面向橡胶、涂料、造纸和医药等行业，引领济南市碳酸钙产业链向环保化、集约化和大型化发展，具备显著的经济、环境和社会效益。

新华社记者团参观了环保材料公司展厅和园区。

商河县委书记翟军一行来访

11 月 23 日，济南市商河县委书记翟军一行到济钢防务公司考察交流。集团公司党委书记、董事长，济钢防务公司董事长、总经理薄涛会见了客人。济钢防务公司相关负责人陪同考察交流。

薄涛对翟军一行的到来表示欢迎，介绍了集团公司转型发展以来认真贯彻落实省、市各项工作部署，推动新旧动能转换各项工作及生产经营情况。对商河县主动出击、抢抓机遇、创新开展招商引资工作给予高度评价。他表示，今后济钢集团将充分发挥自身优势，力争让更多大项目、好项目走进商河、落户商河。

翟军详细介绍了商河县投资环境、资源优势，以及合作项目情况，对济钢集团加大研发投入，增强自主创新能力给予高度赞扬。希望双方进一步加强沟通，深化交流合作，助推商河县经济更好、更快发展。

翟军一行现场参观了济南空天信息科技馆。

会议报告

HUIYI BAOGAO

核心理念

☆ 企业愿景——做实、做好、做优山东省、济南市
“新旧动能转换的排头兵”

在集团公司二十届三次职工代表大会闭幕式暨年度工作会议上的讲话

党委书记、董事长　薄　涛

（2020 年 1 月 17 日）

各位代表：

经过大家的共同努力，集团公司 20 届 3 次职工代表大会圆满完成了既定的各项任务，即将胜利闭幕。为了响应各级党委精文减会的工作要求，下午我们一并召开年度工作会议，就下一阶段的工作进行安排部署，请大家一并做好贯彻落实。

大会期间，全体代表共同听取并审议了苗刚总经理所做的工作报告，讨论审议了集团公司党政领导班子 2019 年述职报告，生产经营、财务预算、固定资产投资、绩效管理、资产处置专项报告，以及《济钢集团有限公司职工“帮困基金”管理实施细则（修订稿）（草案）》，并形成了大会决议。

大会期间，各位代表认真履行职责，积极建言献策，对“二次创业，重塑济钢”“建设全新济钢，造福全体职工”提出了许多宝贵意见和建议，进一步统一了思想、坚定了信心、凝聚了力量，形成了团结一致干事业、聚精会神谋发展的强大合力。这是一次团结的大会、鼓劲的大会、胜利的大会。在此，我代表集团公司党委和集团公司，对大会的成功召开表示热烈的祝贺！对各位代表和为开好大会辛勤工作的同志们，表示衷心的感谢！

2019 年是新中国成立 70 周年，是济钢全面贯彻落实第六次党代会精神的开局之年，也是济钢转型发展全面攻坚之年，全体干部职工一年来取得的成绩，在济钢转型发展史上留下了浓墨重彩的一笔。一年来，我们以习近平新时代中国特色社会主义思想为指导，在山钢集团党委的坚强领导下，聚焦二十届一次职代会确定的任务目标，深入践行“九新”价值创造体系，在推动转型发展的道路上矢志不移、奋力奔跑，跨过许多沟沟坎坎，越过不少激流险滩，很辛苦、也很充实，有付出、更有收获。

这一年，我们高标准部署、高质量推进“不忘初心、牢记使命”主题教育，在全公司范围内开展党的十九届四中全会精神宣讲活动，压紧压实管党治党责任，扎实推动基层过硬党支部建设，务实推进监督体系建设，为转型发展提供了坚强政治保障。

这一年，我们牢牢把握“六大攻坚战”“价值创造”“制度创新”三条工作主线，优化提升现有产业、加速培育主导产业，推动经营绩效大幅增长、发展潜力持续释放，为建设全新济钢打下了决定性基础，进一步坚定了我们转型发展的信心和底气。

这一年，我们以山钢集团“1336”改革方案为总体框架，着眼济钢未来发展，进一步明确改革思路、目标和举措，加快推进强大总部建设，持续深化三项制度改革，加速推进混合所有制改革，在山钢范围率先实现了权属公司及新上项目契约化管理全覆盖，发展动力更加强劲。

这一年，我们成功举办“国际儒商、全新济钢”论坛，与中科院、青岛院士港开展深度合作交流，济钢防务项目正式启动运行，与各知名院校、领军企业、先进外企开展战略对接与合作，国际贸易打开“一带一路”沿线新市场，中欧班列实现每日开行，干熄焦发电等自主技术输出国门，开放合作实现新突破。

这一年，我们始终坚持以职工为中心，扎实推进幸福和谐企业建设，积极落实职工各项福利待遇，全力保障职工收入与企业发展同向联动，务实开展“精准帮扶结对子，服务职工解难题”专项工作，职工福祉不断改善，职工的获得感、幸福感、安全感持续提升。

回首一年来的工作，成绩来之不易。成绩的取得，得益于上级党委的坚强领导，得益于各级领导和社会各界的鼎力支持，得益于全公司广大干部职工的忠诚担当、团结一心、拼搏进取。在此，谨向大家致以衷心的感谢和崇高的敬意！

2020 年是“十三五”的收官之年，是我国全面建成小康社会的决胜之年，也是济钢转型发展全面提速、实现跨越的突破之年。前进的道路上，有机遇也有挑战，有开阔水域，也有急流险滩。全体干部职工必须要以时不我待的紧迫感、舍我其谁的使命感和攻坚决胜的精神状态，认真贯彻落实好本次会议的决策部署，把思想和行动统一到职代会确定的奋斗目标上来，把智慧和力量凝聚到职代会提出的各项任务上来，主动担当，积极作为，深化改革创新，加快效率变革，激发内生动力，推动企业向着更高质量、更高效率、更高效益、更可持续的方向发展。我们必须准备付出更为艰巨、更为艰苦的努力，接力探索、接续奋斗，以志不改、道不变的坚定，永不懈怠、永不停滞，全力推动全新济钢建设实现新突破。

下面，围绕集团公司当前及今后一个时期的发展，重点围绕推进效率变革，针对关键领域和瓶颈环节，着力解决体制性障碍、结构性矛盾和制度性问题，努力提升发展效率，以效率变革推企业高质量发展，我再谈几点意见。

一、在完善公司治理上狠下功夫，持续提升集团决策效率

一是要进一步厘清党委会、董事会、经理层权责边界。完善重大决策事项党委前置研究讨论和“三重一大”决策制度，明确各自的职权和应承担的法律责任，健全各司其职、各负其责、协调运转、有效制衡的法人治理结构。要坚决贯彻落实习近平总书记在全国国有企业党的建设工作会议上强调的“两个一以贯之”，推动党的领导深度融入公司治理，实现加强党的领导与完善公司治理相统一，抓好党建工作责任制，使党组织发挥作用组织化、制度化、具体化，充分发挥党委“把方向、管大局、保落实”的领导作用；要把党的建设同解决企业实际问题结合起来，把党建工作成效切切实实转化为企业高质量发展的优势。董事会作为公司治理机制的核心，公司的大脑和灵魂，要着力强化董事会研究企业未来发展、引领企业发展作用的发挥，治理透明、管理规范，内控严密、科学决策，把握机遇、创新发展，树立诚信、透明、规范、可持续发展的良好品牌和企业形象。要积极推动企业管理职业化转型，全面推行经理层任期制和契约化，实行与市场接轨的经理层激励制度和差异化薪酬体系，不断增强发展活力。加强权属公司董事会及监事会建设，提高董事、监事履职能力，每一位董事、监事都应行使好手中的权利，切实发挥好高质量发展的战略决策、监督作用。

二是要健全完善权属公司管理运行体系。建立评价模型。综合评估权属公司治理水平、经营能力与市场竞争力，实施动态差异化管理，让权属公司真正成为“自主经营、自负盈亏、自我发展、自我约束、自担风险”的市场竞争主体。积极稳妥地推进

混合所有制。进一步极大混合所有制改革推进力度，推动资产证券化，引进战略投资者、鼓励管理技术骨干持有股份，促进混改企业完善治理结构、优化激励约束，通过国有资本与非公有资本融合发展、优势互补激发高质量发展的内生动力，提高混合所有制改革的质量和效果。进一步激发微观市场主体活力，加大正向激励力度，健全市场化经营机制，深化三项制度改革。要规范参股公司的管理体系，制订相应办法并不断完善。加大风险防控力度。全力推进“双降双提”工作，要防范债务风险、切实重视安全风险、管控好环保风险，切实筑牢不发生重大风险的底线，提升企业发展后劲。

三是要加强制度供给，助力高质量发展。要全面梳理制度。要着眼全局，聚焦高质量发展方向，围绕提高国企治理现代化水平这一课题，与时俱进做好现代企业制度的顶层设计，对现有制度体系进行全面梳理，分门别类做好“废改立”工作，提升制度体系的科学性、整体性、协同性。要坚定执行制度。要按照“深化国有企业改革，完善中国特色现代企业制度”的要求，把坚持党的领导同完善公司治理结合起来，建立科学、高效、规范、明晰的集团管控体系。要探索创新制度。党的十九届四中全会提出了“探索公有制多种实现形式”“固根基、扬优势、补短板、强弱项”等一系列新要求，要积极适应国资监管体制改革的新部署，在途径、措施等层面上敢闯敢试，向改革要活力、要动力，着力推动各项改革举措的落地落实，为提高企业治理效能、激发内生动力、推动高质量发展注入制度活力。

二、在总部建设上狠下功夫，持续提升集团管控总效率

产能调整以来，为提升系统管控能力，我们组建“六大攻坚战”平台，2018 年，建章立制，制定“军规”，军事化管理，各部门、各单位上下联动，合力攻坚；2019年，以“安全稳定、产业培育、资产收益、经营改善、动力变革、组织保障”为主线，以“攻坚战、歼灭战、持久战”为手段，统筹谋划、分类推进、再战再胜，产业培育加速突破，资产收益成效明显，动力活力有效激发，组织保障全面落实，企业基础管理和本质化运营水平持续提升，转型发展迈出新步伐、实现新跨越。“六大攻坚战”，是济钢在转型发展过程中探索、实践、创造的一种与时俱进的创新化的管理模式，通过持续攻坚，集团管控的总效率也得到了持续提升，但是距离强大总部的建设要求，距离构建上下配合、左右协作，横向联手、上下贯通，横向到边、纵向到底的全新工作格局还有一定的距离，还有不少差距需要努力追赶，部门与部门之间，部门与子公司之间，子公司之间的横向壁垒依然不同程度存在，快速反应、高效执行的流程机制尚未健全，执行力和落实效率有待进一步提高。如何打破困局，实现新的提升？

一是要做好“平台”，更要做好“后台”。将集团总部机构和职能改革作用充分发挥出来，发挥好“平台”作用，围绕法人治理体系、投资管理体系、创新推进体系、战略执行体系和风险控制体系，积极构建以战略管控为核心的高效总部，打造价值创造和战略管控高效融合的精干总部，提升管控效率。要着力发挥总部的“后台”作用，提升总部统领、赋能和清障能力。统领，就是要继续做好“总指挥部”，把方向，定大局，令行禁止；赋能，就是配套适宜的政策，合适的时机踩油门；清障，就是要帮助子分公司“架桥铺路打隧道”，助力子分公司快速发展。

二是要消除信息、资源、责权利的“不对称”现象。要进一步提升对制造“信息不对称”危害性的认识，打破“信息孤岛”，剥夺造假人员制造“信息不对称”的权利，对于可能创造重要价值，或可能造成较大损失的信息，不及时传达、不及时汇报、隐报瞒报的，严肃追责；要加快构建集业务运作、信息集成、制度落实、风险控制、财务管理于一体的综合性信息化平台，为实现新济钢多元化发展提供有力的数字化支撑，实现“纵向到底、横向到边”全覆盖的监管要求。要充分盘活政府、土地、业务、金融等各类资源，强化资源协同、业务协同、资源共享，特别是对于“有资源，无开发利用权利”的行为，要充分授权，保障开发利用的权利。要消除“要权不要责”的官本位思想，实现责权利的有机统一，有权必有责，用权必担责，要给予担责者充分调动资源的权利，为真正干事者鼓劲为敢于担当者撑腰。

三是要以时间更短、资源更省的持续攻坚提升管控效率。建立团队攻坚推进机制，针对集团公司决策部署签订军令状或下发作战督导令，跨部门组建团队/作战单元，打破横向壁垒，提升工作推进效率；建立单位攻坚引领机制，实施季度典范经验共享，示范引领带动提高，激发同频共振动力；要持续助力子分公司发展，在经营、财务、绩效、子分公司发展规划、党建管理等方面持续开展管理诊断工作，形成一贯到底、循环往复的“诊断—提升—再诊断—再提升”的推进模式，推动基础管理水平螺旋上升，形成全方位严格规范、富有效率的流程体系；要以优化资本布局、提升产业竞争力为目标，持续推进产业聚焦整合，推动集团公司管控体系的横纵向智慧化联动，构建济钢全产业智慧服务系统。

三、在协同创新上狠下功夫，持续提升集团运营效率

（一）进一步抓好协同，提升生产效率。

一是要进一步强化集团公司内外部产业协同。要持续完善产业协同机制，落实项目制管理，推动产业协同向产业化、项目化、集约化方向发展，延伸产业链，完善供应链，提升价值链，实现整体补强、效益最优；有序推进各子分公司间产品互销、项目承接、信息互享等工作，推进各子分公司产业分工优化和高效协同，聚焦优势产业，避免恶性竞争，最大限度地发挥集团公司内部协同优势，发挥协同对公司发展的倍增效应；各权属公司、新上项目要提高站位，顾全大局，强化协同意识，绝不允许占山为王。要进一步加强瑞宝电气、济钢文旅等特定业务的专题协同，不断加深协同广度和深度；要将产业协同业务目标化、指标化，配套相应的考核政策，实现集团公司利益最大化。

二是要推动集团公司产业协同向产业化、项目化、集约化方向发展。进一步延伸山钢集团钢铁主业前向、后向产业链，实现由基础性协同向提升性、价值性协同的根本性转变，要进一步创新商业模式，通过产业协同，助力山钢高质量钢铁生态圈建设，促进集团公司的转型发展。要完善客户关系管理生态链。坚持以客户为中心，梳理重点客户和潜在客户，构建客户目录，持续为客户提供“高质量、低成本、高效率”的优质服务，持续壮大优质客户资源，形成企业、客户与员工利益共享的生态系统。建立“公开、透明、可追溯”阳光购销管理制度，推进“阳光购销”及“去中间商”管理，实现全线上操作。

三是要持续优化子分公司运营管控模式。全面评价子分公司运营质量及基础管理水平，根据各子分公司的产业特点、管控模式、公司治理成熟度等具体情况，实施“一企一策”，分类授权，并按照权责对等的原则，加强对被授权单位的统筹监督；对于优秀、良好单位进行充分授权，宏观引导；重点强化加强对一般单位的经营管控，推动运营质量及运营效率快速提升。

（二）进一步推动科研生产管理模式转型升级，提升科技创新效率。

企业要发展，必须要坚持“创新引领”，创新是引领发展的第一动力。当前，全球科技创新进入空前密集活跃的时期，新一轮科技革命和产业变革正在重构全球创新版图、重塑全球经济结构。中央经济工作会议明确指出，要加快提升企业技术创新能力，发挥国有企业在技术创新中的积极作用，健全鼓励支持基础研究、原始创新的体制机制，完善科技人才发现、培养、激励机制。山东省、济南市也采取了一系列创新型措施，支持战略性新兴产业发展，支持加大设备更新和技改投入，推进传统制造业优化升级。作为山东省新旧动能转换的标杆性企业，我们要积极引领山东省新旧动能转换的潮流，搭建产业平台，率先引入成熟的先进科学技术落地产业化，快速推动产业的转型升级。

一是要在新增动能上做文章，与政府联合共赢。政府能量的获取是最大的赋能环节，要充分利用政府的政策和能量，将政府的势能转换为企业发展的动能。要研究政府技术创新的新路子，在平台建设、基金运作、用地供给、优惠扶持等方面，申请政府的精准化政策支持，在新技术、新产业项目推进方面，积极推动与政府合作设立公司。要抓住省市大力发展高端前沿产业的发展机遇，加大政策收集、研究力度，主动对接、用好用实政策，推动产业培育项目快速落地实施，主动融入高端前沿产业体系，科学制定创新战略、谋划创新方向、聚焦集中优势创新资源，实现重点项目突破发展。

二是要瞄准短板，精准发力，提升国有资本回报率。要积极从市场中挖掘创新需求，打造“研究开发、工程集成、持续改进”三位一体的技术创新体系，持续提升集团公司和各子分公司的科技创新效率和效益，推动科研生产管理模式转型升级；探讨建设符合集团发展战略的新技术、新产业中试基地、中试工厂；要进一步完善人才发现、培养、激励机制，以创新实践发现人才，以创新活动培养人才，以创新项目激励人才，构建具有核心竞争力的人才发展环境，激发全公司创新创造活力。培养科技成果转化的专业化团队，完善科技创新激励约束机制，通过股权和分红激励、科技成果转化奖励、超额利润提成奖励、虚拟股权、项目跟投等激励方式，与创新团队、成果转化团队利益共享，构建起多元化、多要素参与分配的市场化激励体系，促进企业效益效率和国有资本回报的不断提升。

三是要创新实施“嫁接式跨界融合”工程，增强协同创新效能，培育企业高质量发展新动能。在实现与中科院、青岛国际院士港技术、专利产业对接、跨界融合的基础上，引入技术、人才、资金、战投等，全面实施与社会优质资源嫁接式跨界融合，要把科技创新摆在高质量发展更加突出的位置，协同推进关键技术研究，与高新技术的拥有者联合共进共赢，与高新技术的研发者联合共进共赢，实现效益绝对值最大化，力争形成2~3个效益增长示范点。

（三）进一步优化产融结构，提升资金使用效率。

一是要做好资金的供给侧改革。按照国家推动实体经济尤其是制造业发展的趋势，紧跟国家金融政策变化，积极沟通金融机构，争取更大力度的资金支持，打破钢铁主业资金供给不足对新产业发展的制约；探讨设立产业发展基金，通过基金运作，搭建完整体系投融资平台，积极套索市场化运作的投融资模式，立足集团，辐射各产业，采用“科技+资本”“产业+金融”的方式，促进技术开发、成果转化和产业发展，孵化培育一批融合型新兴产业，借势提升新兴产业尤其是高端制造业的档次和规模。

二是要强化财务集中管控力度，优化资本配置，布局高质量发展产业链。统筹考虑集团公司财务管理发展的整体性、高效性、前瞻性，重构业务-财务一体化业务管理流程，建立财务集中管控制度体系，建立集全面预算管理、资金管理、成本费用控制等功能在内的财务一体化管控平台，实现从传统财务的成本中心向智慧财务的利润中心转变。要实施内部资源重组整合，优化资本配置，提升企业整体发展质量；对于不符合集团战略要求的业务或权属公司，有计划地退出，投资符合集团发展战略的战略性新兴产业，要有进有退，有所为有所不为。

三是要构建投融资管理体系，实现多渠道融资。争取利用 1~2 年的时间，逐步形成集团公司投融资管理体系。充分利用政策，开展项目基金业务，根据公司主营业务归属行业，引入该行业具有投融资能力的、有投资意愿和管理意愿的基金公司作为基金管理人或自行成立专业团队进行管理，进行投融资结构的顶层设计；在提升市场竞争力，提质增效，增加内源融资来源，并通过债转股、IPO、引进战略投资者实施混改，优化资本结构，增强企业活力，提高资金利用效率。

四、在新兴产业培育上狠下功夫，持续提升集团发展效率

一是要双轮驱动、对冲风险，加快发展新兴产业。伴随国内经济下行压力加大，钢铁行业产能过剩、产出过剩隐忧显现，钢铁主业震荡将日趋加剧。作为行业龙头的宝武集团，通过宝武特冶、宝钢金属、宝武炭材，聚焦发展特种冶金材料、轻金属材料和碳纤维材料，收购成立“宝武铝业”，专业从事轻金属材料的研发，通过宝武环科节能环保产业平台，聚焦发展固废利用、环境污染治理等业务，构建高质量发展的钢铁产业生态圈，在高质量存续发展钢铁产业的同时，加快发展新兴产业。要以战略规划为引领，提升战略管理能力，推进“使命引领”型战略管理，建立符合济钢实际的战略规划管理体系，实现规划对主责主业的引领；要加大多元化产业培育力度，打造一批高质高效高成长型的新增长极，形成全产业链生态竞争优势，逐步降低钢铁市场行情波动对山钢经营绩效的冲击，支撑山钢集团高标准实现 2020 年经营任务目标。

二是要战略聚焦，进一步明晰主业定位。瞄准新材料、高端装备制造及技术服务业+城市综合服务业“两大主业”，进一步梳理、整合、提升、聚焦，充分利用各种资源、平台、信息，明晰产业培育方向及实施路径、奋斗目标、责任主体，有的放矢加快重点领域重点项目的培育速度；要从传统产业调整优化和新兴产业加快发展双向发力，提升产业生态价值创造能力。要围绕低空监测、应急保障、智慧城市、高性能新材料、大数据、物联网等产业领域，以 5G 技术为桥梁，以高科技与基础产业平台嫁接，将“硬科技”转化为产品，打造济钢特色明星产品，加快推进以空天信息产业为核心的城市科技服务生态圈建设，积极培育、拓展，全面起势、突破，积极探索一条城市钢厂转型的高质量发展道路。

三是要引进专业人才，加大招商力度。深入推进产业“人才+”行动，开展精准招才引智工作，建立“以专带内”机制，努力建设一支数量充足、素质优良、结构合理、支撑发展的人才队伍。同时依托专业队伍，加强培训，培育自身的人才储备基地。扩大与高端人才的交流与合作，积极利用各产业专家智库建立自身的咨询专家智库，为新产业培育、产业转型升级调整提供专业咨询。充分发挥专业人才与专家智库的重用，强化对重点项目、重大工程的研究论证，健全完善产业发展重点项目库，谋划实施一批带动作用大、技术含量高、市场效益好的重大项目，向上游整合相关科学研究与技术服务业，引入相关人才 ；向下游与新兴产业、城市建设进行相关联动，适时引入战略合作伙伴，促进招商引资工作实现突破。

四是要适时评估调整，严格管控风险。突出目标导向、问题导向和结果导向，建立

产业发展督查和评估机制，动态跟踪项目实施情况，细化标准，严格要求，适时开展产业培育阶段评估，建立动态调整机制，建立退出和增加机制，确保在风险可控的前提下开展多元培育，分步打造，多方入手，逐步聚焦，形成集群优势。

五、在纵深推进全面从严治党上狠下功夫，持续强化党建保障

一是要巩固拓展主题教育成果。坚持以习近平新时代中国特色社会主义思想为指引，持续抓好理论武装、推进整改落实，把主题教育成果转化为攻坚克难、干事创业的实际行动，为做好今年工作奠定坚定基础。持续推进过硬党支部建设。在2019年度在岗党员党支部过硬比例达到60%、选树2～3个过硬党支部示范点的基础上，进一步扩大过硬比例，实现80%在岗党员党支部达到过硬。充分发挥过硬党支部示范点的示范作用，引导全公司党支部建立“围绕中心任务、强化政治功能、发挥堡垒作用”的工作体系机制，充分发挥党支部的战斗堡垒作用和党员的先锋模范作用，为完成生产经营任务提供坚强保障。

二是要加强党建制度体系化建设。全面加强党对一切工作的领导，夯实“两个责任”、落实执纪问责，推动全面从严治党、全面从严治企，着力解决基层党组织“核心作用发挥不充分、党建引领作用彰显不够、党建制度执行不到位”等问题；坚持以《中国共产党章程》、习近平新时代中国特色社会主义思想、党的十九大精神等新理论为指导，修订完善集团公司党建工作制度，从根本上强化党的领导。

三是要深化细化党风廉政建设。探求问题“去根”路径，制定受处分人员关爱回访制度，建立澄清保护机制，出台惩治诬告措施，落实容错纠错规定，创建纪检信息互通平台，选树担当作为模范，深化党风廉政建设的工作落实，着力营造风清气正、干事创业、改革创新浓厚氛围。

各位代表！

2020年，济钢转型发展翻开了新的篇章。希望全体干部职工进一步统一思想，振奋精神、乘势而上，只争朝夕、不负韶华，努力把各项措施落到实处，全面完成今年各项任务目标，同心描绘济钢发展的恢宏画卷，为“二次创业，重塑济钢”“建设全新济钢，造福全体职工”做出新的更大的贡献！

谢谢大家。

深化改革创新　加快效率变革
全力以赴推动全新济钢建设实现新突破

——在济钢集团第二十届职工代表大会第三次会议上的工作报告

总经理　苗　刚

（2020年1月7日）

各位代表：

现在，我代表济钢集团向大会报告工作，请各位代表审议，并请列席的同志提出意见。

一、2019年工作回顾

2019年是济钢转型发展全面进入决胜期的开局之年，也是新济钢发展进程中极为重要的一年。一年来，全体干部职工以习近平新时代中国特色社会主义思想为指导，在山钢集团党委和济钢集团党委的坚强领导下，聚焦二十届一次职代会确定的任务目标，深入践行“九新”价值创造体系，牢牢把握“六大攻坚战”“价值创造”“制度创新”三条工作主线，在抢抓机遇中乘势而上，在爬坡过坎中克难前行，在攻坚转型中蓄势崛起，圆满完成各项目标任务，为建设全新济钢打下了决定性基础。

——经营绩效大幅增长。全年预计，完成营业收入 225 亿元，超目标 81 亿元，较上年增长 53.06%；完成考核利润总额 3.3 亿元，超目标 0.3 亿元，较上年增长 50.68%；完成考核归属母公司净利润 1.5 亿元，超目标 0.59 亿元，较上年增长 120.59%；实现归属母公司净资产收益率 4.29%，较契约化目标提升 0.49 个百分点，较上年增长 1.36 个百分点；价值创造创效实现 1.45 亿元，较上年提升 81.25%。

——主业定位更加清晰。随着新材料、高端装备制造及技术服务业+城市综合服务业“两大主业”的基本确立，与之配套的空天信息、电气智能制造、现代物流、军民融合等一大批重点项目相继落地。

——“六大攻坚战”成效升级。以“攻坚战、歼灭战、持久战”为手段，深化“军规”保障作用，构筑全员课题攻坚平台，打造了萨博汽车、钢城矿业、资产管理部等一批精品示范典型，全年 95 项作战任务基本完成。

——改革开放取得新突破。在山钢范围率先实现了权属公司及新上项目契约化管理全覆盖；僵尸企业治理、公司制改制扎实推进，完成山钢考核目标；强大总部建设初具格局；成功举办“国际儒商、全新济钢”论坛；与中科院、青岛院士港开展深度合作交流；国际贸易打开“一带一路”沿线新市场；中欧班列实现每日开行；干熄焦发电等自主技术输出国门，推动形成了开放合作的新格局。

——职工福祉实现新提升。职工收入较 2018 年同比增长 8.3%，较年初职代会目标提高 0.3 个百分点。积极落实职工各项福利待遇，二十届二次职代会全票通过《企业年金实施细则》；工会 98 万元帮扶资金精准到位。公司大局保持安全稳定，信访维稳连续第 3 年实现“五个不发生”目标；新村社区“颜值”显著提升；职工文娱活动丰富多彩，庆祝新中国成立 70 周年系列文艺活动、济钢春晚等成为济钢人的业余精神文化大餐。

——社会影响力持续扩大。济钢集团荣获山东省最具活力企业奖，“影响济南”首届名企名牌、济南市委“学习强组”等荣誉称号。“济钢渣土运输”“济钢顺行”“济钢保安”“济钢文旅”“济钢创智谷”等一张张彰显济钢气质、展现济钢风范的济钢名片，成为济南城市服务中一道亮丽的风景线。

各位代表！

一年来，面对世界经济整体低迷、国内经济下行压力进一步加大等深刻变化的外部环境，面对深化改革、转型发展、安全稳定等艰巨繁重的内部任务，面对大量历史遗留问题亟待解决的复杂形势，全公司上下迎难而上、苦干实干，干出了实实在在、收获满满的新业绩，干出了生机勃勃、充满希望的新天地。这再一次证明了，济钢人有打逆风球、走上坡路的能力，济钢的发展没有过不去的坎。

一年来，我们主要做了以下工作：

（一）抓关键强管控，经营质效稳步提升。持续优化管控体系，多措并举挖潜增效，强力开拓市场空间，积极应对风险挑战，存续产业经营规模大幅提升，发展潜力逐步释放。23 家子分公司中 15 家完成利润奋斗目标，其中冷弯型钢、萨博汽车产销

量、业务量实现翻番，济钢国际、城市矿产、石灰石公司等单位实现超奋斗目标15%以上增幅，为济钢集团整体目标任务的完成提供了有力支撑。资金调度管控有力，实现新增银行授信6.5亿元；扎实推进资产证券化业务，拓宽融资渠道、扩大融资规模，实现项目贷款、融资租赁业务融资10亿元。“双降双提”成效显现，四项资金占用完成168亿元目标，总资产周转率、流动资产周转率、应收账款周转率完成奋斗目标，资产质量、运营质量不断向好。产业协同实现新突破，全年协同业务量完成1218万吨，协同金额51.85亿元，均实现翻番目标。数字化管控平台加快构建，固定资产管理系统于11月1日正式上线运行；信息化平台优化升级，具备试运行条件；阳光购销招采平台信息上线，实现与山钢集团的信息对接。

（二）抓建设强保障，转型项目提速落地。持续加强产业研究，编制《济钢集团产业发展战略及三年行动计划》，确立产业落地实施路径。建立项目全过程管理及预结算体系，加大招商引资工作力度，全年完成固定资产投资84435万元。在建项目稳步推进：JW项目用时140天完成公司注册，成为中国（山东）自贸区济南片区签订的首批项目之一；“四新”产业园获得一期项目建设用地使用权；环保新材料产业园10月1日实现破碎线全线贯通，进入联动试车阶段；汽车拆解项目主体设备制造完毕；金属资源综合利用项目开始土建施工，正按计划加速推进。建成项目落地见效：瑞宝电气智能制造产业升级、建筑废弃物移动破碎产线、冶金研究院检测产业化、冷弯LW500产线、萨博汽车产能提升等一批重点项目投入运营，当年增效951万元。渣土运输实现120辆车运行；顺行出租累计安全运营520万公里，综合服务区新能源汽车充电站正式投运，品牌影响力不断扩大。

（三）抓基础强管控，安全稳定态势良好。严格落实安全生产红线责任制和“双基双线一提升”工作，系统辨识产能提升、资产处置、项目建设、外部业务等新风险，组织风险隐患大排查大整治；实施全流程诊断式安全督查和全覆盖班组达标验收，推进班组安全基础建设和双重预防体系简化融合，全年督促整改各类隐患问题1178项，全覆盖达标验收班组137个，培训班组长245人。加强资产拆除、项目建设的安全监管，创新构建项目部负责制的安全环保管理体系；坚持绿色发展新理念，着力推进绿色发展三年行动计划和超低排放方案的实施，规范环境体系建设，安全环保实现了“八个零”目标。妥善处置各类信访事项，全力化解信访积案，未发生上级考核的信访事件，为全省“两会”、全国“两会”、海军成立70周年、“一带一路”高峰论坛、新中国成立70周年、中共十九届四中全会等一系列重大活动的顺利举行创造了良好环境，受到上级部门的充分肯定。

（四）抓改革破瓶颈，发展动力愈加强劲。以山钢集团“1336”改革方案为总体框架，着眼济钢未来发展，拟定《济钢集团深化改革实施方案》，进一步明确改革思路、目标和举措。加快推进总部建设，完成22家子分公司内设机构编制评审及机关181个岗位价值测评；制定人力资源管控中心实施方案及管理新架构推进实施方案；构建五大人才培养学习平台。持续深化三项制度改革，完成管理岗位“三定”、竞争上岗和管理层级理顺工作，持续完善绩效管理体系、优化薪酬管理体系，基本建立市场化、规范化用工体系。加速推进混合所有制改革和产权管理层级优化，制定《济钢集团2019—2021年混改工作计划方案》，完成信恒节能、绿润园林管理层级提级和再就业加工厂清算注销工作。扎实推进僵尸企业治理，完成消防器材厂清算注销；公开转让济钢持有的合肥日力股权，实现出清。大力推进科技创新平台建设，山钢研究院成果转化分中心落户济钢创智谷；冶金研究院通过2019年度济南市瞪羚企业认定；瑞宝电气通过济南市市级企业技术中心、“专精特新”企业申报审核，荣获山东省5G试点示范企业。

（五）抓盘活快处置，资产管理有序高效。按照分类别处置、多渠道招商、多方式处置思路，优先按产能转移、对外合作、内部转让等方式，加快推进资产处置，主厂区18个资产包已在山东产权交易中心公开转让，成交合计28.94亿元，溢价率52.57%；完成子分公司关停资产转让，成交合计5514万元，溢价率45.26%，资产处置累计回笼资金46.60亿元。土地移交规范进行，交割资产包总体拆除进度已完成80%以上，第一批土地移交基本完成。“四供一业”，新村供电设施移交实质性完成，济钢生活区供水改造基本完成；协调完成新村9条主要道路的铺设整修，社区功能更加完善。

（六）抓党建聚人心，政治保障坚强有力。高标准部署、高质量推进“不忘初心、牢记使命”主题教育，取得了预期效果。强化主流思想舆论引导，在全公司范围内开展党的十九届四中全会精神宣讲活动，全面准确阐释解读全会精神。压紧压实全面从严治党主体责任，创新实施“年度+日常+攻坚”考核机制；坚持抓基层打基础，41个届满党支部按程序完成换届选举工作，15个党支部通过山钢集团过硬党支部验收。认真落实党风廉政建设“两个责任”，建立完善“逢提必考”机制，严把干部选用政治关、廉洁关；制定《容错纠错实施办法》，确立了为干事者撑腰、为创新者松绑的鲜明导向；务实推进监督体系建设，对所属32个单位开展监督管理体系审核暨专项巡察；从严从快从实抓好山钢集团党委巡察“回头看”及专项巡察反馈问题的整改落实工作，全部按节点完成整改任务。加强外宣工作力度，在国家、省市级媒体刊发稿件200余篇。广泛开展岗位建功示范岗、岗位建功标兵评选表彰、职工合理化建议征集及劳模/工匠创新工作室创建活动；务实开展“精准帮扶结对子，服务职工解难题”专项工作；精心搭建老干部正能量活动平台，组织开展“探寻建厂元勋、传承济钢精神”专项活动，推动济钢底蕴与“九新”价值创造体系交织交融。武装保卫、计划生育、生活后勤等工作保障有力，离退休、内退、待上岗职工管理服务等工作富有成效。山钢法律顾问中心、山钢审计中心驻济钢工作人员积极服务新济钢建设，在依法治企、合规管理、防范风险、提升效益等方面发挥了重要作用，有力保障了济钢持续稳定健康发展。

各位代表！

过去的一年，我们在推动转型发展的道路上矢志不移、奋力奔跑，跨过许多沟沟坎坎，越过不少激流险滩，很辛苦、也很充实，有付出、更有收获。事非经过不知难，这些成绩来之不易。成绩的取得，得益于上级党委的正确领导，得益于各级领导和社会各界的鼎力支持，更得益于全公司广大干部职工的忠诚担当、团结一心、拼搏进取。在此，我代表济钢集团向辛勤工作在各个岗位上的广大干部职工，向山钢集团在济钢片区工作的干部职工，向时刻牵挂济钢的离退休职工及家属，向关心支持济钢的各级领导和社会各界朋友，致以衷心的感谢和崇高的敬意！

思危方能居安。在充分肯定成绩的同时，我们也清醒看到，工作中还存在不少短板和不足。一是在学深悟透笃行习近平新时代中国特色社会主义思想以指导企业转型发展方面，还有一定差距。二是快速反应、高效执行的流程机制尚未健全，干部职工的执行力和落实效率有待进一步提高。三是改革

创新的力度不够，阻碍发展进程的体制机制障碍尚未完全打破。四是价值创造成效不足，价值发现能力和创造价值能力还有待进一步提升。五是高端技术和领军人才储备依然不足，市场化选聘和高端人才引进的步伐还需进一步加快。六是核心竞争力培育有待提速，部分子公司管理基础薄弱，少数投资项目未按计划节点推进，风险防控机制还不够健全，招商引资、资金筹措能力需要进一步提高，实现转型发展攻坚决胜，还有大量艰苦的工作要做。对此，我们必须保持清醒认识，直面问题、敢于担当，举一反三、精准施策，努力加以解决。

二、2020 年工作总体要求和主要目标

今年是“十三五”的收官之年，是我国全面建成小康社会的决胜之年，也是济钢转型发展全面提速、实现跨越的突破之年。

2020 年的总体工作要求是：以习近平新时代中国特色社会主义思想为指导，全面贯彻党的十九大和十九届二中、三中、四中全会精神，以及山钢集团一届二次职代会精神，聚焦“实力突出、价值卓越、活力迸发、正气充盈、幸福和谐”五大方向性目标，坚持优化提升、进中求优，大力营造“风清气正、干事创业、改革创新”的浓厚氛围，全面践行“九新”价值创造体系，着力发挥“六大攻坚战”平台作用，不断强化全员价值创造能力，构建全新产业发展架构，深化改革创新，加快效率变革，激发内生动力，推动企业向着更高质量、更高效率、更高效益、更可持续的方向发展，做实、做好、做优“城市钢厂转型和山东省新旧动能转换的标杆”，早日实现“二次创业，重塑济钢”“建设全新济钢，造福全体职工”的历史使命。

2020 年的主要目标是：

（1）实现营业收入 276 亿元。

（2）完成利润总额 4.33 亿元，力争 5.31 亿元；完成归属母公司净利润 1.94 亿元，力争 2.59 亿元。

（3）完成归母净资产收益率 4.8%，力争 5.27%。

（4）实现职工人均收入在 2019 年基础上提升 8%。

（5）实现安全环保“八个零”，不发生上级考核的信访事件。

（6）深化改革取得全面突破，改革举措按照时间节点完成。

（7）资产质量、运营质量明显提升，资产负债率环比降低 1 个百分点以上，“四项资金”占用规模环比降低 10%以上，合理控制有息负债。

（8）重点项目按节点推进，按计划落地投产，新投产项目效益力争突破 5000 万元。

（9）幸福和谐企业建设继续深化。

提出上述目标，综合考虑了当前复杂严峻形势，分析研判了新济钢发展的不利因素和有利条件，客观预估了各经营板块的发展潜力。

从大环境来看，全球经济难以摆脱深度调整压力，经济增长步伐低于预期；在中美经贸摩擦的背景下，国内经济稳增长、防风险的难度加大。从内部看，济钢转型发展已进入攻坚决胜的“后半程”，多项增支减利因素相互叠加，各种可以预料和难以预料的风险挑战有增无减。

在认清困难和挑战的同时，我们更要看到面临的机遇和有利条件。宏观方面，中美经贸摩擦改变不了中国经济长期稳中向好的势头，一系列有针对性的政策机遇将有效对冲不利影响，经济增长后劲持续显现；随着山东省建设新旧动能转换综合试验区、中国（山东）自由贸易试验区、中国–上海合作组织地方经贸合作示范区三大国家战略效应叠加、同频共振，省内新兴动能快速成长，创新创业活力加速释放，带动工业盈利能力

逐步增强。从内部看，历经近两年来谋思路、打基础、寻突破的转型发展实践摸索，济钢的发展蓝图更加清晰，实现“两步走”“两个翻番”战略目标的具体路径更加通畅，企业内部聚焦聚力谋发展的思想认识更加统一。十九届三次职代会上，我们首次提出了“建设全新济钢，造福全体职工”的使命性目标，向历史、向社会各界作出了“二次创业，重塑济钢”的庄严承诺。一路走来，尽管我们已经啃下来不少硬骨头、攻克了不少难关，但在兑现承诺的征程上依然还有许多硬骨头要啃、许多难关要攻克，而且越往“后半程”，越是难中之难、艰中之艰。全体济钢人必须准备付出更为艰巨、更为艰苦的努力，接力探索、接续奋斗，勇做转型发展的“劲草真金”，同济钢一起克难，同企业一起攻坚，越是艰险越向前，以志不改、道不变的坚定，永不懈怠、永不停滞，全力推动全新济钢建设实现新突破。

心之所向，所向披靡！做好今年工作，要突出把好以下“七个必须”：

一是必须坚持政治引领不动摇，增强“四个意识”，坚定“四个自信”，做到“两个维护”，始终学习贯彻习近平总书记关于国有企业党建工作重要论述，坚持党的领导，加强党的建设，切实“把党领导经济工作的制度优势转化为治理效能”在济钢落地生根，形成竞争优势和发展优势。

二是必须咬定发展第一要务不放松，深入贯彻落实新发展理念，紧跟市场和政策变化，保持定力、站稳脚跟，审时度势、顺势而为，实现各产业板块的协同发展，奋力蹚出一条新济钢规模与质量同增的高质量发展新路。

三是必须深入践行“九新”不停歇，用好价值创造这个关键平台，最大限度挖掘干部职工的创效潜能，把发展的主动权牢牢掌握在自己手中。

四是必须推进效率变革不松劲，把效率变革贯穿各项工作始终，加快推动以效率提升为导向的流程再造和制度创新，全方位提升决策效率、运行效率、执行效率，不断增强新济钢抵御冲击、化解风险的软实力。

五是必须深化改革创新不停顿，大力推进思想解放、观念变革，升维思考、降维行动，打破阻碍要素自由流动的“限制”，变“不可能”为可能，推动新济钢在一次次突破“限制”和“不可能”中，实现核心竞争力的再扩展和再提升。

六是必须保持攻坚定力不懈怠，加严“军规”执行约束力度，把制约新济钢高质量发展的关键环节作为攻坚的主战场，集中兵力、靶向施策、精准攻坚，以攻坚实效筑牢转型发展基础支撑。

七是必须激励干事创业不止步，坚持问题导向、目标导向、结果导向，持续完善“容错+问责”机制，为敢担当撑腰，向不作为开刀，坚决杜绝麻木、妥协、搞变通、打折扣等现象，以钉钉子精神确保各项决策落实落地。

三、2020 年重点工作

完成全年各项目标，任务重、挑战多、要求高。我们务必把困难挑战估计得更充分一些，把应对措施准备得更周全一些，稳扎稳打、苦干实干，全力推进各项工作，以最大努力争取更好结果。

（一）全力推动产业优化提质升级

一要加快实施产业整合。聚焦主营业务培育和产业链生态构建，优化各子分公司业务结构，加快突破一批重点产业、重点区域、重点项目，加速培育协同高效、整体联动的产业链条集群。要以开放的视野配置资源，拓展实施“嫁接式跨界融合”工程，推动中科院空天院、航天八院等航天系统军工企业等与济钢现有子公司的产业对接，实现与其在资源利用、产业发展、项目实施等方面的全面融合。

二要做大做强产业规模。持续强化运营过程管控和整体评价，深挖提质增效潜力，激发生产经营各类要素动力活力，全力保障生产运行负荷提升需要。要加大产业对接的统筹力度，按照延伸钢铁产业链要求，推动山钢内部产业协同向产业化、项目化、集约化方向发展，实现由基础性协同向提升性、价值性协同的根本转变。要坚持客户导向，加大市场行情分析和市场开拓力度，超前预判、抢抓机遇，主动适应客户需求，全力保障订单储备，深挖降本增效潜力，夯实提质增效基础，持续提升存续产业经营质效。要加大对上年未完成目标单位的关注和支持力度，指导帮助其补齐短板、规范运作，持续提升经营水平，建立新的业务增长点。

三要加快推进重点项目建设。进一步规范工程项目全过程管理，按照投产节点要求，提前做好生产运营预案及配套信息化建设等工作，确保按期达产达效。其中，JW项目，作为济钢集团拳头项目，要积极推进公司实质性运营和项目建设，为产品上市打好基础；环保新材料产业园，要加快推进矿山基建建设，争取2020年12月基建完毕转入试生产；金属资源综合利用项目，要着眼打造国有废钢加工供应品牌，高标准做好流程设计，全力确保废钢精加工产线投产即赢利；冷弯型钢产线功能提升改造和萨博汽车方舱产线智能化改造项目，要着眼产能、效率提升，加快建设进度，为产品进军高端市场提供助力。

（二）全力推动价值创造提效突破

一要用好用活“攻坚”“创造”实战平台。依托“战略、战役”两个层次，聚焦“安全稳定、主业提升、科技融合、经营提质、动力变革、组织保障”六大板块，强化指挥部“指挥定向”和作战室“矢量加速”作用，补齐短板、加固底板，务求实效、全力攻坚，以点上突破带动全局提升。要聚焦全员价值创造能力提升，以“两维四象限”价值创造评价体系为基础，延伸构建价值创造三维空间立体式评价模型，激励引导广大干部职工立足本职、积极思考、开拓性工作，找准价值创造着力点，推动释放价值创造乘数效应。

二要全力推进“双降双提”重点工作。强化全面预算管理工作，以提高发展质量和效益为中心，建立全覆盖预算管理体系，持续提升经营绩效水平。要提高一个等级强化资金管控，进一步拓宽融资渠道、扩大融资规模，加快推进资产证券化融资和新建项目融资，探索实施产业基金，确保项目建设资金需求。要强力推进资产盘活和资产质量提升，进一步加强存货管理及应收款项的清理，扎实做好“僵尸企业”处置后续工作，最大程度发挥资产的时间价值、资产盘活价值和及时回款价值。

三要强化政策研究与开放合作。组建政策研究“智库”，加大政策解读和引导力度，强化与上级职能部门的沟通对接，精准把握政策导向，借势借力、善抓机遇，努力在政策支持、项目争取、资金争取上实现更大突破。要全面推进高水平开放合作，加强多元化市场开拓，深度融入“一带一路”建设等国家战略，加大中欧班列运行密度和辐射面；完善全球经贸网络，做强做精贸易产业；强化专业化精准招商力度，持续优化项目库及项目评价筛选机制；积极推进与中科院、青岛院士港等科研院所及知名大学的合作交流，进一步扩大新济钢的硬核“朋友圈”，为济钢集团高质量发展添能蓄势。

（三）全力推动改革活力持续迸发

一要全面建立常态化“三能”工作机制。持续深化干部人事制度改革，优化完善干部选拔和淘汰机制，形成数量充足、结构合理、满足需要的后备干部队伍，推进干部能上能下成为常态。要深化薪酬分配制度改革，建立健全与劳动力市场基本适应、与企业经济效益和劳动生产率挂钩的工资决定机制，实现职工收入能增能减成为常态。要以“保重点项目需求、保紧缺专业需求，引高端、引骨干、引后备”为原则，大力实施人才引进工程；完善劳动用工制度，强化劳动用工监督检查，全面规范劳动用工管理，畅通员工退出机制，实现人员能进能出成为常态。要注重做好人才队伍的关怀引导，着力增强他们的组织认同感和向心力，实现增人数与得人心的有机统一。

二要纵深推进市场化选聘和契约化管理。进一步扩大契约化管理实施范围，推动契约化管理向专业管理、专项工作、专门项目及权属公司关键经营管理岗位延伸，形成多层级、多维度、强赋能的契约化管理体系。要坚持高目标引领、强激励导向，深入实施“1+3”年契约化管理方案，科学制定目标绩效与企业长远发展双维度评价机制，充分合理授权放权，严肃刚性考核兑现，确保集团上下“动力”强劲，“压力”精准。

三要深入推进混合所有制改革。稳妥推进混改三年工作计划，严格按照确定的时间表和路线图，加快推进鲁新建材、萨博汽车、国际工程等混改任务；聚焦混改过程的痛点、难点，坚持政策指导、依法依规，因企施策、分类推进原则，做好增量、盘活存量、主动减量，积极引入市场机制，促进转换经营机制，着力构建资本充足、布局合理、机制灵活、运营安全、效益良好的现代化产业集团。

（四）全力激发创新动能接续释放

一要持续完善管理体系创新。规范法人治理结构和治理方式，持续优化管理管控组织架构，确立权属公司管控模式；巩固提升强大总部建设成果，着力增强集团总部“管控+赋能”的组织功能，为集团决策一贯到底提供强力保障，为子分公司运营改善提供科学支撑。要深入推进子分公司经营诊断，精准实施“阳光购销”，严肃规范合同管理，系统解决存在问题，确保经营质量持续改善。要加快数字化转型步伐，着眼标准统一、数据规范、互联互通，构建集业务运作、信息集成、制度落实、风险控制、财务管理于一体的综合性信息化平台，为实现新济钢多元化发展提供有力的数字化支撑。要强化土地管理，加快土地资源获取，实施存量土地开发，确保今年一季度完成主厂区土地移交。要强力推进风险合规管理，健全完善应急管理快速响应机制，积极防范、专业评估、有效化解各类风险，为企业持续健康发展保驾护航。

二要持续提升技术创新水平。建立完善面向市场的研发导向机制和有效激励机制，持续加大有效研发投入，规范技术创新项目管理，增加科技成果与专利转化数量，有效提升科技创新在整体产业中的贡献度。要加快科技创新服务平台建设，建立行之有效的对外科技合作与外部成果转化机制，积极发挥山钢研究院济钢科技成果转移转化中心平台作用，快速推进工北 21 号科创综合体建设，升级打造冶金研究院研发创新平台，用硬核的科技创新支撑新济钢高质量发展。

三要厚植“平凡创新”沃土。以全省职工全员创新工作会议精神为指引，弘扬劳模精神、劳动精神、工匠精神，广泛开展职工创新工作室、合理化建议、先进操作法、青年创新创效等群众性创新创效活动，充分激励全员创新创造热情。要建立面向未来的职教培训体系，持续提升全员创新技能。培养选树创新典型，加快领军人才和创新人才队伍建设，营造“鼓励创新、勇于创新、包容创新”的浓厚氛围，让创新成为一种价值导向、一种工作方式，让蕴藏在全体职工中的创新智慧充分释放、创新力量充分涌流。

（五）全力推进政治生态气正风清

一要继续坚持党建引领，扎实推动党建工作与中心任务深度融合。深入学习贯彻党的十九届四中全会精神，持续巩固“不忘

初心、牢记使命”主题教育成果，着眼新济钢发展需要，精准补齐党建制度短板，全力推进党建工作体系化建设。坚持马克思主义在意识形态领域指导地位，认真落实意识形态工作责任制，抵御非法宗教传播和邪教势力渗透。坚持实事求是、守正创新，扎实做好宣传思想工作，以富有说服力、感召力的内容，增强广大干部职工的信心和底气，凝聚抵御风险挑战的强大正能量。严把基层党建质量关，突出政治功能，密织组织网络，抓好基层党建“过程化、实时化、精细化”管理，进一步扩大党支部过硬比例，充分发挥党员干部的先锋模范作用，让基层党组织力量倍增、坚如磐石。

二要坚决扛起管党治党政治责任，以廉洁建设新成效促进新济钢持续健康发展。紧扣中心工作，夯实“两个责任”，务实推进党风廉政建设责任落实。驰而不息正风肃纪，坚决防止“四风”问题反弹回潮。深化监督体系运行，构建全方位监督网络，持续提升监督效能和监督效率。健全完善巡察整改“去根”的长效机制，实施内部巡察，强化巡察成果运用，推动全面从严治党、从严治企取得实效。

三要选好用好“关键少数”，狠抓干部执行力建设。坚决落实新时代好干部标准，亮明担当作为衡量标尺，改进干部推荐考察方式，把执行力和领导力作为干部选拔任用考核评价的重要依据。针对干部的知识空白、经验盲区、能力弱项，开展精准化的理论、政策、管理等培训，增强其适应新形势新任务的信心和能力。要强化问责力度、刚性兑现考核，积极营造强化执行狠抓落实的浓厚氛围。坚持预防惩治与容错纠错双轨并行，严肃查处诬告陷害行为，旗帜鲜明支持和保护那些作风正派又敢作敢为、锐意进取的干部，为新济钢发展多造就一些“闯将”“干将”。

当前，外部环境愈加复杂、风险挑战更趋严峻，是知难而进，还是畏缩不前，最能体现境界，最能看出担当。各级领导干部要砥砺战斗意志、锤炼打赢本领，把该担的责担起来，把该干的事干到位，以身作则、率先垂范、不搞特权，带头贯彻济钢集团各项决策部署，主动深入基层解决实际问题，坚持原则、敢抓敢管，积极引导广大职工朝着正确的方向前进，确保问题迅速解决、工作迅速落实。

（六）全力保障职工幸福指数持续攀升

一要扎实推进企业民主管理，让职工有更多获得感。充分尊重广大职工的民主权利，大力推进厂务公开，在重大问题决策上充分听取职工的意见，用有效的制度、措施保障职工的知情权、参与权、表达权、监督权。依法保障职工合法权利，坚持职工收入与企业发展同向联动，稳妥推进企业年金工作，让职工充分享受济钢发展带来的成果。

二要密织安全健康“防护网”，让职工有更多安全感。扎实做好“双基双线一提升”工作，积极开展分层次、分类别、分岗位安全培训，普及生产安全事故避险、自救和互救知识，切实提高全员安全风险意识和安全操作技能，实现全员安全持证上岗。围绕“绿色、智能、高质量”发展新思路，实施生产现场环保设施升级改造，为职工创造环保舒适的工作环境。关心关爱职工健康，定期组织职工体检，认真做好职业健康安全防护，为职工撑起健康“保护伞”。

三要扎扎实实为职工办实事、做好事、解难事，让职工有更多幸福感。悉心搭建职工成长成才平台，畅通个人发展通道，促进职工与企业共同发展、共同进步。拓宽服务职工渠道，妥善处置各类信访事项，健全完善困难职工“三渠道”精准帮扶体系，实现济南市互助互济、济钢阳光救助全覆盖，努力为职工排忧解难。丰富职工精神文化生活，精心组织职工喜闻乐见的文体活动，关心支持“阳光”协会开展各项工作，满足职工多层次精神文化需求；持续完善新村社区配套服务，创新老干部服务管理模式，用心用情做好离退休职工的服务工作，为转型发展凝聚强大正能量。

各位代表！

奋斗创造历史，实干成就未来。让我们更加紧密地团结在以习近平同志为核心的党中央周围，不忘初心、勇担使命，同心协力、快干实干，全面完成今年各项任务目标，全力以赴推动各项工作实现新突破，为加快推动山钢集团高质量发展，早日实现“二次创业，重塑济钢”“建设全新济钢，造福全体职工”共同使命，争创“城市钢厂转型和山东省新旧动能转换的标杆”，续写新篇章，创造新辉煌！

谢谢大家。

在集团公司疫情防控阶段性总结会议上的讲话提纲

党委书记、董事长　薄　涛

（2020 年 2 月 28 日）

同志们：

今天，我们召开疫情防控阶段性总结会议，主要是贯彻 2 月 23 日习近平总书记在统筹推进新冠肺炎疫情防控和经济社会发展工作部署会议上的重要讲话精神，总结疫情防控以来的工作，分析当前存在问题和面临形势，部署下一步疫情防控和生产经营任务。刚才，高翔同志对疫情防控做了阶段性总结和部署，就后续工作提了五条意见，苗刚同志对集团公司 3 月份生产运营做了系统安排，提了六条意见，这些意见我都同意。下面，结合疫情防控、生产经营两条战线协同推进，再讲几点意见。

这次新冠肺炎疫情，国家已经定性：是新中国成立以来，在我国发生的传播速度最快、感染范围最广、防控难度最大的一次重大突发公共卫生事件；疫情防控是“总体战”，是“阻击战”，更是一场直面生死必须打胜的“人民战争”。

面对疫情快速蔓延的复杂严峻形势，集团公司党委始终把职工群众生命安全放在第一位，坚决贯彻落实上级党委各项决策部署，充分发挥国有企业的政治担当和政治优势，打破常规、快速响应，科学部署、精准施策，统筹抓好疫情防控和生产经营各项工作，带领全体干部职工，大力弘扬艰苦奋斗、迎难而上的斗争精神，积极投身疫情防控阻击战，凝聚起众志成城、保卫济钢、共同战“疫”的强大正能量。截至目前，集团公司疫情防控、生产经营平稳有序，经受住了疫情的冲击和考验，取得了阶段性成效。

一是作战指挥科学高效，军事化管理执行有力。在集团公司统一指挥下，“六大攻坚战”指挥部发挥中枢作用，抓总抓纵深；防疫应急指挥部作为主导，抓细抓落实，构建起贯通一体的疫情防控指挥调度体系，迅速在全公司上下形成了全面动员、全面部署、全面提速的作战格局，展现了济钢军事化作风优势，全面进入“战时状态”。

二是运行新秩序快速构建，“效率变革”成效初显。积极应对“疫情暴发点、员工返程点、复工复产点”三点重叠冲击，立足于阻击、防断，纵深推进“效率变

革”，迅速建立起疫情期间工作新秩序，创造性实行双线办公机制，集团总部保持高效运行状态，各子分公司复工复产安全有序，充分体现了济钢“战时速度”。

三是疫情防控措施到位，网格化管理从严从细。利用网格化管理优势，落实落细落小各项防疫措施，侦查盲区，堵塞漏洞，重心压低，严防死守，实现相关方、职工家属、出行、就餐等关键防疫环节要素全部受控。疫情期间，网格化管理扎实有效，物资调度高效有序，后勤服务周到翔实，体现了济钢的“战时保障”。

四是生产运营平稳有序，疫情冲击总体受控。科学调度各项工作，在全年指标不动的前提下，据实调整阶段性指标，进一步挖掘潜力，激发活力。各单位经受住了环保限产、春节假期、疫情防控等多重不利因素叠加的极度严峻冲击，生产运营总体平稳，1~2月份营业收入预计完成32.21亿元，较上年同期增长39.67%，实现了防疫与生产经营的“战时联动”。

五是集团公司上下同欲，联防联控战线牢固。全体干部职工自觉投入战斗，立足“早发现、早报告、早隔离、早诊断、早治疗”，全面落实联防联控措施，构筑起群防群治的严密防线。集团公司党委切实履行国企社会职责，主动对接政府、街道和社区，积极推进社区封闭式管理、华联超市转移等，去根解决密闭空间、密集场所等疫情风险，有力维护济钢社区居民安康，实现了企业与社区“战时联防”，保障了济钢大后方的安全，得到社会各界的高度认可。

“沧海横流，方显英雄本色。”在这场严峻斗争中，各级党组织和广大党员、干部冲锋在前、顽强拼搏，充分发挥了战斗堡垒作用和先锋模范作用。以保安公司党委、环保新材料公司党委、济钢文旅党委为代表的直属党组织闻令而动、敢打硬仗，众志成城、守望相助，充分展现了集团公司各级党组织招之即来、来之能战、战之必胜的硬核形象；以城市矿产日照分公司党支部、钢城矿业机关党支部为代表的基层党支部坚持“一切行动听指挥”，强化底线思维，坚决把集团公司党委疫情防控各项措施抓实抓细抓到位，保证了疫情防控、生产经营两不误；以董波同志为代表的广大党员领导干部身先士卒、日夜奋战，用奉献守护济钢这片热土的平安，用担当书写战“疫”卫士的忠诚；以鲁新建材彭鹏同志为代表的基层党员视疫情为命令，恪尽职守、坚守奉献，维护了集团公司生产安全和疫情防控工作的新秩序；以青年预备党员张哲同志为代表的47名青年志愿者，争当疫情防控阻击战青春榜样，筑起了济钢战“疫”的青春防线。

在此，我谨代表集团公司党委，向全公司广大党员、干部、群众，致以诚挚的问候！向奋战在疫情防控、生产经营第一线的同志们表示崇高的敬意！战斗还在继续，大考并未结束，目前已经有一部分同志身体出现劳累过度现象，在此我恳请大家：注意劳逸结合。为确保人员队伍身体健康、战斗力旺盛，组织部已下达强制性全员轮休要求，请各单位严格落实。

同志们！

每段经历，皆有收获！战“疫”攻坚的过程，给我们留下了刻骨铭心的记忆，让我们积累了未来战胜挑战、化危为机的宝贵经验。

——战“疫”过程中，我们深切感受到，战“疫”攻坚，是党中央统一指挥、统一协调、统一调度下全国一盘棋的具体实践，是中国特色社会主义制度优势的充分彰显，党的领导是战胜疫情的根本保障。

——战“疫”过程中，我们深刻体会到，万众一心、众志成城是将战“疫”进行到底的关键力量。关键时期，我们必须倍加顾全大局，倍加珍视团结，倍加维护稳定。

——战“疫”过程中，我们深刻认识到，与新冠病毒的斗争，是一个反复博弈、相持的过程，是一个且战且胜、积小胜为大胜的过程，过于乐观推测形势，很可能措手不及，付出更大代价。我们必须高度警惕，坚决克服麻痹思想、厌战情绪、侥幸心理、松劲心态。在此，我再次重申，即使明天解除禁令，今天也要按照最高标准把疫情防控工作抓到位！不获全胜决不轻言成功！

——战“疫”过程中，我们要重新审视新济钢和我们自身存在的问题和短板，要善于化危为机，在自我变革、自我激活、自我提升中赢得新的生存空间和发展机遇。我们要认知生存模式，面对危机，危急时刻，活下去才是关键。既要从企业角度，深入思考当前济钢的产业布局是否合理，商业模式、治理水平和抗风险能力能否能够满足未来可持续发展和能否顶住不可测因素冲击的考验；也要从自身角度，对自己在危机面前的生存能力做一个全面深入的剖析，积极思考如何对冲未来可能出现的威胁我们生存和生命的危机和风险。要警示去伪存真，审视哪些是真的，哪些是假的，真的就是有用功，就是效率的真谛。要凸显军事化机制，要再认识军事化管理手段在这次疫情防控中的作用，再审视员工行为标准和执行力度在军事化管理中的作用，实现工作效率的再提高，要思考如何再进一步提升军事化管理的层次。要崇尚价值创造，价值创造能力是危机时刻的生存法宝，从反面来讲，循旧、妥协、麻木是危急时刻致死的关键。

同志们！

当前，疫情防控、经济发展均处于最吃劲的关键阶段，形势依然严峻复杂。我们要进一步坚定必胜信念，咬紧牙关，巩固成果、扩大战果，坚决打赢“疫情防控阻击战”“效率变革攻坚战”“转型发展保卫战”三大战役，坚定不移完成全年目标任务，向上级组织、向全体干部职工和职工家属交出一份合格答卷！

——巩固成果、扩大战果，就要坚持党对各项工作的统一领导。全体党员干部要进一步提高政治站位，树牢必胜之心、责任之心、仁爱之心、谨慎之心，勇当先锋、敢打头阵、靠前指挥，当好身边群众的贴心人和主心骨，用抗击疫情的实际行动展现共产党人的政治本色。各级党组织要认真履行领导责任，把党中央和上级党委的各项决策部署抓实抓细抓落地，让党旗在疫情防控斗争第一线高高飘扬。要注重在特殊时期考察识别干部，对表现突出的大力褒奖、大胆使用，对不担当不作为的严肃问责。要扎实做好疫情防控一线人员和困难职工的关心关爱工作，把组织的温暖和关怀体现在方方面面。要及时总结报道各级党组织和广大党员、干部在疫情防控斗争中涌现出的先进典型和感人事迹，凝聚起众志成城、全力以赴、共克时艰的强大正能量。

——巩固成果、扩大战果，就要毫不放松抓紧抓实抓细防疫工作。要始终坚持把职工的生命安全和身体健康放在第一位，保持“咬定青山不放松”的定力，在科学的防控战略布局与细致的战术推进上下功夫，加力收紧防控网格，确保各项防控措施落实到位。要全力配合各级政府、街道、社区，分兵把口，守住要道，坚决防止疫情输入；积极对接社会资源，做好防疫物资保障，优先满足一线需求。要进一步发挥济钢军事化作风优势，坚持实事求是，保持“战时”状态，做到令行禁止，争取早日夺取疫情防控阻击战的全面胜利。

——巩固成果、扩大战果，就要全力以赴完成全年目标任务。我们要进一步坚定信心，聚焦疫情对生产运营带来的冲击和影响，重点跟进新情况、新问题，及时拿出新思路、新举措，创造性开展工作，把疫情的不利影响降到最低，把损失的效益抢回来。全年目标任务坚定不动摇。要按照“一企

一策”原则，动态调整复工复产方案，尽快实现达产达效。要充分辨识疫情导致的市场变化，深入分析上下游行业走势，捕捉商机，借势突破。后续经济肯定要反弹，要借反弹之力，全力以赴开拓市场，千方百计挖潜增效，全力抓好各项工作，及时足量获取政策收益，奋力冲刺全年目标任务。

——巩固成果、扩大战果，就要巩固完善运行新秩序。以疫情防控为契机，以军事化管理为标准，持续优化运行新秩序，形成可持续健康推进的工作新机制，实现“改进、固化、提升”的良性循环。要加速建立各子分公司间产品互销、项目承接、信息互享等内部协同机制，捕捉山钢内部商机，力争产业协同突破。科学分析疫情条件下的物流现状，控制成本，提升效率，实现总体最优。要加快推动数字化变革，借助信息化力量打造“智慧总部”，全面提升双线办公机制下的工作效能，不断提高集团公司总揽全局的指挥能力。

——巩固成果、扩大战果，就要全方位加强风险防控。要把风控体系建设作为一项根本性、长远性、全局性的工作来抓。以疫情防控为新起点，针对暴露出的问题，深度思考，以点带面，找差距、补短板，多角度推进风险管理体系建设，尽快形成严密的风控网络。要深入摸排市场风险、经营风险、资产风险，法律风险等各类潜在风险，科学制定防控举措，推进风险的防范化解，确保集团公司利益不受损失。风险辨识要从“最坏处”打算，制定措施要向“最好方向”努力。要综合提升应急管理能力，时刻做好应对各种复杂困难局面的准备，增强忧患意识，牢牢把握发展的主动权。良好的信誉是济钢发展的通行证。要进一步树立风险合规意识，增强契约精神，讲信誉、懂规矩，既要积极获取政府政策支持，也要积极兑现与关联企业的政策，借助疫情防控阻击战提升济钢美誉度，广泛获得职工支持和社会认可。

——巩固成果、扩大战果，就要加快推进转型发展。疫情防控是一场不期而遇的遭遇战，今后我们还要打好反击战！要号脉大势，储备资源，看准穴位，动如脱兔。加速构建可支撑济钢未来持续发展的多元产业布局和生态体系，整合资源，立柱架梁，尽快壮大济钢的体量规模，要提前一年完成600亿元目标（原计划2023年，提前到2022年，这一目标已和历城区委书记达成共识，历城区将提供全力支持）。公司经理层要进一步厘清实现目标的路径和措施，思路、视野要开阔，跳出济钢看济钢。要高度关注行业调整、产业链重塑和新旧商业模式替代（如：线上办公/教育、智慧城市建设），系统谋划，构建新的效益增长机制。要以“四新”产业园、JW项目（卫星总装基地已列入山东省2020年重大项目建设名单）、环保新材料、创智谷等为基础和平台，多渠道招商引资，提高资产质量，做大资产规模。大力引进高质量战投，稳步推进鲁新建材、济钢国际、瑞宝电气等单位混改。提高资产证券化水平，冲刺推进国铭铸管IPO计划。要加强政企合作，主动寻求政府支持，善于借助政府力量整合社会资源，不断获取发展新动能。

同志们！国家兴亡，匹夫有责。本次疫情在全国已经造成两千七百余人罹难；三千余名医务人员感染，其中二十六人以身殉职。值此危难之际，作为有着60余年光辉历史的大型国企，济钢必须勇担社会责任，初心永恒，使命无限，我们要团结带领广大干部职工，以更坚定的信心、更精准的举措、更务实的作风，奋力夺取疫情防控的全面胜利，将疫情防控战役中焕发出的正能量转化为未来发展的新动能，奋力实现全年各项目标任务，朝着我们既定的宏伟蓝图坚定迈进！

谢谢大家！

在集团公司巡察工作动员会上的讲话

党委书记、董事长　薄　涛

（2020 年 4 月 17 日）

同志们：

今天，我们召开巡察工作动员会。主要任务是，深入学习贯彻党的十九大和十九届四中全会精神，落实山钢集团党委关于巡察工作的要求，安排部署巡察工作任务，统一思想，凝聚共识，推动全面从严治党、从严治企向纵深发展，巩固风清气正的政治生态，为集团公司转型发展全面提速、实现新跨越新突破提供有力保障。

刚才文波书记宣布了集团公司今年的巡察工作方案，这个方案已经集团公司党委会研究通过，并与山钢集团党委巡察办进行了沟通，各单位要按照方案要求认真抓好落实。下面，就开展好今年的巡察工作，我讲三个方面的意见。

一、提高思想认识，深刻领会巡察工作的重要意义

巡视巡察是党章赋予的重要职责，是全面从严治党的内在要求，是加强党内监督的重要形式，是强化国有企业经营管控的重要举措。我们要站在深化全面从严治党、保障国有资产安全、维护转型发展稳定大局的高度，充分认识巡察工作的重要意义。

（一）开展巡察工作，是推进全面从严治党向基层延伸的重要举措。习近平总书记指出，“党组织建立到哪里，巡视巡察就要跟进到哪里”。开展巡察全覆盖工作，是落实全面从严治党主体责任的重要举措，是推进全面从严治党向基层延伸的重要手段。在山钢集团纪委一届五次全会上，侯军书记讲话和赵文友书记的工作报告中都强调指，出今年山钢集团将“指导二级党组织开展内部巡察，实现对三级党组织的巡察全覆盖”。集团公司启动今年的内部巡察工作，就是贯彻落实上级党委决策部署的具体措施，是变被动为主动、持续保持反腐高压态势的需要，更是深入推进党风廉政建设、保障转型发展的迫切需求。全体干部职工要深刻认识开展巡察工作的重要性和必要性，把思想和行动统一到上级党委的部署和要求上来，把开展巡察作为加强党的建设、落实全面从严治党要求的一项重大政治任务，从对党忠诚的高度抓紧抓牢抓出成效。

（二）开展巡察工作，是推进集团公司转型发展的重要保证。今年是集团公司转型发展全面提速、实现跨越的突破之年。形势错综复杂，任务艰巨繁重，存在许多难以预料的风险和挑战，突如其来的疫情又对我们的持续稳定健康发展带来了冲击。越是这个时候，越要坚定政治立场，履行政治责任，统一行动，统一步调，保证我们的事业沿着正确的方向不断前进。开展内部巡察，对企业党的建设和经济运行过程进行有效的监督覆盖，切实维护党组织和企业的利益和权益，避免发生、及早发现问题，堵塞漏洞、改进管理、化危为机、创造价值，严防以权谋私、以岗谋私和利益输送等违纪违法行为发生，解决阻碍发展的突出问题、消除影响发展的顽瘴痼疾，厚植风清气正的政治生态，维护和推进集团公司来之不易的发展局面。

（三）开展巡察工作，是促进问题整改“去根”的有效手段。从山钢集团党委两轮巡察反馈情况来看，集团公司各级党组织在党建和党风廉政建设工作中仍存在一定的薄弱环节；从监督体系审核、经营绩效审计、专业管理评审等日常监督检查中，也发现了各单位管理中暴露出的各种问题。这些薄弱环节弥补得怎么样，问题整改是否实现清仓见底，需要在内部巡察过程中得到验证。要充分借助巡察距离近、独立性强的优势，有效发挥巡察“震慑、遏制、治本”的功能，精准发现问题的同时，找到问题背后的原因，找出推动问题解决的办法，标本兼治，正本清源，形成问题“去根”长效机制，不断补齐转型发展的短板、强化转型发展的支撑、夯实转型发展的根基，为转型发展清弊除障、铺路架桥。

二、坚持问题导向，准确把握巡察工作的正确方向

集团公司二十届三次职代会和年度党风廉政建设工作会议都对今年的巡察工作提出了要求。巡察组的同志要提高政治站位，把准政治定位，牢记组织使命，增强责任担当，认真履行职责，充分发挥巡察工作的利剑作用。

（一）把握巡察重点。在坚持政治巡察定位的同时，要围绕转型发展抓好管理巡察，着力发现和解决党的建设和企业管理中的突出问题。政治巡察，是巡察工作的“主旋律”。要重点巡察党组织和党员干部贯彻落实上级决策部署情况，履行“两个责任”情况、遵守党章党规党纪情况、作风建设情况、民主集中制执行情况、干部选拔任用情况等，对被巡察单位党组织和党员干部做一次“政治体检”，整治“能力不足不善为、动力不足不想为、担当不足不敢为”等为官不为的行为，要向效率变革中“庸、懒、散、慢、软”的问题亮剑。管理巡察，要以发展战略为核心，以夯实基础为前提，以制度规定为准绳，以“三重一大”决策制度执行情况、重大风险控制情况、企业内控制度建设和执行情况等为巡察重点，着力发现资金管理、资产处置、物资采购、工程项目建设等重点领域存在的问题，系统辨识经营贸易、合同管理、投融资管理等关键环节可能出现的风险，对被巡察单位进行一次“管理诊断”，把脉问诊，追根溯源，发现提升点，修补缺失点，防范风险点，固化去年开展的经营、财务、绩效、子分公司发展规划等方面的管理提升诊断成果，形成一贯到底、循环往复的“诊断—提升—再诊断—再提升”的推进模式，推动基础管理水平螺旋上升。

（二）创新方式方法。要建立健全涵盖巡察全过程的制度规范，确保巡察各个环节衔接到位、一体贯通，每道程序都有章可循、有规可依。要立足实际，充分借鉴中央、省委巡视及山钢集团党委巡察的工作经验，把握共性、突出个性，积极探索，大胆创新，对管用有效的方法，认真总结，并在实践中逐步规范。要坚持“五个结合”原则，注重把巡察工作与落实集团公司发展战略相结合，与打赢“三大战役”相结合，与加强被巡察单位领导班子建设相结合，与解决被巡察单位实际问题相结合，与其他各类监督检查问题整改验证相结合。根据被巡察党组织、领导干部的不同特点，深入到权力比较集中、职工反映比较突出、监督比较薄弱的部门和岗位，采取灵活多样的方式，多渠道、多角度地了解情况，发现问题，对问题实事求是地分析甄别，客观公正地报告反映，促进基层干部自觉转变作风，持续改进管理，保障集团公司决策部署落实到位。

（三）强化成果运用。巡察贵在发现问题，重在解决问题。对发现的问题，要督促被巡察单位即知即改、即察即改，既要严字当头，又要实字托底，按照“共性问题集中整治、典型问题重点整治、个性问题专项整治”的原则进行分类处置。对巡察过程中发现的重大问题，巡察组要及时向巡察工作领导小组报告，必要时可直接向我报告；对涉嫌党员干部违规违纪的具体问题线索，要及时移交纪检组织严肃查处。巡察结束后向被巡察单位反馈发现的问题，要原原本本、不加修饰地逐一点评，直指“病根”，猛敲“警钟”，让被巡察单位真认账、不推诿，真整改、不敷衍，确保责任压力传导到位。要完善巡察整改情况报告制度，抓好巡察问题整改公开工作，整改情况以适当方式公开，接受职工群众监督。要综合用好巡察成果，集团公司党委将把巡察结果和整改情况作为领导班子考核评价和干部选拔任用的重要依据。

三、强化政治担当，自觉接受监督，保障巡察工作扎实深入开展

今天参加会议的是各单位党政主要负责同志，在此我提几点具体要求：

（一）自觉接受巡察监督。巡察工作是集团公司强化内部管理的一个强力手段，是防微杜渐、保护干部的重要措施。巡察的根本目的是发现问题、改进工作、促进发展，绝不是冲着哪个班子、哪名干部去的，也不是跟哪个班子、哪名干部过不去。对于领导干部而言，巡察是紧箍咒，更是护身符；对于企业发展而言，巡察是润滑油，更是催化剂。因此，被巡察单位党委和领导干部要牢牢树立“严管就是厚爱”“信任不能代替监督”的理念，正确认识和看待巡察工作，切实增强主动接受巡察监督的坚定性和自觉性。要以闻过则喜的态度接受巡察监督，不回避、不护短，不讳疾忌医、遮遮掩掩，更不能私下里套近乎、拉关系，搞拉拉扯扯或施加压力。

（二）全力支持巡察组开展工作。各单位党委是否支持巡察工作本身，就是党性是否坚定，政治意识、大局意识是否牢固的体现。巡察工作需要人员支持时，要克服困难，抽调精干人员参与巡察，不能因为自己单位人手紧等理由，推三阻四、消极应对。被巡察单位要为巡察组提供必要的工作条件，营造良好的工作环境。要按巡察组的工作要求，积极提供有关资料，如实客观地向巡察组反映情况。集团公司纪委新一期的《每周一题》专门列举了党章、党的纪律处分条例和巡视工作条例中对巡视巡察工作的相关规定，各单位党委和领导干部要认真学习领会。配合做好巡察工作，既是政治纪律，也是组织纪律、工作纪律，必须严格遵守。对于阻碍巡察组工作的单位或干部，集团公司党委将严肃问责，绝不姑息。

（三）认真落实巡察问题整改。巡察是手段，整改是路径。巡察工作开展得好不好，关键看整改。被巡察单位党委是巡察整改的主体，要即知即改、边巡边改、立行立改，把整改贯穿巡察的全过程。对反馈的重点问题，要从严从实逐级落实责任，分工负责，明确时限，彻底改，改彻底，改到位。对移交的问题线索要安排专人负责到底，确保件件有落实，事事有回音。巡察办要建立跟踪回访制度，加强督办，对于未在限期内完成整改的，或敷衍塞责、推诿扯皮甚至拒不整改的，要严肃追究被巡察单位主要负责人和相关责任人的责任，决不姑息容忍，切实增强巡察监督的震慑力和公信力。

最后，对巡察工作组的同志们提几点要求。一要政治过硬。巡察工作是一项政治性、政策性很强的工作，政治敏感度、群众关注度高。巡察人员的作风素质、言行举止，直接关系到集团公司党委的威信和形象。巡察组要强化权责法定的理念，恪守权力边界，做到重程序，讲规矩，明界限，严约束，坚持原则，敢于较真，秉公用权，勇于担当。二要纪律过硬。巡察人员是监督别

人的，首先要管好自己，做遵规守纪的标杆。自觉把好人情关、亲情关、友情关，严禁跑风漏气，严禁以巡谋私，严禁不负责任乱表态。要正确处理本职工作与巡察工作的关系，不能有临时思想，要全心全意、全力以赴履行好职责。三要业务过硬。巡察人员是各个管理专业的行家，但是对巡察工作相对比较陌生。要充分珍惜执行巡察任务的机会，熟悉政策、丰富理论、掌握方法，提高发现问题、解决问题的能力和水平，既能找准问题、指出“病灶”，又能建言献策、开出良方，做到见微知著，以点带面，提出建议，推动整改，为集团公司和各单位决策部署提供重要参考。

同志们，做好巡察工作是各级党组织共同的政治责任。相信通过巡察组和各单位党委的共同努力，一定能够高质量完成今年的巡察工作任务，以巡察工作的实际成效，为打赢“疫情防控阻击战”“效率变革攻坚战”“转型发展保卫战”提供坚强的政治保障。

谢谢大家！

在济钢集团2019年度“六大攻坚战”评功授奖表彰大会上的讲话提纲

党委书记、董事长 薄 涛

（2020年4月10日）

同志们：

面对新型冠状病毒感染肺炎疫情的生死考验，集团公司依托“六大攻坚战”平台，迅速打响了“疫情防控阻击战”“效率变革攻坚战”和“转型发展保卫战”三大战役。今天我们召开会议，既是总结经验、激励先进的表彰会，又是落实目标、强化责任的加压会，更是鼓舞干劲、接续奋斗的动员会，旨在进一步统一思想、坚定信心、凝聚力量，为团结一致干事业、聚精会神谋发展、坚决打赢“三大战役”集聚强大合力。

首先，我谨代表集团公司党委、集团公司，向受到表彰的先进集体和先进个人表示热烈的祝贺！

同志们！

2019年，“六大攻坚战”把制约新济钢高质量发展的关键环节作为攻坚主战场，集中兵力、靶向施策、精准攻坚，以攻坚实效筑牢转型发展根基。一年多来，全公司上下聚焦“实力突出、价值卓越、活力迸发、正气充盈、幸福和谐”五大方向性目标，深入践行“九新”价值创造体系，以“安全稳定、产业培育、资产收益、经营改善、动力变革、组织保障”为主线，以“攻坚战、歼灭战、持久战”为手段，深化“军规”保障，总揽发展全局，坚持任务清单化，统筹谋划、分类推进，再战再胜、决战制胜，推动产业培育加速突破、资产收益成效明显、动力活力有效激发、组织保障全面落实、企业基础管理和本质化运营水平持续提升，稳定发展局面良好，转型发展迈出了新步伐、实现了新跨越。

一是开辟了“攻坚战、歼灭战、持久战”三大战场，强力攻坚，捷报频传。

——调动资源，强化协作，聚焦“攻坚战”，选取精干力量奋力推进，落实了一批重点事项。JW项目用时140天完成公司注册，成为中国（山东）自贸区济南片区签订的首批项目之一；环保新材料产业园10月1日实现破碎线全线贯通，12月完成联动试车；推进“四新”产业园一期项目落地实施，完成济钢防务XB验证线厂房改造工作，进入专用设备安装阶段，为6月份产品下线奠定坚实基础；瑞宝电气产业升级、研究院检测产业化、冷弯型钢高端装备专用深加工、萨博公司汽车改装线产能提升等一批转型发展项目相继竣工达产；出租车项目实现80台巡游车运营，综合服务区和新能源充电站全面建成；运输业务规模不断扩大，进一步扩大济钢城市矿产品牌影响力；济钢新材料、高端装备制造及技术服务业+城市综合服务业“两大主业”的产业定位更加清晰。

——全面扫描，精准定位，聚焦“歼灭战”，不留余地，逐项歼灭，攻克了一批重点“山头”。主厂区19个资产包依法合规完成挂牌处置，实现溢价8.92亿元；完成流动资产处置34笔，溢价1200余万元；扎实推进资产证券化业务，拓宽融资渠道、扩大融资规模，实现项目贷款、融资租赁业务融资10亿元；全面推进生产运营信息化平台建设，实现上线试运行；分类施策、冲锋引爆，持续开展季度运营提升活动，助推子分公司提前三个月完成年度169亿元营收目标。

——创新求解，高效执行，聚焦“持久战”，靶向治疗、滴灌式变革去根，解决了一批发展难题。创新实施全流程安全督查和全覆盖班组达标验收，抓好岗位关键环节，抓住基层管理队伍这个决定因素，构建安全稳定发展局面；实施经营、财务、绩效、发展规划、党支部、精准帮扶六大管理诊断，激发强大总部赋能作用；完成信恒节能、绿润园林提级、质检站改制增资及再就业加工厂清算注销，不断优化产权管理层级；完成合肥日力挂牌转让，消防器材厂工商注销，推动僵尸企业治理水平和治理效果日益提升；发布容错免责实施办法，确立了为干事者撑腰、为创新者松绑的鲜明导向；务实推进监督体系建设，建立长效机制，从严从快从实抓好巡察问题整改落实工作，集团公司管理基础不断夯实，运行质量持续提升。

二是搭建了“价值创造、攻坚课题、指标对标”三条主线，多措并举，全面开花。

——价值创造生态体系日趋完善。实施全员价值创造以来，集团公司坚持理念先导，凝聚起“幸福是奋斗出来的”价值创造共识；集思广益，明确“知识、能力、工作、努力”四个维度的价值创造路径；分类推进，建成“树标立题+自主找题”相结合的两级价值创造推动体系；动态发展，构建“两维四象限”价值创造量化考评体系；点题示范，培育价值发现能力；典范引领，激发全员价值创造热情，一整套符合济钢发展的价值创造体系日趋完善。通过四个季度的逐层引导、逐季深入，各单位及广大干部职工价值创造的行为更加自觉，价值创造氛围愈发浓厚，提质提效作用愈加凸显，如冷弯型钢立足市场努力实践价值发现，2019年实现产量、利润双翻番；全公司全年共征集价值创造事例802项，表彰88项，实现创效1.45亿元，开创了价值创造工作新局面，为落实济钢发展战略、实现“两步走”目标提供强力支撑。

——课题攻坚解题能力日益突出。坚持问题导向，营造“问题就是资源、问题就是财富”的全员课题攻坚氛围，各层级管理人员进一步解放思想，打破禁锢，领导带头、全员参与，贴近生产、贴近实际，鼓励原创性、前瞻性，充分激发全员创新创造能力，特别是提升后备力量解题破题的能力和胆识，推动工作高效突破。2019年，144项中层及以上管理人员课题结题，解决了转型

项目全过程管控、三会一层治理结构高效运行、权属子分公司契约化管理成效评价等一批重大、实际问题；34 家单位共备案基层课题 141 项，建立了“济钢攻坚课题资源库”，资源共享，为提升“六大攻坚战”的赋能水平强化了资源基础。

——指标对标成效彰显。11 家机关部室和 23 家子分公司积极走出去，学先进、找差距，明确对标单位 48 家。通过明确目标、制定计划、分解措施，动态推进指标对标工作赶有目标、学有成效，不断培育自发成长力，推动集团公司高质量发展。2019 年，23 家子分公司中 15 家完成利润奋斗目标，其中冷弯型钢、萨博汽车产销量、业务量实现翻番，国际工程、城市矿产、石灰石公司等单位实现超奋斗目标 15%以上增幅，为集团公司整体目标任务的完成提供了有力支撑。

三是发挥好“指挥棒、风向标、撒手锏”三个作用，统一步调、担当作为。

“六大攻坚战”是一场检兵验将的冲锋之战，必须严明号令、改进作风、完善机制、铁律督战，鼓励有作为、整肃不作为。

——充分发挥真评实考的“指挥棒”作用。坚持公平公正原则，制定“周推进、月评价、季考核”的评价考核体系，做好攻坚过程管控和效果评估，增强各级管理人员的责任意识和担当意识，努力形成人人肩上有任务、个个带头打冲锋的作战格局。充分发挥“指挥棒”效能及攻坚战解决问题、上下联动作用，全年召开调度会议 48 次，通报各类过程问题 372 项；针对推进过程中的重点、难点问题，下达并办结 10 项作战督导令，督导攻坚主责部门调整攻坚节奏，强化攻坚力度，拓展攻坚维度，确保攻坚方向不偏、攻坚士气不衰、攻坚力度不减，全年 95 项作战任务基本完成。

——积极发挥正向激励的“风向标”作用。把攻坚的“主战场”变成检验干部发现问题有能力、解决问题出实绩的“大考场”，对在攻坚中担当意识强、措施办法多、工作作风实、攻坚成效好的单位，进行大张旗鼓表彰，以正激励激发正能量，以典范引领攻坚制胜。一季度培养了“效率提升”典型萨博汽车，二季度培养了“经营创效”典型钢城矿业，三季度培养了“资产创效”典型资产部，四季度培养了“财务创效”典型财务部，进一步带动践行“九新”成为新常态，扩大示范辐射效应，汇聚起培育核心竞争力、推动可持续发展的强大动能。

——有效发挥“军规”的“撒手锏”作用。有令必行，令行禁止，才能形成协调一致的攻坚步伐。组织济钢物流、资产部、规划部、城市矿产、资产公司签订军令状，赏罚分明，倒逼主责部门拿出更坚定的决心、更明确的思路、更精准的举措，拿实招、求实效、出实绩，推动多式联运项目集装箱外发、移动式破碎项目按期达产达效、山钢集团日照公司 2.1 亿元欠款按期收回、资产包拆除及土地移交回款工作有序推进。

同志们！

时间是伟大的书写者，它总会忠实地记录下每一个奋斗者的足迹。回首 2019 年，既有追逐梦想的憧憬，更有默默耕耘的实干；既有经风历雨的磨砺，更有收获成功的喜悦。成绩的取得，凝聚的是集团公司广大干部职工和衷共济、自强不息、顽强拼搏的心血，展现的是全体党员干部高标定位、自我加压、超越争先的精神！刚才接受颁奖的先进集体和先进个人，就是其中的杰出代表。

先进是一面旗帜，榜样是一种力量。特别是在这万众一心抗击疫情、全力以赴谋求发展的关键时刻，我们更需要学习他们勇于担当的精神、高效执行的作风，坚持底线思维、理性准则和效率意识，将榜样的力量转化为开创工作新局面的强大动力和自觉行动。各单位各部门要紧紧围绕集团公司二十届三次职代会确定的发展目标，以先进典型为榜样，以“不用扬鞭自奋蹄”的动力、“咬定青山不放松”的毅力，坚定发展信心，抢抓发展机遇，化解新风险，提升总效率，努力推进济钢又好又快发展，为实现“建设全新济钢、造福全体职工”的共同使命再立新功。

在肯定成绩的同时，也要看到工作中存在的问题和不足。一是面对疫情考验，虽然依托“六大攻坚战”平台建成了上下贯通的指挥体系，但距离左右协作、横向联手的全新工作格局还有差距；二是个别作战任务虽然推进措施不少，工作也很努力，但只是当作普通任务对待，深度思考不够；三是抓协同的力度仍然不够，尤其是对外部协同的事项办法不多，缺少创造性、突破性的手段；四是基于精准价值发现基础上的价值创造能力尚需进一步提升；五是通过管理诊断为子分公司赋能和指导服务的力度需要加强；六是“歇歇脚”“喘口气”的妥协思想依然不同程度的存在，保持一以贯之的攻坚状态上还需要再加把劲。

进入 2020 年，新冠肺炎疫情的暴发，迫使我们进入一个超常规发展的新阶段，按部就班、顺势平推的工作局面被彻底打破。面对疫情危机，“六大攻坚战”平台快速反应，迅速启动疫情防控阻击战，在疫情防控中枢指挥、责任落实、制度保障、物资供应、后勤服务、社区联防、新秩序构建及复工复产等方面创新探索，打好“效率变革”第一战，确保了疫情期间集团公司整体运转有序，声音一致、步调一致、行动一致，疫情防控和生产经营双推进、双稳定。

受疫情影响，一季度特别是二月份造成了一定损失，接下来我们要把耽误的时间、效益抢回来，确保完成全年目标任务，“场场都是硬仗”。从三月份情况来看，已经全面回升，进入了加速状态。要继续保持良好势头，继续总结好、发展好“六大攻坚战”这一与时俱进的创新管理模式，继续系统践行“九新”价值创造体系，坚持使命引领、“军规”保障，坚决打赢“疫情防控阻击战”“效率变革攻坚战”和“转型发展保卫战”三大战役；主动适应内外部发展新形势，以攻坚决胜的责任感、舍我其谁的使命感和时不我待的紧迫感，尽锐出战、高效协同，努力提升集团公司决策效率、管控效率、运营效率与发展效率，坚定不移完成 2020 年任务目标，为提前实现“两步走”战略落地加速奔跑。

一是全方位推进“效率变革”，以提升总效率带动整体工作全面突破。

要找准穴位，打通经络，带动深化改革新突破。“效率变革”是解决济钢存在问题的金钥匙，关键在于号对脉、把准穴，抓住“三个让位”的根本。要深入学习研究山东省“重点工作攻坚年”九大改革攻坚行动方案，结合“九新”价值创造体系，做好借鉴融合。要对强大总部建设进行顶层设计，破除“本位主义”禁锢，打破行政“条块分割”，打通总部为基层单位输血赋能的“血脉经络”，激活总部联系基层、服务基层的“神经末梢”。要以“流程再造”为重点，以“协同并行”为原则，进一步打破部门边界，资源再优化、职能再整合，通过信息化手段提高流程跟踪和业务追溯能力，实现流程优化再造和管理创新升级。要以赋权、下沉、增效为重点，规范细化子分公司权力清单、责任清单和操作规范，推动重心下移、力量下沉、资源下放，着力形成权责利对等的高效运行体系。

要借势借力，打通路径，带动融合发展新突破。咬定“提前一年完成 600 亿元目标”不放松，快如鹰隼，动若脱兔，整合资源，立柱架梁，加速构建可支撑济钢未来持续发展的多元产业布局和生态体系，尽快壮大济钢的体量规模，推动“两步走”战

略提前落地。要精准研判，多做有用功，摸准子分公司真正需求，主动寻求政府精准支持。善于借助政府力量整合社会资源，多渠道招商引资，引进高质量战投，提升资产证券化水平，不断获取发展新动能。

要清障除弊，营造氛围，带动全员状态新突破。要健全崇尚实干、带动担当、加油鼓劲的正向激励机制，调动和激发干部队伍的积极性、主动性、创造性。以思想解放突破变革难题，敢破敢立，敢想敢试，敢闯敢干，不仅要勇于突破旧框框，也要善于突破一些新框框。要强化监督调度和量化评价，实施全程跟踪监控，时不时拧拧螺丝，对存在明显短板和履职不力的，及时果断处置。推进预防惩治和容错纠错双规并行，营造“风清气正，干事创业，改革创新”的良好氛围。

二是全力以赴推动作战任务高效落地，以锐意攻坚实现发展新跨越。

要统筹兼顾，全力推进生产经营提质增效。坚持全面完成全年目标任务不动摇，强化运营过程管控和整体评价，科学施策，有序组织，激发生产经营各类要素动力活力，全力提升生产运行负荷，加快恢复生产经营秩序。要依靠产业协同，做好资源、资本、资产、资金等要素协同，点位突破，打通障碍。依靠资产证券化、产业基金化，着力研究优质资产注入、股权融资，做大资产规模，推进商业模式创新，为提升本质化运营水平增添新动能。要重点跟进疫情变化带来的新情况、新问题，科学研判国际形势对公司发展的影响，主动出击，创新探索，捕捉商机，努力建立新的业务增长点。

要分类推进，加速推进转型发展项目落地。要牢牢把握山东省加快重点项目建设机遇，充分利用各项政策支持，加快“四新”产业园一期项目落实和运营模式创新，为集团公司转型发展积蓄力量。推进 JW 项目建设和公司实质性运营，尽快实现产品上市。推进环保新材料产业园矿山基建建设，力争早日转入试生产。着眼打造国有废钢加工供应品牌，高标准做好金属综合利用项目流程设计，确保废钢精加工产线投产即赢利。实施冷弯型钢产线功能提升改造和萨博汽车方舱产线智能化改造，为产品进军高端市场打实基础。

要主动出击，着力培育新的效益增长点。主动适应新情况、研究新问题、把握新特点、探索新规律，增强工作的前瞻性、主动性和决策的科学性、有效性，下好先手棋，立足现有产业基础和未来转型发展需要，加快聚焦，培育集团公司发展增量。实施“产业经营+资本运营”双轮驱动，对冲产业发展风险。利用产业园区建设吸引社会资源向济钢集聚，推动内外部资源协调发展，加快推进以空天航空军工技术为轴心、三大产业辐辏、产研学融合发展的生态圈建设，激发产业升级成长力。

三是全面提升新的价值创造能力，以创新创造推动价值提升。

要持续优化价值创造生态。聚焦持续提升全员价值发现能力和创新创造能力，找准价值创造着力点，以多角度、多层面、多领域的探索实践，释放价值创造乘数效应。推动价值创造由静态向动态发展，向模式创新、流程再造、渠道打通、效率提升汇聚，在动态推进中实现精准定位，激发全体干部职工的创新创造基因。充分利用价值创造引领制度创新、管理创新、产品创新、工艺创新，形成全员创新创造的浓厚氛围，切实为集团公司转型发展与战略目标的落实落地助力赋能。

要持续提升破题结题能力。集团公司转型发展是不断发现和解决问题的过程。发现问题是能力，承认问题是境界、解决问题靠水平。要把发现问题与主动担责结合起来，把解决问题与主观努力结合起来，进一步解放思想、突破禁锢、启迪智慧，有效化解转型发展的难点、痛点、问题点，形成全员课题攻坚的良好氛围。要把效率变革、深化改革、转型发展作为课题攻坚的主战场，深入思考、大胆实践。要把当前利益放到长远战略中，把局部环节放到大局中去思考，通过课题攻坚消除束缚发展的体制机制障碍，突破制约瓶颈、提升发展效率，为转型发展注入动力和活力。

四是全力构建疫情防控常态化下的新秩序，以战时状态、临战姿态推动高质量发展成为新常态。

疫情是一次大考，也是一次检验。我们要坚定不移按照“即使明天解除禁令，今天也要按照最高标准把疫情防控工作抓到位”的要求，全面抓好新形势下的疫情防控工作。

要完善中枢指挥调度体系，重构秩序、高效运转。要在战“疫”实践中不断总结完善“六大攻坚战”半军事化管理模式，明确结构性要素，突出着力点，在指挥中枢化、行为规范化、执行高效化、作战战区化上创新探索，实现突破，打造敢打硬仗、能打胜仗的指挥调度体系。要紧密结合疫情变化趋势，建立健全制度体系，构建上下相连、纵横相间、点面结合、内外统筹的制度系统，形成“全公司上下一盘棋”的全局性管理运行机制，确保制度同向同行、互补互撑。加快推动信息化建设，打通数据传递快捷通道，打破信息孤岛，推动运营管控数字化、总部建设智慧化，提高强大总部总揽全局的指挥能力和智慧赋能作用。

要延伸网格化管理效能，重心下沉、抓实抓细。继续在科学防控战略布局与细致战术推进上下功夫，建立科学完善的信息处理机制和监督检查机制，提高基层解决问题的能力，层层监督推动干部职工形成严谨有序的工作作风，展现济钢军事化作风优势。继续在横向监督、统筹协作上下功夫，充分发挥“军规”、安全巡查、纪检、合规等监督优势，切实提高执行能力。要以疫情防控为原点，持续打造有效防范风险的管理体系，开展重大风险评估与预警，切实保障集团公司利益不受损失。

同志们！

风劲潮涌，自当扬帆破浪，任重道远，更需快马加鞭！当此转型发展全面提速、跨越突破的关键阶段，让我们迅速行动起来，继续发扬“六大攻坚战”雷厉风行的军事化作风，保持冲锋姿态，努力攻坚克难，思危思进、只争朝夕、奋勇拼搏，做实、做好、做优“城市钢厂转型和山东省新旧动能转换的标杆”，为早日实现“二次创业，重塑济钢”而努力奋斗！

勇当主力军　彰显新作为
为加快推进新济钢建设而不懈奋斗

——在济钢集团庆“五一”“五四”暨先进集体先进个人表彰大会上的讲话提纲

党委书记、董事长　薄　涛

（2020 年 4 月 29 日）

同志们：

在“五一”国际劳动节、“五四”青年节来临之际，今天我们隆重集会，共同庆祝全世界工人阶级、劳动群众和广大青年的光辉节日，表彰全公司各条战线上的先进集体、先进个人，动员全公司上下以先模为榜

样，以山钢集团一季度工作会议精神为指导，振奋精神、扎实工作，积极进取、争先创优，坚决打赢“疫情防控阻击战”“效率变革攻坚战”和“转型发展保卫战”三大战役，为加快推进新济钢建设贡献智慧和力量！

首先，我谨代表集团公司党委、集团公司，向受到表彰的先进集体、先进个人，致以热烈的祝贺和崇高的敬意！向奋战在全公司各条战线、各个岗位上的广大职工和团员青年，致以节日的问候和衷心的感谢！向长期以来为济钢发展做出贡献的老劳模、老先进工作者、离退休老同志，致以诚挚的问候和美好的祝愿！

过去的一年，我们在实现“建设全新济钢，造福全体职工”使命目标的征程上，满怀信心、坚定前行，很辛苦、也很充实，有付出、更有收获。我们牢牢把握“六大攻坚战”“价值创造”“制度创新”三条工作主线，在抢抓机遇中乘势而上，在爬坡过坎中克难前行，为建设全新济钢打下了决定性基础；我们创新实施“嫁接式跨界融合”工程，积极培育高端装备制造效益增长点，为转型发展积蓄了后劲力量；我们坚持深化改革，推动“效率变革”，着力解决制约发展的矛盾障碍，有效提升了抵御风险冲击的软实力；尤其是面对今年以来环保限产、春节假期、疫情防控等多重不利因素叠加的极度严峻冲击，我们充分发挥济钢军事化作风优势，迎难而上、尽锐出战，统筹抓好疫情防控与复工复产，一季度完成营业收入 51.2 亿元，较去年同期增加 12.4 亿元，实现了开门红。

在疫情冲击下，获得开门红，成绩来之不易，饱含着全公司广大职工的辛勤汗水和无私奉献，凝聚着不同岗位职工的集体智慧和创造精神。今天受到表彰的先进集体和先进个人，就是其中的杰出代表。你们在各自的岗位上，以强烈的使命感和主人翁责任感，胸怀大局，勤勉敬业，勇挑重担，埋头苦干，为新济钢发展尽心竭力，用卓越的劳动创造、忘我的拼搏奉献为全体干部职工树立了工作的标杆和学习的榜样。在你们身上，集中展现了新一代济钢人昂扬向上、自我加压、争创一流的精神风貌。你们是济钢人的优秀代表，是新时代新济钢的领跑者，全体职工敬重你们，集团公司党委和集团公司感谢你们！

荣誉是继续前行的动力。希望你们珍惜荣誉、保持本色，爱岗敬业、开拓进取，用优秀品格和模范行动，鼓舞带动全体干部职工，不断战胜前进道路上的各种困难和风险，再立新功、再创佳绩，为新济钢发展建设做出更大贡献。各级组织要认真贯彻“尊重劳动、尊重知识、尊重人才、尊重创造”方针，高度重视和加强劳模与先进的管理服务工作，主动关心爱护他们，帮助他们解决实际困难，为他们全面发展、健康成长创造良好条件。

同志们、青年朋友们！

每一段征程都有不同的风景，也都面临不同的挑战。当前，以大数据、人工智能、5G 和云计算等为代表的新一轮科技革命和产业变革正在重塑世界，也将给我们的传统生产生活方式带来颠覆式的冲击和挑战；尽管我国疫情防控向好态势进一步巩固，但保持疫情防控成果、防止疫情反弹的任务依然繁重，必须做好打“持久战”的准备。从内部看，集团公司转型发展正处于从“量变”到“质变”的关键阶段，面对的都是难啃的“硬骨头”，难过的“独木桥”。

风险挑战固然严峻，但经历过涅槃重生的新济钢，对风险和挑战并不陌生，对奋斗和胜利更不陌生。任何挑战都压不弯济钢的脊梁，更阻挡不了济钢发展的步伐！目前，新济钢“高端装备制造、新材料、现代城市服务”的主业定位已经明确，我们要更加坚定“建设全新济钢，造福全体职工”的必胜信念，坚定不移沿着既定战略路径奋勇前行。全体干部职工要进一步把思想行动统一到集团公司党委和集团公司的决策部署上来，以新时代新济钢的奋斗精神、劳动精神、创造精神，锻造勇挑重担、敢承重压的“铁肩膀”，在加快推动新济钢发展建设的征程中，勇当主力军、彰显新作为，以今天的奋斗续写济钢明天的辉煌！

——在前进的征程中，我们要进一步转变观念、顺应大势。

观念转变的程度有多深，化危为机的动力就有多强。要以辩证的思维、发展的眼光正确看待当前的各种风险挑战，既要保持战略定力，也要顺应发展大势，在变局中学会危中寻机、转危为机。要科学评估疫情影响，超前把握将来的产品新方向、业态新趋势，强抓政策“窗口期”，将政策内涵要求转化为制度供给，在产业布局和技术储备上占据主动权，激发济钢“后发”优势。要把好企业转型、科研项目转化、政府新旧动能转换的“三转”大势，全面实施与社会优质资源嫁接式跨界融合，加速构建可支撑济钢可持续发展的多维产业布局和生态体系，为提前完成300亿元、600亿元“两步走”目标打下坚实基础。

——在前进的征程中，我们要进一步提升效率、改革攻坚。

当今世界，企业间的竞争不再是“大鱼吃小鱼”，而是“快鱼吃慢鱼”。对于大多数企业而言，如何主动适应新形势要求，在变局中求发展，都将是一个紧迫的课题。在前期抗击疫情的战斗中，我们积极推进“效率变革”，以科学高效的军事化管理机制，迅速建立起集团公司运行新秩序，夺取了疫情防控与复工复产的主动权。大战还在继续，大考还在进行。在今后的工作中，我们要进一步巩固战“疫”成果，深入贯彻全省“重点工作攻坚年”和山钢一季度会议精神，以“效率变革”为牵引，以军事化管理为抓手，着力解决制约新济钢发展的体制性障碍、机制性矛盾，以“头拱地、往前冲”的攻坚状态，推动各项改革举措落实落地。

——在前进的征程中，我们要进一步开拓创新、创造突破。

创造性的事业要靠创新推动。可以肯定的是，在当前的复杂形势面前，我们的创新能力还不足以支撑未来可持续发展的需要，与先进企业相比更是有较大差距。创新能力是我们当前最需要、也是最缺乏的。我们要进一步增强创新的紧迫感和使命感，把创新创造摆在影响济钢发展全局的核心位置，着力构建支持创新、鼓励突破的良性生态。要坚持把创新的立足点放在效益、效率提升上，把创新的切入点放在解决突出问题上，瞄准生产运营和转型发展的重点难点，精准发力、攻坚克难。要坚持以“平凡创新”工程为重要载体，广泛搭建平台，及时关注赋能，充分激发全员创新创造热情，让每一个为企业做出创新性贡献的员工都能得到价值提升，让创新创造真正成为企业意志和全体干部职工的共同行动！

——在前进的征程中，我们要进一步苦练内功、躬身实干。

实干兴邦、苦干兴业。回首济钢60余年的发展历程，从建厂初期的筚路蓝缕、艰苦创业，到改革开放以来的小步快跑、滚动前进，再到产能调整以来的艰难破冰、艰辛探索，每一项发展成就的取得、每一个阶段性目标的实现，都离不开一代代济钢人的攻坚克难、苦干实干。面对新时期的大潮澎湃，要舒展转型发展的崭新画卷，最可依靠的，依然是广大干部职工的担当作为、苦干实干。我们新一代干部职工作为新济钢建设者，要有把攻坚当“磨刀”的意志，把克难当“练兵”的豪情，持续锤炼打胜仗的本领，积极应对挑战考验，立足岗位、勤勉工作，把个人的人生价值、奋斗目标充分体现在新济钢的发展成就上，在躬身实干中挺起济钢脊梁。各级党组织和有关部门，要把新时期的队伍能力建设作为一项重要任务，统筹谋划、全面提速。要注重职工思想教育引领和职业道德建设，针对职工的知识空

白、经验盲区、能力弱项，广泛开展精准化的理论、政策、业务知识培训，增强其适应新形势新任务的信心和能力，新形势、新任务已经迫在眉睫要依托“六大攻坚战”实战平台，广泛开展群众性创新创效活动，健全崇尚实干、带动担当、加油鼓劲的正向激励机制，引导广大职工主动掌握新知识、锻造新技能、彰显新作为。要着力实施具有新济钢特色的“导师带徒”新举措，不仅要教本事，还要教做人，要少走弯路、不走弯路，要让青年职工直接上“高速路”，培育一批在济钢、在山钢、在全国叫得响的优秀工匠和师徒典型。

——在前进的征程中，我们要进一步增进团结、凝聚合力。

团结产生力量，凝聚诞生希望。此次抗击疫情的过程，让我们深刻感受到了全国人民众志成城、团结一心在关键时刻所迸发出的磅礴力量。面对发展道路上的重重考验，我们要继续弘扬万众一心、同舟共济的团结精神，筑牢企业与职工的利益共同体和命运共同体，汇集推动济钢破浪前行的强大合力。各级党组织和群团组织要始终把“造福全体职工”作为一切工作的出发点和落脚点，聚焦各项中心任务，以更加昂扬的斗志、务实的作风、扎实的举措，强信心、聚民心、暖人心；要高度重视疫情防控期间的基层服务工作，当好身边群众的贴心人和主心骨，把组织的温暖和关怀体现在方方面面；要扎实推进“幸福和谐企业建设”，维护好、实现好、发展好职工根本利益，真正做到发展为了职工、发展依靠职工、成果共享职工。

同志们、青年朋友们！

奋斗是青春最高的礼赞。“建设全新济钢”为广大青年职工施展才华、竞展风采提供了广阔舞台，也终将在你们的接力奋斗中变为现实！希望你们传承好济钢 60 多年积淀的历史底蕴、政治优势，特别是家国情怀，把个人理想融入济钢的建设事业之中，只争朝夕、不负韶华，为新济钢发展铺路架桥、添砖加瓦，让青春因奋斗而激扬、因拼搏而精彩、因奉献而厚重，在为共同使命的不懈奋斗中书写人生华章。

同志们、青年朋友们！

新济钢的美好未来靠奋斗成就，职工的幸福生活靠奋斗谱写。让我们坚定信心、排除万难，拼搏进取、奋力攻坚，以辛勤劳动和不懈奋斗，在加快推进新济钢建设的征程中，争当主力军，彰显新作为，用我们的全部智慧力量，同心描绘转型发展的恢宏画卷！

最后，祝大家节日快乐，事业有成，身体健康，阖家幸福！

谢谢大家！

发扬斗争精神　勇担组织使命
为推动新济钢持续健康发展提供坚强保障

——在济钢集团庆祝建党 99 周年暨“七一”表彰大会的讲话

党委书记、董事长　薄　涛

（2020 年 7 月 1 日）

同志们：

今天，我们隆重集会，热烈庆祝中国共产党成立 99 周年，共同回顾党的光辉历程，传承党的优良传统，表彰 2019～2020 年度党内先进集体和先进个人，动员激励集团公司各级党组织和广大共产党员，进一步发扬斗争精神，勇担组织使命，坚定发展信心、凝聚奋进合力，为全面完成职代会确立的各项目标任务，推动新济钢持续健康发展提供坚强保障！

首先，我谨代表集团公司党委向受到表彰的先进集体和个人，向辛勤工作在各条战线上的广大共产党员，致以节日的问候和崇高的敬意！

同志们！

历史昭示未来，沧桑成就正道。今天，是中国共产党99周年华诞！99年来，中国共产党从嘉兴南湖上的一叶轻舟启航，由小到大，由弱到强，历经艰辛，以始终不渝的斗争精神和斗争意志，团结带领中国人民，历经新民主主义革命的洪流，社会主义建设的积极探索和改革开放的伟大实践，创造了灿烂辉煌的宏伟业绩，从根本上改变了中华民族和中国人民的前途命运，使拥有5000多年文明史的中国面貌焕然一新。党的十八大以来，以习近平同志为核心的党中央，团结带领全党和全国各族人民，继承发扬勇于斗争、善于斗争的精神品质，紧紧围绕实现“两个一百年”奋斗目标和中华民族伟大复兴的中国梦，举旗定向、谋篇布局，攻坚克难、强基固本，开辟了治国理政新境界，各项事业蓬勃发展，建设成就举世瞩目。今年以来，面对来势汹汹的新冠肺炎疫情，我们党始终坚持把人民生命安全和身体健康放在第一位，以坚定果敢的勇气和决心，采取最全面最严格最彻底的防控措施，构筑起全国上下同心战疫的坚固防线，有力扭转了疫情局势，取得了重大战略成果，再次彰显斗争精神和斗争意志。纵观中国共产党99年的发展历程，我们党诞生于国家内忧外患、民族危难之际，一出生就铭刻着斗争的烙印，一路走来始终在斗争中求得生存、获得发展、赢得胜利。历史已经证明并将继续证明，斗争精神，既是我们自强不息民族精神最重要的内核和最直观的体现，更是我们中国共产党人鲜明的政治品格和英勇无畏的英雄气概；心系人民群众、勇立时代潮头、永葆斗争精神的中国共产党，在应对国内外各种风险和考验的历史进程中，在发展中国特色社会主义的前进征程中，一定能够战胜各种困难、创造更大辉煌！

同志们！

今天，也是济钢62岁的生日。作为共和国缔造的第一批地方骨干钢铁企业，从诞生的那一天起，鲜艳的党旗就在这片热土上空高扬。62年来，在党旗指引下，济钢各级党组织坚持把方向、管大局、保落实，切实肩负起了促一方发展、保一方平安的政治责任；广大党员、干部以济钢人特有的斗争精神和斗争意志，关键时刻挺身而出，甘于奉献，在各个历史时期，始终听党指挥、顾全大局，令行禁止，不折不扣完成了党和国家赋予的光荣使命，筑牢了国有企业的“根”和“魂”。

特别是一年来，面对错综复杂的外部发展环境和内部艰巨繁重的转型发展任务，尤其是今年以来环保限产、疫情防控等多重不利因素叠加的极端严峻考验，集团公司党委在上级党委的坚强领导下，全面加强党的建设，统筹推进全面从严治党各项工作，积极引导广大干部职工，坚定信念、迎难而上，敢于斗争、敢于胜利，为完成各项目标任务，奋力实现“二次创业，重塑济钢”历史使命提供了坚强保障。

——我们坚定不移以习近平新时代中国特色社会主义思想为统领，筑牢对党绝对忠诚的政治根基。始终把政治建设摆在首位，深入学习贯彻习近平新时代中国特色社会主义思想，增强“四个意识”，坚定“四个自信”，做到“两个维护”。高标准部署、高质量推进“不忘初心、牢记使命”主题教育，坚持把“四个到位”贯穿始终，取得

了预期效果。坚持将党的领导贯穿到公司治理各个环节，保证了党和国家方针政策及集团公司决策部署在济钢落地生根。牢牢把握意识形态工作领导权与主动权，强化主流思想舆论引导，注重“学习强国”等学习平台的推广使用，夯实了共谋发展的思想基础。

——我们坚定不移扛起国有企业责任担当，全力保障战“疫”攻坚。始终坚持把职工群众生命安全放在第一位，坚决贯彻落实中央和上级党委各项决策部署，充分发挥国有企业的政治担当和政治优势，打破常规、快速响应，科学部署、精准施策，带领全体干部职工，积极投身疫情防控阻击战，凝聚起众志成城、共同战“疫”的强大正能量，实现关键防疫环节要素全部受控，权属子分公司全部及时复工复产。

——我们坚定不移抓实基层组织建设，着力打造推动发展的坚强战斗堡垒。压紧压实管党治党政治责任，创新实施“年度+日常+攻坚”考核机制，深入推进过硬党支部建设，全公司140个党支部实现全面规范，53个党支部达到过硬标准，在岗党员党支部过硬比例超过70%。加强党组织带头人队伍建设，实施党组织书记和党群部门负责人抓基层党建突破项目，举办党支部书记和党务骨干集中轮训班，全力提升基层党务工作者能力素质。强化高素质党员队伍建设，围绕中心任务，搭建平台载体，开展党员示范岗、课题认领、党员承诺践诺等活动，子分公司1000余名党员参与内部攻坚任务，机关部室144名党员承担集团公司级任务课题，充分发挥了党员先锋模范作用，有效促进了生产经营任务目标完成。

——我们坚定不移营造“风清气正、改革创新、干事创业”的良好政治生态，扎实推进全面从严治党向纵深发展。认真落实“两个责任”，驰而不息正风肃纪，坚决扛起巡视巡察整改政治责任，完成集团公司18家（8家巡察+10家自查）单位首次内部巡察，强化巡察成果运用，推动全面从严治党、从严治企取得实效。严抓干部人才队伍建设，持续优化干部、人才选拔、培养、管理、使用体系，常态化推进管理人员轮岗交流机制，建立“逢提必考”机制，完善“容错+问责”机制，营造了风清气正、改革创新、干事创业的良好氛围。在上年度人才工作目标责任制考核中，位居山钢集团权属单位第1名。

——我们坚定不移推进幸福和谐企业建设，汇聚起推动发展的强大合力。坚持和完善以职代会为基本形式的民主管理、民主评议、民主监督制度，定期组织开展职工代表巡视活动，组织100多名职工代表积极参与资产处置工作民主评价和公开招标监督。扎实开展困难职工帮扶救助工作，依法保障和维护职工合法权益，精心搭建职工建功立业载体和离退休职工正能量活动平台，为生产经营和转型发展提供了强劲动能，广大职工幸福感、获得感、安全感、价值感持续提升。

成绩的取得来之不易，这是上级党委正确领导的结果，是集团公司广大党员和职工群众团结一致、拼搏进取的结果，也是集团公司党的建设在改进中持续加强、在创新中不断发展的结果。今天，受到表彰的先进集体和先进个人，是一年来集团公司各级党组织和广大党员的优秀代表。在他们身上，集中体现了信念坚定、对党忠诚的政治品格，敢于担当、敢于胜利的斗争精神，淡泊名利、甘于奉献的高尚情操。希望各级党组织和广大党员以他们为榜样，坚定信念，践行宗旨，忠诚履职，以实际行动继续为党旗增光添彩，为企业发展贡献新的力量！

同志们！

当前，新济钢发展正处于从“量变”到“质变”的关键时刻，外部形势环境变化之快，内部矛盾风险挑战之多、改革发展任务之艰巨前所未有。能否闯过难关，实现历史使命，关键取决于各级党组织的领导作用和战斗堡垒作用能否充分发挥，关键取决于各级干部的示范带头作用和共产党员的先锋模范作用能否充分发挥。各级党组织和广大共产党员要进一步增强紧迫感、责任感和使命感，将济钢人历久弥新的斗争精神化作砥砺前行的坚实力量，时刻准备应对重大挑战、抵御重大风险、克服重大阻力、解决重大矛盾，为坚决完成全年各项目标任务，实现“二次创业，重塑济钢”“建设全新济钢，造福全体职工”奋斗目标做出应有的贡献。

在此，给各级党组织和全体党员提四点要求：

（一）要站稳斗争立场，提高政治站位，在大是大非问题上坚定不移。要始终把政治建设摆在首位，坚持党对国有企业的领导，进一步增强“四个意识”、坚定“四个自信”、做到“两个维护”，时刻与习近平同志为核心的党中央保持高度一致，把“不忘初心、牢记使命”作为终身课题，始终坚持马克思主义在意识形态领域的指导地位，切实把好理想信念这个“总开关”。要进一步规范党内政治生活，严格执行《关于新形势下党内政治生活的若干准则》，引导全体党员特别是党员领导干部，时刻牢记自己的第一身份是党员，自觉接受组织教育监督，自觉参加党内组织生活，不断增强党的组织生活活力。要坚定不移贯彻落实集团公司党委的各项决策部署，坚持底线思维、坚定战时意识，抓紧抓实抓细疫情防控工作，全力保障生产经营稳定顺行，让党旗始终在防疫斗争第一线高高飘扬。

（二）要坚持斗争原则，压实管党责任，在纵深推进全面从严治党中动真碰硬。各级党组织要牢牢扛起管党治党政治责任，严格落实《党委（党组）落实全面从严治党主体责任规定》，持续巩固深化“党委抓、书记抓、各有关部门抓、一级抓一级、层层抓落实”的党建责任格局，推动全面从严治党向纵深发展、向基层延伸。要坚持问题导向，聚焦基层党组织中存在的“党建引领作用彰显不够、党建制度执行不到位”等问题，加强党建制度化建设，积极探索基层党建工作规律，精准补齐党建制度短板，持续提升基层组织战斗力，从根本上强化党的领导。要坚决防止“四风”问题反弹回潮，持续加大执纪问责力度，深化监督体系运行，健全完善内部巡察及整改“去根”的长效机制，巩固发展风清气正、干事创业、改革创新的良好政治生态。

（三）要强化斗争意志，锤炼打赢本领，在转型发展的火热实践中干事担当。斗争精神、斗争本领不会与生俱来，不当几回热锅上的蚂蚁，不接几次烫手的山芋，不可能激发出个人潜能，也难以磨砺出担当重任的真本领。广大党员干部尤其是年轻干部，作为建设全新济钢的骨干力量，要坚持以“组织使命勇担当，无私无畏真党性，功过是非后人评”为勉励，永葆“杀出一条血路”的魄力，勇做敢于斗争、善于斗争的“狮子型”干部，不在困难面前低头，不在挑战面前退缩，在经风雨、见世面中长才干、壮筋骨，练就担当作为、支撑发展的硬脊梁、铁肩膀。各级党组织和有关部门要坚决落实好新时代好干部标准，把领导力和执行力作为干部选拔任用考核评价的重要依据，持续完善“容错+问责”机制，充分激发各级领导干部干事担当的积极性，唤醒干部的“狮子”精神，为全面完成各项目标任务，坚决打赢“疫情防控阻击战”“效率变革攻坚战”“转型发展保卫战”提供有力支撑。

（四）要夯实斗争根基，践行群众路线，在凝聚发展合力上积极作为。人心是最大的政治，共识是奋进的动力。越是处于

爬坡过坎的关键阶段，越是需要增进广泛的思想共识，熔铸磅礴的奋进力量。各级党组织要抓住职工群众最关心最直接最现实的利益问题，认真履行维护职工合法权益、竭诚服务职工的基本职责，以看得见的变化，回应职工群众期盼，把问题解决在基层，把矛盾化解在基层。要不断完善关怀帮扶机制，切实做好离退休、内退职工和老干部工作，统筹抓好“六大攻坚战”实践平台、幸福和谐企业建设、“平凡创新”等重要载体，激励带动广大干部职工自觉把前途命运与济钢的发展紧紧地联系在一起，勇于创新、积极作为、拼搏进取，为转型发展贡献智慧和力量。

同志们！

济钢62年的发展实践告诉我们，济钢的发展、济钢的振兴必须依靠济钢人自己的不懈奋斗和顽强斗争来实现，没有人会恩赐我们一个美好的未来！让我们更加紧密地团结起来，在山钢集团党委、山钢集团的正确领导下，坚定信心、迎难而上，坚持斗争、勇担使命，用自己的双手，办好自己的事情，为早日实现“二次创业，重塑济钢”“建设全新济钢，造福全体职工”目标，争创“城市钢厂转型和山东省新旧动能转换的标杆”，续写新篇章，创造新辉煌，以优异的发展成绩向建党100周年献礼！

谢谢大家！

坚定信心　再接再厉　打好打赢“三大战役”
坚定不移完成职代会确定的全年目标任务

——在济钢集团有限公司第二十届三次职代会代表团长、工会主席联席会议上的工作报告

总经理　苗　刚

（2020年7月23日）

同志们：

今天，我们召开集团公司第二十届三次职代会代表团长、工会主席联席会议，深入贯彻山钢集团半年工作会精神，总结报告上半年工作，动员全公司广大干部职工进一步坚定信心、铆足干劲，再接再厉、持续提升，打好打赢“三大战役”，坚定不移完成职代会确定的全年目标任务。

一、关于上半年主要工作情况

今年以来，面对新冠肺炎疫情对生产经营带来的极端严峻挑战，我们认真贯彻落实山钢集团党委、山钢集团的各项决策部署，聚焦山钢集团一届二次职代会和集团公司二十届三次职代会确定的任务目标，坚决打好“疫情防控阻击战”“效率变革攻坚战”“转型发展保卫战”，坚定信心、迎难而上，顽强拼搏、砥砺实干，推动疫情防控取得积极成效，生产经营保持稳步提升，在异常困难的情况下，超额完成了上半年各项任务目标。

上半年，集团公司实现营业收入118.06亿元，超考核目标3.67亿元；实现利润总额1.73亿元，超考核目标928万元；实现净利润1.45亿元，超考核目标1818万元；实现归属母公司净利润8853万元，超

考核目标 637 万元。生产加工板块产量完成 373.75 万吨，完成上半年计划的 101.77%。安全环保实现“八个零”目标；未发生上级考核的信访事件。

回顾上半年的工作，主要呈现出以下特点与亮点。

（一）疫情防控成效突出。一是作战指挥科学高效。集团公司党委和集团公司始终把职工群众生命安全放在第一位，坚决贯彻落实中央和上级党委各项决策部署，第一时间拿出 500 万元专项资金用于疫情防控，充分发挥“六大攻坚战”指挥部指挥中枢和防疫应急指挥部主导作用，构建起贯通一体的疫情防控指挥调度体系，在全公司上下形成了全面动员、全面部署、全面提速的作战格局。二是运行新秩序快速构建。积极应对“疫情暴发点、员工返程点、复工复产点”三点重叠冲击，纵深推进“效率变革”，创造性实行双线办公机制，迅速建立起疫情期间工作新秩序，总部部门保持高效运行状态，各子分公司复工复产安全有序。三是联防联控措施到位。构建疫情防控四级网格化管理机制，全面掌控在岗及内退职工信息，组织对全员、重点岗位人员和出差返回人员等 4493 人次（截至 6 月 30 日）进行核酸检测，加强境外公司、职工和亲属监管，实现厂区、生活区全覆盖、无盲区管控。四是切实履行国企社会职责，主动对接政府、街道和社区，积极推进社区封闭式管理、华联超市转移等，去根解决密闭空间、密集场所等疫情风险，有力保障了济钢大后方安全，得到社会各界的高度认可。

（二）效率变革全面铺开。以山钢集团“1336”改革方案为总体框架，组建由党政班子挂帅的高效团队，着力实施“四提效一保障”，不断增强新济钢抵御冲击、化解风险的软实力。上半年，印发公司总部管理、核决事项等 4 项清单，形成人力资源管理事项清单 10 项、废改立制度清单 245 项，精简各类报表 31% 以上；按照“既充分放权，更科学授权”原则，对子分公司实施分类授权、个性化激励，制定印发《“效率变革”管理放权清单》，从产品销售、计划指标、产业协同、科技创新等四个维度探索经营管理放权实施路径，共计完成经营管理、人才引进、机构编制等 17 项权力下放，进一步激发了企业发展活力。

（三）转型发展提速推进。一是坚持强化顶层设计，明确了“高端装备制造、新材料、现代城市服务”三大主业定位；加快推动产业聚焦，实施合金科技、鲍德炉料等权属公司一体化运营，完成资产公司撤销及相关管理职能调整；深入贯彻“战略管理”理念，持续推动总部建设，“战略管控、动能赋予、风险受控、协同高效”的强大总部初具雏形。二是重点项目建设成效显著。环保新材料产业园矿山安全设计审查获得国家应急部批复，全面进入矿山基建期；冷弯型钢圆管生产线历时 4 个月高效建设顺利投产；济钢顺行新能源汽车充电站二期工程顺利竣工。三是创新实施“嫁接式跨界融合”工程，加快济钢防务项目技术合作和成果转化，培育新的高端装备制造效益增长点。目前，济钢防务公司实现实质性运营；齐鲁卫星技术（山东）有限公司正式注册成立；空天信息产业园一期卫星总装基地正式开工建设；空间行波管试验线项目建成完工，正式投产。四是土地移交进入决战收尾阶段，顺利完成除东 4 区域外全部资产包的拆除工作，交地面积约 4900 亩。

（四）经营质效持续向好。一是科学调度各项工作。在全年指标不动的前提下，据实调整阶段性指标，进一步挖掘潜力，激发活力。各子分公司经受住了疫情严峻考验，生产运营保持稳步提升，上半年 21 家子分公司实现考核净利润 2.09 亿元，较目标增加 2888 万元。二是产业协同增量提质。借力山钢内部产业协同平台，推动产业协同

向产业化、项目化、集约化方向发展，上半年预计完成协同额36.68亿元、同比增加65.52%，业务量完成772.67万吨、同比增加42.34%。三是加大政策解读和研究力度。建立政策研究利用周推进机制，提高政策收集质量和利用效率，累计享受补贴和费用减免5634万元。四是全力推进“双降双提”重点工作，加快资产盘活创效，完成东3、东4资产包EMC资产处置，实施闲置厂房及建筑物出租，累计创效265万元；搭建资金融通平台，实现内部融通资金2.03亿元，资金整体使用效率不断提高；积极开拓各类融资渠道，多措并举降低财务费用2000万元。五是强化风险合规管理，健全组织架构，完善制度体系，多维度开展风险辨识，风险防控水平显著提升。

（五）*发展活力接续释放*。一是“倒计时”改革提速推进。着力构建一体化作战格局，以“六大攻坚战”平台为抓手，细化任务分解，系统分析评价，定期通报督导，确保各项重点任务有力有序推进。二是加快推动混改和僵尸企业处置工作。鲁新建材签订混改合作协议，瑞宝电气混改方案完成集团公司审批程序，国际工程、萨博汽车混改工作按计划积极推进；济南消防器材厂、国铭化工完成清算注销，翼板公司完成破产立案。三是畅通科技创新渠道。编制完成《“十四五”科技创新规划（草案）》；立项实施《冷弯车辆用槽钢系列产品开发》等17项技术创新项目。加快实施科技成果转化，瑞宝电气公司自主研发的身份识别及自动测温系统，在济南地铁多个站点投入使用；“无接触智能售饭柜”入围《济南市疫情防控人工智能产品参考目录》。四是优化干部人才体系建设。加大招才引智力度，通过猎聘、博士后联合培养等形式，成功引进高端人才3人，博士后及紧缺人才各1人；建立管理人员轮岗交流机制，推进实施首批28名管理人员轮岗交流；实施管理人员素质提升工程，完成166名后备干部一对一导师配备；完善“容错+问责”机制，印发《履职行为容错免责清单（试行）》，进一步巩固了风清气正、改革创新、干事创业的良好氛围。

（六）*安全稳定态势良好*。一是严格落实安全生产红线责任制和“双基双线一提升”工作。聚焦疫情防控常态化要求，动态辨识各类安全风险，扎实开展安全生产集中整治，在18家权属单位设置安全总监，认真组织“安全生产月”活动，强化相关方安全管理，实现安全管理网格化、全覆盖，全员风险意识、责任意识不断增强。二是健全完善应急管理快速响应机制。建立济钢应急信息数据库，针对风险辨识和疫情应对中暴露出的短板不足，修改制定《应急体系管理办法》等多项制度；成立36个770人防洪应急抢险队，多部门联合组织防洪抢险等实战演练，推动应急处置能力持续提升。三是坚持绿色发展理念。扎实推进鲍德炉料日照石灰窑、鲁新建材日照公司环保申A工作，完成冷弯型钢减排清单调整批复，强力攻坚“向环保要效益”。四是妥善处置各类信访事项，全力化解信访积案，重大活动超前介入，未发生上级考核的信访事件，为全省“两会”、全国“两会”等一系列重大活动的顺利举行创造了良好环境，得到上级部门的充分肯定。

（七）*党建保障坚实有力*。一是始终坚持把政治建设摆在首位，牢固树立“四个意识”，坚定“四个自信”，做到“两个维护”，巩固拓展“不忘初心、牢记使命”主题教育成果，党员干部理想信念更加坚定、党性得到进一步锤炼。二是层层落实管党治党责任，扎实推进党建制度体系化建设，形成党建制度体系清单71项；聚焦解决基层党建重点难点问题，实施二级单位党组织书记抓基层党建突破项目29项；深化过硬党支部建设，完成2020年度第一批过硬党支部和过硬党支部示范点验收；全力配合山钢党委第一巡察组开展巡察工作；完成首轮对 18 家（8 家巡察+10 家自查）权属单位党组织内部巡察。三是创新推动宣传思想工作。建立健全两级党组织意识形态工作“三文一表”；全面推进职工政治理论学习制度化、规范化建设，编发《职工应知应会 100 问 100 答》等多个形势任务教育材料，有效巩固党员干部职工共谋发展的思想基础；强化主流媒体阵地建设，用好用活“学习强国”等平台载体，圆满录播 2020 年春节联欢晚会，弘扬了主旋律，激发了正能量。四是驰而不息抓好党风廉政建设。认真落实“两个责任”，坚持党委决策部署到哪里，监督检查就跟进到哪里，扎实开展疫情防控专项监督；紧盯中央八项规定精神落实情况，做实做细日常监督；创新纪检派驻管理体制，对公司党委管理的 5 家单位党组织实行纪检派驻制管理，培养设立特约监督员，切实提高监督力度和管理效率；始终保持高压态势，严肃执纪问责，对违规违纪行为形成了强力震慑。五是积极推进幸福和谐企业建设。依法保障和维护职工合法权益，定期组织开展职工代表巡视活动，职代会代表团长、工会主席联席会议审议通过《关于完善薪酬分配制度实施年功工资的方案》；扎实开展困难职工帮扶救助工作，走访慰问疫情防控一线职工 580 余人，发放慰问金、慰问品共计 36.95 万元；精心搭建职工建功立业活动载体和离退休职工活动平台，职工幸福感、获得感、价值感持续提升。

同志们，上半年成绩的取得，是全体干部职工挥洒心血汗水，贡献聪明才智，齐心协力、顽强拼搏的结果，是集团公司统筹谋划、民主决策、科学决策的结果。借此机会，我代表集团公司，向奋斗在各个岗位上的广大干部职工，向关心支持济钢发展的离退休职工及家属，表示衷心的感谢和崇高的敬意！

在充分肯定成绩的同时，我们也要清醒地看到问题和差距。一是受超长假期、突发疫情和环保限产等因素叠加影响，部分单位出现订单储备不足、订单获取难度加大、业务量提升受阻、阶段性亏损等问题，为完成全年各项目标任务带来不小挑战。二是主业培育效率还需进一步加快，目前三大主业培育方向已经确定，但部分项目建设工期滞后，主业支撑尚不坚实，需要进一步明晰路径、明确措施、强力推进。三是“双降双提”工作距离山钢集团指标要求还有一定差距，资金周转、使用效率有待进一步提高。四是风险管控机制还不够健全，个别单位和个人对风控管理工作的重要性认识不足，风险管控经验匮乏，持续性动态辨识风险的能力还需进一步提升。五是监督体系尚需进一步完善，监督合力尚未最终形成，监督的深度、广度和力度还需进一步强化。以上问题必须引起我们的高度重视，认真反思，举一反三，着力加以解决。

二、关于下半年面临的形势及总体工作要求

下半年，我们面临的形势将更加严峻复杂。从大环境看，疫情对世界经济造成重大冲击，国际贸易迅速萎缩，世界经济下行风险不断加剧；行业方面，生产要素流通受阻，钢材出口大幅下降，矿价、钢价走势背离，钢企长期持压运营。从内部看，受各类不稳定不确定因素叠加渗透影响，部分产业协同项目运营风险上升，企业生产运营、转型发展面临的困难持续加码、挑战前所未有。

困难不容低估，信心不可动摇。宏观方面，近期公布的数据显示，上半年我国经济先降后升，主要指标恢复性增长，经济运行稳步复苏，市场预期总体向好，这进一步彰显了中国经济的韧性与活力，鼓舞起全社会的信心和干劲；为对冲疫情影响，中央、省

市打出的减费降税、普惠金融等一系列政策"组合拳"，力度大、覆盖面广、及时有效，为我们提供了难得的政策机遇。公司内部，我们的三大主业已经明确，政、企、研战略合作已顺利渡过"磨合期"，合作项目加速落地，势能转换蓄势待发。

当前，我们既要做好较长时间应对外部环境变化的思想准备和工作准备，妥善应对各类风险挑战，更要主动把握疫情带来的产业变革机遇，踩准转型发展的切入点、发力点，深挖潜能，拓宽渠道，调动一切可以调动的因素，加快实现济钢转型"质"的突破。

下半年的总体工作要求：以习近平新时代中国特色社会主义思想为指导，全面贯彻落实山钢集团半年工作会各项决策部署和集团公司二十届三次职代会精神，深用笃行"九新"价值创造体系，着力发挥"六大攻坚战"平台作用，全力推进"倒计时"改革攻坚，打好打赢"三大战役"，坚定不移完成全年各项目标任务，加速培育主导产业，不断增强新济钢核心竞争力，早日实现"二次创业，重塑济钢""建设全新济钢，造福全体职工"的历史使命。

济钢62年的奋斗实践告诉我们，没有等来的辉煌，只有拼来的精彩。机遇与挑战面前，全体干部职工要进一步把思想行动统一到集团公司党委和集团公司的决策部署上来，切实增强紧迫感、责任感和使命感，以新时代新济钢的奋斗精神、劳动精神、创造精神，不遗余力地肩负起"二次创业，重塑济钢""建设全新济钢，造福全体职工"的历史使命。各级领导干部要以习近平总书记在7月21日召开的企业家座谈会上的重要讲话精神为引领，大力弘扬企业家精神，要增强爱国情怀，对国家、对民族怀有崇高使命感和强烈责任感，把企业发展同国家繁荣、民族兴盛、人民幸福紧密结合在一起，主动为国担当、为国分忧；要勇于创新，做创新发展的探索者、组织者、引领者，勇于推动生产组织创新、技术创新、市场创新，重视技术研发和人力资本投入，有效调动员工创造力，努力把企业打造成为强大的创新主体，在困境中实现凤凰涅槃、浴火重生；要坚持诚信守法，做诚信守法的表率，带动全集团道德素质和文明程度持续提升；要积极承担社会责任，企业既有经济责任、法律责任，也有社会责任、道德责任，只有真诚回报社会、切实履行社会责任的企业家，才能真正得到社会认可，才是符合时代要求的企业家；要拓展国际视野，提高把握国际市场动向和需求特点的能力，提高把握国际规则能力，提高国际市场开拓能力，提高防范国际市场风险能力，带动企业在更高水平的对外开放中实现更好发展。要以企业家精神为引领，集中力量办好自己的事，团结带领广大职工，在危机中育新机，于变局中开新局，以更大决心、更强力度把新济钢发展建设推向前进，奋力夺取疫情防控和转型发展双胜利，共同创造属于新时期新济钢的光辉业绩。

三、关于下半年的重点工作

（一）突出底线思维，坚定不移抓好常态化疫情防控。认真贯彻落实集团公司党委、集团公司疫情常态化防控要求，树牢底线思维、保持战时状态、落实主体责任，持续优化疫情防控工作方案和应急预案，强化网格化监督检查力度，严格落实中高风险地区来济返济人员分类健康管理，织密"防护网"、筑牢"隔离墙"，进一步提升疫情防控科学化、精细化、智能化水平，尽最大努力保护职工群众的生命安全和身体健康。要以更高标准、更严要求抓好疫情防控常态下的安全生产工作，坚决贯彻"底线思维、极限目标"要求，持续强化"双基双线一提升"工作，健全完善多维度安全监管体系，全方位开展隐患排查治理，去根消除事故隐患，筑牢安全防线。当前全国多地正处于主汛期的关键阶段，我省防汛工作也面临巨大考验。各单位要充分发挥济钢军事化作风优势，坚持未雨绸缪，时刻保持警觉，拧紧责任链条，全方位加强应急管理体系建设，完善应急物资储备保障机制，全力提升应急救援队伍战斗力，切实增强处理各种急难险重任务的能力水平。

（二）突出项目引领，坚定不移壮大新济钢主导产业。重点项目建设是加快推动转型发展的重要抓手。上半年受疫情等因素影响，项目工期普遍有所推迟，下半年要坚持主动出击，强化跟踪问效，持续完善工程管理体系，针对不同项目、不同问题，寻找关键点和突破口，快速聚焦推进。其中，环保新材料产业园矿山基建、日照金属资源综合利用、翼板园区改造、冷弯产品提升改造等重点项目，要做精做细运营前各项准备工作，确保投产即盈利，加速弥补疫情造成的损失。要以重点项目落地为牵引，高标准编制“十四五”规划，加速培育以空天航天军工技术为轴心，“高端装备制造、新材料、现代城市服务”三大主业辐辏，产研学融合发展的产业生态圈，进一步细化产业生态系统建设的内容、路径和措施，把主业“基石”打深打牢。要稳步推动非主业资产清理工作，加快主厂区资产拆除及资产处置，按期完成土地移交。要加快推动“济钢防务+”嫁接式跨界融合工程，实现中科院空天院等高新技术资源与济钢现有产业对接融合，打造“空天信息+”优势产业集群，将政府、科研院所势能高效转化为济钢高质量发展的全新动能。

（三）突出效率驱动，坚定不移完成“倒计时”改革攻坚。要以全方位实施“效率变革”为牵引，加强重点事项督导推进力度，量化分解任务目标和关键举措，进一步丰富激励考核手段，高效推动任务落实。要建立多元化战投引进渠道，引进高质量战投资源，全面提速瑞宝电气、鲁新建材、济钢国际、萨博公司等四家单位的混改进度。要大力推进亏损企业治理，因企施策、分类突破，中长期结合综合治理，确保无新增亏损单位，非政策性亏损单位年底前必须扭亏。要积极推进资产证券化，加快国铭铸管 IPO 进程。稳妥化解历史遗留重大风险，加强风险预警和化解，严控“新发生”，严处“新发现”。要实施人力强企战略，持续优化与转型发展相适应的人力资源结构，充分发挥人才对转型发展的支撑效能。

（四）突出管控赋能，坚定不移推动经营质效持续提升。要立足坚决完成全年各项目标任务，强化运营过程管控和整体评价，充分激发生产经营各类要素动力活力，全力提升生产运行负荷，深挖提质增效潜力，有效化解疫情防控与运营提升之间的矛盾。要积极推进“双降双提”重点工作，突出关键指标的常态化管控，确保年底综合评分完成 95 分以上。要健全完善政策研究利用管理平台，抓住省市政府加快企业复工复产、鼓励发展项目的有利时机，在新项目审批、手续办理、资质获取等方面整合政策、提高效率、赢得先机。要高度关注资金链安全，在取得阶段性成果的基础上，扩大融资规模，降低融资成本，保障集团公司生产经营资金需求。要持续完善风险合规管理体系，积极开展普法、合规文化教育培训，多措并举强化风险辨识工作，持续提升风险防控、依法治企能力。要加快推进科技创新体系建设，围绕打造一流创新生态，加快重点领域技术研发和创新平台建设，着力打造未来发展新优势。

（五）突出监督实效，坚定不移完善监督体制机制。要以山钢集团“四全一新”举措为引领，扎实推进监督体系建设，持续完善“三纵三横”监督网络，形成分层到位、责任明确、措施可行、结构统一的监督管理体系。要持续加强公司治理能力建设，以提高治理效能为目标，构建形成权责边界

更加明晰、流程运转更加顺畅、监督制衡更加有效的公司治理体系，让权力始终在“安全线”内运行。要推进党内监督全覆盖，有效发挥各级职能部门监督作用，深入推进特约监督员和纪检派驻制管理，健全完善内部巡察及整改“去根”的长效机制。要聚焦关键领域，堵塞管理漏洞，筑牢行政监督防线，严格规范采购、销售、招投标等重要岗位和关键人员的职责权限和审批程序，形成以制度流程管人管事的长效机制。要做深做实民主监督管理，健全以职工代表大会制度为基本形式的民主管理制度，支持和保障职工代表大会依法行使职权，建立职工群众监督报告制度，充分发挥职工民主监督效能。

（六）突出党建保障，坚定不移凝聚转型发展强大合力。要坚持强化政治引领，认真落实意识形态工作责任制，巩固拓展“不忘初心、牢记使命”主题教育成果，有针对性地强化党员干部思想教育引导，聚合抵御风险挑战、推动转型发展的正能量。要严格履行管党治党政治责任，纵深推进党建工作与生产经营深度融合，精准补齐党建制度短板，认真落实山钢集团党委巡察反馈问题整改，扎实推动巡察成果转化，推动全面从严治党、从严治企取得实效。要持之以恒推进党风廉政建设和反腐败斗争，聚焦监督执纪问责，一体推进不敢腐、不能腐、不想腐，涵养风清气正的良好政治生态。要持续抓好干部队伍建设，健全完善“容错+问责”机制，加快“导师带徒”体系建设，充分激发各级领导干部干事担当的积极性，促进更多“狮子型”干部脱颖而出。要深入推进幸福和谐企业创建工作，扎扎实实为职工办实事、做好事、解难事，全力保障职工幸福指数持续攀升，画好新济钢发展的最大同心圆。

同志们！

2020年注定是不平凡的一年。上半场，我们的表现可圈可点；下半场，“考试”已经启幕，“成绩”值得期待。让我们更加紧密地团结起来，在山钢集团党委、山钢集团的正确领导下，坚定信心，再接再厉，顽强拼搏、奋发进取，为坚决打赢“三大战役”，坚定不移完成全年各项任务目标，推动新济钢持续健康发展而不懈奋斗！我们坚信，于逆境中奋起、于考验中成长起来的新一代济钢人，必将在实现“二次创业，重塑济钢”的征程上，劈波斩浪、扬帆远航！

谢谢大家！

聚焦主业　创新创造
为加快新济钢建设注入新动能

——在2020年创新表彰大会上的讲话提纲

党委书记、董事长　薄　涛

（2020年7月30日）

同志们：

今天，我们召开2020年创新表彰大会，表彰奖励2019年度创新标兵、科技进步奖项目、优秀专利和管理创新成果。创新表彰大会是公司一年来科技创新、管理创新成果的集中检阅和展示。首先，我谨代表集团公司党委和集团公司，向获奖项目团队和个人，向辛勤工作在全公司各条战线上的科技工作者和各级管理人员，致以崇高敬意和诚挚问候！

对优秀的创新人才和创新成果进行表彰奖励，是集团公司长期坚持的一项优良传统。今年，集团公司在受疫情不利影响的情况下，仍然坚持大幅提高奖励额度，拿出170余万元进行奖励，就是要表明集团公司党委、集团公司对创新工作的高度重视、对创新人才的高度重视！我们期待并相信，通过褒奖先进，必将激励全体干部职工积极投身创新实践，持续迸发出巨大的创造潜能和活力。

下面，围绕创新工作，我讲以下几点意见。

一、统一思想认识，凝聚创新驱动战略共识

济钢62年的发展实践告诉我们，创新是企业的核心竞争力；唯有创新，才能迎难而上！

回顾2019年，面对转型发展、深化改革、安全稳定等艰巨繁重的工作任务，我们坚定必胜信念，紧扣发展大局，全面推进体制机制、商业模式和核心技术创新工作，企业活力进一步激发，发展动力更加强劲。萨博汽车、国铭铸管成功通过高新技术企业认定；研究院通过济南市瞪羚企业认定；瑞宝电气通过济南市企业技术中心、“专精特新”企业审核。集团公司高新技术企业增加至7家，占山钢集团总量的一半，荣获山东省最具活力企业奖。特别是今年以来，面对疫情防控等极端严峻挑战，我们用创新的思维、创新的理念，创造性开展各项工作，坚决打好“三大战役”，促进了各项经营指标持续提升，超额完成了上半年各项任务目标，为加快推动转型发展奠定了坚实基础。

当前，世界正经历百年未有之大变局，新济钢发展的内部条件和外部环境正在发生深刻复杂变化。越是面临风险挑战，越要坚持靠创新求突破，让创新成为驱动发展的新引擎。各级领导干部要深入贯彻落实习近平总书记在7月21日企业家座谈会上的讲话精神，在爱国、创新、诚信、社会责任和国际视野等方面不断提升，勇做新济钢创新发展的探索者、组织者、引领者，激励带动广大职工进一步统一思想、凝聚共识，抓住新一轮科技革命和产业变革带来的重要战略机遇，深入实施创新驱动发展战略，将创新工作全面融入转型发展的具体实践中，努力把新济钢打造成为强大的创新主体，依靠创新获得比较优势和核心竞争力，真正实现凤凰涅槃、浴火重生。

二、聚焦主导产业，把准创新着力点

当前，我们的主导产业已经明确，发展路径更加清晰，但应该清醒看到，我们的主业培育还处于起步阶段，发展潜能尚未充分发挥。面向未来，我们要把创新作为激发潜能的“金钥匙”，通过创新把潜能充分激发出来，转化形成推动产业发展的强大动能。

一是着力构建创新型产业生态体系。要推进三大主业和创新资源高效对接，加快技术、人才、资金等要素向主业集中，促进科技与产业深度融合，着力打造以济钢防务为代表的创新型企业集群。要深入构建“政产学研用”多元主体参与的“嫁接式跨界融合”工程和“跨界创新人才”工程，探索融合发展新模式，强化核心技术研究与孵化，合力形成具有新济钢特质的融合发展生态圈。要抓好重点项目科研攻关，瞄准产业发展需求，全力攻克一批关键核心技术，抢占发展制高点。要强化企业“内循环”，充分利用国际工程、研究院、瑞宝电气等现有科技、人才资源，主动融入产业生态，积极承揽项目，锻炼队伍，壮大实力。

二是积极拓展对外合作新模式。要推进

"产城融合"，牢牢抓住济南市打造"科创济南""智造济南"的战略机遇，以更高站位、更宽视野加快推进现代城市服务业、"空天信息+"等产业发展，积极融入中科院济南科创城、中国空天信息工程大学、智慧历城、数字黄河工程等重大项目规划建设。要深化产学研合作关系，与中科院、齐鲁空天信息研究院、青岛院士港等科研院所开展长期技术合作，构建开放式科研长效机制，搭建联合开发平台，共享优质科研资源，实现风险共担、利益共享、优势互补、共同发展。要加强与优秀企业、优质战投和行业协会的战略合作，充分利用外部创新资源，积极共建研发机构，合作开展科技创新。要围绕科技发展方向，结合产业发展需求，积极开展技术交流活动，加快技术和知识更新。

三是积极培育三大主业研发平台。要开展科技创新项目攻关，推进新技术、新产品、新业态与济钢新产业深度融合，实现智慧赋能。要以"四新"产业园、创智谷等平台为载体，吸引一批科技含量高、专业技术强、发展前景好的科技型企业入驻，构建最广泛创新平台。要加快推进研究院重点实验室、博士后科研工作站、济钢防务（北京）研发中心、瑞宝电气研发中心等重点领域技术研发和创新平台建设，提升研发产出率、技术转化率，打造发展新优势。

三、涵养创新生态，提升创新整体效能

让创新之泉持续奔涌，靠的是改革"清障"、机制"松绑"，以良好的创新生态，激发企业微观主体活力充分释放。企业往往以解决问题为根本，但解决问题只是表象；在解决问题的同时，关键是要唤醒内生活力，才能持续创新。大家一定要注意，我们往往自觉不自觉地进入"创新徘徊"状态。不能仅处于解决问题的层面，关键是要有想法，要激发微观主体活力。"活力"的表现就是有思想。一幅画由纸笔和颜料绘成，但这幅画的生命则是画家的思想，画的价值在于画的主题。一个企业没有灵魂就是"僵尸"，一个人没有灵魂就是"死尸"，这是创新的根本所在，是实现突破的根本所在。

一是持续完善激励创新的体制机制。要深化激励机制改革，完善创新激励制度，加大奖励力度，推动创新落实到新价值创造点上，让创新型人才在成果转化中获得收益。要用足用好各级政府的扶持政策，多渠道、多层次、多维度筹集各方资源和科技资金，要做好投入保障，建立投入的稳定增长机制。

二是进一步夯实支撑创新的管理基础。要建立适应新济钢特点的管理创新体系，发挥管理创新基础性、支撑性作用，不断创新管控模式和管理手段，更好服务转型发展。要健全激发创新意识、保障创新环境、鼓励创新思想和行为的制度体系，进一步激发活力、释放潜力。要健全以企业为主体、市场为导向、产学研用深度融合的技术创新体系，汇聚创新资源，形成竞争新优势。

三是全面加强创新文化建设。要坚持以"九新"价值创造体系为引领，大力倡导鼓励创新、勇于探索、宽容失败的创新精神，努力营造兼容并蓄、团结协作、合力攻关的创新氛围，在全公司上下形成创新活力充分涌动，发展动力竞相迸发的创新局面。要树立以创新为荣的价值观，弘扬科学家精神，尊重首创精神，杜绝"木秀于林，风必摧之"的不良之风，全面促进个体发展。要发挥职工主力军作用，强化全员平凡创新工作，积极开展各类群众性创新活动，汇聚基层一线创新创造的磅礴力量。要加大宣传工作力度，选树和培养一批具有影响力和感染力的创新典型，让优秀的创新人才、创新成果成为引领创新工作的"风向标"。这项工作非常重要、非常难，但一定要做。要把基本管理单元的活力迸发出来。

四、实施人才战略，打造创新人才高地

国以才立，业以才兴。当前，济钢发展

进入重要战略机遇期，对人才的需求尤为强烈，人才资源作为“第一资源”的战略地位更加凸显。我们要正视存在的问题。近年来，尽管集团公司大力实施人才强企战略，人才队伍建设取得一定进步，但人才结构不合理，高层次科技骨干、创新型领军人才稀缺的问题，仍没有得到根本解决。最能说明问题的就是，今年，我们没能评选出突出贡献奖！“尖”没有冒出来。

问题就是前进的动力！各有关单位和部门要积极思考，开展招才引智工作，一方面培养发现我们自己的创新人才，另一方面要大力引进能够带动突破关键技术、发展中高端产业的领军人才。守着中科院，我们还能缺人才吗？我们有着得天独厚的优势和资源，这是其他企业不具备的。今年，要围绕“突出贡献奖”，锁定几个目标主动培养，打造人才、打造突破，打造创新！要大力支持、主动培育，不能任其自然。要把成长的管理机制强大起来，优选一批中坚力量，锁定一批重点项目，加速培养。管理创新方面，要重点围绕“六大攻坚战”课题的创新，加速培养。要让更多创新型员工有施展才华的舞台。近期，集团公司开始倡导导师带徒人才培养机制，不仅带技术，还要带人，带创新模式、培育模式；不能“散打”，要按制度机制办，按科学规律办，提高人才培养、科技创新的“总效率”。今后，徒弟获奖，老师一并表彰，要形成“传帮带”的优良传统。要坚持党管人才原则，加强党对人才工作的统一领导，通过制定政策、创新机制、提供服务、改善环境，为各类人才提供更多发展机遇、创造更大发展空间，妥善解决好他们在工作、学习和生活上的困难，让他们心无旁骛开展工作。

相信在大家的共同努力下，明年这个时候，“突出贡献奖”一定“名花有主”！

同志们！

抓创新就是抓发展，谋创新就是谋未来。新济钢这片生机勃勃的土地，为各类创新人才创造了前所未有的广阔天地和宝贵机遇。希望全公司上下，进一步坚定信心、振奋精神，与新济钢发展同频共振、与发展需要同心同向，以本次创新表彰大会为契机，迅速掀起聚焦主业、勇于创新、善于创新的新热潮，以更加扎实的工作作风，更加有效的创新作为，为转型发展蓄足强劲动能，为早日实现“二次创业，重塑济钢”“建设全新济钢，造福全体职工”的历史使命做出新的更大贡献！

谢谢大家。

立足岗位　扎根济钢　不懈奋斗
努力成为可堪大用、能担重任的新济钢建设者

——在 2019 年优秀见习生表彰暨 2020 年新招大学生入职欢迎会上的讲话提纲

党委书记、董事长　薄　涛

（2020 年 8 月 26 日）

各位新同事、同志们：

大家上午好！

今天，集团公司在这里举行 2019 年优秀见习生表彰暨 2020 年新招大学生入职欢

迎会。首先，我谨代表集团公司党委、集团公司向受到表彰的优秀见习生表示衷心的祝贺，向新入职的大学生表示热烈的欢迎！

今年是极不平凡的一年，一场抗击新冠肺炎疫情的严峻斗争，给大家的毕业、就业造成了前所未有的困难，也让你们在与疫情的抗击中经受了磨炼、收获了成长，体会了“志不求易者成，事不避难者进”的道理。刚才听了优秀见习生和新招大学生代表的发言，倍感欣慰和感动。新入职的30位同志，可谓是经过了精挑细选、百里挑一。你们风华正茂、意气风发，洋溢着实现远大理想抱负；特别是立志为济钢发展拼搏奉献的激情，特别令人感动。从你们的身上，我们看到了新济钢的未来和希望；坐在大家面前，我明显感到了一股浓郁的青春、朝气、活力和敢冲敢拼的力量。你们的加入，为企业注入了新鲜血液和发展活力，必将使新济钢的体格更加强健、活力更加充沛、发展更加蓬勃。

同志们，济钢是拥有厚重历史底蕴和家国情怀的国有大型企业，始建于1958年7月1日，距今已有62年的历史。62年风雨兼程，一代代济钢人薪火相传、接续奋斗，用青春、智慧、汗水和担当，创造了巨大的物质财富，积淀了丰厚的文化底蕴。从1958年建厂至2017年钢铁产线停产，59年间累计生产铁1.55亿吨、钢1.55亿吨、钢材1.37亿吨，实现利税316亿元；在不同领域创造出了一批先进治企经验，在行业内外产生了广泛影响，为国家和社会发展做出了巨大贡献。

2017年6月，为深化供给侧结构性改革、落实国家去产能政策、促进钢铁产业转型升级，按照山东省委省政府关于济钢产能调整的决策部署，济钢用33天时间，安全有序关停济南地区全部钢铁产能，平稳分流安置近2万名职工，成为全国首家钢铁产线整体关停的千万吨级城市钢厂。

济钢产能调整以来，新一代济钢人始终坚定“二次创业、重塑济钢”的信心和初心，积极探索“产城融合”的转型发展新模式。经过三年多的艰辛探索，已经将新济钢的主导产业定位为“高端装备制造、新材料、现代城市服务”三大产业，与之配套的空天信息、智能制造等一批重点项目相继落地，“济钢环保新材料”“济钢顺行”“济钢城矿”“济钢创智谷”等一张张新济钢名片，成为济南城市服务中一道靓丽的风景线，荣获山东省“最具活力”企业，连续两年荣登“影响济南”经济人物领奖台。

转型发展三年来，济钢存续产业经营绩效持续提升，2018年完成营业收入147亿元，完成利润2.19亿元，用一年时间基本恢复到停产前一半产值；2019年，实现收入239亿元，实现利润3.3亿元；今年1~7月份，克服疫情等极端严峻形势影响，实现收入144亿元，全年预计收入276亿元，利润4.6亿元。可以自豪地说，济钢已初步蹚出了城市钢厂转型发展的新路子，实现了凤凰涅槃、浴火重生。

当前，新济钢建设已进入重要战略机遇期，前进的道路不会一帆风顺，实现“建设全新济钢，造福全体职工”的使命目标，需要一代一代济钢人的矢志奋斗。“建设全新济钢，造福全体职工”的接力棒将会交到你们这一代人手里。你们的到来正当其时，也必将大有可为。希望大家珍惜这难得的人生际遇，勇敢肩负起时代赋予的重任，志存高远，脚踏实地，努力在建设全新济钢的生动实践中放飞青春梦想，书写人生华章。

在此，我想对大家提几点期望：

一要胸怀梦想、珍惜机遇，积极投身新济钢建设的火热实践。大家刚刚步入职场，踏上人生新起点，每个人心中都有自己的小目标与大梦想，准备大干一场，成就一番事业，这是年轻人应有的精神状态。但要实现理想，就必须把理想融入现实的土壤，根植于所从事的岗位。特别是在当前十分严峻的就业形势下，大家更要倍加珍惜这来之不易的工作岗位，避免“这山望着那山高”，杜绝三心二意、好高骛远，持之以恒地为最初的理想而不懈奋斗，在平凡的岗位上铸就不凡的业绩。要迅速转角色，快速融入企业、融入岗位、融入团队，实现由在校学生向企业员工的质的转变。要迅速转心态，要有“归零”的心态和意识，在基层岗位经受摔打，刻苦磨炼，积累经验，以能力和业绩说话，用事实和行动证明自己，用信心、才干和毅力推动你的梦想照进现实，让自身价值在建设全新济钢的伟大征程中，绽放最美的时代芳华。请大家相信，“你有多大本领，济钢就为你搭建多大的舞台”。只要你有理想、有能力、有决心、有毅力，济钢就会给你提供广阔的发展空间，创造良好的发展机遇；只要你为新济钢的发展事业做出了积极贡献，济钢就让你“名利”双收。

二要迈稳步子、夯实根基，努力成长为新济钢建设的中流砥柱。过硬的本领，是实现梦想的基石。当前，新济钢的发展速度不断加快，对员工的素质能力也提出了更高的要求。青年同志们要把学习作为一种责任、一种精神追求、一种生活方式，以强烈的求知欲去坚持学习，提高素质，锤炼过硬本领，使自己的思维视野、思想观念和认知水平跟上发展的需要。要始终把加强理论学习作为首要政治任务，深入学习贯彻习近平新时代中国特色社会主义思想，对习总书记的最新讲话主动跟进、及时研读，用系列重要讲话精神武装头脑、指导实践、推动工作，做到深学深悟、常学常新，知行合一、学以致用。要深入汲取济钢这片土地的文化滋养，继承发扬济钢人 60 多年来用钢铁意志熔铸形成的“济钢精神”，主动研学“九新”价值创造体系、“六大攻坚战军规”等济钢文化和各项规章制度，深刻领会集团公司重要决策部署和重要会议精神，融会贯通，严格遵守，做到思想统一、行动一致。要立足本职岗位，本着干什么学什么、缺什么补什么的原则，既向书本学，又向实践学、向领导和同事学。集团公司正在大力推广导师育人机制，要抓住这次机会，放下大学生的架子，积极向周围优秀的同志看齐，把他们作为成长的榜样，主动大方地去请教，不仅学专业、学业务，更要学做事、学做人，全面提高综合素养，争做行家里手，争当济钢工匠。一场疫情，让我们更加深刻地认识到健康的身体是人生最宝贵的财富。希望大家工作之余坚持锻炼、增强体魄。济钢这方面有好的条件，体育场、鲍山都是很好的运动场所。大家工作之余要把刷手机、打游戏的时间拿出来，多锻炼一下身体，千万不要让手机和游戏刷去大家的锐气和志气。人生的轨迹跌宕起伏，成长的道路不会一帆风顺。希望大家在任何时候都不要忘记成长、放弃成长，保持学习的劲头和状态，在学习的过程中提升能力，积蓄能量、迈稳步子、夯实根基，努力做最好的自己。相信在不远的将来，大家一定能成长为可堪大用、能担重任的新济钢建设者。

三要不畏艰险、勇挑重担，为加快推动新济钢发展不懈奋斗。宏大如国家复兴梦想，细微如个人奋斗梦想，奋斗是筑梦逐梦的底色，也是每个人敢梦能梦的底气。大家应该都是 90 后，很多人对 90 后抱有偏见，不想加班、不愿吃苦、不肯担当。但我相信，这些只是个例，90 后也在不断成长。在这场疫情中，就涌现出许多值得学习和尊敬的 90 后，他们用实际行动书写着应有的责任与担当。大家要以他们为榜样，工作中多一些“务实劲”、少一些“书生气”，多一点实干、少一点空谈，不要在该拼尽全力的人生阶段贪图安逸，要以奋斗精神作为压舱之石，立足本职，真抓实干，努力把工作做到极致。要把吃苦作为砥砺自己的“磨

刀石”，勇于到生产一线、到条件艰苦的地方接受锻炼，多吃一点苦、多经受一些历练和挫折；要把困难当作锻炼能力、体现价值的良机，保持初生牛犊不怕虎、越是艰险越向前的刚健勇毅，在攻坚克难中展示风采、彰显价值。要勇于挑最重的担子，啃最硬的骨头，把艰苦环境作为磨炼自己的机遇，全身心投入工作中去，百折不挠、勇往直前。要勇于解放思想、创新创造，树立在继承前人的基础上超越前人的雄心壮志，以青春之我，创建青春之济钢，在激情奋斗中绽放青春光芒，在建设全新济钢的道路中书写自己的精彩人生。

各级党组织要强化政治责任，既当“领路人”又当“知心人”，认真做好新员工关怀关爱工作，持续关注新员工成长过程，不断优化新员工心力成长生态，为他们的成长保驾护航。组织部门要切实做好人才后续培养工作，及时跟踪新员工工作状况，帮助他们更好更快成长。工会、团委要关注新员工 8 小时以外的生活，积极开展丰富多彩的文体活动。宣传部门要加强新员工队伍中先进典型的宣传和报道。各用人单位要严格落实集团公司有关政策，创造一切必要条件，让大家心无旁骛地投入到工作中去。

济钢是我们共同的家园，进了这个门，就是一家人。作为这个家庭的“家长”，我衷心祝愿大家能够在济钢愉快生活、健康成长，也真诚地希望大家能从内心深处真正认同济钢、融入济钢、热爱济钢、扎根济钢，在新济钢发展建设的奋斗征程中，成就一番事业，实现人生价值！

最后，祝大家身体健康、工作顺利、事业有成！

谢谢大家。

薪火相传助转型　导师带徒启新篇

——在“构建新型导师带徒体系，优化职工心力成长生态”工作启动仪式上的讲话提纲

党委书记、董事长　薄　涛

（2020 年 9 月 10 日）

尊敬的市总工会领导、山钢工会领导，

同志们：

今天，我们在这里隆重举行济钢集团“构建新型导师带徒体系，优化职工心力成长生态”启动仪式，共同见证了拜师大会。首先，我谨代表集团公司党委和集团公司，向前来参加启动仪式的济南市总工会主席、山钢集团工会卢彤书主席表示热烈的欢迎和衷心的感谢！向成功结对的 375 对师徒致以诚挚的祝贺和美好的祝愿！

构建新型导师带徒体系，建设一支有理想守信念、懂技术会创新、敢担当讲奉献的“二次创业，重塑济钢”生力军，是集团公司贯彻习近平新时代中国特色社会主义思想，适应新时期产业工人队伍建设总要求的具体行动；是进一步加强人才培养，不断提升职工队伍素质，加快实现“建设全新济钢，造福全体职工”使命目标的重要保障。特别是当前，在历经三年的艰辛探索后，济钢正面临第二个重要转折期，实施“横向

扩张+纵向提升”“高端引领+跨界融合”的发展新模式，打造研发成果转化、新旧动能转换、传统企业转型的“三转”新品牌，对干部职工队伍的业务能力、工作作风和综合素质都提出了新的更高要求。全公司上下要站在企业生存发展的战略高度，充分认识到做好“导师带徒”工作的重要意义，努力探索新形势下“导师带徒”的新思路、新方法、新途径，切实将导师带徒同打赢打好“三大战役”、完成全年目标任务贯穿结合起来，为济钢持续健康发展源源不断地提供人才支撑。

刚才，市总工会主席、山钢集团工会卢主席分别做了精彩致辞，10 位导师上台领受了公司聘书，12 对师徒代表签字结成了师徒对子，现场举行了庄重的宣誓仪式，相信以本次启动仪式为新的起点，集团公司导师带徒工作一定会取得更加丰硕的成果。

下面，就进一步做好导师带徒活动，我提三点要求。

一是要言传身教、身正示范。导师带徒关键在“师”、重点在“带”。各位导师既有公司中层领导、劳动模范，也有骨干人才、后备干部，在导师带徒活动中，要树立顾全大局、忠诚企业的职业精神和不计得失、乐于奉献的园丁精神，义无反顾地扛起为企业培养后备人才的义务与责任。要在思想上主动引导，把坚定理想信念、学习贯彻习近平新时代中国特色社会主义思想和习总书记系列讲话精神作为传道授业的首要任务，教育引导学员进一步增强“四个意识”，坚定“四个自信”，做到“两个维护”；要加强思想交流，关心日常生活，主动交心谈心，帮助他们找准定位、明确目标，系统规划好职业生涯，自觉把个人的理想追求同企业的未来发展紧紧联系在一起，努力在新济钢建设的历史征程中建功立业。要在作风上以身作则，深刻理解践行“九新”价值创造体系和“六大攻坚战军规”，以自身的表率作用和人格魅力教育带动学员，做到严管善待，帮助他们自觉养成敢于担当、敢为人先、敢争一流的工作作风，进一步提振干事创业的精气神。要在业务上精心指导。导师带徒不能“纸上谈兵”，要紧密结合生产管理实践，因人施教、因岗施教，量身定制带徒方案和培养目标，一对一跟进辅导，兢兢业业传经授艺；特别是要将自己的“一技之长”“看家本领”拿出来，毫无保留地传授给学员。要通过参加项目攻关、开展任务协作等具体实践，在工作中派任务、压担子，积极为学员创造锻炼机会，帮助他们快速进步和成长。

二是要见贤思齐、学以致用。广大学员要倍加珍惜导师带徒这个成长平台，立足岗位，端正态度，虚心向导师请教，在见贤思齐中砥砺初心、践行使命，尽快将自己锻炼成为学有所长、业有所精的有用之才。要将拜师学艺的切入点放在解决突出问题上，聚焦生产运营、转型发展各项工作中面临的薄弱环节和重点难点，以问题为导向认真向导师求教，创新求解，靶向发力，破局而上。要将拜师学艺的着力点放在推动重点工作上，理论实践相结合，将导师传授的知识经验、方式方法融会贯通，高效转化为推动工作的过硬本领。要将拜师学艺的落脚点放在价值创造、效率提升上，结合岗位职责，多做有用功，提升总效率，高质高效完成各项工作任务，用实实在在的业绩体现拜师成效，向导师、向组织交上一份满意的答卷。

三是要服务大局、务求实效。导师带徒活动要服务济钢转型发展大局，同六大攻坚战、倒计时改革、价值创造、效率变革等重点工作紧密结合起来，不断充实活动内容，创新活动载体，务求活动实效。要严防导师带徒流于形式。刚才大家都签订了师徒协议，协议规定不能形同虚设，要落实落地、付诸行动，真正发挥约束和管理作用；各位师徒要强化契约精神和规则意识，不折不扣

地履行好责任义务。要不断完善导师带徒人才培养机制、考核评价机制、激励保障机制，对于教有所成、学有所获的优秀师徒大力表彰奖励，带动更多优秀人才积极投身到活动中去。要加强政策支持，充分调动师徒主动性、创造性，师徒协议期间，徒弟获奖导师一并奖励，师徒共进共荣。

各级党组织、有关部门要强化组织领导，做好过程监督和跟踪服务，创造一切必要条件，全力支持导师带徒活动的开展。各单位要积极开展试点工作，及时总结经验，加快复制推广。宣传部门要大力宣传活动中涌现的先进典型，发挥好典型的引领示范作用，营造良好活动氛围。

同志们，导师带徒活动是我们培养人才的重要途径，是师道传承、薪火相传的重要事业。让我们共同努力，在市总工会和山钢集团的大力支持下，把导师带徒这项事业办得更好！

最后，衷心希望在座的各位师徒在结对期间工作顺利、共同进步！衷心祝愿广大学员在导师的悉心指导下，早日成长为新济钢建设的栋梁之材，为实现“二次创业，重塑济钢”“建设全新济钢，造福全体职工”的历史使命做出新的更大贡献！

谢谢大家！

概况

GAIKUANG

核心理念

☆ 企业核心价值观——共创、共进、共赢

济钢集团有限公司发展概述

【概况】 截至2020年年底，济钢集团有限公司（以下简称济钢），在册职工10179人，年末资产总额370.98亿元，负债总额224.11亿元，所有者权益146.87亿元。主营范围包括：钢铁冶炼及技术咨询服务；加工、制造、销售；钢材，水泥制品，水渣，锻造件，标准件，铝合金，铸铁件，保温材料，耐火材料。

【生产经营】 面对突如其来的新冠肺炎疫情考验，济钢在山钢集团党委、山钢集团的正确领导下，团结带领广大干部职工，紧紧围绕一届二次职代会确定的任务目标，聚焦打好打赢"疫情防控阻击战""效率变革攻坚战""转型发展保卫战"三大战役，只争朝夕、不负韶华，知难而进、坚韧向前，圆满完成各项目标任务，在极度困难的情况下保持了企业健康稳定发展。全年完成营业收入293亿元，超目标67亿元，较上年增长22.91%；完成考核净利润3.67亿元，超目标1.09亿元，较上年增长44.53%；完成考核归属母公司净利润2.28亿元，超目标6010万元，较上年增长38.77%。安全生产连续6年实现"六个零"目标，安全环保连续3年实现"八个零"目标。

【疫情防控】 始终坚持把职工群众生命安全放在第一位，坚决贯彻落实中央和上级党委各项决策部署，统筹把好疫情防控和生产经营，做到两手抓两手硬。第一时间设立500万元疫情防控专项资金，累计投入疫情防控资金830余万元，以高度的政治自觉和责任担当，科学部署、精准施策，迅速构建起贯通一体的疫情防控指挥调度体系，在全公司上下形成了全面动员、全面部署、全面提速的作战格局。高效建立生产经营新秩序，创造性实行双线办公机制，总部保持高效运行状态，各子分公司复工复产安全有序。充分发挥济钢军事化作风优势，坚持以战时状态抓好常态化疫情防控，压实四级网格化管理，加强应急管理体系建设，及时启动疫情防控Ⅳ级应急响应，疫情防控科学化、精细化水平不断提升。认真履行国企社会职责，主动对接政府街道，加强社区联防联控，推进社区封闭式管理和大型商超转移，有力维护了社区居民安康，保证了济钢大后方安全。走访慰问疫情防控一线职工，开展"抗击疫情"爱心捐款，及时表彰战"疫"一线贡献突出的集体和个人，在全公司上下构筑起团结一心、守望相助，风雨同舟、共同抗"疫"的坚实防线。

【运营质效】 坚持完成全年目标任务不动摇，强化运营过程管控，提升本质化运营水平，存续产业经受住了疫情严峻考验，发展质量保持稳中向好。济钢整体规模基本达到钢铁主业停产前水平，生产加工板块完成产量958.98万吨，同比提升87.84%，22家子分公司营业收入整体同比提升15.28%。"双降双提"有序推进，总资产利润率完成奋斗目标，经营资产负债率、"四金"占用压减等关键指标明显改善。依法合规推进产能调整资产处置收尾工作，资产盘活创效累计实现3129万元。推进投融资管理体系建设，拓宽融资渠道，争取融资资源，累计完成内外部融资26.34亿元。加快信息化建设进程，固定资产管理系统升级改造全面完成；冷弯型钢、济钢物流和城市矿产3家单位的运营管控平台和ERP升级系统上线运行，率先实现了物流、资金流和信息流的"三流合一"管理。多维度开展风险评估和辨识，积极推进企业法治建设，企业风险防控能力有效提升。建立政策研究利用体系，形成政策利用周推进机制。

【主业培育】 深入开展新产业研究，完成济钢“十四五”规划以及低空监测、卫星总装、先进雷达等方向的“空天信息产业+”规划。推进产业聚焦，国际工程、合金科技等一体化运营公司发展势头向好。实施项目全过程管理，提高项目推进效率，全年完成固定资产投资 7.32 亿元，其中：济钢防务实现稳健快速发展，首年度实现盈利，齐鲁卫星公司正式注册成立，空间行波管试验线完成产品下线和首批订单销售意向；环保新材料矿山基建 177 万方土石方量全部完工，通过验收并取得安全生产许可证，破碎加工园区已实现稳定收益；冷弯型钢产品拓展及深加工项目迅速达产达效，生产产品近 2 万吨；济钢顺行 120 辆纯电动出租车正式投入运营，新能源汽车充电站二期工程顺利竣工；工北 21 号科创综合体完成一期项目建设；创智谷科技成果转移转化中心入孵 110 家企业；鲍德气体易地搬迁、瑞宝智能装配产线、萨博汽车方舱产线智能化提升改造等项目按节点快速推进。

【深化改革】 聚焦“倒计时”改革年度目标，发挥专班作用，细化攻坚举措，按周、月、季三层次节点递进式调度，推动深化改革不断取得新成绩。“僵尸”企业处置压茬推进，亏损企业治理全面完成年度目标，翼板公司、复合板公司、铸管公司、钢结构公司等处置任务提前 1 个月完成；水文公司、二汽改厂提前 4 个月实现扭亏。混改工作取得积极进展，瑞宝电气项目完成摘牌，鲁新建材项目基本具备挂牌条件。“契约化”管理实现新突破，冷弯型钢、萨博汽车两家单位完成契约化“翻番”指标。职业经理人制度改革在瑞宝电气试点推进；退休人员社会化管理移交工作圆满收官。“效率变革”高效推进，印发公司总部管理、核决事项等 4 项清单，形成人力资源管理事项清单 10 项、废改立制度清单 245 项，精简各类报表 30%以上；印发“效率变革”管理放权清单，从产品销售、计划指标、产业协同、科技创新四个维度对子分公司实施分类授权、个性化激励。深化薪酬分配制度改革，优化薪酬结构，实施年功工资；稳步推进股权激励、岗位分红、超额利润提成等中长期激励，4 家权属公司纳入实施范围。深入推进产业“人才+”行动，成功引进多名紧缺岗位人才、博士后人才及柔性团队。大力推进创新体制机制改革，已建成国家级科技创新平台 1 家、市级科技创新平台 3 家，拥有高新技术企业 6 家；与中科院空天院、青岛国际院士港、清华大学、北京理工大学、山东大学等建立技术成果对接机制；立项实施技术创新项目 17 项，自主研发的“测温及身份识别系统”被纳入山东省重点防疫物资采购范围。

【安全稳定】 严格落实企业安全生产主体责任，去根治理安全隐患，提升本质安全水平。完善安全管理责任体系，构建多维度安全监管模式，在 18 家权属单位设置安全总监，实现安全管理网格化、全覆盖；扎实推进“双基双线一提升”工作，班组安全标准化合格率达到 97.1%，12 家规模以上单位双重预防体系有效运行；深化源头治理、系统治理和综合治理，开展安全生产专项整治三年行动，扎实推动安全管理向安全治理提升。坚持绿色发展理念，强力攻坚“向环保要效益”，推进落实重污染天气减排措施和超低排放项目，实现全年“零”罚款。妥善处置各类信访事项，全力化解信访积案，重大活动超前介入，为全国“两会”、全省“两会”等一系列重大活动的顺利举行创造了良好环境。

【党建工作】 纵深推进全面从严治党。巩固拓展“不忘初心、牢记使命”主题教育成果，深入开展党的十九届四中、五中全会

精神宣讲，牢牢把握党对意识形态工作的领导权，党员干部理想信念更加坚定。完善落实全面从严治党主体责任推进机制，制定党委贯彻落实全面从严治党主体责任实施意见及配套清单；凝练支部党建品牌，实施“头雁工程”建设，不断将全面从严治党引向深入。扎实推进党建制度体系化建设，形成党建制度体系清单71项。深入开展过硬党支部创建工作，全公司在岗党员党支部过硬比例达到90%。落实党建“四同步”要求，成立济钢防务党总支、气体公司党支部。

【廉政建设】 推进“三位一体”大监督体系建设，强化对同级党委及班子成员的监督，推行纪检派驻制管理试点，完成两轮对20家权属单位党组织的内部巡察，初步形成“多维度、立体化、全覆盖”监督管理新格局；严肃查处违纪违规行为，党风廉政建设取得新成绩；从严从快从实抓好山钢集团党委巡察反馈问题的整改落实工作，全部按进度完成整改。

【群团工作】 加强新时代产业工人队伍建设，实施员工能力素质提升工程，推行全员学习新机制，构建新型导师带徒体系，被济南市列为“新时期产业工人队伍建设改革试点单位”。加强军事化管理作风建设，实施全员军事化训练，落实考勤信息化管理，开展“厉行节约、反对浪费”专项行动，锻造“一切行动听指挥”的铁一般队伍，干部职工整体素质和精神面貌有了新的提升。

（撰稿　李　辉　审稿　薄　涛）

济钢集团有限公司组织机构图

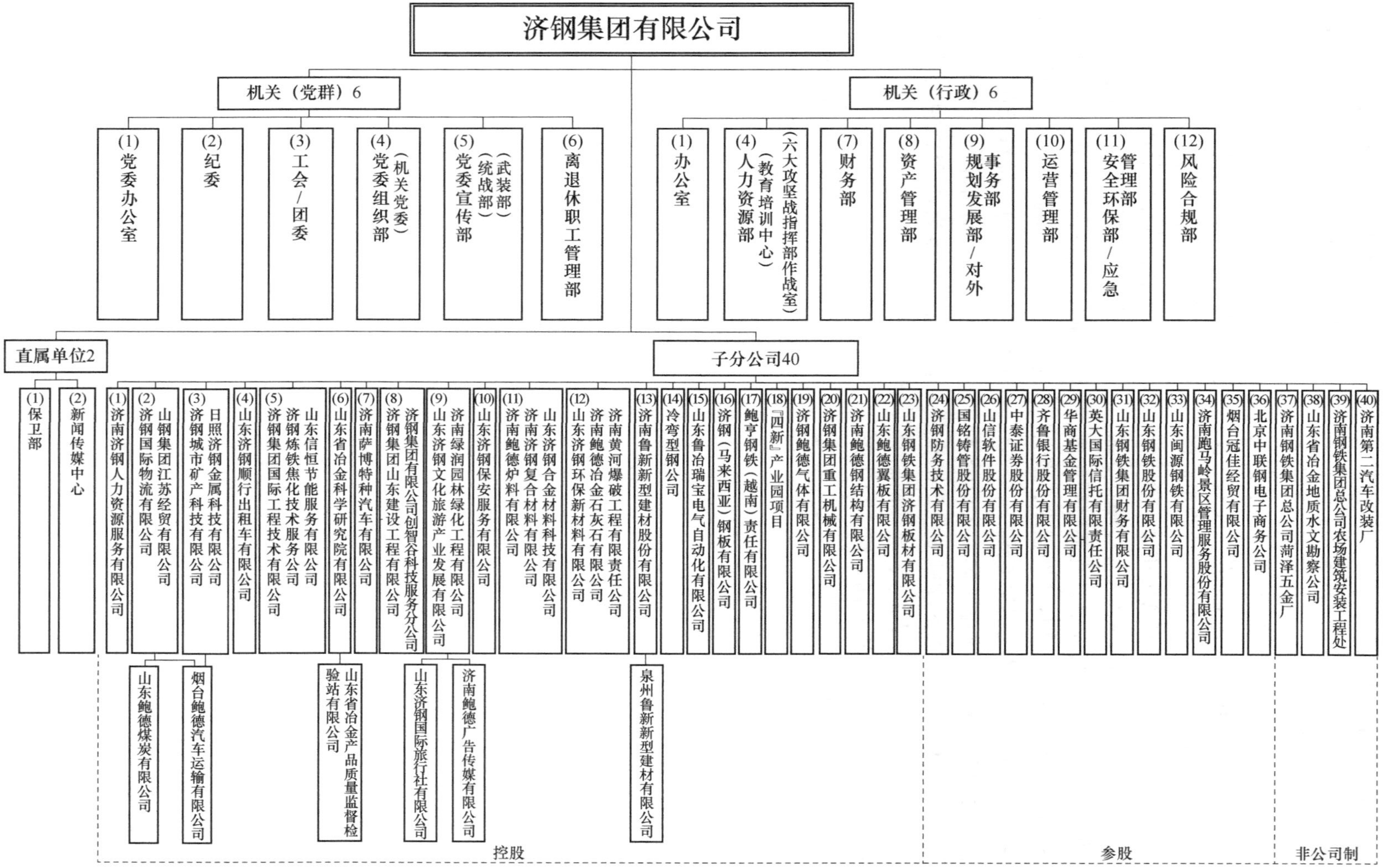

济钢集团有限公司

- 机关（党群）6
  - (1) 党委办公室
  - (2) 纪委
  - (3) 工会/团委
  - (4) 党委组织部（机关党委）
  - (5) 党委宣传部（统战部）（武装部）
  - (6) 离退休职工管理部
- 机关（行政）6
  - (1) 办公室
  - (4) 人力资源部（教育培训中心）（六大攻坚战指挥部作战室）
  - (7) 财务部
  - (8) 资产管理部
  - (9) 规划发展部/对外事务部
  - (10) 运营管理部
  - (11) 安全环保部/应急管理部
  - (12) 风险合规部
- 直属单位2
  - (1) 保卫部
  - (2) 新闻传媒中心
- 子分公司40
  - 控股
    - (1) 济南济钢人力资源服务有限公司
    - (2) 山钢集团江苏经贸有限公司；济钢国际物流有限公司
      - 山东鲍德煤炭有限公司
    - (3) 日照济钢金属科技有限公司；济钢城市矿产科技有限公司
      - 烟台鲍德汽车运输有限公司
    - (4) 山东济钢顺行出租车有限公司
    - (5) 山东信恒节能服务有限公司；济钢炼铁焦化技术服务公司；济钢集团国际工程技术有限公司
    - (6) 山东省冶金科学研究院有限公司
      - 山东省冶金产品质量监督检验站有限公司
    - (7) 济南萨博特种汽车有限公司
    - (8) 济钢集团有限公司创智谷科技服务分公司；济钢集团山东建设工程有限公司
    - (9) 济南绿润园林绿化工程有限公司；山东济钢文化旅游产业发展有限公司
      - 山东济钢国际旅行社有限公司
      - 济南鲍德广告传媒有限公司
    - (10) 山东济钢保安服务有限公司
    - (11) 山东济钢合金材料科技有限公司；济南济钢复合材料有限公司；济南鲍德炉料有限公司
    - (12) 济南黄河爆破工程有限责任公司；济南鲍德冶金石灰石有限公司；山东济钢环保新材料有限公司
    - (13) 济南鲁新新型建材股份有限公司
      - 泉州鲁新新型建材有限公司
    - (14) 冷弯型钢公司
    - (15) 山东鲁冶瑞宝电气自动化有限公司
    - (16) 济钢（马来西亚）钢板有限公司
    - (17) 鲍亨钢铁（越南）责任有限公司
    - (18) 『四新』产业园项目
    - (19) 济钢鲍德气体有限公司
    - (20) 济钢集团重工机械有限公司
    - (21) 济南鲍德钢结构有限公司
    - (22) 山东鲍德翼板有限公司
    - (23) 山东钢铁集团济钢板材有限公司
  - 参股
    - (24) 济钢防务技术有限公司
    - (25) 国铭铸管股份有限公司
    - (26) 山信软件股份有限公司
    - (27) 中泰证券股份有限公司
    - (28) 齐鲁银行股份有限公司
    - (29) 华商基金管理有限公司
    - (30) 英大国际信托有限责任公司
    - (31) 山东钢铁集团财务有限公司
    - (32) 山东钢铁股份有限公司
    - (33) 山东闽源钢铁有限公司
    - (34) 济南跑马岭景区管理服务股份有限公司
    - (35) 烟台冠佳经贸有限公司
    - (36) 北京中联钢电子商务公司
  - 非公司制
    - (37) 济南钢铁集团总公司菏泽五金厂
    - (38) 山东省冶金地质水文勘察公司
    - (39) 济南钢铁集团总公司农场建筑安装工程处
    - (40) 济南第二汽车改装厂

济钢集团有限公司机构与人事

董事会、监事会名单

（截至2020年底）

济钢集团有限公司董事会

董事长：薄　涛

董　事：薄　涛　王景洲　李学玉　孙建东

济钢集团有限公司监事会

主　席：于文波

监　事：于文波　刘长菊　黄善兵（职工监事）

行政机构及领导干部名单

（截至2020年底）

集团公司

总　经　理：苗　刚

副 总 经 理：高　翔　谢　文　徐　强　刘学燕

财 务 总 监：孙建东

安 全 总 监：江永波

总法律顾问：张素兰

办公室

主　任：董胜峰

副主任：蒋雪军　吕仁波

人力资源部（教育培训中心）

部　长：王文涛

副部长：徐西刚（教育培训中心主任）　陈敏弟　王广海　季宏杰（“六大攻坚战”指挥部作战室副主任）　张金秋

财务部

经　理：曹孟博

副经理：宋　峰　苗　苗

资产管理部

经　理：张永熙

副经理：周　军　王东升　李宗辉　鲁宏洲　李兴芳

运营管理部

经　理：徐守亮

副经理：王同彦

规划发展部/对外事务部

经　理：郭　强

副经理：蒋升华　刘长生　闫永章　常大勇

安全环保部/应急管理部

经　理：王四江

副经理：修志伟

风险合规部

经　理：刘富增

离退休职工管理部

部　长：刘庆玉

副部长：孙建平

济南济钢人力资源服务有限公司

执行董事、经理：崔德伟

副经理：张炳光

济钢国际物流有限公司

执行董事、经理：魏信栋

副经理：董旭东　马　磊
谭学博(山钢集团江苏经贸有限公司执行董事、经理)

山东济钢顺行出租车有限公司

董事长：徐　强
总经理：刘柱石
副总经理：刘　然

济钢集团国际工程技术有限公司

执行董事、经理：高忠升
副经理：王常金　陈五升　栾元迪

济钢炼铁焦化技术服务公司

经　理：高忠升
副经理：位连增　刘兆峰

山东省冶金科学研究院有限公司

执行董事、经理：倪守生
副经理：张　莉　黄　诚

济南萨博特种汽车有限公司

董事长：刘学燕
董事、总经理：赵传飞
副总经理：严凤涛　梁　峰

济钢集团有限公司创智谷科技服务分公司

经　理：魏　涛

济钢集团山东建设工程有限公司

执行董事、经理：魏　涛
副经理：梁云彩

山东济钢文化旅游产业发展有限公司

执行董事、经理：高海港
副经理：都志斌　陈天学

山东济钢保安服务有限公司

执行董事、经理：董　波
副经理：曹学杰

保卫部

部　长：董　波
副部长：王坤轩

济南鲍德炉料有限公司

执行董事、副经理（主持工作）：王铭南
副经理：吕化国　于启涛

济南济钢复合材料有限公司

执行董事：高　翔
副经理：王铭南（主持工作）　吕化国　于启涛

山东济钢合金材料科技有限公司

执行董事、经理：于启涛
副经理：吕化国

山东济钢环保新材料有限公司

执行董事、经理：王明勤
副经理：靳玉启　冯英俊　孙跃光　张先胜

济南鲍德冶金石灰石有限公司

董事长、总经理：冯英俊
副经理：靳玉启　张先胜

济南黄河爆破工程有限责任公司

执行董事、经理：孙跃光

济钢城市矿产科技有限公司

执行董事、经理：李赐波
副经理：张同义　管池森

日照济钢金属科技有限公司

执行董事、经理：张同义

济南鲁新新型建材股份有限公司

董事长：徐　强
董事、总经理：朱　涛
副总经理：卢文银

冷弯型钢公司

经　理：王丰祥
副经理：贾泽民　王泰来

济钢鲍德气体有限公司

执行董事、副经理（主持工作）：李宗辉
副经理：杨秀玉　焦何生

山东鲁冶瑞宝电气自动化有限公司

董事长：刘学燕
董事、总经理：刘树梅
董事、副总经理：刘建平

济钢（马来西亚）钢板有限公司

董事长：苗　刚
董事、总经理：何绪友
董事、副总经理：商汉军

鲍亨钢铁（越南）责任有限公司

董事长：高　翔
董事、总经理：何绪友

“四新”产业园园区运营项目

副总工程师：战玉生

副经理：郭　强　李秀坤　韩晰宇

王国才

（撰稿　李　键　审稿　张金秋）

党组织机构及领导干部名单

（截至2020年底）

济钢集团党委

书　记：薄　涛

副书记：苗　刚　王景洲

党委委员：薄　涛　苗　刚　王景洲　于文波　王文涛　曹孟博　董胜峰

党委办公室

主　任：董胜峰

副主任：蒋雪军　吕仁波

纪委

书　记：于文波

副书记：孟庆钢

综合室主任：张　涛

执纪监督室主任：孙　超

派驻纪检组主任：王法国

工会/团委

工会主席：王景洲

工会副主席：黄善兵　张玉华　李　静

综合部部长：邱延祥

权益部部长、团委书记：王京巨

党委组织部（机关党委）

部　长：王文涛

副部长：徐西刚（机关党委书记）　陈敏弟　王广海　季宏杰　张金秋

党委宣传部/统战部/武装部

部　长：柳润民

副部长：李维忠

离退休职工管理部党委

书　记：刘庆玉

副书记、纪委书记、工会主席：周家进

济南济钢人力资源服务有限公司党委

书　记：崔德伟

副书记、纪委书记、工会主席：田亚农

济钢国际物流有限公司党总支

书记、工会主席：孙德民

山东济钢顺行出租车有限公司党支部

书记、工会主席：刘柱石

济钢集团国际工程技术有限公司党委

书　记：高忠升

副书记、纪委书记、工会主席：郭广强

山东省冶金科学研究院有限公司党委

书　记：倪守生

副书记、纪委书记、工会主席：殷占虎

济南萨博特种汽车有限公司党支部

书记、工会主席：郭晓光

“四新”产业园党支部

书　记：郭　强

济钢集团有限公司创智谷科技服务分公司党支部

书记、工会主席：魏　涛

山东济钢文化旅游产业发展有限公司党委

书　记：高海港

副书记、纪委书记、工会主席：李延新

济南鲍德炉料有限公司党委

书　记：高岩军

副书记、纪委书记、工会主席：王　冲

山东济钢保安服务有限公司党委

书　记：董　波

副书记、纪委书记、工会主席：王坤轩

山东济钢环保新材料有限公司党委

书　记：王明勤

副书记、纪委书记、工会主席：盛培展

济南城市矿产科技有限公司党委

书　记：李赐波

副书记、纪委书记、工会主席：张　騄

济南鲁新新型建材股份有限公司党支部

书　记：朱　涛

冷弯型钢公司党支部

书　记：王丰祥

副书记、工会主席：邹国顺

山东鲁冶瑞宝电气自动化有限公司党委

书　记：刘树梅

副书记、纪委书记、工会主席：刘建平

济钢（马来西亚）钢板有限公司党支部

书　记：商汉军

济钢鲍德气体有限公司党支部

书　记：李宗辉

济钢防务技术有限公司党总支

书　记：方贻留

副书记：闫梦龙

（撰稿　李　键　审稿　王广海）

济钢集团有限公司专职董事、监事、财务总监

（截至 2020 年底）

济南济钢人力资源服务有限公司

监　事：郭学武

济钢国际物流有限公司

监　事：钟秀菊

山东济钢顺行出租车有限公司

监　事：夏汝滨

济钢集团国际工程技术有限公司

监　事：刘乃杰

山东省冶金科学研究院有限公司

监　事：尤协波

济南萨博特种汽车有限公司

监　事：李会龙

山东济钢文化旅游产业发展有限公司

监　事：闫东林

山东济钢保安服务有限公司

监　事：钟秀菊

济南鲍德炉料有限公司

监　事：张德祯

济南济钢复合材料有限公司

监　事：张德祯

山东济钢合金材料科技有限公司

监　事：滕厚军

山东济钢环保新材料有限公司（济南鲍德冶金石灰石有限公司）

监　事：王有福

济南黄河爆破工程有限责任公司

监　事：王有福

济钢城市矿产科技有限公司

监　事：刘乃杰

日照济钢金属科技有限公司

监　事：刘乃杰

济南鲁新新型建材股份有限公司

监　事：王新安

山东鲁冶瑞宝电气自动化有限公司

监事会主席：夏汝滨

山东国铭球墨铸管科技有限公司

董事长：李丙来

董　事：林建峰

监事会主席：齐志新

财务总监、董事会秘书：周方军

济南钢铁集团新事业有限公司

监事会主席：盖永刚

（撰稿　李　键　审稿　王广海）

大事记

DASHIJI

核心理念

☆ 企业经营宗旨——精品赢得市场，诚信创造未来

2020 年 1~12 月

1 月

3 日　集团公司召开 2020 年安全环保工作会议，党委书记、董事长薄涛讲话。党委副书记、总经理苗刚主持会议，并就贯彻落实会议精神提出要求。副总经理高翔做 2019 年安全环保工作报告，部署安排 2020 年安全环保工作。集团公司领导，各部室主要负责人，各单位党政主要领导、分管领导及相关人员参加会议。

7 日　集团公司召开第二十届职工代表大会第三次会议。大会听取审议了总经理苗刚同志所做的《深化改革创新，加快效率变革，全力以赴推动全新济钢建设实现新突破》的工作报告；审议了集团公司党政领导班子述职报告；审议通过了生产经营、财务预算、固定资产投资、绩效管理、资产处置专项报告，表决通过了《济钢集团有限公司职工“帮困基金”管理实施细则（修订稿）（草案）》。

2 月

4 日　历城区副区长李金国到济钢莱市场检查新型冠状病毒感染肺炎疫情防控工作，集团公司副总经理谢文及鲍山街道办事处主要领导陪同。

• 省政府办公厅副主任王健到冷弯型钢公司督导检查新型冠状病毒感染肺炎疫情防控和安全生产工作，对冷弯型钢公司疫情防控措施落实、现场安全管理工作给予肯定。省国资委总会计师王志刚，山钢集团党委书记、董事长侯军，山钢集团副总经理、济钢集团党委书记、董事长薄涛陪同。

12 日　省委常委、济南市委书记王忠林到济钢钢城矿业公司调研中科院空天信息研究院产业化项目，看望慰问节日期间坚守岗位的干部职工，并向大家致以新年的祝福。济南市委常委、组织部部长李刚，市委常委、秘书长蒋晓光，市委常委、副市长郑德雁，济南市发展改革委、科技局、工业和信息化局、财政局、自然资源和规划局主要负责同志，济钢集团党委书记、董事长薄涛，党委副书记、总经理苗刚，副总经理谢文及中科院空天信息创新研究院相关负责人陪同调研。

21 日　市政协主席雷杰，市委常委、市总工会主席雷天太，市政协秘书长李光忠，市总工会常务副主席傅金峰一行走访慰问济钢集团劳模和困难职工，并赠送慰问金。济钢集团党委副书记、总经理苗刚，党委副书记、工会主席王景洲接待了客人。市总工会有关负责同志，济钢集团工会/团委负责人及有关人员陪同。

22 日　济南市政协副主席张作平一行到瑞宝电气公司就开展政府集中服务工业企业活动进行调研，集团公司副总经理刘学燕陪同调研。

27 日　集团公司召开 2019 年度党组织书记履行全面从严治党责任和抓基层党建工作述职评议视频会议。党委书记、董事长薄涛就今后履行全面从严治党责任和抓基层党建工作提出要求。部分部室负责人及各单位党委（直属总支、支部）书记参加会议。

28 日　集团公司召开疫情防控阶段性总结会议，贯彻落实 2 月 23 日习近平总书记在统筹推进新冠肺炎疫情防控和经济社会发展工作部署会议上的重要讲话精神，总结疫情防控工作，部署今后疫情防控和生产经营任务。党委书记、董事长薄涛讲话，党委副书记、总经理苗刚安排部署集团公司 3 月份生产运营工作，副总经理高翔做疫情防控专题报告。

3 月

24 日 山东省副省长凌文到济钢国铭铸管调研疫情防控及复工复产工作，详细了解企业生经营、市场拓展、科研创新等情况。

4 月

3 日 济钢防务公司与北京银行济南分行全面战略合作签约仪式举行。山钢集团副总经理、济钢集团党委书记、董事长、济钢防务公司董事长薄涛，北京银行济南分行党委书记、行长房旭分别致辞。

27 日 集团公司党委书记、董事长薄涛接受山东电视台《品牌山东》栏目专访，就济钢转型发展以及疫情防控与复工复产等工作回答了媒体关注的问题。

29 日 集团公司召开 2020 年庆祝“五一”“五四”暨先进集体先进个人表彰大会。党委书记、董事长薄涛讲话，并为济钢文明单位、济钢“十大杰出青年”颁奖。党委副书记、总经理苗刚主持会议。党委副书记、工会主席王景洲宣读表彰决定。集团公司党政领导及受表彰的文明单位和“十大杰出青年”、各单位党政工团主要负责人、各部门负责人参加会议。

5 月

9 日 集团公司党委召开“牢记初心使命、锤炼过硬本领”济钢青年代表座谈会。党委书记、董事长薄涛讲话。党委副书记、工会主席王景洲主持会议。党委委员、党委组织部/人力资源部部长王文涛，青年职工代表及相关人员参加会议。

6 月

5 日 山钢集团“幸福和谐企业”创建重点培育单位调研交流会在我公司召开。山钢集团工会副主席鹿凡伟主持会议。济钢集团党委副书记、工会主席王景洲出席会议。

10 日 按照山钢集团党委统一部署，山钢集团党委第一巡察组进驻济钢集团，召开山钢集团党委巡察工作会议和巡察整改情况报告会。山钢集团党委常委、董事、第一巡察组组长陈向阳做动员讲话。济钢集团党委书记、董事长薄涛主持会议并做表态发言。山钢集团党委第一巡察组成员，济钢集团党委副书记、总经理苗刚，党委副书记、工会主席王景洲等党政领导出席会议，各单位主要负责人参加会议。

7 月

1 日 集团公司党委召开庆祝中国共产党成立 99 周年暨“七一”表彰大会，表彰 2019~2020 年度党内先进集体和先进个人。党委书记薄涛做了题为《发扬斗争精神 勇担组织使命 为推动新济钢持续健康发展提供坚强保障》的讲话，并为先进集体和先进个人代表颁奖。党委副书记苗刚主持会议，就贯彻落实会议精神提出要求。党委副书记王景洲宣读集团公司党委表彰决定。集团公司党委班子成员，受到表彰的先进集体和先进个人代表，各部门主要负责人，各单位党组织主要负责人参加会议。

21 日 中宣部“走向我们的小康生活”中央媒体采访报道组来我公司参观采访。报道组包括人民日报、新华社等 13 家中央主要新闻媒体和省直主要新闻媒体。集团公司党委书记、董事长薄涛接受了媒体记者的采访。党委副书记、工会主席王景洲陪同。

23 日 集团公司召开第二十届三次职代会代表团长、工会主席联席会议。党委副书记、总经理苗刚做了题为《坚定信心，再接再厉，打好打赢“三大战役”，坚定不移完成职代会确定的全年目标任务》的工作报告。党委副书记、工会主席王景洲主持会议，就贯彻落实会议精神提出要求，并传达山钢集团半年工作会议精神。党委书记、

董事长薄涛等党政领导出席会议。职代会代表团长及机关部室负责人，各单位工会主席参加会议。

26日 第十二届“影响济南”经济人物评选活动颁奖典礼在龙奥大厦举行。集团公司党委书记、董事长薄涛荣获“影响济南”经济人物，并接受了媒体记者的专访。

30日 2020年济钢集团创新表彰大会召开，党委书记、董事长薄涛讲话，并为科技创新标兵颁奖。党委副书记、总经理苗刚为科技进步奖、专利奖获奖团队代表颁奖。党委副书记、工会主席王景洲为管理创新成果获奖团队代表颁奖。党委委员、纪委书记、监事会主席于文波宣读表彰决定。副总经理高翔介绍集团公司产能调整和转型发展以来的创新发展历程，就贯彻落实会议精神提出要求。

8月

27日 集团公司召开疫情防控表彰大会。党委书记、董事长薄涛讲话，并为“济钢抗‘疫’最坚堡垒”和“济钢抗‘疫’最美护旗手”颁奖。党委副书记、总经理苗刚宣读表彰决定，为“济钢抗‘疫’最勇冲锋者”代表和“济钢抗‘疫’最强守护者”代表颁奖。鲍山街道纪工委书记刘洪泉为“济钢抗‘疫’最暖奉献者”和“济钢抗‘疫’最佳助攻者”颁奖。历城区人大主任孙德顺，历城区人大预算处处长李强，鲍山派出所教导员王文身，华联超市运营总监李太勇，集团公司党委副书记、工会主席王景洲等党政领导，受表彰的先进集体和先进个人代表，各部门主要负责人及各单位党政主要负责人参加会议。

9月

3日 集团公司举行与市中区项目对接活动。市中区委副书记、区长翟立波，区委常委、统战部部长王云刚，副区长殷继明，集团公司党委副书记、总经理苗刚，副总经理谢文参加活动并开展座谈。创智谷公司经理魏涛与魏家庄街道办事处书记于杰签署协议。

4日 根据市委政法委“万警进万企”行动部署，济南市公安局党委副书记、政委王健，济南市中级人民法院办公室副主任王言亭，济南市人民检察五检察部副主任周进，济南市公安局经济犯罪侦查支队政委张亦农，济南市公安局经侦支队处长于豪一行来集团公司走访，实地查看了济钢防务空天信息产业基地建设情况。集团公司党委书记、董事长薄涛，副总经理刘学燕接待了客人。双方就济钢防务空天信息产业发展进行交流座谈。

10日 集团公司召开“构建新型导师带徒体系，优化职工心力成长生态”启动大会。济南市总工会副主席于虹，济钢集团党委副书记、工会主席王景洲分别讲话。济钢集团副总经理徐强为导师代表颁发聘书。人力资源部相关负责同志宣读首批导师聘任决定。济南市总工会党组成员孟昭乾，集团公司各部门单位分管领导及师徒代表参加会议。

● 按照山东省委统一安排，由省委组织部、省发展改革委举办的全省县、市、区委书记“推进县域经济转型与产业升级”专题研讨班赴济南开展现场教学活动，实地参观了济南空天信息科技馆。集团公司党委书记、董事长，济钢防务公司董事长、总经理薄涛参加活动。

10月

12日 历城区人大常委会副主任王长元、王连平一行到“四新”产业园调研。集团公司党委副书记、总经理苗刚及“四新”产业园相关负责人陪同调研。

20日 济南市商河县委书记翟军一行到济钢防务公司考察交流。集团公司党委书记、董事长，济钢防务公司董事长、总经理薄涛会见了客人。济钢防务公司相关负责人陪同考察交流。

26 日 省冶金行业新时期产业工人队伍建设改革试点观摩会在我公司召开，山东省冶金工会副主席吴晓瑞带队组成的观摩组现场观摩了山钢集团产业工人队伍建设改革工作。山钢集团工会主席卢彤书出席观摩会。济钢集团党委副书记、工会主席王景洲参加会议。济钢集团工会相关负责人介绍了“构建新型导师带徒体系，优化职工心力成长生态”工作开展情况。

31 日 历城区委副书记、区长曹殿军，区委常委、常务副区长张庆国一行来我公司调研。集团公司党委书记、董事长薄涛会见了曹殿军一行。党委副书记、总经理苗刚介绍了当前济钢转型发展相关情况。副总经理刘学燕及相关部门单位负责人参加调研。双方就促进济钢集团更好更快发展开展座谈交流。

11 月

3 日 新华社国内部副主任邬焕庆带队的报道团队就贯彻落实五中全会精神到环保材料公司采访。新华社山东分社党组成员、常务副总编杨守勇，市委宣传部副部长伊沛扬等陪同。集团公司党委副书记、总经理苗刚接受了记者的采访。集团公司党委副书记、工会主席王景洲陪同并接待了记者团一行。

18 日 省冶金行业新时期产业工人队伍建设改革试点观摩会在我公司召开，山东省冶金工会副主席吴晓瑞带队组成的观摩组现场观摩了山钢集团产业工人队伍建设改革工作。山钢集团工会主席卢彤书出席观摩会。济钢集团党委副书记、工会主席王景洲参加会议。济钢集团工会相关负责人介绍了“构建新型导师带徒体系，优化职工心力成长生态”工作开展情况。

23 日 济南市商河县委书记翟军一行到济钢防务公司考察交流。集团公司党委书记、董事长，济钢防务公司董事长、总经理薄涛会见了客人。济钢防务公司相关负责人陪同考察交流。

12 月

3 日 济钢集团与山东高速路桥集团战略合作协议签约仪式举行。山东高速路桥集团党委副书记、总经理林存友，济钢集团党委副书记、总经理苗刚分别致辞，并代表双方签约。山东高速路桥集团党委委员、副总经理王林洲主持仪式。济钢集团副总经理高翔出席仪式。济钢集团运营管理部、环保材料公司负责人参加仪式。

4 日 共青团济钢集团有限公司第十次代表大会召开。集团公司党委书记、董事长薄涛，共青团济南市委副书记王玺讲话。集团公司党委副书记、总经理苗刚，党委副书记、工会主席王景洲等党委领导出席会议。大会主席团成员在主席台就座。

11 日 济南市政协副主席李继民带队到济钢创智谷公司调研“商量工作”中心建设及活动开展情况。历城区委书记吕涛，区政协主席寇少杰参加活动。济钢集团党委书记、董事长薄涛接待了李继民一行。市政协、历城区委区政府及鲍山街道办事处有关部门人员陪同。

注：● 与上日期相同

（供稿人 李 辉）

合作交流

HEZUO JIAOLIU

核心理念

☆ 企业精神——信恒如山，创新超越

山东产业技术研究院院长孙殿义来访

4月14日，山东产业技术研究院院长孙殿义、济南市发展改革委总经济师金岩一行来访。济钢集团党委书记、董事长、济钢防务董事长、总经理薄涛，济钢集团党委副书记、总经理苗刚接待了客人。

薄涛对孙殿义一行的到来表示欢迎，对支持济钢集团转型发展、产业整合表示感谢。他表示，在山东省新旧动能转换重大工程背景下，双方将携手助推高质量发展。

孙殿义表示，要协调整合资源，扎实落实责任，按照市场化规律、创新规律，充分发挥科技元素的力量。

孙殿义一行参观了空天信息科技馆和XB生产线。

省委党校周天楠教授来集团公司开展工作交流

5月12日，山东省委党校马克思主义学院当代马克思主义研究室主任周天楠教授来集团公司开展工作交流。济钢集团党委书记、董事长薄涛，党委副书记、工会主席王景洲接待了客人。集团公司相关部门负责人参加交流活动。

薄涛对周天楠教授的到来表示欢迎，对山东省委党校给予济钢集团党建工作的支持表示感谢。双方就以党建引领，促进国企各项工作高质量发展进行了深入交流。周天楠对济钢集团党建工作给予高度评价，他表示，以党建为抓手，促进项目产业更快、更好发展，是党的建设和经济建设的有机结合。要深度融合，以党建引领促进国企各项工作高质量发展。

交流活动后，在集团公司党委副书记、工会主席王景洲的陪同下，周天楠教授实地参观了济南空天信息科技馆。

全省县市区委书记“推进县域经济转型与产业升级”专题研讨班赴空天信息研究院开展现场教学

9月10日，按照山东省委统一安排，由省委组织部、省发展改革委举办的全省县、市、区委书记“推进县域经济转型与产业升级”专题研讨班赴济南开展现场教学活动，实地参观了济南空天信息科技馆。集团公司党委书记、董事长，济钢防务公司董事长、总经理薄涛参加活动。

在济南空天信息科技馆，专题研讨班约80人认真听取了济钢防务技术有限公司关于中国科学院空天信息创新研究院齐鲁研究院项目讲解，实地观摩了无人机反制设备演示，参观了济南空天信息科技馆，考察了解产业发展情况，学习交流发展经验。

据了解，齐鲁研究院面向空天信息产业

已完成空天科技信息展馆建设，行波管试验线项目已开始运行。其中，空天信息科技馆是国内首个以空天信息为主题的科普服务平台，也是山东省空天信息技术成果集中展示的窗口。

“齐鲁粮油”联合《品牌山东》大型公益活动走进济钢

11月1日，由济钢文旅公司与山东省粮食和物资储备局、山东广播电视台共同组织开展的“齐鲁粮油”联合《品牌山东》走进济钢大型公益活动在济钢文化体育广场举行。集团公司党委书记、董事长薄涛，党委副书记、工会主席王景洲来到活动现场，与活动组织方的山东电视台融媒体中心陈琛主任、毛馨主任，以及山东粮食局刘萍处长一行沟通交流。

薄涛表示，希望“齐鲁粮油”和《品牌山东》栏目今后多到济钢社区组织开展公益活动，为济钢广大离退休职工及家属和社区居民带来更多的服务、提供更多的便利。

20余家省内知名粮油企业“齐聚”活动现场，为济钢离退休职工及家属和社区居民带来了特惠粮油产品，供济钢居民尽情挑选。

本次活动不仅带来了粮油好产品，还带来了精彩纷呈的文艺节目，山东广播电视台主播纷纷亮相，快板、杂技、山东大鼓等节目陆续登场。精彩纷呈的文艺汇演，绿色优质的粮油食品，让大家乘兴而来、满载而归。

据了解，《品牌山东》是山东广播电视台开办的一档大型融媒体访谈栏目，宣传山东品牌，挖掘品牌故事。“齐鲁粮油”公共品牌是山东省粮食和物资储备局按照“1个公共品牌+N个地域特色产品+N个产业经营主体”的建设模式，着力打造的公共品牌。

济钢集团与山东高速路桥集团签订战略合作协议

12月3日，济钢集团与山东高速路桥集团战略合作协议签约仪式举行。山东高速路桥集团党委副书记、总经理林存友，济钢集团党委副书记、总经理苗刚分别致辞，并代表双方签约。山东高速路桥集团党委委员、副总经理王林洲主持仪式。济钢集团副总经理高翔出席仪式。济钢集团运营管理部、环保材料公司负责人参加仪式。

（组稿　李　辉）

专项工作

ZHUANXIANG GONGZUO

核心理念

☆ 企业经营宗旨——精品赢得市场，诚信创造未来

疫情防控阻击战

济钢集团有限公司
关于做好新型冠状病毒感染肺炎疫情防控
工作方案和应对预案

济钢安字［2020］3号

针对近期湖北省武汉市等多个地区发生新型冠状病毒感染肺炎疫情的情况，国家、省市政府和山钢集团都做出重要指示，要求全面做好疫情防控工作。集团公司党委书记、董事长薄涛、党委副书记、总经理苗刚做出明确的防控要求，党委副书记王景洲、副总经理高翔专题开会做出部署；1月23日，副总经理高翔主持召开集团公司疫情工作部署紧急会议。现就集团公司进一步做好新型冠状病毒感染肺炎疫情防控工作，制定如下工作方案和应对预案，请各单位认真贯彻落实。

一、成立集团公司疫情防控工作专班。

建立全天候、全方位、全过程监控体系，成立疫情防控领导小组和工作小组。

（一）疫情防控领导小组

组　长：薄　涛

副组长：苗　刚　王景洲　高　翔

成　员：公司领导班子成员、集团公司办公室、应急管理部、保卫部、工会、宣传部负责人

负责贯彻落实政府和山钢有关要求，领导集团公司疫情防控工作。

（二）工作小组

组　长：高　翔

副组长：集团公司办公室、应急管理部、保卫部、工会负责人

成　员：各部门负责人，各子分公司党委书记、经理

主要负责新型冠状病毒感染肺炎疫情处置工作的信息统筹及协调、调度，具体承担上级主管部门和领导小组交办的应急管理任务，组织疫情防控具体工作，及时汇报情况。

二、提高政治站位，严格措施落实落地。

各单位要高度重视，严格落实习近平总书记、李克强总理对全国疫情防控工作做出的重要指示批示精神，省委省政府和山钢集团侯董事长的重要要求，充分认识此次疫情防控工作对社会稳定、安全生产、职工健康安全的极端重要性，把做好疫情防控工作作为一项重要政治任务，各单位主要负责人切实担负起第一责任人职责，迅速成立一把手领导的防控小组，组建专门班子，组织专门人员，按照“早发现、早报告、早隔离、早治疗”的要求，制定工作方案和应对预案，快速部署安排，逐级压实责任，以“战备”状态全面落实各项防控措施。各单位工作方案和应对预案、防控小组和人员1月23日下午17：00前OA报集团公司应急管理部、应急指挥中心备案。

三、严格监控各类与疫情地区相关人员的出行动态。

一是加强疫情防控宣传，严格控制到疫情地区的出差或走访；加强对休假职工（含在岗职工、劳务人员、相关方等，下同）的宣传和提醒，合理引导职工避免到疫情地区的走亲访友或旅游。

二是认真排查 1 月 6 日之后，从疫情地区返回的职工（包括职工亲属和外单位来访人员），做好深入细致排查登记报告，1 月 23 日 17：00 前报应急管理部、应急指挥中心；以后发现，随时报告。

涉及人员和密切接触人员立即安排回家隔离，及时关注，异常情况及时就医、报告，单位每 8 小时询访一次，落实体温及咽喉是否发干咳嗽情况，早、中、晚三次向应急指挥中心报告。

三是组织每名职工上报节日期间动向安排，包括外出行程、地点、出行工具、接触人员等情况，各单位安排专人辨识风险，做好引导管控，接触疫区疫情等情况的人员要采取隔离措施，并安排专人监控，异常情况报应急指挥中心；与已确诊感染人员接触过的职工，立即汇报政府相关部门，实施屏蔽隔离。职工外出必须向单位请假同意后出行。

四是引导职工减少到公共场所活动，建立职工信息沟通平台，做到信息畅通，如有异常信息，及时逐级上报。各单位不再安排大型集会，减少人员聚集。

四、加强重点区域、关键人员防控。

一是保卫部、各单位要建立外来人员登记台账，做好来访人员、业务接洽人员风险排查、测温、预约登记工作，异常人员要按程序报告处置。

二是萨博汽车安排专人密切监控 4 名自疫区返回人员状况，严格落实隔离措施，加强跟踪管控，异常情况及时处置，并向当地政府和应急指挥中心报告。

三是济钢文旅针对行业特点，制定严密管控措施，全面排查人员密集场所等风险，科学监控处置，坚决抓好措施落实。

四是资产公司全面排查与管控外来施工、资产拆除人员，做好信息沟通协调，严格疫区人员管控，制定并落实复工前疫情防控和风险管控措施。保卫部配合做好入厂人员把关工作。

五是济钢顺行，加强驾乘人员风险辨识和管控工作，做好出租车、通勤车、公务用车等消毒工作。

六是保安公司为安检人员配备个体防护用品，加强与济南轨道交通信息沟通，严格落实疫情防控措施。

五、做好节日期间职工安全和健康工作。

（一）认真落实山钢集团、集团公司关于节日期间安全生产工作要求，严格领导到岗带班、24 小时值班和“日报告”“零报告”制度，疫情防控和安全工作一并上报。

（二）各单位自行配备体温检测仪器，做到上岗职工全覆盖检测，发现发烧等异常，及时做好安排就医，回家隔离，并及时报告。

（三）节后返岗及每日上岗前，做好安全教育培训，全员体温检测，重点掌握职工身体状况，发现发烧等异常，安排及时就医或回家隔离，医学观察正常后方可上班，并及时汇报。

六、加强对外来人员防控及报备登记工作。

各单位即日起，对本单位外来人员逐一进行登记，辨识排查风险，按照要求如实填写外来人员登记表，于每日 15 时前上报应急指挥中心，单位疫情防控情况一并上报。

七、做好防疫知识普及和舆情管控工作。

及时与政府防疫部门、属地医疗机构对

接，收集官方发布的注意事项、防护措施等，及时通过微信、电视等渠道推广普及，引导职工保持科学、平和、理性心态。高度关注舆情，对擅自编造、发布、传播不实信息的人员要严肃处理。

八、异常信息立即按规定处置上报。

各单位发现疑似病例情况，立即向当地疾控中心报告（一并报集团公司应急指挥中心），建立联动机制，并按有关规定落实隔离措施。发现异常情况，及时向应急指挥中心报告。应急指挥中心负责每天统计疫情防控情况，报集团公司疫情防控工作领导小组和工作小组，异常情况随时报告。

九、对疫情防控不重视、措施落实不到位的单位，造成不良后果和影响的，严肃追究有关领导责任。

中共济钢集团有限公司委员会关于进一步发挥各级党组织和党员干部在疫情防控工作中的战斗堡垒作用和先锋模范作用的通知

济钢党发［2020］6 号

各单位党委，直属总支、支部；各单位：

新型冠状病毒感染肺炎疫情发生以来，习近平总书记高度重视，做出一系列重要指示，多次主持召开会议，对疫情防控工作进行研究部署，提出明确要求。1 月 28 日，中共中央印发《关于加强党的领导、为打赢疫情防控阻击战提供坚强政治保证的通知》，要求坚决贯彻落实习近平总书记重要指示精神，坚决打赢疫情防控阻击战。1 月 28 日、29 日、30 日，山东省委、济南市委、山钢党委先后下发通知，对充分发挥各级党组织和广大党员干部作用，切实做好疫情防控工作做出具体安排。为贯彻落实上级有关工作部署，进一步发挥各级党组织和广大党员干部在疫情防控工作中的作用，让党旗在防控疫情斗争第一线高高飘扬，现提出如下要求。

一、各级党组织要统一意志、凝神聚力，充分发挥战斗堡垒作用。一要进一步提高政治站位。各级党组织要深化主体责任意识，深入学习贯彻习近平总书记重要指示批示精神，切实增强“四个意识”、坚定“四个自信”、做到“两个维护”，深刻认识做好新型冠状病毒感染肺炎疫情防控的重要性和紧迫性，把打赢疫情防控阻击战作为当前的重大政治任务，把投身防控疫情第一线作为践行初心使命、体现责任担当的试金石和磨刀石，把党的政治优势、组织优势、密切联系群众优势转化为疫情防控的强大政治优势，通过学习强国、微信群、电话等有效形式，及时、快捷、有效地加强对广大干部职工的教育引导，确保上级党组织和集团公司党委关于疫情防控工作的部署安排贯彻落实到位，让党旗在防控疫情斗争第一线高高飘扬。二要坚决扛起疫情防控重大责任。生命重于泰山，疫情就是命令，防控就是责任。各级党组织要全面贯彻落实薄书记在疫情防控视频会议上的重要讲话精神和集团公司《关于做好新型冠状病毒感染肺炎疫情防控工作方案和应对预案》的部署要求，务必克服麻木、妥协思想，坚决做到“五个到位”，对本单位疫情防控工作方案和应急预案再审视，对防控措施进行再检查、再夯实，做到厂区不漏车间、车间不漏班级、班级不漏个人，必要时，建立临时党支部，做到疫情防控工作延伸到哪里，哪里就有党组织，坚决做好本部门本单位的预防和控制工作。三要在战“疫”中考察干部。各级党组织要在这场严峻斗争的实践中考察识别干部，激励引导广大党员、干部在危难时刻挺身而出、英勇奋斗、扎实工作，把干部表现作为选拔使用的重要参考，对表现突出的，要表扬表彰、大胆使用；对于违反《关于进一步加强新型冠状病毒感染肺炎疫情防控责任落实与考核的通知》规定要求的，依法依规严肃追责问责。要关心关爱奋战在疫情防控一线的党员干部，通过内部微信群、内刊等，及时发现和总结宣传在疫情防控中涌现出来的先进典型，大力弘扬正能量，万众一心、众志成城，形成战胜疫情的强大合力，为打赢疫情防控阻击战提供坚强保证。

二、党员领导干部要牢记使命、勇于担当，充分发挥示范表率作用。一要坚决服从大局。把做好疫情防控工作作为增强“四个意识”、坚定“四个自信”、做到“两个维护”的直接检验，作为对干部能力素质作风的重大考验，充分认清当前疫情防控的严峻形势，坚守岗位、扎实履职，坚决汲取工作不认真不到位的教训，对集团公司部署提出的各项工作要求，要认真复命，不但要汇报好，关键是落实工作要取得高质量的好效果，做到守土有责、守土担责、守土尽责。二要身先士卒、靠前指挥。严格按照疫情防控工作方案和应对预案要求，落实 24 小时带班值班制度和“日报告”“零报告”制度，单位主要领导要亲自抓、直接抓、具体抓，党员领导干部要带头深入防控疫情第一线，强化工作措施，正确宣传引导，全力服务引领，确保防控工作万无一失。三要建立包保机制。各单位领导干部要建立疫情防控包保制度，包区域、包人员、包外出人员等重点群体，构建横向到边、纵向到底的全覆盖疫情防控体系。四要坚持干事创业。要充分发挥主观能动性，统筹协调、周密部署，引导广大党员职工振奋精神、实干担当，切实做到疫情防控和生产经营两不误。

三、广大党员要不忘初心、冲锋在前，充分发挥先锋模范作用。一要积极响应组织号召。坚决服从上级党组织、集团公司党委关于疫情防控工作的部署安排，在疫情防控工作中主动亮身份、当先锋、做表率，充分发挥先锋模范作用，在抗击疫情中检视“不忘初心、牢记使命”主题教育成色。二要带头落实防控措施。要主动认领党员“先锋岗”“示范岗”和“责任区”，带头坚守工作岗位，带头站在防控疫情斗争的第一线，带头履职尽责，确保各项防治措施的落实。三要带头严守纪律要求。坚决服从组织安排，带头落实《关于建立疫情防治期间工作秩序的紧急通知》中各项规定和纪律。四要带头结对防控。要按照有利于防控的原则结对联系本单位重点人员（外出未归人员、居家隔离人员），结合实际，通过适当方式，每天早、中、晚三次一对一了解掌握重点人员情况，及时向本单位党组织反映。五要带头做好宣传工作。广大党员及离退休、内退、待岗职工要认真学习、准确解读、科学宣传疫情防控的相关政策和专业知识，教育引导身边亲友和职工群众正确认识和对待疫情，科学预防和应对疫情，不信谣、不造谣、不传谣、多辟谣，消除恐慌心理，坚定必胜信心。

各级党组织、广大党员干部在防控疫情斗争中发挥作用的情况，涌现出的先进典型事例，要及时报告集团公司党委（“六大攻坚战”指挥部、党委组织部、党委宣传部）。表现突出的，经集团公司党委研究后，及时给予表彰、奖励。

中共济钢集团有限公司委员会关于疫情防控期间对领导班子和领导人员实施“战时”考核评价的通知

济钢党发［2020］13号

各单位党委，直属总支、支部；各单位：

为坚决打赢疫情防控阻击战，充分发挥执行考核的导向作用，坚决杜绝领导干部在疫情防控中出现侥幸心理、“厌战”情绪和松懈麻痹思想，进一步激励广大领导干部坚定疫情防控必胜信念，同时间赛跑，与病毒较量，继续毫不放松抓紧抓实抓细各项防控工作，汇聚抗击疫情和提升绩效的强大合力，不获全胜绝不收兵，结合疫情防控“战时”状态实际，经研究决定，对各单位、部室领导班子和主要领导疫情防控工作实施即时通报、周通报和月评价排序的“战时”考核评价机制，具体内容通知如下。

一、适用范围

本通知适用于各部门、直属机构和二级单位的领导班子及成员，以及专职外派董事、监事、财务总监。

二、适用时限

本通知适用于整个疫情防控期间，直至官方正式宣布疫情防控工作结束。

三、考核依据

“战时”考核评价按照集团公司网格化管理的责任体系，对各部门、各权属公司网格长的责任和重点事项实施考核评价，连挂各单位领导班子和领导个人，考核依据包括但不限于《济钢集团有限公司关于做好新型冠状病毒感染肺炎疫情防控工作方案和应对预案》《济钢集团新型冠状病毒感染的肺炎疫情联防联控工作方案》《关于进一步加强新型冠状病毒感染肺炎疫情防控责任落实与考核的通知》《中共济钢集团有限公司纪律检查委员会关于对新型冠状病毒感染肺炎疫情防控工作进行专项监督的通知》《关于对疫情防控实施网格化管理的通知》《疫情防控期间网格长工作指南》《疫情期间保障高效经营质量管理办法》《关于建立疫情防治期间工作秩序的紧急通知》《党委组织部/人力资源部关于进一步完善疫情防治期间工作秩序的补充通知》等山钢集团、济钢集团关于疫情防控的系列决策部署及正式印发的规章制度。

四、考核形式

考核一般为三种形式：

（一）即时通报。严格对照落实网格化管理责任，压低工作重心，督促各级网格长切实担责任、抓风险、抓先兆，抓有可能出现的问题，进一步激励干部增强必胜之心，沉下心来，扑下身子，勇当先锋，敢打头阵。坚决消除盲目乐观情绪，杜绝任何麻木妥协的意识；坚持底线思维、理性准则，进一步升级管控，坚持把疫情防控各项工作做到极致，确保每一个人可丁可卯把疫情防控工作抓到位。及时选树在疫情防控工作中的先进典型，即时进行通报表扬，在斗争一线考察识别干部，表现突出的大力褒奖，大胆使用；狠抓责任落实，对不落实、不汇报、动作慢等行为即时通报，对不担当、不作为、失职渎职的严肃问责，情节严重的就地免职。

（二）周通报。主要针对执行力和突出亮点进行考核评价，对问题和不足进行通报批评，对工作亮点和创新做法进行表扬共享。由六大攻坚战指挥部作战室综合各管理单位提出的考核评价建议，汇总整理提炼后，报集团公司分管领导审核，在周早调会上进行通报。

（三）月评价排序。主要针对即时通报、周通报结果，按月赋分和确定等级，由党委组织部/人力资源部提出意见，经总经理办公会、党委会研究确定。

五、考核评价标准及实施

各单位考核基础分为 100 分，在此基础上进行相应奖扣。

对于集团公司党委、集团公司关于疫情防控各项决策部署，按时按质完成即在规定的时间内按照要求达到相关工作标准（不扣减）；未按质量完成，即在规定时间内所完成的工作没有达到相关标准和预期要求（扣减 3 分）；延时完成，即工作已经展开，但实际完成时间超出计划完成时间（扣减 6 分）；未开展，即在没有特殊情况及客观要求的情况下，所交办的工作未开展（扣减 10 分）。

（一）即时通报。

经集团公司党委或集团公司批准、党委组织部通报的先进集体为所在单位加 5 分、个人为所在单位加 2 分，同时通报的两者不重复累加；通报的问责事项每项扣减有关单位 10 分。问责事项包括但不限于以下情形：

（1）对履行疫情防控网格化管理要求不到位、所负责网格出现问题造成不良影响的；

（2）不严格遵守集团公司疫情防控期间工作秩序，对上级关于疫情防控工作要求不传达贯彻、不检查督促落实，或者在贯彻执行中打折扣、做选择、搞变通的；

（3）在疫情防控工作中不担当、不作为、慢作为、乱作为，搞形式主义、官僚主义，联防联控及应对处置措施落实不到位的；

（4）对集团公司党委、集团公司关于疫情防控工作决策部署及安排的重要工作事项，无正当理由，未按时完成，造成不良影响或后果的；

（5）对集团公司党委、集团公司、纪委监督指出或群众举报的疫情防控有关问题，反应迟缓、措施不力造成不良影响或后果的；

（6）对重要疫情信息瞒报、谎报、漏报、迟报、错报，造成不良影响或后果的；

（7）造谣传谣、诬告陷害、干扰破坏疫情防控的；

（8）对不按规定履行请假手续、擅离职守、失职渎职、临阵退缩或不服从指挥、推诿扯皮、行动迟缓造成不良影响的；

（9）不重视疫情信息收集工作，不及时向组织反馈重要情况的；

（10）贪污、挪用、截留、挤占疫情防控资金和物资的；

（11）其他应当问责的情形。

出现上述问责情形的，除按既定条款处理外，将视情况依据有关党纪法规和企业纪律对直接责任者和相关责任者一并进一步追责问责，直至移送监察机关、公安机关。

（二）周通报。

每周早调会通报工作中，每通报表扬一次加 5 分，每通报批评一次扣 5 分，对于同一事项仅核算一次；每典型发言一次加 10 分，检讨发言一次扣 10 分。通报事项中每出现一项不实情况扣减汇报单位 5 分。

周得分=100±即时通报和周通报奖扣分数

（三）月评价排序。

对各单位月度结果，百分制赋分并评定等级。

月得分=周得分之和/周数

六、月度考核评价综合得分及结果认定

考核结果一般分为A、B、C、D四个等级。领导班子考核结果A级为优秀，B级为适应，C级为基本适应，D级为不适应；领导人员综合考核结果A级为优秀，B级为称职，C级为基本称职，D级为不称职。考核结果等级按照分数和比例确定，各等级人数占比按照以下比例原则进行认定。

（一）领导班子。

领导班子考核结果按照比例确定：A级比例≤40%，B级比例≤50%，原则上同一得分评价等级一致，周评价有2次及以上排在最后一名的当月直接确定为D级。

（二）领导人员。

单位（部门）正职月度得分=领导班子月度得分；

单位（部门）副职月度得分=正职评价百分比×领导班子月度得分±个人专项奖扣分。

领导人员评价等级按照得分和比例进行确定：A级≥90分，80分≤B级<90分，C级<80分，D级<70分。

领导人员考核等级比例要求如下：

领导班子考核结果	领导人员考核等级比例要求			
	A	B	C	D
A	≤50%	不做硬性规定	不做硬性规定	不做硬性规定
B	≤30%	不做硬性规定	不做硬性规定	不做硬性规定
C	≤10%	≤30%	班子其余人员	1个及以上
D	0	≤20%	班子其余人员	2个及以上

七、否决项指标

（一）疫情防控期间，对领导干部出现停职检查以上问责处理的月度评价结果直接定为D级。

（二）领导班子考核评价结果为C级的，领导班子正职不得定为A级；领导班子正职中有综合考核评价为D级的，领导班子不得定为A级；领导人员违法违纪受党纪政纪重处分或受组织处理停职、降职、免职、引咎辞职、责令辞职以及在疫情防控工作中不担当、不作为、对上级疫情防控工作要求不传达贯彻落实造成严重后果和恶劣影响的，直接定为D级。

八、考核结果运用

本年度“战时”考核评价结果平均得分与年末集中组织的2020年度综合考核评价得分，各按照50%比例加权后计入2020年度领导班子和领导人员综合考核评价得分。

领导班子和领导人员年度综合考核评价为A级的，优先推荐先进等荣誉称号的评选，领导人员可作为重点培养和使用对象。对年度综合考核评价为C、D级的领导班子和领导人员给予诫勉谈话、降职或调整。经考核认定不能胜任现职岗位的，给予调整。

九、附则

本通知自2020年2月份起施行，具体由党委组织部负责解释。

济钢集团有限公司
关于疫情期间强化资金管理的通知

济钢财字［2020］8号

各单位：

集团公司正处于产能调整、转型发展的关键时期，现阶段疫情形势仍然异常严峻，因此，资金管理工作重要性凸显。山钢集团下发了《关于进一步加强疫情期间资金管理的通知》，为确保各单位近期资金状况良性运转，最大限度降低疫情的影响，现就有关事项通知如下。

一、强化资金预算刚性，严控经营性资金支出。在保证职工工资、支付税款等必要支出的前提下，对于其他债务性支出，进一步强化资金预算刚性，压缩预算额度，预算外款项坚决不能支付。

二、采取措施确保经营性资金收入到位。相关部门要加强与政府沟通，尽快收回各项土地补偿款项；同时，各子公司继续加大业务回款力度，最大限度降低资金占用。

三、投资性资金支出要提高资金计划的准确性。责任单位及各项目部需提前提报投资计划、项目建设、总包合同、支付方式等条款，合理控制项目投资资金支付节奏。

四、加强与金融机构密切沟通，对于近期到期融资业务，提前筹集资金按时归还，积极争取续作；同时，积极争取各项财政贴息、优惠利率等政策支持。

五、盘活集团公司资金存量，充分发挥资金价值。对于经营情况相对较好、有一定资金存量的单位，主动提出将资金存入集团公司账户或通过委代方式将资金借给其他单位，集团公司可针对该种情况给予考核激励，从而降低公司财务费用，实现资金创效。

六、在疫情期间，如发生突发和重大不确定性因素，影响资金链安全，应及时向集团公司汇报；各项融资行为，应按照集团公司统一安排和调度开展工作。

济钢集团新型冠状病毒感染的肺炎疫情
联防联控工作方案

济钢党发［2020］7号

为进一步强化全集团新型冠状病毒感染肺炎疫情处置工作，根据省委、省政府、山钢集团党委部署和应对新型冠状病毒感染肺炎疫情联防联控工作机制要求，制定本工作方案。

一、工作目标与原则

贯彻落实党中央、国务院决策部署，根

据省委、省政府和山钢集团工作安排，按照“依法依规、属地管理，完善机制、合力应对，公开透明、回应关切，依靠科学、有效防治”的原则，分工负责、协调配合，切实抓好各项防控措施的落实，全力保护职工群众身体健康和生命安全。

二、组织机构及职责分工

成立济钢集团新型冠状病毒感染肺炎疫情处置工作领导小组。具体人员构成和要求按济钢安字［2020］3号要求落实执行。

领导小组下设办公室，办公室设在安全环保部/应急管理部，具体负责新型冠状病毒感染肺炎疫情应对处置统筹协调、预防、管控等相关工作。领导小组办公室实行双主任制，安全环保部/应急管理部经理江永波和集团公司党委办公室/办公室主任董胜峰任主任。

为强化工作落实，领导小组办公室下设综合协调组、疫情防控组、宣传舆情组、应急保障组，分工负责疫情应对处置相关工作。

（一）综合协调组

组长单位：党委办公室/办公室。

成员单位：安全环保部/应急管理部、党委组织部/人力资源部、党委宣传部/统战部/武装部、运营管理部、保卫部、指挥部作战室、应急指挥中心。

工作职责：负责新型冠状病毒感染肺炎疫情防控工作的统筹协调；审核重要文稿；及时按要求向省市政府、山钢集团报送重要工作情况；收集、整理、上报动态信息；做好会议筹备、记录整理、纪要印发等工作；负责涉外信息沟通交流和发布；完成领导交办的其他工作。

（二）疫情防控组

组长单位：安全环保部/应急管理部

成员单位：运营管理部、党委组织部/人力资源部、工会/团委、保卫部、指挥部作战室、应急指挥中心、各二级权属单位

工作职责：负责按照上级和属地党委、政府要求指导做好全集团新型冠状病毒感染肺炎疫情的防控组织工作；组织开展防控具体措施的落地、检查督导工作，指导推进组织排查、建立排查档案工作；指导各单位做好从疫区来集团各单位人员及密切接触者的医学观察以及疫情发生后疫点疫区的现场处置工作；完成领导交办的其他工作。

（三）宣传舆情组

组长单位：党委宣传部/统战部/武装部。

成员单位：党委办公室/办公室、安全环保部/应急管理部、各单位党组织。

工作职责：按照国家和省委、省政府部署安排及省国资委要求，视情组织新闻发布工作；加强与媒体沟通协调，做好新闻宣传和报道工作；加强舆情监测管控，做好舆论引导；完成领导交办的其他工作。

（四）应急保障组

组长单位：资产管理公司（工程管理部）。

成员单位：党委组织部/人力资源部、财务部、运营管理部、安全环保部/应急管理部、保卫部、应急指挥中心。

工作职责：负责协调集团内部场所集中隔离医学观察所需防护用品、生活用品供应，帮助解决各单位生产运行中遇到的问题；协调落实防控防治工作所需资金、物资、设备等工作；负责协调有关专业救援队伍和有关场所的清洗、消杀等工作；完成领导交办的其他工作。

三、工作制度

（一）定期调度制度。领导小组办公室坚持每日调度，及时研判形势，调度工作

进展，研究防控措施。遇有重要情况，随时召开会议。会商情况及时向领导小组报告。

（二）信息报送制度。各工作组牵头单位根据职责分工，指定专人负责每日收集、整理、汇总和分析有关疫情信息和最新工作进展，并以书面形式于每日 15：30 前，将当日工作信息和工作情况报综合协调组。综合协调组负责整理疫情变化和工作进展等相关信息，形成专报信息，报集团公司领导小组。

（三）指令发布制度。对于需各单位、各部门立即办理的疫情防控有关事项，由领导小组办公室以领导小组名义发通知或指令，责成有关单位或部门立即办理。

（四）督查督办制度。领导小组办公室建立疫情防控处置督查督办机制，组织对各部门、各单位开展专项督导，层层传导压力、压实责任，确保各项防控措施有效落地，不出现重大疫情。

四、有关要求

（一）统一认识，提高站位。要从政治和全局的高度出发，深刻认识当前疫情防控工作的严峻性、复杂性、重要性、紧迫性，把疫情防控工作作为当前一项重大政治任务来抓，作为“不忘初心、牢记使命”主题教育成果的重要检验，严格落实责任，坚决做到“五到位”，切实加强领导，以对人民对职工生命健康负责的态度，全力打好疫情防治阻击战，保卫职工，保卫济钢。

（二）突出重点，统筹推进。既要紧紧围绕每个阶段防控工作的重点领域和关键环节，及时采取果断有力措施，又要统筹谋划，提前做好各项应对准备工作，并根据疫情发展态势的变化，及时调整优化防控策略和措施。

（三）加强协作，形成合力。牢固树立“一盘棋”思想，紧密团结，通力协作，抓好单位自己内部的事情，配合落实好政府的统一要求，有问题随时提出，有情况随时会商，有信息及时共享，统一步调应对处置，合力推进疫情防控工作。

（四）严明纪律，恪尽职守。疫情期间各工作组成员要确保值班在岗，留足应急处置力量，严格遵守工作纪律和保密纪律。

与济钢安字［2020］3 号文件不一致之处以本文件为准。

中共济钢集团有限公司委员会
关于调整集团公司疫情处置工作领导小组人员的通知

各单位党委、直属总支、支部；各单位：

根据山钢集团疫情处置工作领导小组《关于抓好当前疫情防控几项重点工作的通知》（山钢疫处领字［2020］3 号）要求，需要充实纪检监察、法务、工会力量，科学调配各种资源，构筑齐抓共治、广泛参与的联防联控机制。为认真落实山钢集团《关于调整山钢集团新型冠状病毒感染的肺炎疫情联防联控组织机构的通知》（山钢党字［2020］14 号）规定，经集团公司党委研究决定，集团公司疫情处置工作领导小组及成员调整如下：

一、集团公司疫情处置工作领导小组成员单位增加风险合规部、纪委、规划发展部/对外事务部；资产管理公司（工程管理部）根据机构调整自然撤出，其疫情防控职责由

规划发展部/对外事务部承接。

二、应急保障组组长单位调整为规划发展部/对外事务部，成员单位和职责不变。

三、增设监督合规组，其组成和职责如下：

组长单位：风险合规部

成员单位：纪委、财务部、工会/团委、运营管理部、安全环保部/应急管理部、规划发展部/对外事务部

工作职责：负责对疫情防控责任落实、联防联控各项措施到位情况等方面的监督检查；负责对疫情防控相关法律问题、法律风险及时提供专业支持，提出法律应对建议和措施，配合权属单位有效防范化解合同履行、劳动用工、纠纷案件等法律风险；完成领导交办的其他工作。

四、工作制度和有关要求执行济钢党发［2020］7号相关规定；本通知自下发之日起执行。

特此通知。

附件 1

集团公司新型冠状病毒感染肺炎疫情处置工作领导小组人员名单

组　长：薄　涛　党委书记、董事长

副组长：苗　刚　党委副书记、总经理

王景洲　党委委员、副书记，工会主席

高　翔　副总经理

成　员：于文波　党委委员、纪委书记

孙建东　董事、财务总监

谢　文　副总经理

徐　强　副总经理

刘学燕　副总经理

高贤成　总经理助理

孙　玮　总经理助理

成员单位：安全环保部/应急管理部、党委办公室/办公室、党委组织部/人力资源部、纪委、党委宣传部/统战部/武装部、工会/团委、财务部、运营管理部、风险合规部、规划发展部/对外事务部、保卫部、各单位党组织。

附件 2

集团公司新型冠状病毒感染肺炎疫情处置工作领导小组办公室人员名单

组别	职务	姓名	单　位
综合协调组	组　长	董胜峰	集团公司党委办公室/办公室主任
	副组长	蒋雪军	集团公司党委办公室/办公室
		张金秋	党委组织部/人力资源部
		柳润民	党委宣传部/统战部/武装部
		徐守亮	运营管理部
		江永波	安全环保部/应急管理部
		董　波	保卫部
	成　员	李文进	集团公司党委办公室/办公室
		李　键	党委组织部/人力资源部
		路文亮	党委宣传部/统战部/武装部
		陈天学	运营管理部
		刘自民	安全环保部/应急管理部
		王坤轩	保卫部
		杜增强	应急指挥中心
疫情防控组	组　长	江永波	安全环保部/应急管理部经理
	副组长	季宏杰	党委组织部/人力资源部、指挥部作战室
		黄善兵	工会/团委
		徐守亮	运营管理部
		王四江	安全环保部/应急管理部
		王坤轩	保卫部
	成　员	何柳萌	党委组织部/人力资源部、指挥部作战室
		邱延祥	工会/团委

续表

组别	职务	姓名	单　　位
疫情防控组	成　员	张家峰	运营管理部
		胥维刚	安全环保部/应急管理部
		李泉城	保卫部
		杜增强	应急指挥中心
宣传舆情组	组　长	柳润民	党委宣传部/统战部/武装部部长
	副组长	吕仁波	党委办公室/办公室
		张金秋	党委组织部/人力资源部
		王京巨	工会/团委
		时传华	党委宣传部/统战部/武装部
		王四江	安全环保部/应急管理部
	成　员	钟秀菊	党委办公室/办公室
		于启涛	党委组织部/人力资源部
		张洪雷	党委宣传部/统战部/武装部
		王　冰	安全环保部/应急管理部
应急保障组	组　长	郭　强	规划发展部/对外事务部
	副组长	陈敏弟	党委组织部/人力资源部
		黄善兵	工会/团委
		丁双旗	财务部
		徐守亮	运营管理部
		江永波	安全环保部/应急管理部
		蒋升华	规划发展部/对外事务部
		王坤轩	保卫部

续表

组别	职务	姓名	单　　位
应急保障组	成　员	赵守义	党委组织部/人力资源部
		邱延祥	工会/团委
		李　健	财务部
		王国才	运营管理部
		蒋文志	安全环保部/应急管理部
		何双增	规划发展部/对外事务部
		路　坤	保卫部
		杜增强	应急指挥中心
法律保障组	组　长	刘富增	风险合规部
	副组长	孟庆钢	纪委
		宋　锋	财务部
		徐守亮	运营部
		王四江	安环部/应急部
		蒋升华	规划发展部/对外事务部
		王京巨	工会/团委
	成　员	邹　彤	纪委
		孙　浩	财务部
		时义祥	运营部
		常庆海	安环部/应急部
		谢　勇	规划发展部/对外事务部
		马郑文	风险合规部

济钢集团有限公司
常态化新冠疫情应急处置方案

济钢安字［2020］21 号

当前境外新冠疫情高发多发，国内北京、新疆、大连等多地出现聚集性病例，常态化疫情防控条件下，外防输入、内防反弹压力依然很大。按照集团公司“底线思维、极限目标”“即使明天解除禁令，今天也要按照最高标准抓到位”的指示要求，充分辨识集团公司人员高流动性条件下疫情防控风险，统筹协调疫情防控和生产经营，压实责任，常态化防控措施落实落地，做好疫情防控常态化持久战准备。

为确保对济南市、集团公司机关总部、各子分公司发生新冠肺炎疫情实施有效处置管控，最大限度控制疫情影响，最大程度降低聚集性风险，保障职工群众健康安全，特制定本方案。

一、应对处置原则

以“战时”状态、军事化作风，落实“四早”“五到位”，配合政府划定防控管理区域和人群，网格长快速梳理排查，分类实行封闭管理、集中或居家隔离医学观察、核酸检测、健康监测等管控措施；既要防人传人，又要防物传人，对病毒可能载体全面消杀；疫情指挥部靠前指挥，快速反应，与社区联防联控，按照政府和集团公司疫情应急处置方案严格落实，不搞变通、不打折扣。

二、处置程序

（一）济南市发生新冠肺炎疫情处置程序

1. 获取信息立即响应。应急指挥中心主动联系疫情属地政府部门，详细了解疫情发生情况，掌握确诊患者或疑似病例居住地、工作场所、活动路径等信息，明确应对措施和要求。

应急指挥中心立即汇集并迅速汇报，按照集团公司疫情处置方案发布应急处置指令，通过指挥平台第一时间将防控疫情信息传达到集团公司所有部门、单位主要负责人。

2. 全员排查。立即对在疫情区域居住、工作、14 天内有疫区逗留史、接触确诊患者或疑似病例的职工、家属及相关方进行排查，指令各单位全流程追溯，闭环无疏漏，2 小时内完成排查，相关信息报应急指挥中心；应急指挥中心 3 小时以内完成信息汇总并报告集团公司疫情指挥部，对密切接触者等重点人员通报社区。

3. 分类管控。应急指挥中心与社区联动，沟通疫情相关人员信息，按照政府、社区和集团公司防疫规定，对排查出的重点人员，分类实施集中隔离、居家隔离及核酸检测工作。

单位网格长排查与重点人员接触的间接接触者（同车、同班组、同办公室、有工作生活交集等）进行核酸检测，结果正常，居家办公 14 天，复检核酸正常后，安排上岗。

4. 消杀通风。各单位每日对重点场所，如办公室、卫生间、会议室、食堂等区域进行全面环境卫生清理，特别是人员密集场所、重点设施设备等部位要进行彻底消杀，加强公共区域通风换气，保持空气流通。

5. 严格门禁管理。落实 24 小时人员值守，对进出人员、车辆严格检查检测，做好信息登记，测温、验码、查验身份证等措施，严禁疫区重点地区人员进入。

6. 加强就餐卫生管理，采取分时段供餐、分散就餐等方式，减少人员聚集；减少现场会议或召开视频会议；职工做好个体防护，人员交集保持距离；职工上下班禁乘公共交通工具；执行好乘坐通勤车规定。引导职工若非必要，不到公共场所；严禁到疫情所在小区、社区。

7. 网格化管理。压实属地防控管理监督责任，各级网格长认真履行疫情防控职责，一级督一级，层层抓落实；组织开展本级网格内防控工作，督导写实，每日两测温双报告，将疫情防控措施落实落地。

8. 重点岗位防控。对公司范围内从事公共服务及涉外部业务重点岗位如：保安公司安检、济钢顺行出租车、济钢文旅市场管理、司机、销售、采购、保安、餐饮、保洁、项目管理等岗位人员提级做好个体防护，进行重点排查，组织核酸检测抽查。

9. 社区防控。济钢文旅升级对济钢市场、华联超市、鲍山、体育场等人员密集场所防疫管控，严把关口，对进出人员严格落实测体温及身份验证、健康码识别等措施，严禁黄红码人员、列为疫情风险区域的人员进入。对市场、食堂、宾馆严格落实消毒杀毒措施，落实分离就餐，避免人员聚集性采购等。

保卫部协助鲍山街道办事处、济钢新村管委会做好人员/车辆进出社区把关；安排错峰上岗执勤疏导，协调处理交通安全。

10. 疫情得到有效控制，根据政府发布的降低风险等级，逐步恢复企业生产和职工生活秩序，并按要求落实好常态化防控措施。

（二）集团公司机关部室发生新冠肺炎疫情处置程序

1. 疫情报告

员工出现发热、干咳、胸闷、呼吸困难等呼吸道症状或发现疑似人员，经定点医院诊断为确诊或疑似病例后，应立即向属地社区、山钢和应急指挥中心报告。

2. 疫情处置

（1）机关各部室排查密切接触者及其他相关接触人员，列出接触人员名单，记录活动轨迹、场景及其他相关信息，1 小时内完成排查，应急指挥中心 2 小时内完成信息汇总，并向集团公司疫情指挥部、山钢、政府部门报告相关信息情况。

（2）配合政府卫健、疾控、社区等相关部门，对密切接触人员 120 救护车或“点对点”专车，到指定隔离区进行隔离 14 天，做核酸检测，并每天早、晚监测 2 次体温。

其他间接接触者做核酸检测，正常后居家观察办公 14 天，复检核酸正常后上岗。

整楼人员分期分批全部安排核酸检测 1 次，呈阴性后才能离开办公楼，居家观察办公 7 天，视情况决定上班。

（3）机关办公楼立即封闭管理，门禁值守人员（做好个体防护）严格控制人员进入，待政府疾控部门终末消杀、环境检测无异常后，同意开放使用后，方可正常恢复办公。

3. 疫情管控

（1）由保卫部值守人员立即切断与 1 号办公楼联通门（上锁隔离，张贴警示标识），严禁机关办公楼人员进入 1 号办公楼。

（2）病例所在办公楼层进行封闭，除按规定密切接触者进行集中隔离人员外，其他人员全部核酸检测，间接接触者居家观察办公 14 天，复检核酸一次；无接触者居家观察 7 天。

（3）立即停止电梯使用（由规划部安排停电），对楼层、办公室、楼梯楼道、电梯、卫生间、会议室等部位进行终末消杀。

对确诊人员到过的场所及用过的物品，应迅速、严密、彻底实施封存，由属地疾控部门负责检测、消杀、处置。其他人员不得进入确诊人员发病区域。

（4）以单位、业务为单元，实行集中和居家双线办公机制。

（5）配合疾控人员落实检测、消杀措施或值守监控相关人员，严格落实好自身防护措施，严格按规定戴口罩、护目镜、穿隔离衣、戴手套等，实施对物品、垃圾清理时，严格按要求、按规程操作，坚决避免直接接触。出现不慎接触传染源有疑似感染的情况，要立即如实报告，尽快采取措施。

（6）主动配合政府、社区、疾控部门做好全流程排查，一律追溯至终端，将疫情风险降至最小。

（7）每天汇总防控措施及工作进展情况，向政府部门、山钢如实提供信息、报告情况。

（8）严格控制出差。原则上疫情发生期间不安排出差，确需出差，严格履行审批报备程序，出差人员出差前进行核酸检测，携带检测结果正常证明，做好出差写实，网格长压实监管责任，督导到位。

4. 疫情得到有效控制后，在政府疾控

部门对办公区域消杀通风确保安全情况下，非疫情重点部门人员在核酸检测结果正常情况下陆续返岗；疫情重点楼层按政府要求，在政府部门验收认可后恢复开放，职工返岗。

（三）子分公司发生新冠肺炎疫情处置程序

1. 子分公司发生疫情出现确诊病例后，立即向属地社区和集团公司应急指挥中心报告。应急指挥中心立即向集团公司疫情防控指挥部、山钢集团报告。发生单位根据集团公司应急处置要求，第一时间封闭发生疫情的厂区，就近排查隔离密切接触者，停止疫情者所在车间等生产活动，禁止人员出入。

2. 配合卫健、疾控等相关部门开展调查，全面查清确诊患者活动轨迹及其密切接触者，对密切接触人员进行登记、建档，列出人员名单，记录活动轨迹及场所，相关信息 1 小时内完成，应急指挥中心 2 小时内完成信息汇总，并向集团公司、山钢、政府及疾控部门反馈报告。

3. 完成信息排查后，按照政府相关规定，密切接触者及其他关联人员由 120 救护车或专车到指定隔离点隔离 14 天，进行 3 次核酸检测，7 天医学观察。对隔离人员每天早、晚监测 2 次体温，密切监控异常情况，随时反馈报告。

其他间接接触者做核酸检测，正常后居家观察办公 14 天，复检核酸正常后上岗。

所在单位其他人员，全部分期分批做核酸检测，正常后居家观察 7 天，根据情况返岗。

4. 疫情发生单位落实厂区封闭措施，对密切接触者之外的职工，进行全员核酸检测，确认核酸检测结果正常后方可离开单位。

5. 疫情单位在政府疾控部门指导下，配合疾控部门按照《疫源地消毒总则》（GB 19193—2015）组织进行终末消毒，实施全区域、无死角消杀覆盖，对食品、物料、工具、交通工具、纸币、文件等可能物传人载体分类制定消杀措施，彻底清理危险物品及垃圾，最大限度消除传染源。疾控部门对厂房等环境监测，确认正常后方可开放。

6. 配合疾控人员落实检测、消杀措施或值守监控工作人员，严格落实好自身防护措施，严格按规定戴口罩、护目镜、穿隔离衣、戴手套等，实施对物品、垃圾清理时，切实按要求、按规程操作，坚决避免直接接触。出现不慎接触传染源有疑似感染的情况，要立即如实报告，尽快采取措施。

7. 对重点场所，如办公室、卫生间、会议室、食堂等区域进行全面环境卫生清理，特别是人员密集场所、重点设施设备等部位要进行彻底消杀，加强公共区域通风换气，保持空气流通。

8. 主动配合政府、社区、疾控部门做好全流程排查，追溯至终端，将疫情风险降至最小。将疫情信息通报集团公司各部门、单位，全面排查关联信息，严格执行相关隔离政策。

9. 严格控制出差。原则上疫情发生期间不安排出差，确需出差，严格履行审批报备程序，出差人员出差前进行核酸检测，携带检测结果正常证明，做好出差写实，网格长压实监管责任，督导到位。

10. 每天汇总防控措施及工作进展，向政府部门、集团公司、山钢如实提供信息、报告情况。

11. 疫情并得到有效控制后，对风险消除再确认，防护措施再完善，制定复工复产方案，向政府部门提交复产申请，批复同意后，逐步恢复生产秩序。

三、应急调度及协同处置

（一）舆情信息由属地政府新冠肺炎疫情防控领导小组统一发布，公司和员工不得对外发布未经核实的信息。严禁在各种网站、微信等散布不实言论。

（二）疫情发生时，全集团公司立即进入战时状态，各单位、部门主要领导严禁外出，各级网格长到岗靠前指挥，落实好应急处置方案，引导职工提级个体防护标准和公共场所消杀频次，减少外出活动和人员聚集，非必要不外出，尤其是不到人员密集、密闭空间和空气流动差的公共场所；做好个体防护，科学佩戴口罩，保持社交距离，尤其保持手卫生；加强公共场所消杀、日常消毒、环境卫生和个人卫生防护。既要防人传人，又要防物传人，对病毒可能载体全面消杀，对食品、物料、工具、交通工具、纸币、文件等可能物传人载体分类制定消杀措施，彻底清理危险物品及垃圾，最大限度消除传染源，警惕性不放松，升级管控措施，扩大消杀管控覆盖面，压实责任，确保全覆盖、无死角、无盲区。

（三）应急指挥中心严格按照集团公司疫情指挥部指示要求，迅速启动疫情处置应急预案，随时跟踪掌握预案启动后工作进展和实效，特别是集团公司机关部室、子分公司发生疫情风险，做到点对点靠前督导，确保处置稳妥、有序、可靠。每日 24 小时不间断监控疫情处置措施落实情况，督导各单位随时反馈情况动态，做到当天梳理汇总，及时报告集团公司疫情指挥部。

（四）疫情指挥部做好与政府部门工作对接，联防联控，最大限度整合管控资源，在消毒消杀、人员隔离、核酸检测等方面获取更多渠道资源支持。应急管理部、应急指挥中心对有关单位、部门落实疫情应对措施进行督导检查，及时排查存在的隐患漏洞，做到立即去根消除，堵塞漏洞，不留后患。

（五）宣传部加强舆情引导，疏解职工疑虑，控制负面舆情和谣言，避免造成群体性恐慌。

（六）保障体系

1. 济钢文旅配合各单位，对隔离人员、疫情防控配合人员等提供餐饮服务。

2. 规划部及各单位组织排查对必需的防护用品保障库存量（一个月），提前采购、确保使用。

3. 工会配合各单位做好疫情防控送温暖服务。

（七）组织部、纪委对疫情防控过程中不担当、不作为、搞妥协变通造成不良影响、产生不良后果的单位和领导干部严肃追责问责；在疫情处置过程中谎报、瞒报、迟报信息，严格按照政府、山钢、集团公司相关文件处理。

（八）各单位根据集团公司《常态化新冠疫情应急处置方案》，结合单位实际，制定本单位常态化新冠肺炎疫情应急处置方案，明确职责、流程和应急响应措施，压实网格长责任，开展应急准备和演练，做到有备无患，异常情况紧急启动，联防联控，最大限度控制人群，降低影响，实现疫情防控根本性受控。

（九）疫情期间属地政府、社区有其他要求的执行政府社区规定。

济钢集团有限公司
新冠疫情分级管控应急响应管理办法

济钢安字［2020］27 号

当前，境外疫情仍在持续蔓延，国内疫情防控形势依然严峻，常态化疫情防控条件

下，外防输入、内防反弹压力很大。为认真落实《新冠肺炎聚集性疫情处置指南》（联防联控机制综发〔2020〕236号），抓细抓实秋冬季疫情防控常态化管理，及时、科学、规范、有序处置可能出现的新冠肺炎疫情，提升快速应对疫情能力，实现管控措施规范化，疫情应对程序化，保障生产经营稳定，特制定本办法。

一、工作原则

（一）坚持底线思维，遵守理性准则，始终把职工生命健康放在第一位，立足五早（早发现、早报告、早隔离、早诊断、早治疗），第一时间获取疫情信息，快速反应；明确防控措施，压实责任，高效做好疫情防控工作。

（二）坚持"即使明天就要解除禁令，今天也要按照最高标准把防控工作抓到位"的原则，结合政府发布疫情风险，科学划定防控区域范围至最小单元，立即采取封闭管控措施。

（三）依法科学分级管控，合理划分响应级别，军事化作风，精准化管理，以铁的纪律、铁的担当、铁的作风，坚定不移把政府、上级部门各项决策部署抓实抓细抓落地。

（四）统筹疫情防控和转型发展"双推进"，统一领导、指挥、协调，严格网格化管理，严禁打折扣，搞变通。

二、完善新冠肺炎疫情防控应急指挥体系

以日常联防联控机制（指挥部、领导小组）为依托，构建集团公司党政主要领导、分管领导为总指挥的分级应急响应指挥体系，建立政府联动、部门协作的会商和决策咨询机制，定期召开碰头会，确保把握疫情应对关键期，及时快速控制疫情。

各单位要结合实际，充分辨识人员高流动条件下疫情防控风险，统筹协调疫情防控和生产经营，健全完善本单位疫情防控应急体系、应急处置预案和工作制度，压实属地防控责任；各级网格长认真履行疫情防控职责，一级督一级，层层抓落实，全链条管控疫情传播风险。

三、新冠肺炎疫情防控应急响应分级

根据突发公共卫生事件分级，结合集团公司疫情防控实际，将新冠肺炎疫情防控应急响应分为四级。

（一）Ⅰ级：发生下列情况之一：集团公司、权属单位（含济南市以外子分公司，下同）所在社区、街道被政府划为中高风险地区；集团公司、权属单位或所处社区、街道发现新型冠状病毒感染肺炎确诊病例。

（二）Ⅱ级：集团公司、权属单位所处社区、街道发现新型冠状病毒感染肺炎疑似病例或集团公司、权属单位所在县（市、区）发现确诊病例。

（三）Ⅲ级：济南市上述区域外或省内其他市（区）发现新型冠状病毒感染肺炎病例。

（四）Ⅳ级：国内其他省市发生新型冠状病毒感染肺炎疑似或确诊病例。

四、新冠肺炎疫情防控应急响应启动

（一）发生Ⅰ级应急响应事件，启动Ⅰ级响应，集团公司董事长任总指挥，领导应急响应工作；

（二）发生Ⅱ级应急响应事件，启动Ⅱ级响应，集团公司总经理任总指挥，领导应急响应工作；

（三）发生Ⅲ级应急响应事件，启动Ⅲ级响应，集团公司安全总监任总指挥，领导应急响应工作；

（四）发生Ⅳ级应急响应事件，启动Ⅳ级响应，集团公司疫情防控应急指挥部组织协调应急响应工作。

五、新冠肺炎疫情防控应急处置程序

项目	Ⅰ级应急响应	Ⅱ级应急响应	Ⅲ级应急响应	Ⅳ级应急响应
1. 信息报告	（1）接到职工确诊信息，单位网格长20分钟内向本单位主要负责人汇报。 （2）单位主要负责人20分钟内，向集团公司董事长报告，并向应急指挥中心汇报。 （3）应急指挥中心接到疫情信息并核实后，20分钟内按规定向集团公司分管领导报告，通报到疫情防控管理部门、相关单位主要负责人；并按规定上报。 （4）各单位主要负责人接疫情通报后，迅速按规定开展疫情防控工作，及时向总指挥、应急指挥中心报告工作进展情况	（1）接到职工诊断为疑似信息，单位网格长20分钟内向本单位主要负责人汇报。 （2）单位主要负责人20分钟内，向集团公司总经理报告，并向应急指挥中心汇报。 （3）应急指挥中心接到疫情信息并核实后，20分钟内按规定向集团公司分管领导报告，通报到疫情防控管理部门、相关单位主要负责人；并按规定上报。 （4）各单位主要负责人接疫情通报后，迅速按规定开展疫情防控工作，及时向总指挥、应急指挥中心报告工作进展情况	（1）获取疫情信息后，及时向单位报告；单位主要负责人核实信息后，20分钟内向集团公司安全总监报告，并向应急指挥中心汇报。 （2）应急指挥中心接到疫情信息并核实后，20分钟内按规定向集团公司分管领导报告，并通报到疫情防控管理部门、相关单位主要负责人。 （3）各单位主要负责人接疫情通报后，迅速按规定开展疫情防控工作，及时向总指挥、应急指挥中心报告工作进展情况	（1）获取疫情信息后，集团公司疫情防控应急指挥部、应急指挥中心进行核实信息，向集团公司分管领导报告，并通报到疫情防控管理部门、相关单位主要负责人。 （2）各单位主要负责人接疫情通报后，迅速按规定开展疫情防控工作，及时向疫情防控应急指挥部、应急指挥中心报告工作进展情况
2. 人员排查	（1）根据确诊人员居住、工作、14天内接触史，排查密切接触者，各单位全流程追溯，闭环无疏漏，2小时内完成对所有员工（含劳务派遣、相关方等）排查，相关信息报应急指挥中心；应急指挥中心1小时以内完成信息汇总并报告集团公司疫情指挥部，对密切接触者等重点人员通报社区。 （2）家属和共同生活的人员为定点医院或疫情区域内医院医护工作者的员工，执行隔离措施，同时向政府报备	（1）根据疑似人员居住、工作、14天内接触史，排查密切接触者，各单位全流程追溯，闭环无疏漏，2小时内完成对所有员工（含劳务派遣、相关方等）排查，相关信息报应急指挥中心；应急指挥中心3小时以内完成信息汇总并报告集团公司疫情指挥部，对密切接触者等重点人员通报社区。 （2）家属和共同生活的人员为定点医院或疫情区域内医院医护工作者的员工，执行隔离措施，同时向政府报备	（1）各单位全面排查14天内到过疫情区域或密切接触者，2小时内完成对所有员工（含劳务派遣、相关方等）排查，相关信息报应急指挥中心；应急指挥中心3小时以内完成信息汇总并报告集团公司疫情指挥部，对密切接触者等重点人员通报社区。 （2）家属和共同生活的人员为定点医院或疫情区域内医院医护工作者的员工，执行隔离措施，同时向政府报备	各单位全面排查14天内到过疫情区域或密切接触者，4小时内完成对所有员工（含劳务派遣、相关方等）排查，相关信息报应急指挥中心；应急指挥中心6小时以内完成信息汇总并报告集团公司疫情指挥部，对密切接触者等重点人员通报社区

续表

项目	Ⅰ级应急响应	Ⅱ级应急响应	Ⅲ级应急响应	Ⅳ级应急响应
3. 核酸检测	（1）组织全员核酸检测。 （2）对密切接触者或14天内到过疫情区域人员，进行2次核酸检测，1次血清抗体检测，检测期间应居家隔离	（1）对疫情单位全员核酸检测。 （2）对密切接触者或14天内到过疫情区域人员，进行2次核酸检测，1次血清抗体检测，检测期间应居家隔离。 （3）出差人员返回后做核酸检测，个人原因外出人员，以上外出人员返岗前由网格长安全评估，确认安全后返岗	（1）对密切接触者或14天内到过疫情区域人员，进行2次核酸检测，1次血清抗体检测，检测期间应居家隔离。 （2）对公共服务、重点岗位人员（济钢文旅、保安公司、济钢顺行等）进行核酸检测抽查。 （3）出差人员返回后做核酸检测，个人原因外出人员返岗前由网格长安全评估，确认安全后返岗	
4. 厂区管理	（1）确诊职工所在岗位立即封闭隔离，按政府要求做好排查、消杀等工作。 （2）社区街道发生确诊病例，按照政府要求做好厂区疫情管控工作。 （3）封闭隔离期间执行双线办公要求	（1）疑似病例职工所在岗位立即封闭隔离，按政府要求做好排查、消杀等工作。 （2）社区街道发生疑似病例，按照政府、集团公司要求做好厂区疫情管控工作。 （3）封闭隔离期间执行双线办公要求	（1）按照政府、集团公司要求做好厂区疫情管控工作。 （2）封闭隔离区域执行双线办公要求	按照政府、集团公司要求做好厂区疫情管控工作
5. 门禁管理	落实24小时人员值守，对进出人员、车辆严格检查检测，做好信息登记，测温、验码、查验身份证等措施，严禁无关人员进入封闭区域		落实24小时人员值守，对进出人员、车辆严格检查检测，做好信息登记，测温、验码、查验身份证等措施，严禁疫区重点地区人员进入	
6. 双测温两报告	（1）全员每天至少2次自测体温，向单位汇报，单位汇总后报应急指挥中心。 （2）进出工作场所、人员密集场所、公共场所等，主动接受测温。 （3）感冒、发烧等人员，采取隔离措施，及时就医诊断；网格长督导落实，并向应急指挥中心报备			
7. 人员密集场所管理	（1）人员密集场所封闭，按政府要求做好排查、消杀。 （2）停止各类涉及人群聚集性活动	（1）疫情单位内人员密集场所封闭，按政府要求做好排查、消杀。停止各类涉及人群聚集性活动。 （2）合理规划人员密集场所的人流行进路线和进入场所通道，严格落实“测温+健康码核验”措施，做到应测尽测。 （3）严格落实环境清洁、消毒通风、人员防护、检测筛查、客流量控制等常态化防控措施，从严控制、审核各类涉及人群聚集性活动	（1）合理规划人员密集场所的人流行进路线和进入场所通道，严格落实“测温+健康码核验”措施，做到应测尽测。 （2）严格落实环境清洁、消毒通风、人员防护、检测筛查、客流量控制等常态化防控措施，从严控制、审核各类涉及人群聚集性活动。 （3）加强餐饮、住宿经营单位管理，按规定做好疫情防控重点地区的人员排查登记和报告工作	（1）合理规划人员密集场所的人流行进路线和进入场所通道，严格落实“测温+健康码核验”措施，做到应测尽测。 （2）严格落实环境清洁、消毒通风、人员防护、检测筛查、客流量控制等常态化防控措施，从严控制、审核各类涉及人群聚集性活动。 （3）加强餐饮、住宿经营单位管理，按规定做好疫情防控重点地区的人员排查登记和报告工作

续表

项目	Ⅰ级应急响应	Ⅱ级应急响应	Ⅲ级应急响应	Ⅳ级应急响应
8. 交通工具	禁止乘坐公共交通	禁止乘坐公共交通	（1）谨慎选择乘坐公共交通工具。严禁乘坐公共交通工具到疫情重点区域或高风险区域。 （2）乘坐公共交通工具时，做好必要的个体防护，全程佩戴口罩，尽可能减少接触外部设施。 （3）在站台等候公交车时，与他人保持1m以上距离。 （4）排队上公交车时，做到有序上车，与前后乘客拉开1m以上距离；到站时有序下车，保持安全间距，严禁聚集。 （5）尽量使用微信、支付宝、IC卡等移动支付方式。 （6）不与他人交流，严禁在车上吃东西、喝水等	（1）谨慎选择乘坐公共交通工具。严禁乘坐公共交通工具到疫情重点区域或高风险区域。 （2）乘坐公共交通工具时，做好必要的个体防护，全程佩戴口罩，尽可能减少接触外部设施。 （3）在站台等候公交车时，与他人保持1m以上距离。 （4）排队上公交车时，做到有序上车，与前后乘客拉开1m以上距离；到站时有序下车，保持安全间距，严禁聚集。 （5）尽量使用微信、支付宝、IC卡等移动支付方式。 （6）不与他人交流，严禁在车上吃东西、喝水等
9. 就餐管理	（1）严格采购管理。食材采购固化渠道、固化人员、固化结构，供应商送货人员、车辆、原材料来源原则上固定，定点配送。 （2）严格人员管理。从业人员必须持健康证上岗，严格遵守食品安全和服务保障各项规定。 （3）严格配餐送餐管理。集中送餐单位安排专人专车配送，按照指定路线运行，严禁中途开启保温箱、保温桶等；子分公司固定交接地点，专人负责接收，做到过程可控制、源头可追溯。 （4）严格配餐分餐管理。子分公司接到配餐后，指定专人负责分餐，采取送餐到岗或错时取餐等方式分餐，避免人员聚集；建立分餐台账，确保每餐就餐人员有记录。 （5）严格餐食垃圾管理。各单位餐食垃圾专人负责回收，交由有资质的餐食废弃物处置单位处理，做到日产日清，确保符合国家餐厨垃圾处置规定，并及时对回收垃圾周边进行消毒		（1）倡导“集中配餐”“分散错峰就餐”“分餐位上”“分餐公勺”“分餐自助”等就餐形式。 （2）进入餐厅就餐人员需出示健康通行绿码、测量体温正常后方可进入，体温异常者严禁进入。 （3）除就餐外，用餐人员应佩戴口罩。用餐完成后及时佩戴口罩，离开座位要戴口罩。 （4）就餐人员尽量同向相坐，圆餐桌要隔位而坐，就餐人员要保持1m以上的距离。 （5）每次用餐后，对相关桌椅进行消毒	

续表

项目	Ⅰ级应急响应	Ⅱ级应急响应	Ⅲ级应急响应	Ⅳ级应急响应
10. 会议管理	（1）原则上不召开现场会议，所有会议能取消的取消，可以延期的延期举行；可通过视频、微信等方式召开会议。 （2）现场会议严格控制人数，对进入会议室人员进行体温检测，体温异常者不得进入；与会人员必须戴口罩，人员距离大于1m，会议室原则上不提供公用水杯。 （3）会议室管理部门应在会前会后进行消毒、通风	（1）疫情区域单位原则上不召开现场会议。 （2）尽量减少现场会议，提倡视频、微信等方式组织会议。 （3）会前会后对会议室进行消毒、通风。 （4）现场会议严格控制人数，隔位而坐，提倡开短会。 （5）有序进出会议室，进入前检测体温，体温异常者不得进入。人员间距大于1m，严防扎堆聚集。 （6）与会人员戴口罩；会议过程中保持通风	（1）尽量减少现场会议，提倡视频、微信等方式组织会议。 （2）会前会后对会议室进行消毒、通风。 （3）现场会议严格控制人数，隔位而坐，提倡开短会。 （4）有序进出会议室，进入前检测体温，体温异常者不得进入。人员间距大于1m，严防扎堆聚集。 （5）与会人员戴口罩；会议过程中保持通风	（1）尽量减少现场会议，提倡视频、微信等方式组织会议。 （2）会前会后对会议室进行消毒、通风。 （3）现场会议严格控制人数，隔位而坐，提倡开短会。 （4）有序进出会议室，进入前检测体温，体温异常者不得进入。人员间距大于1m，严防扎堆聚集。 （5）与会人员戴口罩；会议过程中保持通风
11. 接待管理	（1）疫情单位不开展接待工作。 （2）疫情期间无特殊、紧急情况，原则上不邀请外来人员来访；确需邀请外来人员来访的，要严格执行政府的相关疫情防控规定和审批流程，经单位主要负责人批准同意后实施。 （3）接待单位（或人员）制定接待方案，全面辨识疫情风险，明确疫情防控措施和责任人。 （4）严格控制接待和陪同人员，避免聚集。 （5）严格执行门禁制度，查验健康码，测温正常，持身份证登记进入。 （6）按照“谁接待、谁负责”的原则做好外来人员接待全过程写实工作，接待负责人审核确认写实记录无误后存档备查		（1）严格执行集团公司《关于规范疫情期间外来人员接待和日常工作写实的通知》，接待单位认真进行疫情风险评估，采取可靠防疫措施，严格门禁制度，严防人员聚集。 （2）疫情防控期间无特殊、紧急情况，原则上不邀请外来人员来访，特殊情况确需邀请外来人员来访的，要严格执行政府的相关疫情防控规定和审批流程	
12. 外出管理	（1）非工作急需，原则上不安排出差。确需出差的，在严格执行当地政府规定的同时，按程序报批。 （2）外出前，确认外出工作人员身体健康状况，出现发烧、咳嗽等异常职工，禁止外出。 （3）对外出工作人员风险交底告知，科学指导外出人员疫情防控工	（1）非工作急需，疫情单位职工原则上不安排出差。 （2）其他单位严格执行《关于规范疫情期间出差要求的通知》和《关于疫情期间出差返岗有关要求的通知》，谨慎出行，对出差人员实施全过程写实管理，差异化地区风险分级分类管理，合理选择交通工具，	严格执行《关于规范疫情期间出差要求的通知》和《关于疫情期间出差返岗有关要求的通知》，谨慎出行，对出差人员实施全过程写实管理，差异化地区风险分级分类管理，合理选择交通工具，尽量选择“点对点”直达交通，实现出差过程疫情防控全受控	严格执行《关于规范疫情期间出差要求的通知》和《关于疫情期间出差返岗有关要求的通知》，谨慎出行，对出差人员实施全过程写实管理，差异化地区风险分级分类管理，合理选择交通工具，尽量选择“点对点”直达交通，实现出差过程疫情防控全受控

续表

项目	Ⅰ级应急响应	Ⅱ级应急响应	Ⅲ级应急响应	Ⅳ级应急响应
12. 外出管理	作，增强员工自我防护意识，加强监控，往返时间、出行路线和交通工具必须符合防控要求，做好全程写实，防控措施落实到位。 （4）严格执行返回后健康监测、核酸检测规定，网格长评估安全后返回。 （5）建议职工家属不外出	尽量选择“点对点”直达交通，实现出差过程疫情防控全受控。 （3）建议家属不外出		
13. 通风消杀	疫情区域按政府要求做好消杀工作	（1）疫情区域按政府要求做好消杀工作。 （2）厂区内生产、生活、办公区域保持环境卫生，人员密集场所保持良好通风。 （3）办公室、操作室、电梯间、公共走廊、卫生间等每天消毒至少1次。办公室每日开窗通风3次，每次20~30min	（1）厂区内生产、生活、办公区域保持环境卫生，人员密集场所保持良好通风。 （2）办公室、操作室、电梯间、公共走廊、卫生间等每天消毒至少1次。办公室每日开窗通风3次，每次20~30min	（1）厂区内生产、生活、办公区域保持环境卫生，人员密集场所保持良好通风。 （2）办公室、操作室、电梯间、公共走廊、卫生间等每天消毒至少1次。办公室每日开窗通风3次，每次20~30min
14. 物资筹备	按照3个月的储备量做好防护消杀等物资储备。配备配齐口罩、护目镜、消毒水、消毒酒精、防护手套等防疫物资	按照2个月的储备量做好防护消杀等物资储备。配备配齐口罩、护目镜、消毒水、消毒酒精、防护手套等防疫物资	按照1个月的储备量做好防护消杀等物资储备。配备配齐口罩、护目镜、消毒水、消毒酒精、防护手套等防疫物资	按照1个月的储备量做好防护消杀等物资储备。配备配齐口罩、护目镜、消毒水、消毒酒精、防护手套等防疫物资
15. 信息通报	（1）按照省委、省政府部署安排及省国资委要求，由宣传教育组负责疫情信息发布。 （2）加强与媒体沟通协调，做好新闻宣传和报道工作。 （3）加强舆情监测管控，做好舆论引导	（1）按照国家和省委、省政府部署安排及省国资委要求，由宣传教育组负责疫情信息发布。 （2）加强与媒体沟通协调，做好新闻宣传和报道工作。 （3）加强舆情监测管控，做好舆论引导	加强与媒体沟通协调，做好新闻宣传和报道工作；加强舆情监测管控，做好舆论引导	加强与媒体沟通协调，做好新闻宣传和报道工作；加强舆情监测管控，做好舆论引导

续表

项目	Ⅰ级应急响应	Ⅱ级应急响应	Ⅲ级应急响应	Ⅳ级应急响应
16. 联动机制	主动对接鲍山街道办、社区、医院等，配合实施社区联动，做好体育场馆、鲍山、饭店、超市等人员密集场所疫情防控，最大可能减少公共场所人员聚集： （1）济钢文旅负责济钢新村社区后勤保障工作，做好菜市场、体育场、宾馆、鲍山等管理，保障生活物资供应；做好防控期间外来租户管理工作。 （2）保卫部负责组织人员协助鲍山街道办事处、济钢新村管委会做好人员/车辆进出把关。 （3）办公室负责做好与鲍山街道办事处及济钢新村社区的对接及日常沟通协调。 （4）规划发展部负责合理规划，提供秩序维护所需的物资保障。 （5）安环部/应急部、应急指挥中心组织协调好核酸检测工作。 （6）离退部负责做好济钢离退休人员的舆情疏导工作		认真落实街道、社区疫情防控要求，配合做好人员排查、区域管控、消毒清理等工作	
17. 网格长	深化“横向到边，纵向到底”疫情防控网格化管理网格，压实防控管理监督责任。压低重心，每日排查并及时上报职工及家属、相关方、境外人员来济返济疫情防控信息，严格落实防控措施。各级网格长履职尽责，一级督一级，层层抓落实，对发现的各类问题及时督促整改到位。保持网格化体系健康运行，时刻处于战备状态			
18. 升级管控：根据疫情情况，及时做好新冠肺炎疫情防控应急响应升级管控工作				
19. 各子分公司要制定本单位和济南市以外子分公司及办事机构应急处置方案，参照以上程序落实疫情防控措施，及时报告，确保受控				

六、其他

（一）严格执行政府《新型冠状病毒肺炎防控方案》《新冠疫情防控应对实操指南》、山钢疫情防控常态化工作部署和集团公司《突发公共卫生事件应急响应管理办法》《疫情防控常态化工作方案》《常态化新冠疫情应急处置方案》《秋冬季新冠肺炎疫情防控方案》及相关要求，及时快速应急响应，科学高效应对，严防疫情扩散蔓延。

（二）密切关注跟踪新型冠状病毒疫苗研发及上市，落实好疫苗注射、个体防护等疫情防控措施，确保受控。

（三）未尽事宜，执行政府有关规定。

中共济钢集团有限公司委员会
关于表彰疫情防控先进集体和先进个人的决定

济钢党发［2020］56号

新冠肺炎疫情发生以来，集团公司全体干部职工坚决贯彻习近平总书记关于疫情防控工作的重要讲话和指示批示精神，全面落实上级党委各项决策部署，按照集团公司党委“五早五到位”的具体工作要求，始终把职工生命安全和身体健康放在第一位，时刻保持“战时”状态，大力弘扬济钢军事化作风优势和迎难而上的斗争精神，团结一致、众志成城，积极投身“疫情防控阻击战”，涌现出一批勇于担当、甘于奉献的先进典型。特别是各级党组织和广大党员，他们有的不惧危险，冲锋在社区和企业防疫最前沿；有的舍小家顾大家，坚守在保岗运行第一线；有的离岗仍爱岗，主动请缨挑重担；有的无私奉献，筑起联防联控严密防线，充分发挥了战斗堡垒作用和先锋模范作用，展现了新时代济钢人良好的精神风貌和职业素养，为疫情防控取得阶段性成效作出了突出贡献。

榜样激发斗志，危难方显担当。为表彰先进、鼓舞士气，凝聚攻坚克难、接续奋斗的强大动力，经集团公司党委研究决定，授予保卫部、济钢文旅等 11 家单位或团队“济钢抗‘疫’最坚堡垒”荣誉称号；授予王志钢、史涛等 10 名同志“济钢抗‘疫’最美护旗手”荣誉称号；授予于振刚、马刚等 20 名同志“济钢抗‘疫’最勇冲锋者”荣誉称号；授予王茂震、王学文等 10 名同志“济钢抗‘疫’最暖奉献者”荣誉称号；授予刘倩、李文进等 11 名同志“济钢抗‘疫’最佳助攻者”荣誉称号；授予王若、王利刚等 30 名同志“济钢抗‘疫’最强守护者”荣誉称号。

希望受到表彰的先进集体和先进个人珍惜荣誉，再接再厉，以更精准的举措、更务实的作风，奋力夺取新的更大的成绩。集团公司全体干部职工要以先进为榜样，学习他们关键时刻挺身而出、迎难而上、顽强拼搏的斗争精神；学习他们恪尽职守、勇挑重担、忘我工作的敬业精神，在疫情防控常态化条件下，继续保持“冒着敌人炮火前进”的大无畏气魄，锐意进取，多做有用功，激发新动能，为坚决打赢“疫情防控阻击战”“效率变革攻坚战”“转型发展保卫战”做出新贡献！

附件

疫情防控先进集体和先进个人名单

一、济钢抗“疫”最坚堡垒（11 个）

保卫部
山东济钢文化旅游产业发展有限公司
济钢（马来西亚）钢板有限公司
冷弯型钢安全环保部
环保材料安全环保部
钢城矿业安全环保部
城市矿产日照分公司党支部
保安公司站务二车间第一支部委员会第一党小组
济钢文旅济钢莱市场
济钢顺行公务车运营部客车运行班
铁焦技术资产拆除监管项目部

二、济钢抗“疫”最美护旗手（10 名，以姓氏笔画为序）

王志钢　史　涛　朱　雷　乔继军
刘自民　严　胜　杜增强　李　鹏
肖　旭　赵　亮

三、济钢抗“疫”最勇冲锋者（20 名，以姓氏笔画为序）

于振刚　马　刚　马静芝　王　颖
王兴国　王红梅　孙亚霜　纪秀文
李长亮　李宁宁　李泉城　张　哲
於德英　孟　晓　赵俊杰　高志春
郭庆鹏　谢　锋　翟　军　翟　睿

四、济钢抗“疫”最暖奉献者（10 名，以姓氏笔画为序）

王茂震　王学文　邓树威　吕家荣
刘明生　刘峰爱　赵凤芝　商美玲
焦宗乾　焦建力

五、济钢抗“疫”最佳助攻者（11 名，以姓氏笔画为序）

刘　倩　李文进　李修丽　张万程
孟凡祯　孟范平　党金海　钱　军
郭　勇　程　刚　路　坤

六、济钢抗“疫”最强守护者（30 名，以姓氏笔画为序）

王　若　王利刚　王金勇　王晓民
王善田　牛爱宁　付静海　白云南
白朝亮　冯光水　刘卫国　刘俊青
闫　洪　孙爱国　李　元　李　健
李永刚　李兆富　李焕军　杨　彬
张月成　张文哲　张家勇　陈　兵
孟　余　孟祥明　孟德锋　聂卫东
康延忠　韩余敏

疫情防控常态化工作方案

济钢安字〔2020〕15 号

新冠肺炎疫情在世界范围内持续蔓延，我国新冠肺炎疫情防控向好态势进一步巩固，疫情防控工作已从多管齐下的应急状态转为科学精准的常态化防控。集团公司要求对疫情防控要保持“战时”常态化工作状态，任何的麻痹大意、思想松懈，极易发生千里之堤溃于蚁穴的状况，比前期的状态更危险，小问题可能造成后果扩大化。全公司上下一定要坚持底线思维、理性准则，严防死守、严格纪律，不能有死角和疏漏，时刻保持“战时”状态。

按照国家、省市政府抓紧抓实抓细常态化疫情防控工作的决策部署，全面落实“外防输入、内防反弹”的总体防控策略，坚持及时发现、快速处置、精准管控、有效救治的常态化防控机制，保障职工群众生命安全和身体健康，统筹推进集团公司疫情防控和生产经营，制定疫情防控常态化工作方案。

一、基本要求

以习近平新时代中国特色社会主义思想为指导，坚决贯彻落实国家、省市政府疫情防控指示要求，把疫情常态化防控作为生产经营秩序恢复的前提和基础，坚持外防输入、内防反弹，落实早发现、早报告、早隔离、早治疗，健全及时发现、快速处置、精准管控、有效救治的常态化防控机制，把疫情防控由多管齐下的应急状态转为科学精准的常态化防控，统筹推进疫情防控和生产经营建设，保持集团公司疫情防控领导小组、工作小组、联防联控机制、网格化管控体系不变，加强对常态化疫情防控工作的组织领导和统筹协调，坚决打赢疫情防控阻击战、效率变革攻坚战、转型发展保卫战。

二、外防输入、内防反弹常态化管控方案

（一）人员信息常态化管控

1. 各单位将所有员工（含劳务派遣、相关方等）纳入网格化管控，建立“一人一档”。

2. 坚持每日两测温双报告制度，每日

早晚测量体温，登记留存；体温异常者，立即报告社区和集团公司应急指挥中心，按规定乘坐私家车或“点对点”交通，采取可靠防护措施到医院发热门诊就医，单位安排“一对一”责任人跟踪落实。

3. 加强境外入济人员信息预报和闭环管理。对职工及家属等境外入济排查，提前3天报备属地社区，按政府要求集中隔离14天，两次核酸检测正常后，继续居家14天管控。在隔离期内涉及密切接触在岗职工的由网格长做好风险评估，安排居家办公、核酸检测正常后上岗。

4. 加强疫情重点地区人员排查管控。持续排查追踪来自疫情中、高风险等重点地区人员，提前进行人员信息摸排登记，严格落实政府要求集中（居家）隔离和健康管理，对中风险地区流动人员一律实行居家隔离14天，隔离期间进行3次核酸检测；对高风险地区流动人员一律实行集中隔离14天后继续居家隔离7天，隔离期间进行4次核酸检测。在隔离期内涉及密切接触在岗职工的由网格长做好风险评估，安排居家办公、核酸检测正常后上岗。

5. 继续实行疫情防控日报告和零报告制度。各单位每天对所属人员（包括家属、相关方等）疫情防控情况落实统计上报。

（二）门禁管理

1. 集团公司职工进入办公楼，需刷身份证（或出示健康通行绿码）、测温正常后进入。

2. 外来人员进入集团公司办公楼，由接待单位开具《外来人员/车辆审批单》，查验山东省健康通行绿码，测温正常，持身份证、登记进入。

3. 外来人员进入主厂区，需查验山东省健康通行绿码，刷身份证、测温正常后进入（第一次进入按照“谁引进、谁负责”的原则，办理《外来人员/车辆审批单》；对来自中、高风险地区人员按照政府要求集中隔离健康检测，提供健康证明和山东省健康通行码办理进厂手续）。

4. 体温异常者、健康通行码为红码、黄码者严禁进入。

5. 各子分公司参照以上要求制定门禁制度，并严格执行。

（三）公务接待管理

1. 严格执行集团公司《关于规范疫情期间外来人员接待和日常工作写实的通知》，接待单位认真进行疫情风险评估，采取可靠防疫措施，严格门禁制度，严防人员聚集。

2. 疫情防控期间无特殊、紧急情况，原则上不邀请境外人员来访，可以通过电话、电子邮件等形式进行沟通交流；特殊情况确需邀请境外人士来访的，要严格执行外事审批流程和国家、省市及当地政府的相关疫情防控规定。

（四）会议管理

1. 尽量减少现场会议，提倡视频、微信、电话等方式组织会议。

2. 在会前会后对会议室进行消毒、通风。

3. 现场会议严格控制人数，隔位而坐，提倡开短会。对进入会议室人员进行体温检测，体温异常者不得进入。

4. 有序进出会议室，人员间距大于1米，严防扎堆聚集。

5. 与会人员戴口罩；会议过程中保持通风。

（五）口罩管理

严格执行《山东省常态化疫情防控公众科学佩戴口罩指引》要求，科学佩戴口罩，做好个体防护。

1. 独自在办公室、户外空旷区域、无人员聚集、通风良好区域，可以不戴口罩。

2. 职工上班中、上下班途中、与人交流、乘坐通勤车、乘电梯、参加会议、进入餐厅、休息室、更衣室等公共场所可戴一次

性医用口罩、医用外科口罩等。

3. 对于咳嗽或打喷嚏等感冒症状者，与居家隔离、出院康复人员共同生活的人员，必须戴一次性使用医用口罩、医用外科口罩或 KN90 以上防护口罩。

（六）消杀、通风管理

1. 厂区内生产、生活、办公区域保持环境卫生，人员密集场所保持良好通风。

2. 办公室、操作室、电梯间、公共走廊、卫生间等每天消毒至少 1 次，重点对楼梯扶手、门把手、电梯按钮等。

3. 办公室每日开窗通风 3 次，每次 20~30 分钟。

4. 会议室每次在使用前半小时和会议结束人员离开后各进行消毒 1 次。

（七）通勤车管理

1. 通勤班车专车专用，不得用于对外租赁。每车安排车长，严格执行通勤车消杀和通风制度，车辆运行前后消毒，专人监管，建立消毒台账；保证车辆运行过程良好通风。

2. 乘坐通勤车人员持山东省健康通行绿码，测温正常后上车。

3. 通勤人员固定座位。全程佩带口罩。严禁车内大声喧哗，不接触，不交流。

4. 有序上下通勤车，人员间距不小于 1 米，严禁扎堆聚集。

5. 合理安排通勤人数，不超过荷载人数的 70%，保持合适间距。

（八）乘坐公共交通管理

1. 谨慎选择乘坐公共交通工具。乘坐公共交通工具时，做好必要的个体防护，全程佩戴口罩，尽可能减少接触外部设施，过程严禁用手去触碰口、鼻、眼等；下车到家或到班，第一时间洗手。

2. 在站台等候公交车时，要与他人保持一米以上距离。

3. 排队上公交车时，做到有序上车，与前后乘客拉开 1 米以上距离；到站时有序下车，保持安全间距，严禁聚集。

4. 尽量使用微信、支付宝、IC 卡等移动支付方式。

5. 不与他人交流，严禁在车上吃东西、喝水等。

（九）就餐管理

1. 倡导“集中配餐”“分散错峰就餐”“分餐位上”“分餐公勺”“分餐自助”等就餐形式。

2. 进入餐厅就餐人员需出示健康通行绿码、测量体温正常后方可进入；体温异常者严禁进入。

3. 除就餐外，用餐人员应佩戴口罩。用餐完成后及时佩戴口罩，离开座位要戴口罩。

4. 就餐人员尽量同向相坐；圆餐桌要隔位而坐；就餐人员要保持 1 米以上的距离。

5. 每次用餐后，对相关桌椅进行消毒。

6. 确保餐厅室内通风；定期开门、开窗。使用壁挂式空调、立柜式空调的，应定期对空调过滤网进行消毒；严格按规范使用中央空调。

（十）空调管理

严格执行《山东省新冠肺炎疫情应急响应期间公共场所和工作场所空调通风系统使用指引》。

1. 了解掌握所用空调通风系统类型、新风来源和送风范围情况。

2. 启用前进行清洗、消毒，做好记录。

3. 严禁使用回风系统互相串联的中央空调系统。

4. 定期对空调机组内部过滤器、表面式冷却器及风机盘管回风过滤网等关键设备清洗消毒。

（十一）出差管理

严格执行《关于规范疫情期间出差要求的通知》和《关于疫情期间出差返岗有关要求的通知》，谨慎出行，对出差人员实施全过程写实管理，差异化地区风险分级分类管理，合理选择交通工具，尽量选择“点对点”直达交通，实现出差过程疫情防控全受控。

（十二）公共场所常态化防控管理

1. 严格落实《重点场所重点单位重点人群新冠肺炎疫情防控相关防控技术指南》。

2. 合理规划人员密集场所的人流行进路线和进入场所通道，严格落实“测温+健康码核验”措施，做好进入人员的体温监测，做到应测尽测。对监测发现的体温异常人员，及时做好登记，立即采取临时隔离措施，安排其到医疗机构排查诊断。

3. 全面做好交通场站、商场超市、农贸市场、酒店宾馆等公共场所、重点场所工作人员健康监测和人员出入管理，严格落实环境清洁、消毒通风、人员防护、检测筛查、客流量控制等常态化防控措施，从严控制、审核各类涉及人群聚集性活动，切实做到健康码必验、体温必测，引导公众科学佩戴口罩，防止聚集扎堆。

4. 抓好住宿经营单位管理，按规定做好疫情防控重点地区的旅客排查登记和报告工作。

（十三）节假日期间疫情防控

制定节假日期间疫情防控应对预案，妥善周密安排。加强对放假期间职工（含家属、共同生活亲属）、相关方等外出管理，若非必要，不建议外出。确需外出的，严格履行请假报备程序，做好风险评估，单位要对出行地点、出行方式、出行风险、防疫措施等进行告知和教育，全程做好个人防护、戴口罩、消杀、保持安全距离等防疫措施；要按照出差返岗的要求，实施全过程写实管理，返回后单位网格长做好防疫风险评估，确保防疫安全后返岗。

（十四）全员核酸检测

按照《集团公司疫情防控常态化核酸检测预算方案》，立足早发现、早控制、早减损，本着“全员普查和重点岗位人员定期筛查”相结合，对从事公共服务、涉外生产经营业务等重点防疫风险岗位进行重点检测排查和定期抽查，对在岗全员检测普查，纳入预算管理，分期分批推进常态化核酸检测，超前筛查无症状感染者，早发现早处置，助力生产经营秩序稳定高效。

（十五）加强职工防护教育

强化“每个人都是自己健康第一责任人”，倡导养成“一米线”、勤洗手、戴口罩、公筷制、咳嗽礼仪等文明健康生活方式和卫生习惯。减少外出活动和人群聚集，尽量避免走亲访友、聚餐聚会，保持合理社交距离，减少参加聚集性活动人员，减少到人员密集的公共场所活动，尤其是密闭空间、空气流动性差的地方。

（十六）超前储备防疫物资

按照 1 个月的储备量做好防护消杀等物资储备。配备配齐口罩、护目镜、消毒水、消毒酒精、防护手套等防疫物资。

（十七）严格落实网格化管理制度

深化“横向到边，纵向到底”疫情防控网格化管理网格，压实防控管理监督责任。压低重心，每日排查并及时上报职工及家属、相关方、境外人员来济返济疫情防控信息，严格落实防控措施。各级网格长履职尽责，一级督一级，层层抓落实，对发现的各类问题及时督促整改到位。保持网格化体系健康运行，时刻处于战备状态，一旦有问题马上启动，随时保持招之即来、战之能胜的状态。

（十八）做好应急处置预案

1. 和社区、防疫部门、医院建立联动机制。

2. 出现体温异常或疑似症状者，立即报告社区和集团公司应急指挥中心，按照规定乘坐私家车或“点对点”交通，采取可靠防护措施到医院发热门诊就医，单位安排

"一对一"责任人跟踪落实。

3. 根据医院检测排查，判断为确诊、疑似等病例时，立即启动应急响应。

4. 单位向属地社区报告，集团公司应急指挥中心向山钢疫情指挥部报告。根据属地社区、疾控部门、上级部门的指示落实消杀、排查、隔离等防控措施。

5. 所在单位立即采取精准防控，限制人员聚集活动、封锁现场区域和人员，配合政府防疫部门对所在区域消杀，排查密切接触者，采取居家或医学隔离观察等措施。各单位网格长负总责落实消杀和排查职责。

6. 对所在单位相关人员进行核酸检测，排查异常人员。

（十九）其他未涉事项执行政府的最新相关规定。

三、保障措施

（一）强化责任落实。要始终绷紧疫情防控这根弦，深刻汲取近期外省一些地方发生聚集性疫情的教训，坚决克服麻痹思想、厌战情绪、侥幸心理和松劲心态，扛起疫情防控的政治责任、领导责任和主体责任，落实依法防控、科学防控、联防联控，坚持应急处置和常态化防控相结合，深化落实疫情常态化防控工作方案和应急预案，抓紧抓实抓细防控措施，切实做到外防输入不放松，内防反弹不松懈，坚决打赢疫情防控阻击战、效率变革攻坚战、转型发展保卫战。

（二）认真排查疫情防控漏洞。强化问题导向和底线思维，全面开展防控风险大排查、回头看，找准疫情防控高危风险点，找出防控工作漏洞不足，绝不放过防控链条中每个环节、每个细节，绝不留下任何一个漏洞不足。

（三）加快补齐短板弱项。对于排查发现的漏洞不足和风险隐患，建立问题整改台账，明确整改措施、责任人和整改期限，实行销号整改，确保各项措施落到实处。着力补短板、堵漏洞、强弱项，提高应对突发重大公共卫生事件的能力水平。

（四）严格疫情信息报告制度。严格执行领导干部到岗带班、关键岗位 24 小时值班制度和疫情信息报告制度，及时上报重要情况信息，特别是异常信息，要第一时间按规定报告，严禁瞒报、漏报、迟报，快速响应、高效妥善处置。

（五）及时开展督导检查。各级领导和网格长要全面履行防疫安全主体责任，针对防控关键环节、重点部位尤其是防控一线，及时开展督导检查，深入排查问题进行整改，及时堵住防控漏洞，补牢薄弱环节，切实巩固集团公司疫情防控良好态势，统筹推进疫情防控和生产经营发展。

（六）对疫情防控不重视、措施落实不到位的单位，造成不良后果和影响的，严肃追究有关领导责任。

四、此前规章制度与本方案不相符或有抵触的，以本方案为准

在集团公司 2020 年疫情防控表彰大会上的讲话提纲

党委书记、董事长　薄　涛

（2020 年 8 月 27 日）

尊敬的孙德顺主任、刘洪泉书记、李强处长、王文身指导员、李太勇总监，

各位领导、同志们：

2020 年，注定是不平凡的一年。新春

伊始，一场猝不及防的新冠肺炎疫情席卷全国各地。面对生死攸关的严峻考验，济钢集团党委始终把广大干部职工的人身安全和身体健康放在第一位，在中央和上级党委的坚强领导下，在属地政府的坚决支持下，充分发挥国有企业政治优势，快速响应、科学部署，团结带领全体干部职工，攻坚克难、勇担使命，迅速展开“疫情防控阻击战”。经过全公司上下和济钢社区全体工作者的共同努力，“疫情防控阻击战”取得了重要阶段性成果，为加快推动新济钢发展建设和维护属地社区的疫情防控、安全稳定，打下了坚实基础。

今天，我们在这里集会，就是要表彰在济钢及济钢社区疫情防控工作中，做出突出贡献的先进集体和先进个人，动员激励全公司上下学习他们的模范事迹，进一步发扬抗“疫”期间所展现出的顽强斗争精神，凝聚众志成城的抗“疫”力量，坚定必胜信心、激发顽强斗志，统筹推进常态化疫情防控和转型各项工作的进一步发展，为全面完成今年各项任务目标，奋力实现“二次创业，重塑济钢”“建设全新济钢，造福全体职工”历史使命而不懈奋斗。

同志们！

这次新冠肺炎疫情，是新中国成立以来，在我国发生的传播速度最快、感染范围最广、防控难度最大的一次重大突发公共卫生事件；疫情防控是“总体战”，是“阻击战”，更是一场直面生死必须打胜的“人民战争”。

——在同新冠肺炎疫情的搏斗中，济钢党委坚决贯彻落实中央和上级党委各项决策部署，坚持人民至上、生命至上，统筹资源、凝心聚力，尽最大努力保护职工群众生命安全和身体健康，最大限度降低疫情负面影响。第一时间拿出 500 万元专项资金用于疫情防控，充分发挥“大攻坚战”指挥部指挥中枢和防疫应急指挥部主导作用，纵深推进“效率变革”，迅速构建起贯通一体的疫情防控指挥调度体系和四级网格化管理机制；坚定勇担社会责任，主动承揽济钢社区封闭围挡施工 1600 余米，配合地方政府承接起 4 个小区、12 个“疫情监测站”的全天候检查执勤任务，与属地政府、社区一道，筑起目标一致、信息共享、快速响应的战“疫”保障网，实现厂区、生活区全覆盖、无盲区管控。

——在同新冠肺炎疫情的搏斗中，各级党组织和党员领导干部讲政治、顾大局，把疫情防控作为践行初心使命的主战场，全面落实联防联控措施，让鲜红的党旗始终在防疫一线高高飘扬。战“疫”期间，33 个党支部、480 名党员重温入党誓词，37 个党支部、631 名党员签订承诺书，12 个党支部、125 名党员递交请战书，48 个党支部、459 名党员开展了党员示范岗、突击队，构筑起阻击疫情的“红色堡垒”，激励带动了众志成城、全力以赴、共克时艰的强大正能量。

——在同新冠肺炎疫情的搏斗中，广大职工和社区工作人员众志成城、精诚团结、共同奋战。从不辞辛劳、日夜奋战，始终奔走在疫情防控最前沿的济钢保卫者，到不惧严寒，忠诚勤勉，站好卡口检测执勤岗的社区守护者；从坚守岗位、履职尽责，为济钢各条产线提供坚实支撑的一线工作者，到主动出击、想方设法，协调落实防疫物资的后勤保障者；从冲锋在前、无私无畏，筑起战“疫”防线的“青年志愿者”，到主动请缨、发挥余热、助力抗“疫”的“银发志愿者”，大家以一个个凡人善举，书写着对国家、对济钢的大爱忠诚和尽责担当，在平凡工作岗位上展现出无惧风雨的“济钢本色”。在大家的共同努力和不懈奋斗下，今年上半年集团公司的生产经营保持良好运行，各项工作有序推进，为坚决完成全年各项目标任务，加快推动转型发展实现“质”的突破，奠定了坚实基础。在这里，我代表

集团公司党委、集团公司，向受到表彰的先进集体、先进个人，向奋战在全公司各防疫战线、各个岗位上的广大党员、职工及内退、离退休职工致以崇高的敬意！向大力支持济钢防疫工作的济钢社区居民和属地政府、友邻企业表示衷心的感谢！

同志们！

这场突如其来的疫情，让我们又一次历经磨难，也又一次在同磨难的顽强搏击中擦拭了心灵、迸发了信仰、磨砺了价值，为历久弥新、生生不息的“济钢精神”注入了新的时代内涵。当前，尽管我国疫情防控阶段性成效进一步巩固，经济社会运行秩序加快恢复，但随着国外疫情高发多发、形势日趋严峻，国内外防输入、内防反弹的压力持续增大，稍有不慎就有可能前功尽弃。在前进的道路上，我们必须更加清醒认识抗“疫”斗争的艰巨性、复杂性和反复性，倍加珍惜来之不易的抗“疫”成绩，时刻绷紧常态化疫情防控这根弦，进一步坚定信心、凝心聚力，传承济钢精神、锤炼战斗本领，以更大的力度、更硬的措施、更快的步伐，转作风、调状态，统筹抓好疫情防控和转型发展“双推进”，把失去的时间夺回来，把既定的目标实现好，奋力夺取疫情防控和转型发展“双胜利”！

——统筹“双推进”、夺取“双胜利”，必须进一步坚持和加强党的领导。各级党组织要进一步提高政治站位，深刻认识所担负的职责使命，始终坚持把职工群众的生命安全和身体健康放在第一位，把做好疫情防控作为当前最紧迫的政治任务，加强统一指挥，抓好全面工作，着力发挥基层党组织的战斗堡垒作用和党员先锋模范作用，坚定不移把中央和上级党委的各项决策部署抓实抓细抓落地。全体党员干部要自觉增强“四个意识”、坚定“四个自信”、做到“两个维护”，坚决服从上级统一指挥调度，锤炼敢打必胜的过硬本领，把投身“疫情防控阻击战”作为践行初心使命的试金石，关键时刻冲得上去，危难关头豁得出来，深入一线、靠前指挥，及时研判、科学决策，当好身边群众的贴心人和主心骨，用抗击疫情的实际行动展现共产党人的政治本色。

——统筹“双推进”、夺取“双胜利”，必须进一步抓好常态化疫情防控。要坚持“战时”常态化工作状态，树牢“底线思维、极限目标”，全方位加强应急管理体系建设，完善应急物资储备保障机制，做实“早发现、早报告、早隔离、早治疗”，不断提升疫情防控科学化、精细化水平。要将常态化疫情防控贯穿到生产运营全过程，根据疫情发展变化，动态强化和调整重点人员、业务和地区的风险管控，科学实施分区作业、分散错峰就餐，控制会议频次和规模，做好员工日常健康监测，加强防疫物资储备，推动生产经营、市场开拓、人员流动等工作有序开展。要进一步支持配合属地政府疫情防控管理，全面落实与社区、友邻企业的联防联控机制，发挥群防群治力量，形成防控工作合力，坚决保障济钢大后方的安全稳定。

——统筹“双推进”、夺取“双胜利”，必须进一步加快新济钢发展步伐。要坚持全面完成全年目标任务不动摇，加强运营过程管控，整合盘活各类资源，科学把握生产节奏，充分激发各类生产要素动力活力，有效化解疫情防控与生产经营提质增效之间的矛盾，持续提升生产经营质效。要以全面实施“效率变革”为牵引，坚持方向不变、力度不减，统筹抓好各项改革工作，坚定不移完成“倒计时”改革攻坚，用改革创新的思路和办法应对疫情防控工作中暴露出的新情况新问题，着力加以解决。要把握大局大势，强化顶层设计，围绕三大主业，坚持“横向扩张+纵向提升”“高端引领+跨界融合”，倾力打造科研成果转化、新旧动能转换、传统企业转型的“三转”新品牌，为加快推动城市新兴产业发展，助力省会经济扬起“龙头”，做出我们的贡献！

同志们！

疫情挡不住我们对美好生活的向往，艰险阻止不了济钢前进的脚步。让我们更加紧密地团结起来，在各级政府、友邻企业以及社会各界的大力支持下，保持战时意识、坚定必胜信念，不惧风浪、勇往直前，以钉钉子的精神扎实做好当前各项工作，筑起抗击疫情的铜墙铁壁，汇聚推动发展的强大力量，积合力以致胜、汇众智而成功，奋力夺取疫情防控和转型发展“双胜利”，朝着“二次创业，重塑济钢”“建设全新济钢，造福全体职工”的使命目标奋勇前进！

谢谢大家。

“效率变革”

关于推进“效率变革”的实施意见

济钢人字［2020］7 号

为贯彻落实集团公司二十届三次职代会精神，围绕深入践行“九新”价值创造体系，推进效率变革“四提效一保障”的总体布局，着力解决制约济钢发展的机制性障碍、结构性矛盾和制度性问题，构建新的工作秩序，展现新时期济钢在新旧动能转换、转型发展中的“济钢效率”，助推企业高质量发展，特制定本实施意见。

一、重要意义

自产能调整转型发展以来，全面贯彻“九新”价值创造体系，效率创效持续发挥“制胜王牌”作用，涌现出冷弯型钢、萨博汽车等一批“效率”典型，推动着济钢规模从 2017 年下半年主业关停后的 40 多亿元到 2019 年的 225 亿元，每年一个大台阶快速前进，体现了“济钢效率”。为深入解决集团公司转型发展全面提速、实现跨越过程中的结构性矛盾，必须再深入推进“效率变革”。“效率就是生命”“效率变革就是二次创业、重塑济钢的生命变革”，是解决发展问题、推动转型发展、逐步做大做强、实现脱胎换骨的必由之路。

“效率变革”是解决济钢存在问题的金钥匙。在建设全新济钢高效推进的进程中，仍然存在一些短板和不足，迫切需要制度创新和体制机制改革，如不同程度存在的管理人员麻木和妥协问题，部门、子分公司上下左右之间存在的隔断问题，快速反应、高效执行的流程机制还存在的漏洞问题，需要瞄准中路突破隔断、边路快速穿插打“纵深”，提升“得分”成功率。

“效率变革”是济钢转型发展的主要手段。“天下武功唯快不破”。新材料、高端装备制造及技术服务业+城市综合服务业“两大主业”已经明晰，传统产业调整优化和以空天信息产业为核心的新产业落地见效的速度，是确保我们立在山东省新旧动能转换大潮前列的关键。

“效率变革”是推动企业做大做强的主要支撑。形成清晰的权责边界，建立责权利对等的管理运行体系，搭建“创新引领”

的科技管理体系，培育高效的产业项目运作体系，努力提升集团公司决策效率、管控效率、运营效率与发展效率，持续增强核心竞争力，才能推动济钢又好又快发展。

二、总体思路

以习近平新时代中国特色社会主义思想为统领，全面贯彻党的十九大精神，深入践行“九新”价值创造体系，坚持“三个让位”，即本位让位于换位，串联让位于互联，不等让位于对等，深入查找在关键领域和瓶颈环节中的体制性障碍、结构性矛盾和制度性问题，充分利用“六大攻坚战”平台牵头抓总、纵深突破和成立高效团队快速反应、重点突破，建立事项清单，分阶段解决突出问题，实现集团公司总效率持续提升、发展环境持续优化，做实、做好、做优“城市钢厂转型和山东省新旧动能转换的标杆”，早日实现“二次创业，重塑济钢”。

三、组织机构

（一）成立集团公司“效率变革”领导小组

组　长：党委书记

副组长：总经理

成　员：集团公司党政领导班子成员

主要职责：负责统筹安排、协调指导，具体负责重大问题决策、推进节奏管控等。

（二）成立“效率变革”推进小组

领导小组下设“效率变革”推进小组。

组　长：薄　涛

副组长：苗　刚　王文涛

成员单位：组织部/人力资源部、指挥部作战室、运营部、财务部等

推进小组负责整体方案策划和推进，落实领导小组的决策和决定，制定效率变革评价和激励标准，督导各专业部门落实“效率变革”总体方案和专项实施细则，提出考核意见及推进计划等。

四、具体措施

（一）全面贯彻“三个让位”，着力在提升重点领域、重点工作的总效率上取得实质性突破。

一是“本位”让位于“换位”，发挥好集团总部的“平台”和“后台”作用。着眼于打破行政壁垒、权力本位，换位思考，进一步推进以战略管控为核心的强大总部建设，积极推进建立管理组织新架构，着力解决集团公司总部管控和赋能能力不足等突出矛盾。深入推进财务管控中心建设，着力重构业务-财务一体化管理流程，建立财务集中管控制度体系，搭建集全面预算管理、资金管理、成本费用控制等功能在内的财务一体化管控平台，积极探索市场化运作的投融资模式，提升资金使用效率。（主责单位：组织部/人力资源部、财务部、办公室）

二是“串联”让位于“互联”，发挥好信息化的提效和增速作用。着眼于打破部门界限、条框束缚等障碍，以高效互联互通运行打破传统低效串联组织运行模式，做好现代企业制度的顶层设计，对现有制度体系进行全面梳理，分门别类做好“废改立”，整合资源，同步发力，推进流程改革，提升办事效率。着力建立一体化的高效执行、快速反馈的指挥体系，通过信息化手段流程跟踪，有效提高业务追溯能力，提高工作效率，通过信息化建设实现督办流程优化再造和管理方式的升级创新。（主责单位：运营部）

三是“不等”让位于“对等”，发挥好“放管服”的赋能和增益作用。责权利对等，着眼于推进充分放权、决策前置。在全面调研分析子分公司产业特点、运营质量、公司治理成熟度的基础上，建立权责模型，分类授权，着力推动薪酬分配、干部管理、人才引进、运营管理、财务管理、规划管理、投资管理等方面向契约化、市场化、职

业化迈进，突破体制机制藩篱，强化事中事后监管，给予子分公司充分经营自主权，充分释放自主动能，抢抓商机促进效益提升。重点做好对萨博汽车、冷弯型钢、国际工程、环保材料等四个子分公司下放17项权利，包括组织部/人力资源部下放10项权利和其他部门下放战略规划、招投标管理、财务管理、运营管理、工会会费自主管理使用权、企业混改、科技创新管理7项权利。（主责单位：组织部/人力资源部、规划部、财务部、运营部）

（二）立足于“快、准、畅”，着力在推进转型发展、建立高效运行机制上提效率见成效。

注重通过“效率变革”攻坚过程中的制度和机制创新突破瓶颈、盘活资源、提高效能、实现跨界融合，推动“六大攻坚战”在突破重点事项、增强发展能力、提升工作成效方面具有更高的攻坚效率、更优的攻坚效果，加速转型发展进程，为建设全新济钢打好坚实基础。

一是立足于“快”，突破一批重点事项。强化董事会研究企业未来发展、引领企业发展作用的发挥，健全各司其职、各负其责、协调运转、有效制衡的法人治理结构；提升疫情防控等应急反应能力，建立快捷的指令传递渠道，形成上下贯通的运作体系，统一思想，步调一致，做好阻断，高效执行，坚决打赢新型肺炎疫情防控阻击战；充分利用信息化、移动办公等手段，提升公文处理速度；聚焦提升产业规划布局，加快重点领域重点项目的培育速度，着眼于打造国有废钢加工供应品牌推进金属资源综合利用项目，高标准做好流程设计，全力确保废钢精加工产线投产即盈利。

二是立足于“准”，增强高质量发展能力。全面推进“双降双提”工作，提高一个等级强化资金管控，加强存货管理及应收款项的清理，实现山钢考评半年得分95分以上，全年得分100分以上；摸准子分公司真正需求，打造市场化人才引进及工资总额支持机制、干部选拔和淘汰机制、人才内部交流共享机制、市场化工资总额决定机制，提供“雪中送炭”服务，实施恰到好处管控，推进子分公司运营提质增效；利用项目技术合作契机，引入技术、人才、资金、战投等，全面实施与社会优质资源嫁接式跨界融合，实现效益绝对值最大化，力争形成2~3个效益增长示范点；运用差异化管理手段，系统分析各产线生产工艺，制定应对措施，减少重污染天气对生产的影响。

三是立足于“畅”，提升重点工作成效。建立各子分公司间产品互销、项目承接、信息互享等内部协同机制，落实项目制管理，配套相应的考核政策，产业协同业务目标化、指标化，发挥协同对公司发展的倍增效应，主营业务协同量在2019年的基础上实现50%以上增长；构建“双基双线一提升”多维度安全管控体系，实现升维管控，筑牢济钢转型发展的安全防线，山钢安全罚款同比减少30%，全年实现较大及以上人身伤害事故、工亡事故为零；逐步构建“研究开发、工程转化、产业落地”三位一体的技术创新体系，打通三个渠道并取得成果：借力政府，联合创新，获取政府精准化政策支持，在新技术、新产业项目推进方面，推动与政府合作设立公司；成果嫁接，与科研部门合作，积极探讨建设符合集团发展战略的新技术、新产业中试基地、中试工厂；建立实施科技项目跟投机制。

（三）充分发挥清障增能作用，营造“风清气正，干事创业，改革创新”的浓厚氛围。

实现“两步走”战略，需要以“效率变革”为“效率创效”清除障碍、获得更大功率。建立崇尚实干、带动担当、加油鼓

劲的正向激励机制，主体责任与换位责任双轨并行，统筹考虑，破除协同障碍，保障节奏一致，营造“风清气正，干事创业，改革创新”的氛围，提升转型发展工作效率。聚焦目标，建立与历史最佳业绩比较和扩大对标企业覆盖面比较的双向指标对标推进体系，拉动各单位实现关键指标持续提升，不断提升核心竞争力，加快发展速度，实现单位时间内更多的有用功，为“二次创业、重塑济钢”提供充足的动力活力。

五、实施步骤

（一）成立团队、依托平台，以“三个让位”引领效率变革。

在重点领域、重点工作提升总效率方面，由集团公司分管领导牵头，明确主责部门，跨部门成立高效团队，确定攻关目标及完成期限，集中优势力量在“三个让位”上实现突破，为提升总效率奠定坚实基础。

立足“六大攻坚战”平台，着力以作战任务、攻坚课题解决单一性制约问题。聚焦攻坚战九大任务，主抓大事要事，分解任务，量化指标，全面修订攻坚战推进体系和考核评价体系，抓住“快、准、畅”推进重点事项，力争提前 2 个月完成攻坚目标，以务实高效的攻坚效率推动总效率的提升。

（二）全面扫描、精准聚焦，确定效率变革事项清单。

总部机关针对管理流程烦琐低效、信息传递沟通不畅、业务指导力度不够、制度粗线条及执行困难、监督管控不到位、高端急缺人才供给不足、干部人才成长通道不畅、绩效考核赋能不充分、机构及人员配置不合理、教育培训针对性不强等重点问题，按照“应该放权、加强监管、提供服务”分类梳理审批事项和业务流程，明确效率提升的关键因素和改进方向。指挥部作战室汇总扫描情况，组织各专业部门研讨分析、研究确定效率变革优先级事项，以季度为单位明确效率变革重点事项组织推进。

（三）以点带面、专业施策，制定效率变革专项实施细则。

根据部门职责，对效率变革事项清单实行分类归口管理，明确时间节点及要求。各主责部门要主动担责，按照实施意见，对照效率变革清单目标，细化分解任务，明确时间节点，层层压实责任，制定效率变革专项实施细则，完善相关配套措施，制定时间表、路线图，按照优先顺序推动制约效率提升的问题整改。指挥部作战室按照推进方案进行适时调度。

（四）协同推进，定期总结，推进“效率变革”高效实施。

各部门各单位按照专项实施细则分工及要求，通力合作，实时反馈“效率变革”推进信息，对效果好的固化经验加以推广，对未达到预期效果的及时反馈部门进行纠偏，协同推进“效率变革”落地落实，坚持每周总结，坚持按季逐月动态挖掘制约效率提升的问题点，强化点题引领，对专项实施细则形成有效补充，着力以点带面，提升整体效率提升。指挥部作战室立足“六大攻坚战”平台，充分发挥推进小组职能作用，建立专项工作台账，定期调度、定期通报，形成倒逼，推动工作落实。

（五）充分调研，奖惩并重，制定符合“济钢效率”的价值考评标准。

在人力资源管控、财务管控、资本运作及信息化等关键领域及流程开展广泛调研，充分听取集团公司分管领导意见建议，全面摸清当前效率现状和工作惯势，确定效率基数。在此基础上，进行研讨和分析，明确全流程或全要素的效率提升或突破标准。建立完善激励和容错机制，对干部职工广泛认可的效率提升事项进行正向激励引导，宽容效率变革探索中的失败失误，积极营造鼓励干事、敢闯敢试的工作环境；对工作推进不力的进行批评、通报，对不作为、乱作为、慢作为，按“军规”进行严肃问责。对在“六大攻坚战”九大任务范围内的事项，按照推进效率进行过程奖励；对九大任务之外的事项，效率较目标提升较大，价值创造效果明显的，进行价值创造专项奖励；对效率提升贡献特别突出的，以季度典范形式予以奖励。

（六）充分借鉴、眼睛向内，推进子分公司内部效率变革。

各子分公司要充分借鉴集团公司效率变革的做法，深入查找内部在决策、管控、运营等方面存在的制约效率的关键点，成立工作团队，借助集团公司效率变革大势，一体化解决效率制约点，深入推进自身效率提升，推动公司实现快速高效发展。

（七）严格标准，强化监督，始终保障效率变革走在正确的轨道上。

深入落实“三个区分开来”，实现预防惩治与容错纠错双轨并行，旗帜鲜明为“效率变革”担当作为的干部撑腰鼓劲；增加监督制度供给，加强监督体系建设，深化监督体系运行，构建有效的监督网络，持续提升监督效能和监督效率，保障“效率变革攻坚战”靶向发力、精准突破，持续稳定提升总效率。

六、相关要求

（一）加强领导，落实责任。各单位一把手要亲自抓、负总责，分管领导要具体抓，要加强协调、协同创新，涉及全局性体制机制创新，要相互支持、主动配合，明确责任、各司其职，形成工作合力。对行动迟缓、敷衍塞责、推诿扯皮的，将进行通报批评，追究责任。

（二）统筹兼顾，务求实效。要统筹安排好“效率变革”各个阶段工作，把解放思想、改革创新贯穿始终，把解决问题、改进工作贯穿始终，切实做到有机衔接、稳步推进。要正确处理好“效率变革”与做好当前工作的关系，把“效率变革”放到最突出的位置，用科学发展的实际成果衡量和检验效率变革成效。

（三）典范引领，强化宣传。各单位要及时反映效率变革取得的经验成效，突出特色亮点，加强正面引导，营造良好氛围；要注重发现典型、培育推广典型，杜绝搞“材料典型”“经验速成”，典范和经验要经得起历史和实践检验。

关于成立“效率变革”专项课题高效工作团队的通知

为贯彻落实集团公司二十届三次职代会精神，深入践行“九新”价值创造体系，根据《关于推进“效率变革”的实施意见》，在重点领域、重点工作方面跨部门成立高效团队，进行攻坚提升总效率，为夺取疫情防控阻击战、效率变革攻坚战和转型发展保卫战的全面胜利优化顶层设计、进行科学决策提供有力支持，现通知如下。

一、团队构成

序号	团队名称	牵头领导	负责人	牵头单位
1	效率变革加速济钢优质高效转型发展	薄　涛	王文涛	组织部/人力资源部

续表

序号	团队名称	牵头领导	负责人	牵头单位
2	权责对等模型的研究和建立	苗　刚	王文涛	组织部/人力资源部
3	党建制度化夯实国有企业的“根”和“魂”	王景洲	徐西刚	组织部
4	建立监督体系的去“根”长效机制，深化全面从严治党、从严治企	于文波	孟庆钢	纪委
5	优化制度供给激发内生动力	高　翔	徐守亮	运营部
6	国际贸易做强做精	高　翔	魏信栋	济钢物流
7	构建投融资管理体系	孙建东	曹孟博	财务部
8	打造独具特色的济钢产业孵化生态体系	谢　文	魏　涛	创智谷
9	招才引智提升核心竞争力	徐　强	王文涛	组织部/人力资源部
10	“四新”产业园进入实质性运营	刘学燕	盛桂军	“四新”产业园
11	聚焦“两大主业”，培育全新生态产业链	刘学燕	郭　强	规划部

注：由牵头部门负责人确定团队成员，组建跨部门高效团队。

二、主要职责

（一）围绕团队的中心工作，收集、整理相关政策和信息，加大政策解读和引导力度，通过深入调查研究，提出工作思路、计划方案和推进措施等，为集团公司科学决策提供支持。

（二）对需要解决的重大创新课题、方向性问题进行对策研究，紧紧围绕加快效率变革、加速转型发展，从“固根基，扬优势，补短板，强弱项”出发提出可操作方案，推动落实并实现突破。

（三）发挥资源掌控和配置优势，负责协调内外部关系，争取各项有利资源，调动有关各方面的积极性，强化资源协同、业务协同、资源共享，系统跟进和推动课题任务目标的完成。

三、工作机制

（一）领导抓总，团队推进。由集团公司领导牵头，亲自抓、负总责，强化协调，统筹推动。每个团队由牵头部门主要负责同志担任组长，具体抓；各协同部门高效协同，同向联动。由组长选取相关部门领导和相关专业骨干组成工作团队，团队成员一般为 3~5 人，由不同部门、单位的人员构成，可根据需要进行增减。各组成部门、组成人员明确责任、各司其职，形成工作合力。

（二）定期调度，督导推进。团队定期向集团公司汇报工作进展，每次一个主题，原则上每月一次。主要汇报近期工作成效、存在的问题及解决方案、下一步工作计划、目标等，听取集团公司的最新要求，快速推进落实。

（三）目标引领，计划推进。按照有目标、有计划、有措施、有成效的要求，明确时间节点，细化工作措施，提升团队工作总效率，高效落实推进。

关于印发《组织部/人力资源部“效率变革”管理放权清单》的通知

各相关单位：

为深入贯彻落实《集团公司印发关于推进“效率变革”实施意见的通知》（济钢人字［2020］7 号）精神，持续深化“三项制度”体制机制改革创新，进一步加大管理放权力度，切实增强子分公司转型发展活力，现将《“效率变革”管理放权事项清单》（以下简称《清单》）印发给你们，并将有关事项通知如下。

一、分类实施放权用权。突出分类实施和“一企一策”，增强管理放权的针对性和有效性。《清单》中涉及的十个管理放权事项，对各单位不搞“一刀切”。各单位可结合企业自身状况，聚焦未来产业定位及实现高质量发展，根据实际需要有选择性地接权用权。

二、加强企业治理能力建设。各单位把加强党的领导和完善公司治理统一起来，加快形成权责清晰、有效制衡的公司法人治理结构、灵活高效的市场化经营机制。要加强“双基”管理，健全完善风险、内控和合规管控体系，确保各项管理放权“接得住”、行权“行得稳”。

三、建立动态监管调整机制。在加大管理放权力度的同时，组织部/人力资源部将强化事中事后监管，定期评估管理放权执行情况和实施效果，动态调整授权事项和授权范围，对确实不能按要求履行规则或管理不规范的单位，及时预警、适时“收权”。确保该放的放权到位、该管的管住管好，实现授权与监管相结合、放活与管好相统一。

四、建立全过程服务机制。组织部/人力资源部成立管理放权服务专班，对《清单》涉及事项提供全过程的专业解读和服务支持，协助指导各单位合理高效、依法依规行权，确保管理放权取得实实在在的效果。

“六大攻坚战”

2020 年“六大攻坚战”推进方案

济钢人便字［2020］9 号

一、工作思路

全面践行“九新”价值创造体系，立足于打赢“疫情防控阻击战”，重点围绕推进“效率变革”，坚持使命引领、“军规”保障，以“安全稳定、主业提升、科技融合、经营提质、动力变革、组织保障”为主线，构建涵盖疫情防控、生产经营和转型

发展的指挥中枢，主要做好效率变革推进方案的制定和实施、攻坚任务的推动和督导、关键制约环节的军令状和作战督导令，以团队高效攻坚推动总部当好“平台”和“后台”，上下配合、左右协作，横向联手、上下贯通，横向到边、纵向到底，推动集团公司规模加速扩大，盈利能力持续提升，助推实现“建设全新济钢，造福全体职工”。

二、攻坚目标

全面践行“九新”价值创造体系，重点围绕推进“效率变革”，努力提升集团公司决策效率、管控效率、运营效率与发展效率，以效率变革助推企业高质量发展，具体分解为九大任务：

（一）打赢“疫情防控阻击战”，实现安全生产、绿色协调、幸福和谐的发展生态。

（二）加速打造新材料、高端装备制造和城市综合服务两大支柱产业链，巩固加强一批现存产业，培育突破一批重点项目。

（三）推动产业跨界融合，规范投融资，形成新的效益增长极。

（四）推进信息化系统建设，重构业务-财务一体化管理流程，物流、信息流、资金流“三流”合一，实现全上线、全受控，全协同。

（五）打造科技创新生态，鼓励技术研发与应用，增强企业创新发展硬实力。

（六）实现营业收入 276 亿元，利润总额 4.33 亿元，助推“两步走”战略实现。

（七）建立管理组织新架构，深入推进混合所有制改革，搭建“应对当前、储备未来、脱胎换骨”管理新架构。

（八）建立管理人员能上能下、员工能进能出、收入能增能减的常态化工作机制，推动形成“三项制度”改革持续改进长效机制。

（九）以党建体系化为统领，发挥党组织的领导力、组织力、执行力，坚持抓基本打基础，保障企业高质量发展。

三、推进措施

（一）组织架构。

1. 集团公司下设攻坚战指挥部，总指挥由集团公司总经理苗刚担任，负责整体方案策划和推进，落实集团公司的决策和决定，对各单位推进情况进行测量、评价，提出考核意见及推进计划等报集团公司批准后组织执行。指挥部作战室负责指挥部日常工作。

2. 设置高效攻坚团队。聚焦效率变革，成立高效攻坚团队，负责分解目标任务，制定推进计划，确定攻坚措施，完成攻坚目标等。

（二）聚焦疫情防控，全力确保职工安康、公司发展。

以高度的政治感、责任感把防控工作措施抓严、抓细、抓实，筑牢疫情防控新的“长城”。快速反应、纵深推进，迅速建立全公司一盘棋的全新运行秩序，依托“六大攻坚战”平台，发挥指挥部中枢作用，形成一体化运行的指挥体系，实现声音一致、步调一致、行动一致，系统提升疫情防控、生产经营和转型发展总效率，确保职工健康、生产经营和转型发展的安全。各级党员干部深入一线践行初心使命，主动应对、带头解决环境变化、疫情变化带来的实际困难，当好身边群众的贴心人和主心骨；领导干部在重大关头顶得上去，党员骨干在重要工作冲在前列；各级党组织进一步落实关心关爱疫情防控工作人员的各项措施，免除后顾之忧，心无旁骛投入战斗，众志成城、团结奋战，凝聚战胜疫情的“硬核”力量。

（三）聚焦效率变革，着力增强发展质量。

坚持效率就是生命。通过目标指标化、

指标责任化，着力提高在限定攻坚时间内的攻坚质量，着力缩短在量化攻坚目标下的攻坚时限，以持续攻坚的高效率实现转型发展的高质量。一是高点定位制定攻坚目标，攻克一批重点“山头”、落实一批重点事项、解决一批发展难题，推动集团公司主要目标超额完成；二是针对集团公司决策部署建立跨部门的高效攻坚团队，打破横向壁垒，提升工作推进效率；三是建立单位攻坚引领机制，实施季度多个不同领域的典范经验共享，示范引领带动提高，激发同频共振动力，满怀激情、积极作为。

（四）聚焦创新引领，着力增强发展动力。

坚持创新是第一动力。加大创新引导和支持力度，以持续创新的智高点赢得攻坚决胜的制高点。一是集聚创新要素，打造机动灵活的科技人才培养和引进机制，构建运行高效的科技成果孵化和奖励机制，吸引聚合人才、技术、优质生产要素等为济钢所用；二是厚植创新土壤，构建“借力政府、信息互通、协同创新”的创新路径，探索“技术嫁接、跨界融合”的创新模式，夯实制度保障，为创新松绑、为创造助力；三是激发创新基因，充分利用价值创造、课题攻坚、指标对标等方式鼓励制度创新、管理创新、产品创新、工艺创新等，激发全体干部职工的创新基因，形成全员创新创造的浓厚氛围。

（五）聚焦深化改革，着力增强发展活力。

坚持问题导向、价值导向、目标导向，以持续改革的确定性应对转型发展的不确定性，努力拓展转型发展活力空间。一是瞄准问题向改革要办法、向创新要思路，从制约发展最突出、释放活力最有效的难题抓起，明确主攻点，破除体制弊端和机制障碍；二是坚持用市场化思维、市场化手段、市场化标准去检验和评判工作，深耕价值创造，深挖价值点，不断提升抵抗不可测冲击的价值发现能力和价值创造能力；三是构建具有济钢特色的现代国有企业治理体系，强化战略管控，实现“应对当前、储备未来、脱胎换骨”管理新架构的搭建。

四、推进方式

（一）突出推进“效率变革”。一是聚焦解决体制性障碍、结构性矛盾和制度性问题，全面扫描关键领域和瓶颈环节，找准制约效率提升的问题点、关键点，每季度确定效率变革的重点；二是制定效率变革的推进机制和方案，统筹构建上下配合、左右协作的工作格局，强化执行、双向穿透，不断提升攻坚效率；三是狠抓效率变革的成果，建立长效机制，巩固提效效果，确保不出现反复。

（二）高效推进作战任务。一是按照“攻坚战”“歼灭战”“持久战”分类施策、统筹推进，歼灭战、攻坚战侧重于进行关键制约因素、堵点痛点攻坚突破的重大事项，持久战侧重于持续变革提升质量的工作；二是指标量化，督导推进，设定可量化、易测量的节点、季度性阶段成果和月度进度目标，指挥部作战室以量化的指标为依托，实施督导推进；三是坚持周调度、月总结、过程评价、节点考核，各团队建立“周调度、月总结”制度，集团公司坚持“周调度、月点评、过程评价、节点考核”制度，总结进展情况，协调解决问题，部署后续工作。

（三）分类推进其他重点事项。一是目标导向，点题推进，根据集团公司战略发展需要进行点题，各部门各单位主动认领，组建团队，按季度、按月研究、解决集团公司的重点事项；二是攻坚战推进过程中临时安排的重点事项，签订军令状或下发督导令，销号推进。

（四）建立全过程考核体系。一是实

施作战任务季度过程考核，每季度对作战任务周动作、月度支撑性措施和季度阶段性成果完成情况实施评价考核；二是实施作战任务节点考核，根据节点完成情况进行考核，采取结果评价与过程评价相结合的方式进行评价考核；三是实施子分公司运营提升专项考核；四是实施军令状、作战督导令、价值创造、典范引领及重点事项专项考核奖励。

五、保障措施

（一）高度重视，加强组织领导。各单位要提高站位、使命引领，把攻坚战作为推动各项工作的主要抓手，同完成年度各项目标任务结合起来，统筹兼顾，以实际行动推动攻坚决胜。要结合本单位实际和所处行业的特定，制定切实可行的工作方案，部署安排好攻坚战工作，认真组织实施，增强攻坚针对性和实效性。

（二）尽锐出战，强化推进落实。各单位要以高度负责的精神、严肃认真的态度，整合攻坚力量、优化资源调配，把思想和行动统一到攻坚决胜的奋斗目标上来，把智慧和力量凝聚到攻坚克难的作战任务上来，鼓励骨干力量投身攻坚一线，主动担当，积极作为，持续深化改革开放，持续提升经营绩效，加速推动项目落地，高标准高质量抓好攻坚战各项工作落实。

（三）典型引领，营造攻坚氛围。各单位要充分发挥传统媒体和新媒介作用，深入宣贯集团公司指示要求，及时反映攻坚进展及经验成效，突出特色亮点，加强正面引导，营造攻坚决胜良好氛围。要注重典型引领，深入挖掘在攻坚决胜过程中坚守初心使命、敢于担当作为的先进典型，讲好奋斗故事，强化示范推广，引领和激励全体干部职工比学赶超、奋勇争先。

（四）强化执行，严格考核奖励。继续强化“军规”保障作用，推动攻坚战工作责任的全面落实，定期对工作推进情况进行督查评价，对攻坚过程中做出突出贡献的单位和个人在评先树优、层级晋升时优先考虑，对失职、失责、工作不力的单位和个人严肃问责。

2020年“六大攻坚战”综述

【概况】 2020年，“六大攻坚战”重点围绕推进“效率变革”四提效一保障总体部署，坚持“九新”指导、使命引领、“军规”保障，以“安全稳定、主业提升、科技融合、经营提质、动力变革、组织保障”为主线，以“疫情防控阻击战”“效率变革攻坚战”和“转型发展保卫战”三大战役为阵地，构建涵盖疫情防控、生产经营和转型发展的指挥中枢，发挥“平台”和“后台”作用，上下配合、左右协作，横向联手、上下贯通，横向到边、纵向到底，推动集团公司规模加速扩大，盈利能力持续提升，疫情防控态势良好，干成了一批打基础利长远的大事，实现了一系列具有标志性意义的突破，推动企业以更高的质量、更快的效率、更好的效益实现可持续转型发展。

【推进概述】 一是聚焦“三个让位”锐意创新，全面打响“效率变革攻坚战”。构建效率变革调度推进体系、量化评价体系和动态扫描体系，建立事项清单，分阶段解决突出问题。围绕“本位让位于换位、串联让位于互联、不等让位于对等”，深入查找在转型发展关键领域和瓶颈环节中的体制机制障碍、结构性矛盾和制度性问题，构建

“领导小组管总、战区主战、专业协同”的战区联合作战体系，集团层面建立以公司领导牵头、部门负责、跨部门配合的专项课题高效工作团队；总部机关立足“六大攻坚战”平台，聚焦作战任务推进重点事项；子分公司层面借助集团效率变革大势，一体化解决效率制约点，形成了层次分明、高效协同的联合作战体系；印发《关于推进“效率变革”的实施意见》及工作推进配档表，建立任务目标分解机制，推行任务清单化、目标指标化，绘制作战计划，细化工作措施，督导各战区形成推进方案，挂图作战；利用“六大攻坚战”平台周调度、月评价机制和重点事项军令状、督导令，强化目标导向和流程管控，按月督导各团队“效率变革”快速推进；制定符合“济钢效率”的效率评价标准，建立效率评价结果与绩效挂钩的机制，不定期评价重点事项推进效率，激励有用功，提升总效率；建立动态扫描体系，定期360度扫描制约效率提升的问题点，强化点题引领，及时捕捉集团最新要求，将指示要求转化为作战任务、价值创造或攻关课题，分别明确牵头部门，组建跨部门工作团队，明确责任人及完成时限，逐项攻克，解决发展新难题。聚焦“不等”让位于“对等”，以赋能激发子分公司发展潜力。针对选取指标翻番的单位完成自主组阁、机构及定员自主设定、教育经费自主管理等17项权力下放，同时按照管理放权“接得住”、行权“行得稳”的原则，强化事中事后监管，实现授权与监管相结合、放权与管好相统一，为子分公司发展充分赋能。以构建规范报表新秩序为切入点，建立济钢常态化报表清59项，明确阶段性报表及临时性报表的提报流程，建立规范报表新秩序，用减少报表的方式，推动总部机关不断开展内部管理变革，既减轻子分公司工作量，又促使自身提升内部管理水平和对子分公司的管控赋能能力。聚焦“本位”让位于“换位”，激发总部“平台”作用发挥。开展总部部门服务效率评价，从“转作风、调状态”入手，针对部门对下服务情况、主动深入基层、为子分公司解决问题情况、部门履职过程中协同情况以及济钢集团安排重点事项落实情况开展效率评价，推动开放性、协作性、服务型、落实型部门建设；立足于济钢财务和人力资源管理现状，以制度、流程的设计与执行有效性为重点，开展人力资源和财务诊断，形成诊断报告和整改方案，推动问题定点整改，提升财务管理和人力资源管理效能。聚焦“串联”让位于“互联”，提升系统运行效率。本着充分暴露问题、切实解决问题的原则，成立专班对济钢已运行的运营管控平台和ERP系统运行情况、信息化运行与现有管理流程匹配性等进行评价，持续解决在管理、流程、系统功能、操作四方面存在的问题，推动实现业务、财务信息的全上线、全受控。

二是聚力践行“九新”接续攻坚，全面打响“转型发展保卫战”。坚持正向激励、典范引领，以攻坚实效凝聚发展动力。坚持激励导向，优化攻坚战考核体系，作战任务由按季度考核调整为季度过程评价、节点考核，增加对完不成阶段性目标的过程考核，强化对全局攻坚效果的管控；建立任务目标分解机制，推行任务清单化、目标指标化，抓住“快、准、畅”推进重点事项，引导各主责部门自我加压，不断提升攻坚效率，全年46项作战任务，有8项任务提前至二季度末、10项任务提前至三季度末完成年度目标或取得阶段性成效；坚持典范引领，持续打造一批效率示范典型，培养了化解“新风险”的典型钢城矿业和疫情防控指挥部，“新核心-效率创效”的典型规划发展部、冷弯型钢；“新作风-智慧担当”的典型研究院、济（马来西亚）钢板，“新主业-新产业、新模式”的典型环保材料、济钢物流国际贸易团队，示范带动，引导践

行“九新”的行动自觉，不断扩大辐射示范外延效应，激发一心一意谋发展，满怀激情干事业的转型发展新动力。持续推进全员价值创造，持续优化攻坚战管控模式。坚持价值创造和价值发现的辩证统一，不断深化认识，不断总结经验，不断创新再创新，聚焦践行“九新”某一个或几个侧面深挖价值创造点，推动价值创造由事后总结向事前引领转变，将“做正确的事”和“效率变革”深度融合，主动把握疫情防控下的内外部发展新形势，推动价值创造向逆行而上、抢抓机遇、转危为机、政策利用、效率提升等方面汇聚，全年征集价值创造726项，实现逆境中的价值提升1.64亿元，有效支撑完成各项改革任务和年度契约化指标；按照“提升经营绩效、推动公司发展、管理上强筋健体、储备未来”四类分类推进2020年全员课题攻坚，集团公司领导牵头的11项效率变革专项课题及69项中层领导干部课题高效结题，解决了疫情防控与生产经营的矛盾、员工学习能力提升、工程建设资金管理、巡察问题整改等一批实际问题，为转型发展提供坚实保障；聚焦“新纪律、新作风”，依托“六大攻坚战平台”提升等级推进军事化管理，实施全员军事化训练、“厉行节约、反对浪费”等一系列专项行动，在实战中不断强化军事化作风建设，锤炼战斗本领，推动干部职工整体素质和精神面貌全面提升，形成声音一致、步调一致、一切行动听指挥的生动局面，“六大攻坚战”管控模式日益成熟高效。

三是落实“五早五到位”科学部署，坚决打赢“疫情防控阻击战”。坚持“人民至上、生命至上”，展现国企担当。迅速构建起贯通一体的疫情防控指挥调度体系，统筹资源、凝心聚力，以最严标准、尽最大努力降低疫情负面影响，第一时间拿出500万元专项资金用于疫情防控，累计投入疫情防控资金830余万元，构建社区围挡1600余米、12个“疫情监测站”全天候执勤，从重点岗位关键人群到全员核酸检测，逐步建立起核酸检测常态化机制，抓住“早发现、早减损”的关键，排查无症状感染者；积极对接政府，为重点岗位、关键人群争取疫苗接种，并第一时间启动全员接种工作，坚决筑牢健康防线，48个党员示范岗、突击队的坚守、以81名疫情防控先进个人为代表的广大干部职工用忠诚担当与奉献，展现国企的责任与担当。创新应用“网格化管理”，展现济钢“战时”速度。构建“横向到边，纵向到底”的疫情防控四级管理网格584个，逐级负责，关口前移、责任到人，将集团公司全部在岗及辖区人员纳入网格中，确保网格化、全覆盖、无死角，实现信息第一时间传递、第一时间落实，防控物资等统一调度、高效使用，展现“战时”速度；疫情防控常态化状态下拓展各级网格长通用职责至遵规守纪、舆情信息、员工诉求、问题和事件苗头的收集、上报、处理等方面，完善内部网格信息上下传递体系，实行信息问题分级管控，建立网格长监督检查机制和奖优罚劣的考核机制；建立良好的网格化监督检查秩序，组织常态化、循环式现场检查，推动网格化管理时刻处于战备状态，保持敏感性，更加适应疫情防控和企业发展需要，持续保持疫情防控态势良好。抢抓机遇，积极应变，于变局中开新局。面对常态化病毒威胁及经济形势不确定状态，开展《疫情防控常态化条件下国内钢铁行业发展趋势及公司应对策略》《海外公司的系统性风险防控》《国际局部冲突下的战略物资储备》的课题研究，超前介入、抢抓机遇，调整战略布局，有序复工复产，有效应对不可测因素的冲击，做好求生存、促发展的“济钢答卷”；开展“化危为机促发展”专项活动，通过全员发动、逐层引导、正向激励，把干部职工思想统一到全面完成年度契约化目标上，把行动聚焦到在不确定条件下积极应变、主动求变、捕捉商机、谋求公司新发展上，推动子分公司利用 6~9 月四个月时间弥补了一季度归母净利润欠账 1834 万元，年度 15 家子分公司全面完成经理层契约化指标，有效归母净资产收益率 6.27%，较经理层契约化目标提升 1.42 个百分点，奋力实现疫情防控和转型发展的“双胜利”！

【推进效果】 一是生产经营形势持续向好，运营效率稳步提升。2020 年集团公司克服疫情影响、市场困难等减利因素，实现营业收入 293.57 亿元，同比增幅 22.91%；实现考核利润总额 4.18 亿元，同比提升 34.65%；净利润 3.67 亿元，超预算 8043 万元，公司体量基本恢复到停产前水平；国际贸易业务不断做精做强，以出口带动进口，持续扩大海外“朋友圈”，全年出口产品 37 万吨，销售收入 17 亿元，利润 1700 万元，同比分别增长 71.3%、54.5%和 54.5%；扩大融资渠道，搭建适应济钢发展的融资体系，全年累计内外部融资 26.34 亿元。

二是主业培育路径持续优化，发展效率稳步提升。与中科院空天院、济南市政府合作成立的济钢防务公司进入实质性运营，首年投运即盈利；6 月 18 日，国内首条行波管自动化生产线产品成功产出；空天信息一期项目纳入山东省新旧动能转换重大项目库，6 月 19 日正式动工建设；环保新材料产业园仅用时 5 个半月完成矿山基建施工，创造了国内同类大型矿山建设工期最短纪录；冷弯型钢产能提升及深加工项目较计划提前 3 个月正式投产并实现产能释放；瑞宝电气高端装备智能装配产线项目落地即见效，首年实现利润 300 万元；济钢顺行 120 辆纯电动出租车正式投入运营，“产城融合”品牌影响力不断扩大；工北 21 号科创综合体项目，基本完成园区基础改造及核心建筑改造，初步打造形成新济钢产业生态构建的战略支撑平台。

三是法人治理结构日趋完善，决策效率稳步提升。基本形成“三会一层”各司其职、各负其责、协调运作、有效制衡的治理机制；建立济钢总部管理事项清单、核决事项清单、服务事项清单及子分公司报告事项清单等四项事项清单，厘清集团管控权限、边界；各类会议数量同比减少 8.45%，公文流转数量同比优化减少 12.32%，公文流转平均时限由 2019 年的 2~2.5 天降低到 1 天，文风会风和落实效率不断优化提升；围绕优化、激发、契合、创新等关键点，共梳理制度 245 项，其中废止 21 项、修改 105 项、新立 22 项、可继续执行 97 项，优化率达到 60.4%，符合济钢转型发展的制度体系和管控流程基本确立，为整体健康发展提供坚强保障。

四是深化改革蹄疾步稳，管控效率稳步提升。完成翼板公司、铸管公司、钢结构公司及复合板公司“僵尸”企业处置攻坚；全面完成 2019 年 683 名退休人员社会化移交；混合所有制改革取得突破，瑞宝电气混改项目在产权交易中心挂牌，鲁新建材员工持股及混改工作获得山钢审批；探索实施 2 名急需人才市场化选聘、契约化管理；企业年金、年功工资有序落地，职工平均收入较 2019 年预期可增长 8%以上；市场化劳动用工体系基本建立，劳务用工人数较 2019 年减少 339 人，实现人力资源优化创效 1108.61 万元；管理人员较 2019 年底压减 20%，人力资源价值创造能力大幅提升，人均创效水平较 2019 年提升 9.8%；建成国家级科技创新平台 1 家，市级科技创新平台 3 家，获评省市级瞪羚企业 1 家，省“一企一技术”创新型企业 1 家，高新技术企业 6 家。

五是职工幸福感与发展效益同频共振，发展向心力和社会影响力进一步增强。12 家子分公司建立职工服务中心，三家单位被评为山钢“幸福和谐企业”；探索职工保障

普惠体系，558万元帮扶资金精准到位；新型导师带徒机制初步构建，济钢被济南市列为“新时期产业工人队伍建设改革试点单位”；安全管理水平不断提升，安全环保连续3年实现“八个零”目标；累计投入疫情防控资金830余万元，实现厂区、生活区全覆盖、无盲区管控，保障了济钢大后方的安全，得到社会各界的高度认可；顺利通过“全国文明单位”复审，领导班子荣获山东省“干事创业好班子”称号，人民日报等13家央媒、香港商报等粤港澳大湾区20家主流媒体深入济钢采访报道，生动讲述转型发展的奋斗故事，充分展示了新时期新济钢的良好形象。

“厉行节约、反对浪费”专项行动

关于开展“厉行节约、反对浪费”专项行动的通知

济钢人便［2020］80号

为贯彻落实中央、省委关于厉行节约、制止餐饮浪费的指示精神，持续深入践行“九新”价值创造体系，开展“厉行节约、反对浪费”专项行动，引导广大干部职工用好勤俭节约的“传家宝”，筑牢浪费可耻、节约为荣的思想观念，使厉行节约在济钢成为常态，特通知如下。

一、提高对“厉行节约、反对浪费”的认识

勤俭节约是传家之宝，是强国之道，是干事创业、兴国兴邦的重要基石！近日，习近平总书记对制止餐饮浪费行为做出重要批示，指出餐饮浪费现象触目惊心，令人痛心！要求加强立法，强化监管；切实培养节约习惯，在全社会营造浪费可耻、节约为荣的氛围。充分体现了以习近平同志为核心的党中央高度重视粮食安全、深切关心群众生活的人民情怀。

开展“厉行节约、反对浪费”专项行动，是贯彻落实中央、省委关于厉行节约、制止餐饮浪费指示精神、中央八项规定精神和山钢“十条禁令”的根本要求，是弘扬艰苦奋斗、勤俭节约优良作风与践行“九新”价值创造体系的有机融合，是练好内功有效应对济钢第二个转折期复杂多变外部形势、引导干部职工“调状态、转作风、展形象”的重要手段，是实现“实力突出、价值卓越、活力迸发、正气充盈、幸福和谐”奋斗目标的有效支撑。

二、开展“厉行节约、反对浪费”的目标

从杜绝“舌尖上的浪费”开始，通过完善节约用餐规章制度，制定节约供餐服务规范，开展“文明餐桌”“光盘行动”等宣传活动，使制止餐饮浪费成为济钢食堂（饭店）的常态化行为，引导济钢全体干部职工将“厉行节约、反对浪费”牢记于心、落实于行，养成勤俭节约、廉洁自律、文明健康的生活和消费习惯。广泛引导、逐层深入，逐步向“跑冒滴漏”、节能环保提升资

源利用效率等方面延伸拓展，通过加强监督检查，严格责任追究，健全长效机制等措施，推动形成浪费可耻、节约为荣的浓厚氛围，使“厉行节约、反对浪费”成为济钢新风尚。

三、具体措施

（一）强化宣传引导，大力营造氛围。

各单位要以“厉行节约、反对浪费”为主题，通过组织开展专题大讨论、制作厉行节约、反对浪费、爱惜粮食、光盘行动等主题宣传板、公益广告或短视频，在食堂、微信工作交流群、微信公众号、OA 主页、报纸等积极宣传，营造浪费可耻、节约为荣的浓厚氛围。

（二）强化食堂管理，规范用餐行为。

各食堂（饭店）要强化责任落实，完善节约管理制度，优化服务流程，确保把制止餐饮浪费行为落到实处。一是要完善食堂管理制度，在采购、存储、加工、制作各个环节实行定岗定责，切实把制止餐饮浪费责任落实到岗、到人；二是要优化备料制作流程，合理调整菜品分量，提供“按位供餐”“半份、半价”“小份、适价”“拼盘”等可选服务，并根据季节天气、就餐人数变化等，合理调整饭菜制作，有效避免超量加工造成浪费；三是要完善节约用餐制度，制定节约供餐服务规范，干部职工的食堂工作餐以份饭为主，严禁桌饭；四是要执行节约用餐提醒提示制度，在点餐环节，对顾客履行提醒义务，主动提示适合就餐人数的用餐量，对于明显超量的需求及时劝止，对中途加餐需求及时回应，主动为顾客提供打包服务。

（三）强化标准落实，杜绝公务接待浪费。

集团公司办公室及各单位要抓好山钢及济钢公务接待管理办法的执行落实。一是要严格落实工作期间不准饮酒的规定，济钢内部检查、交流等确需在二级单位用餐的，午餐以自助餐、份饭为主，严禁桌饭；二是公务接待原则上安排在内部餐厅，特殊情况确需外出就餐的，严格执行公务接待审批制度；三是要进一步完善公务接待制度，积极推进自助用餐、简餐、标准化饮食，提供精细化接待服务；四是出差过程中就餐要践行“光盘行动”。

（四）建立定期检查机制。

各单位要结合专项行动的开展，建立定期检查机制，对干部职工践行厉行节约的检查情况纳入管理人员职责范围，通过常态化的督导检查，规范干部职工行为，及时制止浪费行为，对未达到专项行动效果的及时调整措施，及时纠偏。

（五）建立监督曝光机制。

各级工会组织要履行监督职责，采取定期和不定期相结合的形式，对机关食堂及各单位自有食堂（饭店）等开展“厉行节约、反对浪费”专项行动情况进行监督检查，定期通报，对发现的浪费行为点名、曝光；各级纪检组织要充分发挥监督保障执行作用，加强督促检查，对发现的铺张浪费典型事例进行不定期曝光，发挥警示教育作用。

（六）优化公务用车管理，减少“车轮上的浪费”。

集团公司办公室及各单位要进一步完善公务用车制度，提倡公务 1 千米内步行，能用一辆不用两辆，能用小车不用大车等；济钢顺行要强化对车辆使用调度、车辆出行轨迹路线等环节的监管，提升电力环保车辆的使用，实现公务出行便捷合理、车辆维保费用节约可控。

（七）强化能源能耗管控，实现节能降耗。

运营管理部要组织开展“跑冒滴漏”综合治理专项活动，健全完善节约能源资源管理制度，对生产现场、运营环节进行地毯式全覆盖检查，对“跑冒滴漏”点进行专项分析，集中整改，常态化督查、循环开展，推动“跑冒滴漏”点“去根”治理。要加强对办公设备、空调、照明灯、厕所等

职责管理，杜绝长明灯、长流水、无人灯、无人空调等能耗空放现象；要推进无纸化办公，控制文件印刷数量，实行双面用纸，降低纸张消耗；要强化全过程管控，减少办公用品消耗，养成勤俭办公的良好习惯。

四、倡树节约新风，展现济钢形象

济钢全体干部职工特别是党员干部要率先垂范，在厉行节约、反对浪费上走在前、做表率，督促带动身边家属、朋友等自觉抵制餐饮浪费行为，从自家餐桌做起，合理控制饭量菜量，做到每餐“光盘”，不扔剩饭剩菜；在食堂用餐或订餐时，适量取食，不剩饭、不剩菜；在外就餐时，理性消费、合理点餐、文明用餐，不讲排场、不搞攀比，实行 N-1 点餐模式，做到用餐不多点、聚餐不铺张、剩餐要打包；自觉抵制婚丧喜庆事宜大操大办；积极践行分餐制、公筷制，减少使用一次性餐具，养成良好的用餐习惯。要从现在做起，从自身做起，从细微处做起，传承勤俭节约的传统美德，争做厉行节约的践行者和推动者，展现济钢人的优良作风和良好形象。

五、相关要求

（一）加强舆论宣传，提高节约意识。

要通过组织开展形式多样的宣传教育活动，推动“厉行节约、反对浪费”专项行动在集团公司范围内广泛开展；要坚持党员领导干部以身作则，以上率下，引导广大干部职工树立节约意识，养成良好的节约习惯；同时，要注意挖掘优秀案例，选树榜样典型，做好宣传报道，形成示范引领作用。

（二）健全管理制度，形成长效机制。

各单位要重新梳理相关制度，建立健全各种厉行节约、勤俭办事、反对浪费的规章制度，坚持用制度管权、管事、管人，强化制度执行的监督检查，形成厉行节约的管理长效机制。

（三）严格落实考核，规范行为习惯。

对违反“厉行节约、反对浪费”的行为，各单位要严格按照制度规定纳入内部考核，提供警醒，规范行为习惯。各级纪检组织要强化对“厉行节约、反对浪费”的监督，符合追责规定情形的要进行追责，确保各项规定执行规范化。

关于组织开展“增强节能意识、杜绝跑冒滴漏”专项活动的通知

各部室、各单位：

根据集团公司“关于开展‘厉行节约、反对浪费’专项行动的通知”要求，为进一步加强办公区域、生产现场及运营环节的用能管理，消除各种能源浪费，拟于近期在全集团公司范围内组织开展“增强节能意识、杜绝跑冒滴漏”专项活动，现将有关事项通知如下。

一、活动目标

坚持“去根”治理原则，全面排查整改管理区域内的“跑冒滴漏”，建立排查整改循环开展的长效机制。

二、阶段步骤

（一）集中自查、即查即改阶段（9月10日~9月30日）。

各部门、各单位对各自的管理区域，包括办公场所、生产车间、运营现场等区域进行地毯式全覆盖检查，排查梳理所存在的一切“跑冒滴漏”现象。可以即查即改的浪费现象或行为要立即组织整改，无法立即整

改的要即刻着手相关的整改准备工作。各部门、各单位自查梳理情况于 9 月 30 日前报送运营管理部杨成召 OA 邮箱。

（二）集中整治、固化巩固阶段（10 月 1 日~12 月 31 日）。

对第一阶段排查出的非即查即改问题，要按照“去根”治理原则，集中组织整改治理，并制定长效固化措施。

对前期已经即查即改的问题，各部门、各单位要建立“回头看”的定期检查、验证制度，形成可以长期保持整改效果的长效机制。

（三）组织检查、效果跟踪阶段（9~12 月份，每月下旬）。

运营管理部不定期检查各单位活动开展情况，对治理效果进行跟踪督查，并将有关情况计入各单位当月绩效考核。

三、活动内容

（一）办公区域

1. 用电

一是节约照明用电。要充分利用自然光，做到白天室内亮度足够时，不开灯；离开办公室时间较长或下班时要随手关灯。楼房楼道和走廊自然采光条件好的不开照明灯。尽量减少公共区域不必要的照明（如厕所和水房）。值班期间（尤其是夜间），各楼层楼道和走廊照明要做到人走灯灭。

二是节约办公用电。计算机、打印机、传真机、碎纸机等办公设备要做到即用即开；计算机设置长时间不用时休眠或关机。下班时要关闭所有办公设备及各种辅助设备电源（需待机工作的除外）。各楼层的热水间热水器要实行“白天开、夜晚停，工作日开、节假日停”。严禁使用大功率用电设备。

三是降低空调用电负荷。空调设置温度，制冷不低于 26 摄氏度，制热不高于 18 摄氏度。使用空调时要关闭门窗，并尽量缩短空调使用时间，做到人走空调关闭。

2. 用水

一是员工要养成良好的用水习惯，杜绝洗手盆及大小便池长流水。

二是节约使用热水炉、瓶装、桶装等各类饮用水。

三是严禁在办公区域用水清洗私家车。

各部门、各单位要加强用能设备的日常维护管理，出现故障，及时报修，杜绝“跑冒滴漏”。

（二）生产现场及运营环节

1. 强化设备点检，减少过程浪费

对生产现场及运营环节的各种装备及公辅设施进行一次彻底摸排，及时发现“跑冒滴漏”点，集中整改。同时要开展常态化督查，循环开展工作，推动“跑冒滴漏”点的“去根”治理。

2. 优化工艺，减少能源消耗

开展技术攻关、合理化建议等活动，优化生产流程，畅通运营环节，降低消耗，增加效益。

四、相关要求

1. 各部门、各单位要以该专项活动为载体，进一步贯彻落实集团公司相关的工作要求，强化各级员工的节约意识，并从“时间、空间、人力、物力、财力”等各个方位，全面消除各种浪费，提升生产运营效率。

2. 各部门、各单位主要负责人为该专项活动第一责任人，强化宣传引导，明确各级人员的管理职责，大力营造“厉行节约、反对浪费”的氛围。

3. 为有效推进“增强节能意识、杜绝跑冒滴漏”专项活动的开展，运营管理部将不定期对各单位的活动推进情况进行检查，对检查中发现有问题的单位，根据集团《能源监察管理办法》相关规定进行考核。

构建新型导师带徒体系

关于印发《“构建新型导师带徒体系，优化职工心力成长生态”工作方案》的通知

济钢党发［2020］53号

为深入贯彻落实习近平新时代中国特色社会主义思想，坚持以人民为中心的发展思想，聚焦新时期产业工人队伍建设改革总要求，着力构建国有企业新型导师带徒体系，优化职工心力成长生态，不断提升职工队伍政治素质、业务素质和道德素质，有效应对客观认知、知识结构、心力成长方面的新风险，不断提升活力、动力、成长力，适应“二次创业，重塑济钢”的迫切需要。经集团公司研究，制定本工作方案。

一、目的意义

（一）“构建新型导师带徒体系，优化职工心力成长生态”，是适应新时期产业工人队伍建设改革总要求的具体行动。

2017年2月6日，习近平总书记主持召开中央全面深化改革领导小组第三十二次会议，审议通过《新时期产业工人队伍建设改革方案》。会议指出，工人阶级是我国的领导阶级，产业工人是工人阶级的主体力量。要从巩固党的执政基础的高度，从促进我国经济社会持续健康发展的高度，加快产业工人队伍建设改革，坚持全心全意依靠工人阶级的方针，按照“政治上保证、制度上落实、素质上提高、权益上维护”的总体思路，针对影响产业工人队伍发展的突出问题，创新体制机制，提高产业工人素质，畅通发展通道，依法保障权益，造就一支有理想守信念、懂技术会创新、敢担当讲奉献的宏大的产业工人队伍。

（二）“构建新型导师带徒体系，优化职工心力成长生态”，是深刻理解践行“九新”价值创造体系，促进职工心力成长、素质提升的有效手段。

心力是一个人有效地处理日常生活中的各种需要和挑战的能力，是个体保持良好心理状态，在社会关系中表现出适应和积极的行为能力。要瞄准“客观认知不知而盲，知识结构少知而迷，心力成长无知而乱”的新风险三要素，为导师带徒活动导入新理念，带出新动能。

（三）“构建新型导师带徒体系，优化职工心力成长生态”，是为2022年提前实现“销售收入600亿元、职工收入翻番”目标，在高技能人才方面的必要储备。

国以才立，业以才兴。当前，济钢发展进入重要战略机遇期，对人才的需求尤为强烈，人才资源作为“第一资源”的战略地位更加凸显。提前实现销售收入600亿元，要有相应的各类人才做支撑；实现收入翻番，职工的技术技能水平也要翻番。要打赢“转型发展保卫战”，体现“思想先导、认知提升”；推进“效率变革攻坚战”，在理念传承、认知提升、结构优化、心力成长、技能升级等方面，不囿于传统经验，不拘于习惯方法，本着“管用有用，真出成效”的原则，缩短流程、动态管控，体现“效率为重”；洞悉“疫情防控阻击战”带来的新变化，在创新活动载体、优化资源配置，

强化培养机制等方面集思广益，因地制宜，靶向施策，体现“与时俱进”。

二、工作目标

建设一支有理想守信念、懂技术会创新、敢担当讲奉献的“二次创业，重塑济钢”生力军。

三、工作原则

坚持政治引领、以德育人的原则；
坚持专业传承、继承创新的原则；
坚持组织引导、自愿选择的原则；
坚持成果导向、价值创造的原则；
坚持事业为上、风清气正的原则。

四、导师带徒领导小组、工作小组

导师带徒领导小组

组　长：薄　涛

副组长：苗　刚　王景洲　于文波
　　　　高　翔　孙建东　谢　文
　　　　徐　强　刘学燕　江永波

导师带徒工作小组

组　　　长：王景洲　徐　强

常务副组长：王文涛　黄善兵

副　组　长：王京巨　张金秋

成　　　员：王爱华　王志钢　刘丽云
　　　　　　杨春雨　辛　敬

职责：制定导师带徒实施办法；督促和检查各单位导师带徒工作开展情况；负责制定考核评价标准和评比奖励先进办法；负责组织先进单位总结、交流和推广导师带徒的经验和做法。

导师带徒工作由工会、组织部/人力资源部、团委会同有关部门共同组织实施。各单位成立相应的导师带徒工作机构，明确1名分管领导负责，其职责是：根据公司导师带徒工作总体部署，制定年度工作计划；负责本单位导师带徒工作的实施；确定导师和徒弟人选；建立导师、徒弟档案；对导师和徒弟进行网格化管理；负责本单位师徒考核评价工作。

五、工作内容

（一）构建新型导师带徒体系

1. 导师

（1）基本条件。学高为师，身正为范。导师要责任心强，政治站位高，思想品德好，理论知识扎实，实践经验丰富，在本专业、本岗位具有较高的影响力，或在某领域（前沿理论/专业知识/实操技能）具有明显特长或优势。劳模、工匠、公司级以上先进工作者优先。

（2）资源建库。各单位要按照条件，不拘一格，重新筛选甄别完善优秀导师库。包括并不限于高级专业技术管理人员、劳模、创新工作室带头人、车间主任、高级技能人员、受到各级表彰的优秀导师和实际工作中善于带徒弟、乐于带徒弟的各类型优秀人才。

（3）推荐确认。完善“由下而上”和“由上向下”的双向推荐确认渠道，各单位选定导师推荐上报，导师带徒工作小组审核确认，颁发导师聘任证书。

2. 徒弟

（1）基本条件：爱国爱党爱企，工作态度端正；自身追求上进，有强烈的求学求知欲望；具有相关岗位要求的专业知识基础。

（2）层次范围。

按照工作岗位分为：管理岗位、技术岗位、操作岗位、销售经营岗位。包括并不限

于公司当年录用的大学生、招聘的技术工人、转岗的员工以及需要导师进行传、帮、带的职工。

3. 导师和徒弟权利义务

（1）导师有选择徒弟的权利，徒弟也有自主选择导师的权利（未签约前）。导师有接受组织安排承担“集中带徒”任务、指导特定学员的义务，协助单位、部门对徒弟进行考核评价。徒弟履行尊师义务，在理论上、实践上及职业道德方面接受导师的指导，有接受考核、当好助手的义务。

（2）团队学徒。在部分课题攻关、管理创新、技术创新等探索研究项目中，可建立“导师带徒”互助团队。团队成员签订协议，相互间知识共享、经验共享，此类你为师，彼项我为师，实现知识结构互补，客观认知共进，心力成长互助。

4. 师徒关系确立

（1）摸清基数。各单位要系统梳理新入职大学生、新转入职工、需提升个人能力的职工人数、专业构成及提升需求等情况，报本单位活动工作小组审核。

（2）签订协议。各单位根据学员专业、岗位及个人能力情况，及时为学员选配导师，经本单位领导小组同意后，上报集团公司领导小组备案，举行导师带徒活动签订仪式或拜师仪式，确定师徒关系。协议一式四份，导师、徒弟、所在单位、集团公司工作小组各执一份。协议期限根据徒弟成长情况而定，周期最短 6 个月，一般为 1 年，如需要或条件允许，可延长，原则上不超过 2 年。

师徒原则在同一部门、车间、同专业，可一带一，也可一带多、多带一，特殊专业（工种）可以跨部门、车间。当年大学生、新进厂员工必须在当年见习期开始后完成师徒结对，转岗的以及需要导师进行传、帮、带的职工可以根据需要随时师徒结对。

对“带徒”不热心、履行义务不到位、带徒效果不佳的导师，对学习不热心、履行义务不到位、师徒关系不睦、学习效果不佳的徒弟，单位工作小组要及时谈话提醒、调整调换。

（3）协议解除。

师徒协议期满，协议自行解除。

师徒有一方在协议期内工作调动的，原师徒协议自动解除，调入单位 10 天内重新为学员选择导师，如调动后有必要保持原师徒协议的，可以申请继续履行原协议，重新拜师的要重新订立师徒协议，重新制定导师带徒计划，协议期内徒弟有要求更换导师的权利。

（4）师徒结对要在本单位张贴公示，接受职工群众的监督。

5. 带徒内容

导师要制定详细的带徒计划、带徒目标，发挥传、帮、带的作用，要带技术、带人、带创新创造。

（1）思想政治引领。导师要认真学习习近平新时代中国特色社会主义思想，践行社会主义核心价值观，以身作则，率先垂范，帮助徒弟树立正确的世界观、人生观和价值观；要向徒弟宣传山钢集团共赢文化，宣传济钢及本单位发展历史、企业优良传统，帮助徒弟熟悉企业文化理念，快速融入集体，适应工作环境；要及时了解徒弟思想状况，每月至少进行一次恳谈，帮助解决工作、学习、生活中的困难，掌握徒弟的思想动态，既当领路人，又当知心人，建立融洽的师徒关系。

（2）专业技能传承。导师要按本岗所需的知识和技能，亲力亲为，一对一跟进辅导，传经授艺，并督促检查徒弟的学习情况，有计划、有目的地传、帮、带。通过工作任务协同合作、重点项目参与攻关等实践活动，在工作中提问题、压担子，创造机会锻炼徒弟，鼓励徒弟自主解决问题，促进徒弟理论水平和业务实践水平同步提升。导师要根据带徒计划时间节点，通过谈话交流、提问题与日常工作检查等形式对徒弟的业务能力、技能素质提升情况进行检测，肯定成绩、指出不足，针对技术短板、成长瓶颈和制约因素靶向发力，帮助徒弟快速进步和成长。导师要做好阶段性总结，及时向分管领导报告，协助结对子领导或业务分管领导及时、全面地掌握导师带徒实施情况。

（3）创新创造实践。师徒要善于学习借鉴、勇于创新突破。既是学习进步的共同体，又是价值创造的活力源，在实践中传承，在传承中创新，不断提升创新创造活力。

（二）优化职工心力成长生态

各单位各部门，要创造条件，不断优化职工心力成长的生态。

1. 在重点工作任务、重大转型项目、重点攻坚课题层面为导师带徒创造实践机会和拓展机遇。

2. 在涉及职工轮岗交流和员工新入厂时，做好面对面、心贴心谈话，坦诚相见，深入交流，避免新入职人员对单位产生疏离感、生硬感，让他们充分感受到组织上的爱护和“娘家人”的温暖。

3. 结合不同岗位、专业特长和本单位发展需求，从提高导师带徒实效、提升综合素质、实现价值创造的角度，做好前置服务，解除后顾之忧，鼓励其贴近组织，融入集体。

4. 在跟进了解和掌握导师带徒过程中，围绕思想引导、传经授艺方面还短缺什么、要加强什么，多层面扫描，多角度配合，指导和协助导师多方式授课传“经”，帮助徒弟学习不间断，成长不止步，促进导师带徒更加符合本单位工作需要，满足效率变革和深化改革需求，与济钢转型发展应节合拍。

5. 鼓励师、徒共同学技术、练绝技，命名表彰先进工作法、先进操作法，评选表彰济钢工匠，弘扬工匠精神。

六、保障激励机制

（一）完善考核机制

1. 考核评价分为日常考核和培养目标考核，日常考核由各单位组织，培养目标考核由集团公司工作小组负责。考核主要体现在师徒协议履行情况、徒弟专业技术和理论知识掌握情况、培养计划实施进度及任务完成情况、取得的成绩等方面。

2. 日常考核原则上一季度一次，填写《跟踪考核表》报导师带徒工作小组备案，主要考核导师带徒计划的制定和执行情况，导师传授技艺的主要内容和方式，徒弟的思想动态、学习效果及工作绩效等。

3. 培养目标考核一般设在每年年底进行，徒弟撰写总结报告，导师进行初步鉴定，并填写《导师带徒鉴定表》，以徒弟是否达到导师带徒目标，徒弟是否能独立开展完成岗位工作、解决本岗位工作中的较难问题、带徒期间徒弟取得哪些主要业绩、技术技能和业务水平有哪些提高为考核依据。

4. 导师带徒工作小组要对各单位年度“导师带徒”工作开展情况、任务目标完成情况进行调研考核，根据各单位自查总结和调研情况，进行综合考核评价。

（二）提供政策支持

1. 师徒共进共荣。师徒协议期间，徒弟在集团公司及以上级别的管理创新、技术创新、平凡创新中获得奖励，集团公司给予导师同等奖励；徒弟代表济钢参加上级技能竞赛，获得荣誉，视情况对导师给予特别奖励；徒弟因违章、违纪、违法受到处理的，导师受到公司一定的处罚。

2. 师徒均可申请济南市总工会“求学圆梦”资助计划，获得市总工会通过的，集团公司工会再给予同等的资助。

3. 师、徒取得相应专业证书、资格证书的，按照有关的规定，给予相应的奖励。

4. 每对师徒可以购置 500 元的专业书

籍、资料。

5. 鼓励所有职工参加山东省职工网上学习平台学习、练兵，获得10000分以上的，积分兑换奖励。

6. 导师带徒成果，作为高技能人才、“济钢工匠”、高级技师等评选活动的优先推荐条件。

7. 根据教学实际，可引进外部专家、教授、老师等教育资源对职工进行培训，也可尝试创建高校学生社会实践基地，让职工在教学实践中提升自身知识水平。

8. 制定《导师带徒管理办法》，建立长效激励、约束机制，促进活动的健康开展。

七、几点要求

（一）提高政治站位

坚持以习近平新时代中国特色社会主义思想为指导，深入贯彻落实党的十九大精神，以增强职工队伍整体活力和创新能力、促进企业高质量发展为目标，充分认识构建新型导师带徒体系，优化职工心力成长生态工作的重要意义，加强组织领导，健全工作机制，充实工作内容，着力营造职工心力成长的良好生态，搭建职工成长成才的广阔舞台，拓展职工价值创造的路径渠道。造就一支适应“二次创业，重塑济钢”要求，“狮子型”“学习型”的干部职工队伍。

（二）坚持试点先行

从现在开始，有条件的单位可以全面进行试点，也可以在个别岗位进行局部试点，充分积累经验，逐步完善方案。

（三）突出事业为上，风清气正

以国有企业新型导师带徒关系代替传统意义上的师徒关系，坚决杜绝人身依附、门派分类、搞小圈子、小山头等思想。

八、附则

本工作方案自发文之日起执行。

“构建新型导师带徒体系，优化职工心力成长生态”新型导师带徒管理办法（试行）

第一章　总　　则

第一条　为深入贯彻落实习近平新时代中国特色社会主义思想，聚焦新时期产业工人队伍建设改革总要求，着力构建国有企业新型导师带徒体系，优化职工心力成长生态，不断提升职工队伍政治素质、业务素质和道德素质，有效应对客观认知、知识结构、心力成长方面的新风险，不断提升活力、动力、成长力，适应“二次创业，重塑济钢”的迫切需要，建设一支有理想守信念、懂技术会创新、敢担当讲奉献的生力军。特制定本管理办法。

第二条　新型导师带徒突出以思想政治引领为先导，专业技能传承为重点，创新创造实践为核心，坚持政治引领、以德育人的原则；坚持专业传承、继承创新的原则；坚持组织引导、自愿选择的原则；坚持成果导向、价值创造的原则；坚持事业为上、风清气正的原则。

第三条　本办法适用于集团公司所属各单位。

第二章　机构与职责

第四条　集团公司导师带徒领导小组职责：负责工作总指导、总协调工作。

第五条　集团公司导师带徒工作小组职责：

1. 负责制定导师带徒实施办法；

2. 督促和检查各单位导师带徒工作开展情况；

3. 负责制定考核评价标准和评比奖励先进创新体制机制，提高产业工人素质，畅通发展通道，依法保障权益。

第六条 各单位导师带徒工作领导小组负责本单位导师带徒工作具体实施；负责日常考核工作：至少每季度进行“导师带徒”评价一次；负责导师推选和徒弟确定工作；负责建立导师库和导师库调整完善工作；负责本单位师徒审核工作；负责本单位师徒考核评比和推荐工作。

第三章 工作程序

第七条 师徒确认

一、导师聘任

（一）导师条件

政治素质高，思想品德好，具有一定专业特长、突出业绩的职工均可申请为导师，同时具备以下条件之一：

1. 具有中级以上专业技术职务资格，高级技能等级证书的；

2. 具有一定的本岗位理论知识，且从事本岗位、本专业 5 年以上的工作经验和实践经验；

3. 目前在集团公司本岗位、本专业为带头人；

4. 集团公司以上级劳模、工匠、创新工作室带头人，参加市级以上技能大赛受到表彰的；

5. 在集团公司动力变革、价值创造、生产经营、创新创效、攻坚课题或重大项目中做出突出贡献，或其他在某领域、某专业具有绝技绝活的。

（二）导师审核

1. 申报。经职工报名或组织推荐，单位审核并公示，推荐到集团公司导师带徒工作小组，填报《导师推荐表》。

2. 审核。导师带徒工作小组进行现场审核、并经征求纪检组织等相关部门意见，审批确认。

3. 公示。无异议后录入集团公司导师库。

（三）导师聘任

符合导师条件，集团公司导师带徒工作小组统一颁发导师聘任书，聘任期一般按实际带徒时间确定。凡是出现下列情形之一的不予聘任：

1. 导师带徒期间，导师不履行导师义务和职责的。

2. 导师带徒期间，师徒一方发生较大安全事故负直接责任者或有违规违纪受到处理的。

二、徒弟确认

（一）徒弟条件

思想上要求积极进步，工作上肯干踏实，自身有强烈的求学求知欲望，愿意向导师学习，不断提升自身技术技能的职工均可申请。

（二）人员范围

当年录用的大学生、招聘的技术工人、转岗的员工以及需要导师进行传、帮、带的职工，一般都要列入徒弟范围。

（三）徒弟确定

个人申请或部门（车间）根据工作实际需求指定相结合。

第八条 师徒履行的职责和义务

经审核确认后的师徒要履行各自相应的职责。

（一）导师职责

1. 思想政治引领。坚持党的领导，宣传党的思想，帮助徒弟树立正确的世界观、人生观和价值观；向徒弟宣传山钢集团共赢文化，宣传济钢及本单位发展历史、企业优良传统，帮助徒弟熟悉企业文化理念，快速

融入集体，适应工作环境；及时了解徒弟思想状况，每月至少一次恳谈，帮助解决工作、学习、生活中的困难，掌握徒弟思想动态，既当领路人，又当知心人，建立融洽的师徒关系。

2. 专业技能传承。根据徒弟的实际情况，按本岗位所需知识和技能，对徒弟有针对性地进行专业技术、技能、业务指导，传授工作经验和工作方法，提高徒弟管理、专业技术、操作技能及业务等水平。带领徒弟参与重点项目、课题、科研攻关及竞赛等实践活动，为徒弟提供锻炼机会，鼓励徒弟自主解决问题，促进徒弟理论水平和业务实践水平同步提升。定期检验徒弟学习效果，检查业务能力、操作技能水平，肯定成绩，指出不足，针对短板、成长瓶颈和制约因素靶向发力，帮助徒弟快速进步和成长。

3. 创新创造实践。师徒要善于学习借鉴、勇于创新突破。既是学习进步的共同体，又是价值创造的活力源，在实践中传承，在传承中创新，不断提升创新创造活力。

（二）徒弟职责

1. 尊重导师，积极主动配合导师的工作。

2. 虚心向导师学习，努力丰富理论知识，全面提升业务水平和实践能力。

3. 刻苦钻研，主动参与课题攻关、管理创新、技术创新。

4. 积极主动承担工作任务，保证协议期满完成学习计划，达到能力提升目标。

第九条 签订师徒协议

集团公司级，各二级单位师徒签订协议，报集团公司导师带徒工作小组审核备案。

第十条 师徒协议解除

下列情形的可以解除师徒协议：

1. 师徒协议期满，协议自行解除；

2. 师徒有一方在协议期内发生变动的，且不能继续履行师徒关系，原师徒协议自动解除；

3. 师徒协议期内，一方提出合理的协议解除理由的；

4. 师徒双方带徒效果不明显，出现矛盾，单位工作小组通过做工作仍不能继续履行师徒关系的，原协议解除。

第四章 考核和激励

第十一条 日常考核。由各单位组织，原则上每季度一次，根据师徒协议履行情况、徒弟专业技术和理论知识掌握情况、培养计划实施进度及任务完成情况、取得的成绩等方面进行全面的考核，督促师徒按时完成并填报《导师带徒工作计划及完成情况》，根据考核结果如实填写《跟踪考核表》，报集团公司导师带徒工作小组。

第十二条 综合评价。培养目标考核由集团公司导师带徒工作小组负责。根据“导师带徒”协议期满和“导师带徒”工作开展情况进行集中综合评价考核。

第十三条 激励措施

（一）政策支持

1. 师徒共进共荣。师徒协议期间，徒弟在集团公司及以上级别的管理创新、技术创新、平凡创新中获得奖励，集团公司给予导师同等奖励；徒弟代表济钢参加上级技能竞赛，获得荣誉，视情况对导师给予特别奖励；师徒一方因违章违纪违法受到处理的，另一方应当受到公司一定的处罚。

2. 师徒均可申请济南市总工会“求学圆梦”资助计划，获得市总工会通过的，集团公司工会再给予同等的资助。

3. 师、徒取得相应专业证书、资格证书的，按照有关的规定，给予相应的奖励。

4. 每对师徒可以购置500元的专业书籍、资料。

5. 鼓励所有职工参加山东省职工网上学习平台学习、练兵，获得10000分以上的，积分兑换奖励。

6. 导师带徒成果，作为高技能人才、“济钢工匠”、高级技师等评选活动的优先推荐条件。

7. 根据教学实际，可引进外部专家、教授、老师等教育资源对职工进行培训，也可尝试创建高校学生社会实践基地，让职工在教学实践中提升自身知识水平。

第十四条 考核评比

集团公司导师带徒工作小组每年度进行优秀师徒评选。根据不同考核等级分别给予师徒相应的奖励。

第五章 附 则

第十五条 本管理办法由导师带徒工作小组解释。

第十六条 本管理办法自发布之日起施行。

关于聘任“构建新型导师带徒体系，优化职工心力成长生态”第一批导师的决定

济钢工发［2020］29 号

各单位：

根据济钢集团有限公司《“构建新型导师带徒体系，优化职工心力成长生态”工作方案》，经各单位申报推荐，集团公司导师带徒工作小组审核，决定聘任姜和信等30名同志为“构建新型导师带徒体系，优化职工心力成长生态”第一批导师。请受聘的导师认真履行职责，加强自身修养，注重思想政治引领，注重专业技能传承，注重创新创造实践，结合工作实际制定详细的带徒计划、带徒目标，发挥好传、帮、带作用，在理论上、实践上及职业道德等方面从严教育徒弟，协助单位、部门对徒弟进行考核评价，帮助徒弟快速进步和成长。

第一批“构建新型导师带徒体系优化职工心力成长生态”导师名单（30 名）

瑞宝电气（2 名）：姜和信　王永春
鲁新材料（2 名）：徐　峰　寇延安
环保材料（1 名）：刘建军
国际工程（2 名）：徐　升　李　敏
萨博汽车（3 名）：李敏敏　李庆彬　张继贞
济钢物流（2 名）：郑　佳　付廷滨
冷弯型钢（1 名）：刘　宁
城市矿产（2 名）：施路军　滕德林
顺行出租（1 名）：王　众
鲍德炉料（3 名）：韩　强　刘世锋　刘正华
研究院（3 名）：宋婷婷　齐应欢　孟丽丽
创智谷/建设公司（2 名）：张　健　李　伟
人力资源公司（1 名）：张立新
“四新”产业园（1 名）：张国营
风险合规部（1 名）：张晓晨
保卫部（2 名）：孙　健　庞　颜
保安公司（1 名）：杨海宁

专业管理

ZHUANYE GUANLI

核心理念

☆ 企业使命——二次创业，重塑济钢

建设全新济钢，造福全体职工

综合事务管理

【综合文字工作】 以精准、规范的标准要求，高质量完成了集团公司二十届三次职代会系列材料，疫情防控阶段性总结会，五一、七一表彰会讲话，巡察整改系列材料等重要文字材料，切实发挥了以文辅政作用。1~11 月份，共起草文字材料 100 余篇，撰写文字终稿量 20 余万字。精准抓好公文流转，共登记处理公文 4993 份，下发文件 15403 件。完善集团公司内部信息报送机制，印发《关于进一步加强信息工作的通知》，定期通报二级单位信息报送情况，持续提高信息工作整体水平。1~11 月份，各二级单位累计报送信息 900 余篇，选送山钢《济钢集团有限公司信息》15 期 119 篇，以较高的信息质量，始终在山钢集团 30 家权属单位中名列前茅；完成《山钢年鉴 2020》济钢集团相关内容的编纂，文字量 3000 余字；完成《济钢年鉴 2019》的校审及出版工作和《济钢年鉴 2020》的编纂工作，文字量约 100 万字。

【会议、督办工作】 认真贯彻落实《山东钢铁集团有限公司管理纲要》及管理清单，制定印发《关于规范公司治理的实施方案》及公司总部管理事项、核决事项等 4 项清单，进一步构建决策、执行、监督三项职能为一体的现代企业基本组织架构。紧盯集团公司党委重要会议决策、重要文件部署，按照“交必办，办必果，果必报”的要求，加大督促指导，强化催办督办，扎实推动重点工作、重大事项、重大项目落地落实。1~11 月份，共安排各类会议活动 1875 次，其中召开大型会议 7 次；党委会 72 次，总经理办公会 56 次；董事会 30 次，形成决议 145 个。

【信访维稳工作】 妥善处置各类信访事项，全力化解信访积案，重大活动超前介入，未发生上级考核的信访事件，为全省“两会”、全国“两会”等一系列重大活动的顺利举行创造了良好环境，受到上级部门的充分肯定。1~11 月份，共召开信访稳定专题会 96 次，累计受理信访事项 135 件 1099 人次，其中集体访 32 件 963 人次；办结上级转交的信访事项 84 件。

【档案、外事及服务保障工作】 突出保障重点，把保障集团公司高效运转与保障日常事务有机结合，统筹抓好外事办理、档案管理、后勤保障等工作，实现办公、出行、就餐等关键防疫环节要素全部受控，进一步提高服务保障水平。1~11 月份，接待公章使用业务 263 个单位、部门，用印 17389 次；提供利用、查阅、复印档案资料 371 人次，2588 卷，3132 件。

【支部党建工作】 始终坚持把政治建设摆在首位，强化党员干部理想信念教育，引导党员干部牢固树立“四个意识”，坚定“四个自信”，做到“两个维护”，自觉在思想上政治上行动上同以习近平同志为核心的党中央保持高度一致，铸就了坚实政治根基。持续推进过硬党支部建设，突出党性实践开展“三会一课”，为支部党员配备全新统一的党员手册；严格落实组织程序，发展 1 名同志为中共预备党员；按要求做好交纳党费、服务群众等工作。以“灯塔——党建在线”网络平台为重要载体，做好党员关系转接、党务公开、支部管理等工作，切实提升网上思想政治工作水平。支部 3 名同志获得集团公司党委和机关党委 2019~2020 年度党内先进个人表彰，1 名同志荣获“济钢抗疫最佳助攻者”称号，支部荣获机关党委 2019~2020 年度先进党支部称号。

（撰稿　邹玉萍　李　辉
审稿　董胜峰）

生产运营管理

【综述】 运营管理部主要负责集团公司的多元化计划管理，对计划执行情况进行监督落实，对运营过程和绩效进行统计、分析和督促提升；负责集团公司产业协同规划及管控，制定产业协同大纲；负责科技创新体系规划与建设，负责科技创新计划和项目管理，组织成果和奖励评审；负责集团公司信息化规划、建设及推进、信息化日常管理、电信业务管理及网络安全管理；负责集团公司基础管理、管理创新管理，组织集团公司各类制度文件的评审及发布，组织集团公司管理流程的制定与持续优化；负责集团公司的体系管理、能源管理、知识管理、品牌管理、行情信息收集与分析等。下设市场开发室、经营管控室、科技信息室、企业管理室4个科室。截至2020年底，在册职工15人。其中，管理5级1人，管理6级1人，管理7、8级5人，一般工技8人；高级职称8人，中级职称6人，初级职称1人；博士1人，研究生2人，本科12人。

【计划管理】 2020年累计完成产量958.81万吨，完成计划的103.37%；累计完成营业收入295.53亿元，完成计划的107.21%。按月制定下发月度多元化产业经营考核计划及攻坚目标，组织召开多元化产业经营计划会议，每周通报各子分公司生产运营情况、计划完成进度，及时协调解决存在的问题，按月对各项生产经营指标完成情况进行统计、分析，形成每月运营质量分析材料。

【生产运行】 及时、全面、准确地掌握子分公司运行状况，对部分子分公司进行经营绩效诊断，提出运营提升建议，形成《炉料公司西沙沟尾渣尾泥混合物处置方案》《冷弯型钢与城市矿产协同业务推进方案》《环保新材料公司矿山原石运输业务承包方案》。为有效避免《京津冀及周边地区、汾渭平原2020—2021年秋冬季大气污染综合治理攻坚行动方案》对集团公司整体生产经营的冲击，最大限度减少运营损失，联合安全环保部制定了《2020年冬季安全生产组织预案》。

【协同管理】 优化各子分公司产品、技术及服务业务资源，强化产业协同效应，制定了《产业协同协作管理办法》《集团公司有限公司产业协同业务优化实施方案》，集团公司各子分公司间产业链接进一步加强，整体发展的内部横向合作关系逐步形成，基本实现了由基础性协同向提升性、价值性协同的根本性转变。为进一步扩大集团各子分公司现有业务规模，积极开拓新业务、延伸产业链，强化集团公司与驻济省市属企业之间产业协同力度，制定了《集团公司与省市属企业产业协同推进方案》，与山东高速路桥集团股份有限公司签订了《战略合作框架协议》。2020年集团公司协同额超过80亿元，同比增加28亿元，提升54%。

【阳光销售】 为规范阳光销售管理，提高销售效益，降低成本，防范风险，提升本质化运营水平，在对照学习山钢集团《阳光购销管理规定（试行）》文件的基础上，结合集团公司各子分公司多元化经营的实际，制定了《集团公司有限公司阳光销售管理程序（试行）》。全年销售总金额（不含国铭铸管、济马钢板、钢城矿业、鲍亨钢铁）合计232.13亿元，其中终端使用客户金额为193.66亿元，中间客户金额38.47亿元，直销比83.43%，超过“产品直销比例≥70%”的考核指标要求13.43个百分点。总客户数量为17086家，终端使用客户数量为15497家，中间客户数量1589家，

中间客户占比仅为 9.30%。

【市场行情分析】 组织开展市场行情分析工作，结合集团公司多元化发展实际，不断丰富完善市场行情分析的相关内容，逐步增加分析对象，包括铁矿石、钢材、废钢、生铁、电解铝、铁合金、动力煤、建材等九类产品市场，形成每天发布成交报告、每周发布行情分析、每月形成总结分析材料机制，及时传递相关市场价格、政策等讯息，为各单位捕捉市场商机、防范市场风险提供支持。全年编制发布 225 期日成交报告、49 期周市场行情分析报告。

【能源管理】 修订完善《能源管理办法》《能源监察管理办法》《节能管理办法》等体系文件，进一步从制度层面规范能源管理，推进能源管理制度体系建设；制定了《集团公司内部水电能源费用收缴管理流程》，规范了能源收费管理流程；制定了《停水停电事故应急预案》及《夏季用能管理方案》。开展节能周活动，推进降耗节能具体实施方案。对集团总部区域用水情况进行分析，厘清管理责任，全年用水量较 2019 年降低 20%。加强现场节能检查监督工作，组织相关单位对跑冒滴漏及违章用水的现象进行整改，多次组织现场检查，对发现的问题及时提出整改意见并实施闭环检查。

【实物库存管理】 制定《2020 年度集团公司实物库存检查计划》，加强对子分公司的日常、月度、季度、年度库存实物盘点的管控力度，以确保原材料、产成品账物相符。通过不定期现场盘点和日常抽查等方式，核实库存信息的真实性、有效性，对公司库存总量进行分析评价，强化了子分公司库存规范化管理。

【制度建设】 运营管理部、人力资源部牵头，联合集团总部 13 个部门对“优化制度供给激发内生动力”课题进行了深入研究和推进。课题研究充分契合了“效率变革”和深化改革的总要求，对集团公司各项管理制度进行了优化和完善，起到了弥补管理漏洞，填补管理空白，防范管理风险，理顺管理流程的重要作用，为集团公司高质量转型发展向纵深推进提供坚强有力的保障。

【管理创新】 积极推进管理创新，大力提升集团公司管理水平。2020 年度获中国钢铁工业协会冶金企业管理现代化创新成果奖 1 项，获山东钢铁集团有限公司管理创新成果奖 5 项，评选出集团公司管理创新成果奖 50 项。

【研发投入】 编制下发《2020 年研发费用和研发投入计划》，将任务分解至各子分公司。2020 年集团公司完成研发费用 25116.47 万元、研发投入 29922.15 万元，均超额完成研发费用和研发投入目标。

【科技成果及专利】 2020 年获得授权专利 63 件，其中发明专利 6 件；评选科技创新标兵 7 名、科技进步奖 20 项、专利奖 7 项，总奖金 135 万元。

【科技创新平台建设】 截至 2020 年底，拥有研究院、国际工程、瑞宝电气、鲁新建材、萨博汽车、国铭铸管等 6 家高新技术企业；国家级博士后科研工作站通过了复审；研究院通过山东省瞪羚企业认定，山东省“专精特新”中小企业复审和济南市企业技术中心的认定；鲁新建材通过了济南市“专精特新”中小企业认定；济钢防务建立了国家级博士后科研工作站，同时济钢防务作为省级新型研发机构通过了省科技厅的备案；国铭铸管被认定为第四批山东省制造业单项冠军企业；瑞宝电气顺利通过了高新技术企业复审；创智谷顺利通过了省科技企业孵化器和省众创空间的评价复审。

【对外科技合作】 与市科技局、中钢协、省金属学会、省技术成果交易中心等单位建立稳定的合作关系，积极参加各类科技活动和会议；加入省会经济圈科创联盟，作为副理事长单位（装备智造组）参加联盟的活动；分别与山东大学、北京科技大学、北京理工大学、济南大学、辽宁科技大学、安徽工业大学及中国科学院等高等院校和科研院所建立联系，组织多家子公司进行了成果和技术对接，在多个领域开展技术合作。

【技术标准化】 研究院参与编制的《钢铁及合金 氮含量的测定 蒸馏分离靛酚蓝分光光度法》《焊条用还原钛铁矿粉亚铁含量的测定重铬酸钾滴定法》2 项国家标准正式发布；冷弯型钢牵头编制的《光伏支架用薄壁方矩形管》《塔机用尖角方矩管》2 项团体标准分别在省太阳能协会和省钢结构协会发布实施；鲁新建材参与编制的《用于水泥和混凝土中的粒化高炉矿渣粉质量等级评定》团体标准在中国混凝土与水泥制品协会发布。

【信息化管理】 围绕实现管理精细化、流程规范化、风险可控化、资源最优化、信息可视化的总体目标，逐步推进集团公司及各权属公司集业务运作、制度落实、风险控制、财务管理于一体的综合性信息化平台的建设。完成了集团公司、冷弯型钢、济钢物流、城市矿产和日照金属等单位业务财务一体化信息化系统的上线，基本实现了采购、销售、库存、生产、运输、财务等核心业务的全覆盖，成功实现了财务核算，高效成本核算，达到了业财一体化的目标。

（撰稿 时义祥 王国才 李 勇
杜莹莹 审稿 徐守亮）

规划发展/转型发展管理

【规划管理】 以习近平新时代中国特色社会主义思想和党的十九大精神为指引，坚持新发展理念，全面对接国家战略、山东省济南市和集团公司新旧动能转换重大工程实施规划，在系统总结“十三五”期间取得的成绩及存在的问题的基础上，立足当前，着眼长远，系统开展了济钢集团“十四五”规划编制工作，并结合外部形势的变化及济钢集团自身发展需求，逐步进行完善。以高端装备制造、新材料、现代城市服务三大培育主业为定位，深入推进产业链研究，编制了济钢集团“一企一业、一业一环”实施方案、济钢集团发展空天信息产业专项方案、萨博汽车军民融合产业园等 5 项规划方案，引领济钢产业转型发展有序推进。

【招商引资】 修订完善招商引资管理、项目库管理等一系列招商引资专项管理办法。社会化招聘规划投资总监，按照“存续产业升级+引入发展战略新兴产业”的工作思路，新增战略合作伙伴 4 家，并在高端新材料应用、环保轻量化材料业务合作、城市综合服务业务拓展等方面储备项目 20 余项，部分项目已启动实施。

【投资管理】 2020 年，集团公司固定资产投资工作持续聚焦高端装备制造、新材料、现代城市服务三大培育主业，加速产业高端化、智慧化和服务化，多点突破、纵深推进，努力构建产业生态圈，全面推动济钢转型高质量、可持续发展。2020 年，济钢集团计划内固定资产投资项目共计 51 项，总投资额 137084 万元。包括：续建项目 5 项，2020 年计划投资 24005 万元；新开项目 46 项，2020 年计划投资 113079 万元。截止到 2020 年 12 月底，续建项目 5 项，完成投资 24005 万元；新开项目完成立项 32 个，不再实施项目共计 14 个，年度完成投资 47480 万元；计划外项目 1 项，计划投资 1682 万元，完成投资 1682 万元。2020 年全年累计完成固定资产投资 73167 万元（含计划外项目 1 项）。其中，三大培育主业（高端装备制造、新材料和现代城市服务）投

资完成68571万元，占比94%；安全环保类投资完成4596万元，占比6%。

【工程管理】 初步建成工程项目全过程管理体系。发布实施《济钢集团有限公司工程项目实施管理办法》（文件编码：AGF/DS/7/01）、《济钢集团有限公司工程质量事故管理办法》（文件编码：AGF/DS/7/04）、《济钢集团有限公司工程项目资金支付管理办法》（文件编码：AGF/DS/7/05）、《济钢集团有限公司工程项目实施监督管理细则》（文件编码：AGF/DS/7/14），初步建立了工程项目策划、立项、实施、采购、预结算、竣工验收、后评价全过程管理体系。规范工程建设项目固定资产投资管理制度。组织对全公司18家子公司（42个项目）进行了监督检查，对固定资产投资项目实施全过程管理合规性评审，共发现问题47项，全部要求限期整改，跟踪整改进度和效果，并对其中13项问题进行了考核问责。组织实施结转或新开25个重点转型发展项目（包含济钢环保新材料科技产业园项目、鲍山供水系统提升和道路改造项目、日照金属资源综合利用工程项目、汽车拆解产业园工程项目、济钢鲍德气体有限公司易地搬迁项目、主厂区信息机房搬迁建设项目、环保新材料产业园机制砂生产线项目、冷弯型钢产品拓展及深加工项目、创智谷济钢工北21号科创综合体项目、冷弯型钢产线功能提升改造项目、瑞宝电气智能装配产线项目、济钢“四新”产业园一期项目、萨博汽车方舱产线智能化提升改造项目、鲍德炉料日照石灰窑超低排放盖章暨环保绩效升级项目等）建设。完成13个重点转型项目（包含济钢环保新材料科技产业园项目、鲍山供水系统提升和道路改造项目、日照金属资源综合利用工程项目、汽车拆解产业园工程项目、主厂区信息机房搬迁建设项目、环保新材料产业园机制砂生产线项目、创智谷济钢工北21号科创综合体项目、瑞宝电气智能装配产线项目、鲁新建材泉州鲁新新增储库项目、鲍德炉料日照石灰窑超低排放盖章暨环保绩效升级项目等）的整体验收并投入使用。

【土地管理】 2020年度收回铸管搬迁补偿、政府市政工程占用土地补偿共计9387.3236万元；完成了济钢集团及子公司土地价值最大化方案；办理了翼板两宗土地不动产权证，规避了土地被侵权的风险。盘活开发唐冶矿区无证土地297亩，解决历史遗留问题，实现了价值创造。

【预结算管理】 2020年预算编制/审查总项数67项，初始预算总额约2.57亿元，审定预算总额（招标控制总价）约1.98亿元，核减约0.59亿元，招标前预算降低率22.95%。2020年，结算审查项目总数83项，结算送审总价2.28亿元（228036402.34元），审定总价2.08亿元（207900457.05元），审减总额0.2亿元（20135945.29元），审减率8.83%。

【资产拆除及土地移交】 依据政府及集团公司疫情防控要求，制定济钢主厂区《资产包拆除施工开（复）工要求》《济钢资产拆除复工管理方案》，构建疫情防控网络，严格落实疫情防控网格化管理监督责任。确保了主厂区各资产包在3月底全面复工，4月份完成了东1（210吨转炉及4300毫米厚板区域）、中5（小型区域），5月份完成了东5（冷轧区域），6月份完成了中1（2号1750立方米高炉区域）、中2（3号1750立方米高炉区域）、中3（3200立方米高炉区域）、中6A（气体公司东区）、中6B（气体公司西区）、西5（1号1750立方米高炉区域）、西6（燃气发电区域）、西7（焦化区域）、东3（120吨转炉及3500毫米厚板区域）、复合板资产包拆除，8月份完成了东4（1700热轧区域）资产包拆除施工。以东4（1700热轧区域）资产包通过拆除竣工验收为标志，济钢主厂区经过1年9个月的时间，全部完成资产拆除工作。2020年5月28日签订济钢主厂区第一批土地移交书，向济南城投集团移交土地3300亩；2020年6月30日签订济钢主厂区第二批土地移交书，向济南城投集团移交土地1670.05亩。

【招标采购管理】 2020年共发布招标公告440项，组织招标项目117项（含网上竞价/竞租），招标项目总预算额约1.9亿元，中标额约1.59亿元，节约预算投资3100万元；组织网上竞价/竞租30次，盘活闲置资产价值644.06万元；完成采购业务79项，合同总金额2142.02万元，其中防疫物资统一采购30项，主要防疫物资KN95、KF94口罩40.0545万个，一次性口罩156.0331万个，消毒液1260桶，防护服2834件，测温枪324个，合同金额763.32万元；集团公司机关采购业务36项，合同金额268.28万元；冷弯型钢公司13项合同金额1113.42万元。集团公司全年采购业务中，生产制造商采购金额214.18亿元，实现直供比95.79%；供应商总数2507家，生产制造商数量2332家，中间商占比7.02%；采购信息通过招采平台上传，实现采购信息上线率100%。紧扣“效率变革”主旋律，优化采购流程，对子公司充分放权，分级授权，协助集团公司制定“《总部管理事项清单（试行）》等四项事项清单”，缩短审批周期，提高审批效率。修订发布了《采购管理程序》《招标投标管理办法》《采购监督管理实施细则》《供应商管理办法》《评标专家及评标专家库管理办法》《招标评审劳务报酬管理办法》等6项管理制度。对权属公司进行招标采购专项检查，历时两个月，对18家单位进行检查，共计发出整改通知单42个，涉及72个问题，督促各单位完成整改。

【设备设施维修管理】 2020年度共签订93个维修工程合同，维修额度为2524万元（包括2018年度、2019年度的314万元），相比计划节约资金超过100万元。修订《设备管理办法》《设备事故管理办法》《特种设备管理办法》《设备维修管理办法》《流动资产管理办法》。对各相关子公司开展设备大检查，检查中发现管理制度建设及现场问题16项次，督促各单位进行整改。完善了特种设备管理体系，做到每台特种设备有人管，持证管，专业管，在用特种设备做到“应检尽检，安全合规”。通过实施精细化设备管理模式，促进了设备管理制度化、体系化建设，为提升设备运行质量夯实了基础。

（撰稿 谢 勇 审稿 郭 强）

资 产 管 理

【概况】 负责集团公司股权投资收益管理；负责集团公司及权属公司资产运行质量监控，资本运营质量监控；负责集团公司及权属公司股权投资及管理；负责集团公司外派董事、监事的日常管理和履职管理；负责集团公司及权属公司产权管理、产权登记管理；负责集团公司及权属公司混合所有制改革管理；负责实施子公司土地及不动产租赁方案的审批管理；负责实施集团公司及权属子公司债权清收与债务重组工作；负责部分关停单位的实际控制管理等。下设五个科室：股权管理室/外派监事管理室、体制改革室、资产管理室、不动产经营中心、关停事务室。截至2020年底，在册职工40人。其中，高级职称20人，中级职称15人；硕士研究生5人，大学本科35人。

【资产处置】 加强固定资产管理，推进产能调整资产处置收尾和闲置资产盘活，实现

资产创效目标，推动资产质量提升。全面完成固定资产管理系统升级改造，实现规范使用并完成验收；组织完成济钢集团、济钢板材权属固定资产清查；修改完善并发布实施新版固定资产实物管理办法等规章制度。依法合规推进产能调整资产处置收尾工作，2020 年先后完成彩板厂资产包、合金科技剩余剥离资产、鲍德炉料剩余剥离资产、重机公司龙门镗铣床、33 辆社会牌照机动车辆公开转让，累计成交价 3354 万元，溢价 1719 万元。强力组织资产盘活创效工作，2020 年累计完成闲置房屋建筑物出租盘活创效项目 28 个，完成盘盈资产处置创效项目 6 个，累计实现实物资产盘活创效约 3016 万元。安全有序组织实施 3200 立方米高炉非工业遗存保留的铜冷却壁等资产回收工作，预计可再实现创效 1000 万元。

【混改工作】 以实现国有资本保值增值为前提，精准施策，重点突围，全力推进混改工作开展。积极贯彻集团公司“倒计时”改革攻坚的指示精神，加速推演混改路径，依企施策制定混改推进方案，全面加速推进混改工作。瑞宝电气混改方案及相关材料已于 2020 年 10 月 16 日在山东产权交易中心挂牌，至 12 月 10 日公告期截止，12 月底前完成摘牌等工作。鲁新建材混改方案已于 2020 年 11 月 9 日取得山钢批复，12 月底前在山东产权交易中心实施挂牌公告。济钢国际、萨博汽车完成混改方案初稿，正推动对意向战投尽职调查等工作。

【非主业资产清理】 依法合规、一企一策、动态调整，稳步开展非主业资产清理，提速完成“僵尸”企业处置工作，实现省国资委督导的“僵尸”企业处置完成率 100%。精心策划实施方案和攻坚推进历史遗留问题，提前完成省国资委督导的四家“僵尸”企业处置工作。复合板公司、铸管公司等 2 家单位分别于 2020 年 9 月 2 日、9 月 9 日完成清算注销，比年初计划提前 3 个月；翼板公司于 2020 年 6 月 22 日获得法院立案裁定书完成破产立案，比年初计划提前 5 个月；钢结构公司于 2020 年 9 月 23 日获得法院立案裁定书完成破产立案，比年初计划提前 3 个月。强化资产盘活、债权清收等工作措施，于 2020 年 8 月底提前完成山钢督导的水文公司、二汽改厂扭亏为盈处置任务，比山钢要求的 12 月底提前 4 个月。深入研究政策法规，反复沟通协调各方，制定济南跑马岭 10% 股份公开挂牌转让实施方案并组织实施，完成在山东省产权交易中心公开挂牌。配合菏泽五金厂破产清算管理人完成财产公开拍卖等破产清算工作；全力推进板材公司资产处置工作；推进重机公司 13 件被诉案件处理，截至目前已结案 8 件。认真研判依企施策，甄别难点主动出击，力推融世华租赁公司及烟台冠佳股权退出等非主业资产清理工作稳步开展。

（撰稿　王　凯　审稿　张永熙）

财务管理

【综述】 财务部主要负责集团公司财务管理，包括全面预算管理、资金管理、成本管理、税务管理、资产管理、财务风险管控、财务巡察整改等工作。设综合办公室、预算室、资金室、会计室、税管室、检查室、资产室、成本费用室、外派专职财务业务经理室等 9 个科室。截至 2020 年底，在册职工 46 人。其中，5～6 级干部 3 人，外派财务总监 1 人，7～8 级干部 27 人；硕士及以上学历 4 人，本科学历 41 人，大专学历 1 人；高级会计师 17 人，中级会计师 15 人，助理会计师 14 人。

【主要财务指标】 截至 2020 年 12 月末，济钢集团合并报表资产总额 370.98 亿元，其中流动资产 215.49 万元，非流动资产 155.49 亿元；负债总额 224.12 亿元；所有者权益 146.87 亿元。账面资产负债率 60.41%。

【财务分析】 一是 2020 年全面完成各项目标任务，全面提升预算管理水平。年初，受新冠肺炎疫情暴发影响，集团公司经营绩效大幅波动，尤其是 2 月份利润总额仅达到盈亏平衡。在集团公司统一部署下，财务部强化预算引领，推进关口前移，及时调整月度预算，有效发挥了各单位增收创效积极性。2020 年实现考核口径营业收入 293.57 亿元、利润总额 4.42 亿元、净利润 3.67 亿元、归属母公司净利润 2.28 亿元，均超额完成山钢下达的目标，且环比 2019 年度有较大幅度提升。二是积极推进“双降双提”工作。启动“双降双提”工作并印发济钢财字［2020］14 号《关于印发〈2020 年度“双降双提”工作实施方案〉的通知》，全面细化分解目标。并先后印发“四金占用”压减计划和《济钢集团关于进一步加强“双降双提”工作的通知》，全年下大力气推进，思路明确。总资产利润率完成山钢下达奋斗目标，“四金占用”压减完成基础目标。三是对照目标推进亏损企业治理工作。受疫情等各种因素叠加影响，集团公司二季度亏损企业一度达到 8 户，比年度治理目标增加 7 户。集团公司坚定亏损企业治理目标不动摇，积极组织、指导各单位形成减亏、扭亏工作方案，建立定期调度机制，截止到 12 月末，全面完成 2020 年治理目标。四是有序开展税收政策利用工作，推进集团公司价值最大化。实现节税降费 2799 万元，疫情期间政策利用 10705 万元等。五是进一步加强全面预算管理。每月定期组织召开子分公司经营绩效分析专题会和预算分析专题会，不断完善分析模板，进行全面适应性设计，制定通用分析模型，全面掌握生产经营及财务现状，促进子分公司管理水平不断提升。六是大力推进资产质量清查工作，开展集团母公司资产核销、推进低效、无效资产处置等工作，不断提升资产质量。

【财务基础管理】 一是夯实财务基础管理工作，提升会计信息质量。（1）顺利完成年度决算工作，确保核算质量，荣获山钢集团财务工作先进单位称号。（2）推进无效、低效资产处置工作。完成了钢城矿业、合金科技资产减值准备 3180 万元的核销工作，为集团公司节税 795 万元；对集团母公司历史遗留的无效资产进行梳理，按规定进行审批后处理资产 1919 万元，进一步夯实了资产质量。（3）加强费用报销管理，对集团公司总部及子分公司存货、费用报销业务进行检查、问题反馈和监督整改。（4）加强工资系统管理，实现了集团公司工资系统统一，保障集团公司薪酬数据的掌控。（5）加强内部往来管理，制定《济钢集团有限公司内部往来管理办法》，清理内部往来共计 10.59 亿元，提高内部资金周转速度，推动财务管理水平持续提升。二是配合完成各类专项审计，构筑风险防线。配合完成年度绩效审计、产能调整专项资金审计等，并对混改单位完成清产核资专项审计、改制财务审计、资产评估等工作。三是规范专项资金管理，确保使用合规性。牵头组织对产能调整专项资金使用情况开展系统梳理和全面评审，对 23 家子公司的专项资金使用依据和列支合规性进行审查，形成问题清单并下达整改要求，监督整改到位。四是推进财务信息化建设，提升数智化水平。对集团公司财务核算进行顶层设计，制定了财务科目、供应商、客户、物料等基础信息的编码规则，通过 9 个核算主体 ERP 系统的成功上线，实现上述单位财务核算系统的统一，推进业财一体化进程。五是高度重视资产处置收尾工作。认真组织资产评估，配合资产清查，

全年委托评估业务13份，已全部出具评估报告；产能调整停产后，打破原有的处置流程，探索出一套适合济钢的资产处置模式，实现国有资产处置的合法、合规。2020年实现资产处置收入（含税）6982万元。六是积极推进僵尸企业处置。按照中央及山东省国资委要求的时间节点，完成两家公司破产立案，两家公司清算注销工作。

【资金管理】 一是拓宽融资渠道，助力集团公司转型发展。积极对接银行等金融机构，开展多渠道融资，在产能调整专项资金等大额资金不能及时到位的严峻形势下，全年争取到新增融资18.32亿元，在满足集团本部正常经营的同时，对子分公司现有产业及投资项目提供资金支持10.5亿元，为公司转型发展提供资金保障。（1）创新融资模式，优化债务结构。开展应收账款ABS融资业务，主动与一级市场对接，向金融机构和投资者推介集团公司转型发展情况，经过长达9个月的努力，成功发行5.02亿元。这是集团公司转型发展后在一级市场第一次完美亮相，为保障新冠肺炎疫情暴发期间资金安全、生产经营及项目建设稳定运转提供资金支持。（2）发挥“三位一体”联动机制，逐步构建投融资管理体系。根据《关于推进“效率变革”的实施意见》，组建投融资高效团队，发挥部门专业，形成“三位一体”高效联动，逐步构建投融资管理体系。通过此模式，创新实现新增银行授信、融资租赁、中小微企业政策性低息贷款、人才贷等业务13.3亿元。二是搭建资金融通平台，实现资金创效。（1）开展子公司之间委托贷款业务，解决“双高”问题，全年操作委托贷款2.5亿元。（2）操作银行票据内部贴现8909万元。（3）针对部分单位的高成本融资进行严控并置换，全年置换高成本融资1.2亿元。三项工作降低财务费用751万元，提升公司整体效益。三是进一步加强资金过程管控。建立资金情况日监控及周分析，及时发现资金管理出现的问题，防范资金风险。四是规范资金管理制度建设。制定和修改完善包括融资、担保、内部贷款等8项制度，其中创造性地制定了权属公司信用等级评价及资金优化配置管理办法。五是筹备成立资金管理中心。组织制定资金管理中心组建方案，包括资金管理总体思路、总基调、工作目标、资金系统搭建、职责流程等，为后续实现资金统一管理奠定基础。

【风险防范】 一是对党委巡察及审计问题跟踪督促整改。对山钢巡察反馈报告涉及的大额资金、费用管控、账外物资、往来对账等财务问题，精准实施整改，全力推进整改落实。梳理2015~2018年山钢审计部及上级审计机关反馈审计整改问题共185项，已经完成整改的129项（其中长期坚持9项），整改完成率70%，整改过程中56项。二是深入探索财务管控中心模式。进驻各子公司进行现场调研，全面了解子公司财务管理状况，查找现行体系存在的不足，探索财务管控中心模式的建立。三是开展银行未达账项专项管理诊断。在全子分公司范围内进行检查，对子公司未达账项形成的原因、管理风险点进行梳理分析，汇总风险点10项，提出优化建议11项，形成未达账项管理提升建议报告。运用分析工具，完成“银行未达账项较多”问题去根分析报告，形成财务管理问题专业问题库。四是协调推进去根问题分析的课题。梳理各类财务管理问题形成问题库，对财务科室负责人及骨干人员进行二维九象限问题分析法培训，熟练并形成报告，完成《对民营企业不开具发票》《银行未达账项较多》《内部往来清理不及时》《大额资金支付制度执行不严》等去根问题报告。五是重点监督事项清单的推进。按照山钢纪委对集团公司重点事项进展情况监督检查工作部署，落实强化部门的监督职能，为推进大监督体系建设奠定基础。

【税务管理】 充分利用财税政策，积极筹划，降低公司税负。一是研究税收政策，开展税务政策利用工作。梳理板材公司增值税申报数据，利用政策退回增量留抵增值税168.79万元，推广至环保新材料公司，实现退税2360万元；制定并实施炉料一体化公司的资产重组方案税务筹划内容，减少增值税支出945万元。二是成功搭建智税发票集中管理平台。根据集团公司信息化建设推进计划，完成近10家单位核算单体的ERP信息化系统搭建。将ERP系统与发票系统高度融合，无缝衔接，成功搭建智税发票集中管理平台，实现ERP系统自动开具发票功能。三是加快僵尸企业税务注销进度。积极响应国家和集团公司对僵尸企业处理意见，加快推进鲍德金属复合板和球墨铸铁管两家单位税务注销，比目标节点提前2个月完成。并积极与税务机关沟通，退回企业所得税115万元。

（撰稿　王玉全　李晓礼
审稿　曹孟博）

人力资源管理

【综述】 人力资源部（与党委组织部、教育培训中心、六大攻坚战指挥部作战室合署办公）主要负责公司人力资源规划；岗位劳动定员；人才引进与人力资源优化；劳动合同管理和劳动纪律检查；员工薪酬管理；制订并实施员工培训计划；高层人才培养和管理；员工职业技能鉴定，专业技术职务评审、聘任；员工社会保险管理与执行；人力资源统计、档案和员工信息管理；六大攻坚战作战任务督导推进、课题管理、价值创造管理等工作。下设综合管理室/动力变革作战室、组织党建室/机关党委办公室、干部人才室、薪酬绩效室、编制规划室/培训管理室、员工管理室、社会保险室、推进室、督查室共9个科室。截至2020年底，共有在册职工27人。其中，高级职称5人，占18.5%；中级职称10人，占37%；本科及以上学历100%；中层干部6人。

【体制机制改革】 推动实施集团公司产业聚焦，促进集团公司产业升级。完成了鲍德炉料公司、合金科技公司和复合材料公司一体化运营工作；完成了国际工程公司和铁焦技术公司一体化运营工作。撤销了资产管理公司和关停事务工作办公室，对撤销机构的相关职能、人员、资产等实施了稳妥调整和衔接。

【人力资源配置】 组织待上岗职工上岗374人，其中保安公司上岗366人，混凝土项目8人；完成全部自主创业人员协议期满劳动合同解除工作；开展一体化运营单位职工分流安置工作，内部安置上岗91人，协商解合12人；组织济钢内部招聘18次，录用55人。组织胥家庄征地招工工作，经资格审核、考试，录用19人；积极开展高校毕业生招聘工作，2020年毕业生引进33人。

【薪酬分配管理】 重塑绩效管理体系，构建以董事长责任制、经理层契约化和员工绩效评价“三位一体”的绩效管理架构；完善契约化管理，设置“三层四维”契约化指标体系，探索子分公司契约化目标自主选择机制，突出“高目标引领和强激励导向”；建立工效联动考核机制，职工工资水平与企业经济效益实现同向联动；稳步推进中长期激励，新增瑞宝电气和鲁新建材2家试点单位，纳入中长期激励实施范围单位达到4家；以“职工收入翻番”为导向，进一步完善薪酬分配制度，自2020年7月开始增加年功工资。2020年在超额完成山钢集团下达任务目标的基础上，集团公司职工人均收入增长8.2%，完成了年初职代会提

出的人均收入增长8%的目标。

【人才开发管理】 推荐1人参加中华技能大奖评选，推荐1人参加中华国际科学交流基金会设立的“杰出工程师”评选，推荐1人泉城“5150”引才倍增计划评选，推荐1人参加“济南市博士后创新项目”评选，推荐2人参加“历城重点产业高端人才补贴扶持项目”评选，推荐12人参加“历城精英人才”评选，推荐84人参加“历城工匠工程”评选。

【社会劳动保险】 全年缴纳社会、医疗保险费2.4亿元，缴费工资基数9亿元。全年办理退休802人，其中，正常退休542人、特殊工种退休257人、病退3人。截至2020年底离退休人员共21923人，人均社会养老金4919.6元/月，人均企业补贴993.84元/月，其中离休105人，人均社会养老金6963.5元/月，人均企业补贴5142.11元/月。全年企业年金合计缴费5389.6万元，截至2020年底共4514人缴纳企业年金，98人领取中人补偿待遇，人均中人补偿金额1674.2元/月。

【职工教育培训】 全年培训职工5000余人次，其中管理类培训854人次，岗位适应性培训80人次，取（换）证、复审类培训3552人次，能力提升类培训787人次。全力推进效率变革，增强教育自主权，下放了济钢国际、环保新材料、冷弯型钢、萨博汽车、日照济钢金属资源公司5家单位的教育经费自主管理权限。面向未来制定了《教育培训三年工作计划（2020年—2022年）》，着力于解决职工能力素质与集团公司转型发展需求不匹配的问题。全面开展员工业务学习工作，制定了《员工业务学习管理与评价办法（试行）》，持续提升员工职业素养。优化兼职教师库，调整管理、技术、技能类师资结构，满足培训工作需要。

（撰稿　戴　爽　审稿　王广海）

安全环保管理

【概况】 安全环保部深入践行“九新”价值创造体系和济钢转型发展安全管理文化，牢固树立“安全是生命线，安全无大小”安全理念，坚持底线思维，极限目标，推进效率变革，落实安全生产红线责任制，加强双基双线一提升和去根治理工作，构建多维度安全管理体系，夯实基础，筑牢防线，推进安全管理向安全治理提升；保持疫情防控常态化条件下安全环保稳定，实现了安全环保“六个零”目标。

【责任落实】 集团公司党委中心组2次集中学习习近平总书记关于安全生产重要论述，坚持法治思维、底线思维、红线意识，践行以人民为中心的发展思想；清单化责任化重点事项，层层压实责任；逐级签订安全环保责任书1725份；公司领导带头安全履职，“四不两直”安全督查68次，定期召开安委会会议、月度例会和安全环保专题会议，研究部署安全环保重点工作；建立安全总监目标责任考核体系，筑牢两级安全监管防线，实现安全监管全覆盖。

【健全制度】 认真落实《安全生产法》和《山东省生产经营单位安全生产主体责任规定》，修订完善全员安全生产责任制，严格落实“党政同责、一岗双责、失职追责”和“三管三必须”要求。结合公司实际，健全完善《风险管控管理办法》《环境保护管理办法》等31个安全环保制度，子分公司修订完善制度433个，建立横向到边、纵向到底、覆盖全员和所有岗位的安全生产责任制和履职清单，照单履职、照单考核、失职追责，逐级压实安全生产主体责任。

【相关方安全管理】 制定集团公司《相关

方安全管理模板》，明确项目部安全管理职责，理顺监管流程，强化安全责任落实，实现安全监管全覆盖。排查辨识相关方安全风险，19 家子公司涉及 470 家相关方从业人员 4400 多人，严格相关方资质和安全生产条件审查，签订安全生产管理协议，明确双方责任；组织全流程风险辨识和隐患排查治理，及时消除安全隐患。

【双重预防体系】 落实省市政府、山钢集团关于推进双重预防体系建设要求，制定工作方案，推进班组基础建设和双重预防体系建设有效融合，动态辨识风险，辨识风险点危险源 494 个，制作安全风险告知牌 639 个，岗位安全风险管控告知卡 5640 个，分层分级管控，逐级压实责任。分批次推进检维修停电挂牌上锁、起重设备、气瓶、皮带机安全防护网、配电盘/开关箱等 11 项去根治理，排查治理问题隐患 2203 项，增设皮带机安全防护网 7367 米，提升安全本质化水平。开展安全生产专项整治三年行动、百日攻坚、“安全月”和“百安”活动，组织安全生产反“三违”、检维修、建设项目、相关方、消防安全、设备设施等安全督查 155 次，督查整改问题 1947 项；举办班组长安全专题培训班 3 次，245 人参加，提高班组安全管理水平；全覆盖督查验收班组 137 个，一次验收合格率 96.4%，完成一次验收合格率大于 96%目标。

【安全教育培训】 严格落实集团公司《2020 年员工安全素质提升教育实施方案》，扎实开展“大学习、大培训、大考试”专项活动，编制安全教育培训教材，健全“一人一档”安全教育培训档案；组织 44 人参加山钢集团车间主任素质提升培训班；推进全员安全取证培训，举办安全基础管理、车间班组安全管理、应急管理和双重预防体系培训班，3329 名干部职工持证上岗；利用月度例会组织案例警示教育，每周在微信群通报安全生产信息、开展 3 次案例分析，提升全员安全意识和风险辨识管控、隐患排查治理能力。

【应急管理】 完善应急管理指挥体系，建立集团公司应急指挥部统筹协调，职能部门和子分公司各负其责的应急指挥网络。修订《应急体系管理办法》《生产安全事故综合应急预案》等 8 个应急制度，各单位修订完善 18 个综合预案、69 个专项预案和 71 个现场处置方案，明确职责，规范程序；公司组织安全生产事故、防洪抢险应急演练，各单位开展防洪、防火、铁水运输等应急培训演练 131 场次，2654 人参加，检验了预案和队伍，提升了应急处置能力。

【疫情防控】 面对突发的新冠肺炎疫情，坚持底线思维，理性准则，落实“五早五到位”要求，主动对接政府，及时获取信息，超前预判、快速响应，科学部署、精准施策，制度供给，军事化管理，统筹疫情管控和安全生产双推进；制定疫情防控工作方案、应对预案、复工复产方案等，构建起疫情防控责任体系、联防联控机制和中枢统领的应急体系，严格落实防疫措施和安全生产条件确认，构建疫情防控和安全生产新秩序。

【环保管理】 2020 年环保目标指标完成情况：全面完成山钢集团下达的环保责任目标，一般及以上环境污染事件、政府部门通报批评或处罚均为“零”，各类污染物稳定达标排放、无组织排放有效控制率 100%，完成《绿色发展行动方案（2019—2020 年）》中规定各项项目进度计划和阶段目标，企业环境信用评价为绿牌。

（撰稿 刘自民 常庆海
审稿 王四江）

风险合规管理

【部门成立】 2019 年 12 月 26 日，为适应

山钢总部机构改革，进一步强化总部建设，提升总部管控和赋能能力，成立济钢集团有限公司风险合规部，负责风险、合规、法律、审计、内控管理等。

【风险合规体系建设】 建立健全风险管理体系，构建各业务岗位、经营单元作为风险合规管理“第一道防线”，风险合规管理部门为“第二道防线”，风险合规管理委员会为“第三道防线”的风险防控三道防线；建立风险信息传递机制，实行风险运行月报制度，加强对风险的收集、传递、报告、调度，风险辨识从原点出发，实现辨识、评估及管控常态化，全年共发布风险月报12期，辨识及防控各类风险点750余项；建立风险辨识和评估机制，对重大事项、重大问题、重大决策开展风险辨识和评估，制定针对性的防范措施，有效规避风险；实行重大风险的报告机制、调度机制和专项防范机制，有效提升风险防控能力。

【风险管理制度建设】 完善风险合规制度体系建设，制定并发布12项管理制度，3项专业考核细则，《风险内控管理办法》《合规管理办法》《专项风险评估管理办法》等风险合规管理制度；修订发布《合同管理办法》《工商事务管理办法》《法律意见书制度实施办法》《纠纷处置管理办法》，完善法务基础管理；制定《政策研究利用管理办法》《政策研究利用工作专项考核办法》，填补政策研究利用的制度空白；修订《内部审计管理规定》《审计整改管理办法》《任期经济责任审计规定》等审计制度，构建审计体系。同时，制定发布了风险考核、纠纷处置考核、政策研究考核细则，压实第一道防线责任。夯实了济钢风险管理各项工作的制度基础，为风险合规体系有效运行提供了制度保障。

【风险辨识、专项诊断、课题研究】 聚焦疫情期间风险突出点、紧急点，提高站位，发布了疫情期间劳动关系、合同风险、网上招投标风险、保密风险等十余项系列风险提示和专项风险辨识；牵头跨部门风险互联协同，就长期性、宏观性等风险进行辨识，牵头组织完成生产运营专项风险系统辨识与防控、疫情背景下产业发展风险辨识等课题研究；聚焦难点矛盾点，组织开展历史遗留问题专项排查和推进；针对济钢土地、房产租赁问题，组织开展房屋、土地租赁合同全面排查和诊断；组织对产能调整专项资金使用、主厂区资产拆除及土地移交、建设公司运营提升、济钢物流沙特异型钢项目等集团公司和权属单位的重大事项进行风险论证和合规性辨识。

【法务管理】 强化合同管理，组织年度合同授权，开展子公司合同管理情况专项检查，通过发现问题和整改问题，夯实子公司合同基础管理。严把合同审查关，全年共审查集团公司及各权属公司合同共计505份，标的额16.542亿元，提出各项建议意见930余条；强化纠纷案件统一管理，全年共办理结案诉讼案件39起，胜诉率92.3%，实现避免挽回损失超过1亿元。加大逾期应收账款清收力度，全年清回欠款8300余万元；公司重大合同审核率100%，重大决策法律审核率100%。

【法治企业建设】 推进“法治山钢863计划”落地，在全集团公司范围内开展2020年度法治科室、法治班组建设，推出“十佳法治科室、法治班组示范点”，在全公司营造法治氛围，激发基层员工学法用法的积极性。人力资源部员工管理室、规划发展部招标管理办公室/采购供应室、冷弯型钢公司市场部、资产管理部股权管理室、鲍德炉料公司党群部/综合管理部、安全环保部安全室、环保新材料公司项目部、保安公司站务一车间济南西站乙班、瑞宝电气公司项目管理班组、研究院的研发班组十家单位的10个科室班组被评为“法治科室”和“法治班组”示范点；多渠道、多方式开展普法教育，先后组织开展合同法培训、民法典解读培训，通过公司济钢共青团等微信公众号，OA 知识平台等媒介渠道开展民法典等普法宣传活动，丰富职工的法律知识，增强了企业的风险意识，夯实企业的法治建设基础。

【审计管理】 健全审计制度体系，组织完成集团公司及权属子分公司 2019 年度绩效审计工；推进审计整改，形成《2019 年度绩效审计发现问题整改配档表》和《2015—2018 年度未整改完成事项检查进度表》，截止到 2020 年底，存量审计发现问题整改累计完成 171 项，整改完成率 80%，尚未完成整改或长期坚持的项目 43 项。

【政策研究利用】 构建部门、单位政策利用组织架构，形成部门、单位互联互通，上下联动的政策研究利用体系，分级推动政策研究利用，保障政策利用效果；打造集团公司政策研究信息平台，实现政策获取和利用信息共享和互补；为促进政策研究利用的积极性，有效提升政策研究利用的水平和能力；形成政策利用周推进机制，共发布政策研究利用周报 40 期，发布政策要点 450 余项，推送重点政策 20 项，全年集团公司及各子公司可利用政策享受补贴和费用减免合计 10705. 21 万元。为体现济钢国企责任担当，开展房租减免工作，全年为符合条件的租赁户减免租金 2387 万元。

（撰稿　王　珂　审核　刘富增）

治安保卫管理

【概况】 2020 年，在济钢党委坚强领导下，保卫部 284 名干部职工同心同德、恪尽职守，以顽强毅力经受住新冠肺炎疫情极端困难考验，围绕全面决胜“三大战役”，笃定践行“九新”价值创造体系，充分发挥职能作用，全力推进疫情防控、治安管理、资产保卫、消防管理、应急指挥等重点工作，以实际行动保驾护航集团公司建设发展。

【疫情防控】 坚定执行集团公司决策部署，勇担“保卫职工，保卫济钢，保卫社区”重任。制定实施济钢《重大疫情防控期间外来人员管理规定》和保卫部《新冠疫情防控工作方案》等 11 项防疫制度。构建内部疫情防控三级网格，实现防疫责任全覆盖。全面提高总部机关、资产处置区域及各统管子分公司门禁管理级别，严格落实防疫措施。260 多名保卫骨干连续 5 个月坚守新村社区 18 个卡口开展 24 小时防疫检查。全年，各个防疫岗位累计管控进出车辆 160 多万车次，检查证件、检测体温近 300 万人次，劝返或处置外来车辆 3 万多车次、疫区及回国人员 5 万多人次、体温异常及相关事项 120 起，提供求助服务 72 次；累计排查、梳理、核实各类疫情信息 20 多万人次，开展核酸检测 7355 人次，发布防疫文件 100 余项、科普知识 52 条，传达工作指令 300 多次，协调处理各类问题 1100 余次，开展监督检查 190 次，筑牢了集团公司新冠疫情坚固防线。

【治安管理】 立足维护济钢和谐稳定，强化舆情监控，坚持信息预警，采取超前措施，力保全国两会和各个重点时期集团公司治安安定。全年投入保卫力量 2556 人次，启动响应 45 次，执行安保勤务 276 次，完成各类警卫任务 36 次；开展治安调查和专项检查 28 次，组织清查行动 5 次、反恐防暴演练 3 次，跟踪整改治安隐患 22 项，防止重大可防性案件和治安灾害事故发生。协助运营管理部、法务部等单位，执行“建设公司租赁户”清退任务，维护了集团公司合法权益；推进重点事项，排查集体户口 280 人次，比对录入户籍信息 304 人次；配

合集团公司健全网格化管理体系，层层压实反邪责任，推进教育转化解脱攻坚和宣教工作，进一步增强干部职工及家属“崇尚科学、关爱家庭”的意识和能力。

【资产保卫】 根据主厂区资产处置收官和鲍德炉料沙沟尾矿清运保卫工作需要，修订资产拆除施工管理制度，从严落实疫情防控和物资监管措施，实施24小时巡防，堵塞物资流失漏洞，保障施工顺利和拆除物资安全。年内，主厂区巡检并修复破损围墙围挡65处，驱离外来拾荒、自媒体等人员149人次，查验进出物资14635车，查处违章200余起、盗窃12起，查获被盗电缆250千克，监装押运3200高炉拆除废钢1783.86吨、贵重金属2345件，扑灭初起火灾3起。发现高炉拆卸物资材质异常，通过有关部门完成64块计划外铜制冷却壁回收入库，为企业避免经济损失200余万元。鲍德炉料沙沟清运项目，检查登记运输物料3010车次、157456.9吨。有力保障了资产处置物资安全。

【消防管理】 完成集团公司《消防管理办法》《动火安全管理办法》等4个体系文件的修订发布；落实元旦春节、全国两会等重点时期及冬春两季消防大检查，开展多轮建筑消防设施、资产租赁业务等专项消防检查，下发督办令5份、隐患整改通知书22份，消除隐患160多项；参加集团公司项目审核20次，提出消防改进意见21个，督促签订《建设工程施工现场消防安全管理协议》或《消防协议》40项；组织300名专兼职消防管理和重点部位工作人员，举办消防知识及操作取证培训，不断提升从业人员的“四个能力”；深入开展“11.9”消防宣传，持续增强全员消防安全意识和防消技能；组织消防及救援实战演练12次，出警处置火情7起，监护资产处置及各类抢修施工现场40多天，杜绝了重大火灾事故发生。

【应急指挥】 组织应急检查98次，督导集团公司各单位加强应急管理体系建设及相关措施落实，督促整改问题60项；完成8起大面积停电、停水等突发故障抢修指挥，保障企业生产及居民生活需要；发布大风、雷电等预警信息52次，调度各单位落实应急值班值守、防范措施和信息反馈。济钢年内没有发生因自然灾害引起的安全事故；狠抓夏季“四防”、“安全生产月”等工作，组织相关单位开展抗洪抢险、鲍山灭火、防震逃生等应急演练8次，不断提升应急反应能力、团结协作能力和实战处置能力，全面夯实应急指挥工作基础。

【交通管理】 贯彻集团公司工作部署，强化资产处置区域道路交通秩序维护，疏导严重交通拥堵22次，治理交通违章85次，监护大型设备运输、大型构筑物爆破现场12次；推进“交通安全”课题攻坚，组织子分公司开展交通安全教育和交通安全检查，规范内部交通标识、设施设置，督促整改隐患10项，跟踪渣土运输等车辆监督管理，杜绝了较大交通责任事故发生；持续加强总部机关周边道路车辆停放秩序治理，为集团公司建设发展创造良好交通环境。

【保卫统管】 推进保卫职能转型，连续接管矿业公司、冷弯型钢、鲁新建材等子分公司的保卫岗位。建立健全保卫制度和物资查验流程，规范岗位职责，严格监督检查。年内，统管单位保卫人员累计查验各类物资10065车次，实现了统管工作“零差错”，以高质量服务保障子分公司建设发展。

（撰稿　李　新　审稿　董　波）

离退休职工管理

【概况】 截至2020年底，全公司共有离退休干部、职工 21848 人。其中，离休干部 105 人，退休干部 3541 人，各类遗属 1392 人，建厂元勋 1053 人。济钢离退休职工管理部共有工作人员 18 名，设置 3 个管理科室。管理一室负责党建、离退休干部管理及综合办公业务，管理二室负责离退休职工统筹外补贴认证及各类遗属管理，管理三室负责涉老机构、文体活动管理。

【党建管理】 贯彻落实山钢“倒计时”改革攻坚任务要求，全力推进退休党员组织关系转社区。采取按人包干、重点盯防、突破堵点策略，完成 900 多次上门走访，深入做好政策解读和情感交流，充分赢得老党员理解和配合，全年转出退休党员 220 人。创新“三三二”管理模式，强化在职党支部过硬示范点创建。制定“离退休过硬党支部创建方案”，召开离退休支部书记、委员 57 人参加培训会议，在职党员“一对一”“包干”进行帮扶服务，全年有 8 个离退休党支部获过硬党支部荣誉称号。严格按照组织程序和工作要求，扎实推进党支部换届选举工作，19 个党支部顺利完成换届，精简离退休党支部 10 个，提前 1 个月完成工作任务。开展“人人讲党课”活动。组织党委书记、支部书记、建厂元勋、退休劳模、老党员五个层面的代表分别走上讲台讲党课，达到“人人讲党课，个个受教育”的目的。

【疫情防控】 做好离退休群体疫情管控的组织领导、防控宣传、秩序维护、舆情疏导、关爱传递、扶弱帮困工作。构建“横向到边，纵向到底”的网格长责任体系，完成两级网格长管理清单 24 项，签订责任书 34 份，建立疫情管控制度 19 项，确保防控措施落实落地。组织退休老党员踊跃投入抗“疫”斗争中，成立以党支部书记为首的“离退部疫情防控志愿者突击队”，充分发挥党支部战斗堡垒和党员先锋模范作用，每周 30 多人次退休党员在新村市场维护购物秩序，发挥“老劝老”优势，劝解疏导购物人员近千人次，协助离退休职工采购生活必需品 120 人次。10 名退休党员被集团公司党委授予“济钢抗‘疫’最暖奉献者”荣誉称号。

【服务管理】 对公司厂级老领导、离休老干部、建厂元勋、老党员、老战士梳理建档，实施精准化管理。制定《老干部服务管理办法》《建厂元勋管理办法》《老党员管理办法》等 6 个管理制度，加强重点服务对象的规范管理。走访近千名建厂元勋，完成 7 轮防疫口罩发放工作；全面落实好老干部“两个待遇”，春节、重阳节等重要节日部领导带队走访老干部，发放抗美援朝纪念章 17 枚，送上集团公司党委的关怀问候。组织建厂元勋为离退休群体讲济钢奋斗史和创业精神；老党员到创智谷为青年党员上党课；老干部宣讲革命历史，传承红色基因。成功打造“党支部+服务代表”离退休复合工作体系，选聘 22 名德高望重党员担任服务代表，弥补离退休党员大批量转入社区形成的管理服务空白。发挥“济钢离退休管理”微信平台作用，围绕“服务便捷、管理精准、凝聚情感”目标，建立离退休职工统一管理集约化载体，全年通过微信平台实现 2000 余人次的网络认证。加强管理平台数据库与济南市社保局数据对接共享，提高对两万余离退休职工生存状态辨别能力，有效遏制统筹外补贴超发现象。

【信访稳定】 完善《离退部信访稳定考核管理办法》《离退部舆情疏导工作方案》等制度。通过党支部书记、离退休服务代表、志愿者及管理平台职工留言多渠道获取离退休人员舆情信息，做到底数清、情况明、信息准，便于核查分析。组建 25 个片区微信工作群，重要舆情信息及时掌握、及时处置。全年处置各类舆情信息 179 项，化解各类困难问题 162 项，协调“四供一业”、报销就医等各类问题 350 项。积极开展信访隐

患和矛盾纠纷排查工作，把矛盾纠纷排查工作的出发点和落脚点放在预防上，变事后处理为事前化解，变被动调处为主动预防，做到预防与化解纠纷相结合，汇聚起“一盘棋、一条心、一股劲”的合力，切实解决信访突出问题。做到重点信访人员重点关注，安排“一对一”信访责任人，分别对当事人定期电话回访或上门回访，做好思想疏导和教育引导，确保及时掌握重点信访人思想状况，保持稳定局面。

【文体活动】 开展“云”文化活动。疫情防控常态化情况下，开展离退休职工“云太极”线上比赛、广场舞“云”展演和抗“疫”知识网络答题等活动 11 场。代表济钢参与省、市离退休活动 10 场。荣获：省老干局举办的《第七届健身运动会线上比赛》健身气功个人优胜奖；《2020 济南市第十届全民健身运动会中老年乒乓球比赛》集体“道德风尚”奖；《“心中的歌”网络歌唱比赛》金奖 1 名、银奖 1 名；《“传承经典 · 云朗诵”网络比赛》荣获纪念奖、单位组织奖；《不忘初心、翰墨芬芳书画展云展览活动》，作品《绣红旗》荣获国画类二等奖、《构建绿色生态体系》荣获书法类三等奖。全年参加活动人员达到 2000 余人，极大程度丰富了离退休职工的文化生活。

（撰稿　杨立军　审稿　刘庆玉）

党群工作

DANGQUN GONGZUO

核心理念

☆ 企业核心价值观——共创、共进、共赢

组 织 工 作

【综述】 2020 年，党委组织部（机关党委）下设组织党建室（党校/机关党委）、干部人才室 2 个科室，共 5 人。以习近平新时代中国特色社会主义思想为指导，深入学习贯彻党的十九大及十九届二中、三中、四中、五中全会精神，坚持和加强党的全面领导，紧紧围绕集团公司第六次党代会、二十届三次职代会精神以及 2020 年党群工作指导意见等有关部署，创新党建工作方式方法，扎实推进“两学一做”学习教育常态化制度化，持续加强基层党组织建设，为新济钢转型发展提供了坚强的组织保障。

【党的组织建设】 2020 年底，集团公司党委下辖 138 个党组织。其中，党委 11 个，直属总支 2 个，党支部 125 个（直属支部 8 个），党员 3335 名。以习近平新时代中国特色社会主义思想为指引，用党的最新理论武装头脑、指导实践、推动工作，把党建工作嵌入生产运营全过程，创新制定党委贯彻落实全面从严治党主体责任实施意见，配套形成全面从严治党主体责任清单、负面清单和履职手册，健全完善推进机制，不断将全面从严治党引向深入。修订印发党建工作责任制及考核细则，实行集体领导与个人分工负责相结合，层层签订责任书压实责任。健全完善党建工作制度，聚焦政治引领、思想建设、组织建设、纪律建设、队伍建设、巩固基础等六个层面推进制度“立改废”工作，不断总结吸纳新时代管党治党理论和实践创新成果，以改革创新精神补齐党建制度短板，从根本上强化党的领导。共梳理制度 88 项，其中“立”31 项，“改”8 项，“废”2 项，“无变化”47 项。深化过硬党支部创建，通过优化调整党支部，将 137 个党支部整合、撤销为 125 个，开展三批过硬党支部验收。全公司 1 个党支部被评为省属企业过硬党支部示范点；11 个党支部被命名表彰为山钢过硬党支部；86 个党支部被命名为济钢过硬党支部，过硬党支部占比 68.8%，完成山钢集团党委 60% 的目标要求。推进党建基层工作创新提升，制定“双培养”“头雁工程”实施方案，全面加强基层党组织和党员队伍建设，开展党务工作者专题培训和集中轮训，全年参训 240 人次。全年新组建直属党组织 2 个，认真履行增补程序，对 8 个二级党组织“两委”委员进行增补，共增补委员 14 名。严格按照程序新发展党员 25 名、预备党员转正 24 名。健全完善党员组织生活会、民主评议党员等工作制度，进一步规范党内政治生活。成立攻坚团队，全力推进党员组织关系转接，2020 年共转出党员 585 名。规范党费管理，全年收缴党费 230.42 万元，及时通报了支出使用情况。完成了集团公司党组织和党员年报信息统计上报等工作。

【机关党委工作】 2020 年机关党委下辖党支部 10 个，党员 166 名。一年来，机关党委深入学习贯彻习近平新时代中国特色社会主义思想和党的十九大及十九届二中、三中、四中、五中全会精神，在集团公司党委的坚强领导下，认真落实集团公司二十届三次职代会精神，深入践行“九新”价值创造体系，积极应对新冠肺炎疫情带来的极端严峻考验，聚焦“效率变革”，以“四抓四促进”为主线，以党的建设成效推动和保证“三大战役”各项任务落实落地，把机关各级党组织打造成推动早日实现“二次创业，重塑济钢”“建设全新济钢，造福全体职工”共同使命的坚强战斗堡垒。深入学习贯彻习近平新时代中国特色社会主义思想，全年组织党委理论学习中心组集体学习研讨 12 次。抓实党员教育，印发月度党员干部理论学习计划，把机关党员干部的思想和力量凝聚到集团公司党委、集团公司转型发展重大工作部署上来。贯彻落实民主集中制，修订完善党委会议事规则，专题研究部署过硬党支部建设、意识形态、评优表彰、发展党员等党建重点工作，全年召开党委会14次，保证了集团公司党委决策部署在机关落地落细。

党委班子成员认真落实联系点制度，深入联系点党支部调查研究、讲授党课，发现和解决支部党建工作中存在的问题，全年共参加联系点党支部组织生活10次。深化意识形态工作，实现意识形态工作制度化、规范化，形成了《意识形态领域安全风险防控预案》《意识形态工作责任制实施细则》《关于调整意识形态和宣传思想工作领导小组的通知》及意识形态工作配档表责任落实机制。深化过硬党支部建设，全年有5个党支部通过过硬党支部示范点验收。根据集团公司机构调整，撤销资产公司党支部，及时优化调整党支部，确保党员的教育、管理、监督接续到位。针对支部班子成员工作调动调整，及时启动增补委员工作，严格按照增补程序，对组织部/人力资源部党支部等4个党支部委员进行增补。

严格发展党员程序，全年新发展党员5名，预备党员转正3名。加强党建工作培训，组织开展了党费收缴、发展党员、组织关系转接等工作培训，培训党务骨干40余人次，进一步提升党务工作者工作水平，夯实党建基础工作。实施党支部书记抓基层党建突破项目，围绕着力解决基层党建工作中的重点难点问题确立10个课题，开展结题评审评比表彰，进一步落实党支部书记管党治党责任。搭建干事创业平台，广大党员在“六大攻坚战”“价值创造”中勇挑重担，97名7级及以下党员干部承担111项攻坚任务（价值创造），充分发挥了党员先锋模范作用。

强化党建保障，聚焦“三个让位”在机关落实落地工作主线，以“四抓四促进”为主线，组织各部门结合实际扎实推进，着力提升机关部室运营管控总效率，为集团公司打好打赢“三大战役”提供强有力支撑。在机关党委领导下，机关团委按期进行换届选举，选优配强支委班子，进一步加强基层团组织建设；积极响应机关党委号召，机关团员青年投身疫情防控一线，为集团公司疫情防控工作做出突出贡献，2名同志受到集团公司党委表彰。

（撰稿　李　键　审稿　王广海）

纪检监察工作

【概况】 2020年集团公司纪委设2个室：综合室、执纪监督室，编制定员8人，实际在岗6人；2020年6月设纪委派驻纪检组，编制定员3人，实际在岗2人；下属单位共有10个基层纪委，兼职纪委书记10人，公司直属总支、支部均设置纪检委员，二级单位专（主）职纪检干部58人。各级纪检组织坚持以习近平新时代中国特色社会主义思想为指导，立足职责定位，聚焦中心任务，发扬斗争精神，稳步推进政治监督、监督执纪、探索创新“三个强化”，政治站位进一步提高、党风廉政建设进一步深入、监督范围进一步扩展、执纪硬度进一步提升，为统筹推进疫情防控和生产经营两不误两促进，全力打赢“疫情防控阻击战”“效率变革攻坚战”“转型发展保卫战”三大战役提供了坚强的政治保证和纪律保障。

【履行政治职责】 以高度政治自觉担负起落实“两个维护”重大责任，党风廉政建设责任制党委主体责任、党委书记第一责任

人责任、纪委监督责任、领导班子成员“一岗双责”协同推进、高效落实。全年推进党委会专题研究党风廉政建设工作10次、党委中心组专题学习3次，党委书记讲授廉洁党课。组织签订党风廉政建设责任书2050份。建立政治生态分析研判实施办法，健全“323”量化分析指标体系，政治生态建设更加积极主动。监督考核测评32个党组织及134名领导干部党风廉政建设责任制落实情况，逐一反馈结果并督促落实整改，在山钢党委年度考核中取得95.24分，位居山钢集团权属单位前列。

【严肃执纪问责】 受理并办结信访举报和问题线索49件次；立案查结15起，党纪处分15人，查结率、执行率均为100%，零申诉。面对问题线索集中、案件数量多、案情复杂等困难，采用日跟踪、周调度、月协调督促的动态调度机制，实施“两级办案、一级审理”，集中力量解难题、啃硬骨。全年自查自办案件8起，达到历年来新高，严肃查处了侵害企业利益和群众利益的违纪行为，收缴违纪款项62.2万元，有力地净化了企业政治生态和发展环境。

【加强监督检查】 坚持党委决策部署到哪里，监督检查就跟进到哪里。组织7个部门对深化改革推进情况等7类重点事项进行专项监督，保证重点事项有力有序、有进有成。主动履职快速行动，下沉监督疫情防控，督查责任落实落地，以铁的纪律培筑战疫情、保稳定的“红色防线”。对沙沟尾矿处置和3200立方米高炉资产保护等资产处置重点项目现场进行实地监督检查，保证资产处置依法合规、廉洁高效。制定同级监督办法，明确9类监督内容和10种监督方式，加强对济钢党委及班子成员监督。

【落实巡察整改】 贯通内外巡察“去根”，全覆盖“利剑”作用彰显，以“去根”为目标，将山钢、济钢两级党委巡察的“察”与“改”交互并行推进，山钢党委巡察反馈问题全部按节点完成。完成了对20家基层单位党组织的内部巡察全覆盖，即察即改、即知即改问题900余项，推进了全面从严治党、从严治企不断向基层延伸。

【加强作风建设】 落实中央八项规定精神，重大节日集中发力、日常时段持续用力，重点检查公务接待、公车管理等情况，严肃调查处理了收受购物卡等违规行为。通过检查督促，领导干部廉洁自律意识得到增强，自觉改进作风在济钢干部队伍中成为常态。落实中央“厉行节约、反对浪费”指示精神，两级纪检组织对“舌尖上的浪费”“跑冒滴漏”、绿色办公等情况进行监督检查，勤俭节约风气不断浓厚。

【加强廉洁管理】 严把廉洁关口，筑牢廉洁堤坝，组织“逢提必考”12批39人，一次通过率98.46%；廉洁审核各类集体和个人38次1428人、团队546个，18名领导干部主动报告重大事项。建立领导人员廉洁从业档案120份，增强了遵纪守法和廉洁自律意识。加强廉洁教育，弘扬清风正气，开展“执行纪律做表率，效率变革勇担当”主题教育，组织警示教育、廉洁讲堂、廉洁党课等，受教育人数达6000余人次，开展知识测试71次，编发《每周一题》24期，组织到省廉政教育馆接受警示教育，“算清七笔账”廉洁教育在党员干部中引起较大反响。

【构建监督格局】 深入推进大监督体系建设，夯基筑垒立柱搭台，牵头5个部门成立工作专班，制定299项管理制度的清单，初步构建起由1个管理手册、30个程序文件、300项专业制度组成的大监督文件化管理体系，大监督框架初具规模。完善廉洁风险防控机制，组织13个部门识别廉洁风险点377项，制定防控措施600余条。实施特约监督员制度，从各单位和部门选聘55名特约监督员，发现问题133项、提出建议226条，监督的渠道更宽、效果更好，为促进企业廉政建设，构建监督管理新格局奠定了基础。

【强化探索创新】 建立“12573”容错机制，实施“查容同步”，为转型发展营造干事创业积极氛围，“狮子型”干部队伍在济钢攻坚克难、创新发展中初露锋芒。试点纪检派驻管理，对5家单位试点派驻纪检组管理，开展监督检查42次，完成2件线索处置，协办案件4起，提出21项改进建议并跟踪完成整改，监督下基层到岗位，常态化的过程监督促进了管党治党责任落实。建立澄清保护机制，实施“两反馈一说明”，对已查明的2起不实举报问题进行澄清，树正气、压歪风、鼓干劲。探索问题“去根”新方法，组织开展问题“去根”课题研究，推进“加强管理7级、8级人员监督管理”课题，对46名现管理7级后备干部提级监督管理，着力打造过硬干部队伍。

【锻造执纪铁军】 推进“三基”建设，抓基本打基础强基层，纪检干部队伍素质得到提升，增强了保驾护航本领。坚持每月一会、每会一训、每训一考，组织培训12次、720余人，提高了监督执纪问责能力。梳理管理制度48项，形成案件办理程序102项，整理2018年以来全部纪检案卷，提高了案件办理质量。

（撰稿　于素云　审稿　孟庆钢）

宣传思想/统战/武装工作

【概况】 党委宣传部/统战部/武装部（新闻传媒中心）承担着意识形态、新闻宣传、形势教育、理论学习、企业文化建设、双文明建设、武装管理等工作职能。党委宣传部设综合室、宣教室、武装室，新闻传媒中心设电视新闻部、《钢铁工人》报报社、技术部、文化产业部，在岗人员21人。

【新闻宣传】 2020年，济钢新闻传媒中心制播电视新闻108期，348条；编印《钢铁工人》报60期，刊发各类宣传稿件900余篇；“AI济钢”微信公众号推送相关信息60条。中宣部“走向我们的小康生活”主题采访报道活动采访团走进济钢；中央广播电视总台10频道《人物·故事》导演胡志鹏一行来我公司拍摄专题片；“2020大湾区主流媒体山东行”主题采访团来济钢采访等一系列活动，相继推出重磅报道，深度聚焦济钢转型发展的生动实践，讲述济钢转型发展的奋斗故事，有力提升了济钢知名度和美誉度。组织参加“影响济南”年度经济人物、第二届“影响济南”名企名牌百强榜、“寻找济南新名片”等评选活动。党委书记、董事长薄涛荣获2019“影响济南”年度经济人物称号，并作为企业家代表，接受各大媒体记者采访。泉城广场巨报展，济南时报整版宣传《“无钢”新济钢崛起 明年有望重回300亿》，充分展示了三年来济钢转型发展成绩。

【意识形态】 创新机制抓好意识形态工作，实现意识形态工作规范化、程序化、制度化。形成《意识形态领域安全风险防控预案》《意识形态工作责任制实施细则》《关于调整意识形态和宣传思想工作领导小组的通知》、意识形态工作配档表“三文一表”责任落实机制。全面强化党委理论学习中心组理论学习。做到习近平总书记重要讲话必学，党的最新创新理论必学，上级要求的学习内容必学，同时通过邀请专家授课，制作精美PPT学习课件等方式增加学习效果。全年组织19次党委理论学习中心组集体学习。通过列席学习、检查笔记等形式，党委职能部门对二级单位党组织理论学习进行了全覆盖式督导促学，并指导提出意见建议。做实做细职工政治学习。制定《济钢集团

有限公司职工政治学习制度（试行）》，成立8个督导组对集团公司所有单位进行制度机制完善情况、执行情况、学习效果情况全覆盖式检查督导、指导。下发《济钢集团职工政治理论学习调查问卷与调查表》，编发《济钢转型发展形势任务教育材料50问50答》《职工应知应会100问100答》等多个形势任务教育材料，让政治理论学习成为集团公司、二级单位、车间（科室）与班组职工提升素质、增进团结、凝聚力量强有力的思想武器。大力强化政治理论学习宣贯，起草《中共济钢集团有限公司委员会关于开展党的十九届五中全会精神宣讲的方案》，制定《中共济钢集团有限公司委员会庆祝中国共产党成立100周年活动方案》。深入基层宣贯“九新”价值创造体系。组织“九新”价值创造体系集中授课7次，到基层宣讲6次，在集团公司军事化训练期间，邀请山东省军区原副参谋长鞠洪仑、原济南军区学生军训教研室主任刘鹏教授讲授军事理论课，并对“九新”价值创造体系进行再解读、再宣贯。“学习强国”平台得到进一步推广和巩固。集团公司党委“学习强国”参与率、活跃度等指标始终保持在济南市前列。在“学习强国”全国学习平台发表稿件6篇、山东学习平台发表稿件92篇、济南学习平台及微信公众号“泉城微讲、新时代学习达人”发表稿件22篇，在济南企业中发稿名列前茅。8人被济南市委“学习强国”工作专班评选为“学习达人”。组织新时代百姓宣讲比赛。5部作品分别荣获山钢集团一、二、三等奖，济钢集团荣获优秀组织奖。印发《关于征集2020年党建和思想政治工作政研论文的通知》。10项党建课题分别获山钢优秀党建思想政治工作研究成果一等奖1项、二等奖3项、三等奖6项。2人被评选为2020年山钢优秀党建思想政治工作研究会干部。4项党建课题分别获中国冶金职工思想政治工作研究成果一等奖1项、二等奖3项。

【企业文化建设】 精心策划推出“2021年济钢春节联欢会”，以丰富多彩的节目形式，展示济钢新成就、新形象，提升职工凝聚力。开展“我们的节日系列”主题活动。以春节、元宵、清明、端午、中秋、重阳等中华传统节日为重点，组织各单位开展以经典诵读、节日民俗、文化娱乐和体育健身活动等为主要内容的群众性节日活动，在节日和活动氛围中倡树文明新风。将道德讲堂纳入精神文明建设考核体系，完成环保新材料公司、济钢国际工程公司、鲁新建材公司3家单位道德讲堂建设工作，通过充分发挥道德讲堂的导向作用、平台作用与辐射作用，促进济钢文明单位创建水平稳定提升。同时做好上级文明委道德模范评选推荐工作。

【文明单位创建】 制定《济钢集团有限公司文明单位评选管理规定（试行）》，结合济钢集团在坚持经济文明、精神文明、政治文明、社会文明、生态文明的“五位一体”建设一起抓的实际，修订《济钢集团有限公司文明单位考评细则》，以山钢“共赢文化”为指导，深入总结以往创建全国文明城市和文明单位的经验，2020年，新申报省级文明单位2家（环保新材料公司、济钢国际工程）；市级文明单位1家（鲁新建材公司）；山钢级文明单位2家（萨博汽车公司、鲁新建材公司），同时做好国家、省、市级文明单位复审工作，保持济钢文明单位创建水平稳定提升。

【统战、武装工作】 建立和完善细致的统战对象工作台账，切实了解统战对象的基本情况和思想动态；组织穆斯林职工典型代表微型座谈会，听取穆斯林职工意见建议、传播济钢取得丰硕成果。为坚持节日工作的穆斯林职工提供民族特色午餐，感受济钢一家亲的节日气氛。组织公司现有民主党派支部、委员换届工作。落实济钢现有侨联侨属统计工作。部署民主党派学习落实习近平新时代中国特色社会主义思想和上级党组织会议精神。有序做好兵役登记。提高适龄青年依法服兵役和自觉参加民兵组织的积极性，为征兵工作打下了坚实的基础。组织举办济钢民兵点验大会，展示济钢半军事化管理成果，钢铁战士形象。

（撰稿　王彤彤　审稿　柳润民）

工会工作

【概况】　截至 2020 年 12 月底，济钢集团有限公司工会委员会下辖二级工会 19 个，支会 83 个，会员 10221 人，其中女会员 2353 人。在公司党委的正确领导下，公司工会积极践行“九新”价值创造体系，围绕“建设全新济钢，造福全体职工”共同使命，聚焦“疫情防控阻击战”“效率变革攻坚战”“转型发展保卫战”，强化作风，严抓落实，开展工会各项工作。

【职工思想引领工作】　制定《关于加强和改进新时代职工思想政治引领工作的实施方案》，深入贯彻习近平新时代中国特色社会主义思想，认真履行工会团结引领广大职工群众听党话、跟党走的政治责任，不断巩固党执政的阶级基础和群众基础，进一步加强和改进广大职工思想政治引领工作。组织开展先进集体和先进个人评选表彰活动，加强典型引领。组织召开五一表彰大会，命名表彰 7 个 2019 年度“文明单位”；4 名集团公司“劳动模范”；52 个 2019 年度集团公司先进车间（科室），19 个 2019 年度集团公司先进班组，149 名 2019 年度集团公司先进生产（工作）者。完成 2019 年度工会先进集体、先进个人评比工作，表彰 8 个 2019 年度模范职工之家，14 个和谐工会，25 个模范职工小家，119 名工会积极分子，79 名工会优秀工会工作者，号召广大干部职工向先进学习，积极建设全新济钢。开展党的十九届四中全会精神等宣讲活动，加强思想引领。组建由劳模等组成的百姓宣讲团，到基层单位开展党的十九届四中全会精神、职代会精神、疫情防控典型事迹宣讲 11 场。联合宣传部开展“中国梦新时代话小康”百姓宣讲比赛。组织开展职工文体活动，加强文化引领。组织举办“初心永恒，使命无疆”济钢春节联欢会，开展“迎新春送春联”主题活动，组织职工参加上级工会书法征文比赛，丰富职工文化生活，加强文化引领。

【疫情防控工作】　面对新冠肺炎疫情，积极开展各项工作，保护职工生命安全。设立 450 万元新型冠状病毒感染肺炎防控工作专项资金，用于疫情防控相关物资。开展“抗击疫情”爱心捐款活动，共收到 5623 名职工的爱心捐款，共计 652446.56 元。对疫情防控一线人员开展关心慰问工作，走访慰问疫情防控职工共 586 人，发放慰问金和慰问品共计 369500 元。开展疫情防控、复工复产合理化建议“金点子”征集活动，征集疫情防控“金点子”353 条，转办 119 条，奖励 59 条。开展“保卫职工，保卫济钢”2020 年济钢职工齐心“战疫”精彩瞬间摄影大赛，在青春济钢编发 3 期专题共 60 余幅图片。开展核酸检测工作，目前已累计检测 6292 人次，检测结果全部为阴性，确保职工安心工作、生活。

【全员平凡创新工作】　开展岗位建功示范岗及标兵评选表彰工作，评选表彰岗位建功示范岗 52 个，岗位建功标兵 112 人，岗位建功标兵优秀奖 154 人。开展合理化建议评选表彰工作，评选表彰合理化建议 420 项，其中一等奖 36 项，二等奖 151 项，三等奖 233 项，累计创效 1000 万元。开展职工创

新工作室市场化推广，完成2019年创新工作室表彰工作，5个优秀，6个合格，奖励经费8万元。2020年全公司11个创新工作室实施攻关课题135项，获得发明专利9项，创效6267万元。开展“构建新型导师带徒体系，优化职工心力成长生态”活动，制定工作方案，召开启动大会，聘任199名导师，签约268对师徒，制定新型导师带徒管理办法。

【强化民主管理，维护职工权益】 重大事项经职代会决策。组织召开济钢集团第二十届三次职代会及代表团长、工会主席联席会议，表决通过《济钢集团有限公司职工“帮困基金”管理实施细则（修订稿）（草案）》《济钢集团有限公司关于完善薪酬分配制度实施年功工资的方案（草案）》等涉及职工切身利益重大事项。代表提案全部办结。203名职工代表共提报提案180项，表彰一等奖提案26件，二等奖提案45件，三等奖提案109件，为推动集团公司转型发展与和谐稳定提供了重要参考。三级厂务公开事项清单，逐一落实。组织对各单位厂务公开民主管理工作进行年度监督检查，对涉及职工利益的重要事项、重要决策及时公开，确保了职工的知情权、参与权。重大事项职工代表广泛参与。组织职工代表全程参与两节职工福利决策；组织职工代表参与疫情防控物资的招标，充分发挥职工代表的作用，强化民主监督的力度，积极构建基层监督防线。职工代表公开评议领导班子、领导干部。在二十届三次职代会上，职工代表对济钢集团领导班子和领导干部进行了民主评议，采取无记名投票方式，领导班子优秀比例占97.77%，适应比例占2.23%，没有基本适应和不适应的评价。做好重点事项监督工作。围绕漠视侵害职工群众利益事项，工会积极组织5名职工代表对冷弯型钢等单位职工食堂进行检查，确保职工群众舌尖上的安全。开展“厉行节约、反对浪费”工作，组织8名职工代表对各单位职工光盘行动进行检查督导，引导广大干部职工用好勤俭节约的“传家宝”，筑牢浪费可耻、节约为荣的思想观念，使厉行节约在济钢成为常态。

开展2020年春节送温暖、金秋助学、互助互暨等各项救助工作，救助困难职工444人，发放救助金102.58万元。开展夏送清凉活动，走访慰问95次，慰问一线职工4121人次，下拨经费44.88万元。加快服务职工的阵地和队伍建设，目前已有12家单位创建职工服务中心。组建204人的职工互助文明志愿者队伍，47名青年志愿者疫情期间走上街头，展现出服务职工的强大力量。积极开展职工查体工作，已完成9000余名职工健康查体。

【幸福和谐企业创建】 聚焦“全面创建、重点培育”，推进幸福和谐企业创建。公司党委始终把幸福和谐作为企业发展的方向性目标，专题听取创建情况汇报，制定《济钢集团有限公司2020年深入落实“九新”价值创造体系争创山钢幸福和谐企业推进指导意见》。组织召开2020年幸福和谐企业推进会，下拨幸福和谐企业创建经费共计75万元。签订2020年幸福和谐企业工作责任书，确定4家典型培育单位。召开幸福和谐企业创建学习经验交流会，互相学习，取长补短，共同推进幸福和谐企业创建。开展幸福和谐企业模拟评审及年度验收工作，力争顺利通过验收。城市矿产、冷弯型钢、瑞宝电气3家单位被命名为山钢集团幸福和谐企业，萨博汽车、鲁新建材、环保材料、济钢物流、济钢顺行、济钢文旅、鲍德炉料7家单位被命名为济钢集团幸福和谐企业。

【女工计生工作】 引领凝聚服务“半边天”，开展女工计生工作。开展女职工先进集体、先进个人评选活动，表彰女职工先进集体6个，女职工先进工作者30名，巾帼建功能手24名。开展送书到基层活动，共购买发放 200 册图书。各基层单位开展庆“三八”国际妇女节活动。

【工会组织建设】 建设新时代职工之家，争当职工信赖的“娘家人”。加强工会干部能力建设。2020 年各级工会干部积极撰写高质量专题调研成果 43 篇。加强工会制度建设，共梳理制度 51 项，废 8 项，改 16 项，继续执行 27 项，为部门工作及二级单位工会工作提供制度依据。开展“建设和谐工会，争做模范职工之家”活动。

（撰稿　刘红霞　审稿　黄善兵）

共青团工作

【概况】 截至 2020 年，济钢集团团委下辖 16 个基层团组织，45 个团支部，共青团员 136 人，40 岁以下青工 1678 人。2020 年济钢团委荣获国家级先进集体 1 个；省级先进个人 1 人；市级先进集体 3 个；市级先进个人 4 人；山钢级先进集体 3 个，先进个人 19 人。

【教育引导青年】 2020 年，济钢团委以习近平新时代中国特色社会主义思想为指引，全面践行“九新”价值创造体系，团结带领济钢各级共青团组织积极投身“不忘跟党初心、牢记青春使命”主题教育，深入开展全力推进共青团“价值创造”，团结带领广大团员青年担当时代使命，“决胜三大战役，收官 2020，再战 2021”活动中发挥好党的助手，行政帮手和桥梁纽带作用，不断开创济钢共青团工作的新局面。带领团员青年积极参加团中央“青年大学习”、中宣部“学习强国”活动，“青年大学习”全年保持参学率 100%并始终在济南市直属企业团组织中保持领先。通过青年典型现身说法、团干部面对面交流、形势任务微宣讲等活动，深入学习宣传党的十九届五中全会精神，全年开展“基层团干部培训班”活动 2 期，推动主题教育活动有思想、接地气、见实效，引领青年听党话、跟党走。2020 年 5 月 9 日上午，济钢团委举办“牢记初心使命、锤炼过硬本领”青年座谈会，邀请集团公司党委书记、董事长薄涛和部分公司领导，与 9 名青年代表面对面交流座谈。搭建共青团特色宣传新阵地。依托“青春济钢”公众号、“青春济钢”抖音号、共青团网站、团委网站等宣传平台，提升“共青团网络新媒体中心”，打造济钢共青团新媒体宣传新矩阵，开通“青春济钢”快手号、喜马拉雅号、哔哩哔哩号，特别是“青春济钢”公众号深受广大青年职工喜爱，截止到 2020 年共发表文章 1040 篇，最高粉丝量达 9000 人。对济钢团委重要活动、各二级单位青年工作进行及时宣传报道，营造了浓厚的青春气息。大力弘扬五四精神，主动磨砺担当精神，实践证明，新形势、新任务使青年思想政治工作的地位和作用更加突出，无可替代。编制《青春使命》济钢共青团工作手册并印刷 1000 余册，多层次展示青年风采，全方位引领青年思想。

【组织带领青年】 “党有号召、团有行动”，面对新冠肺炎疫情的暴发，充分发挥党的助手和后备军作用，全员行动、拼搏奋战，用“青春活力”筑起疫情防控的“青春战线”。一是迅速行动向所属各团员青年传达落实疫情防控各项工作部署，两天时间组织制作《加油，武汉》MV，致敬夜以继日奋战在防控阻击战一线的勇士们，视频发布后点击阅览量超过 3 万次；二是主动对接企业所属社区，积极推进社区封闭式管理等工作，组织青年志愿者检查疏导进出社区车辆近 14 万车次，检查人员双证及体温检测近 30 万人次，劝返外来车辆近 3000 车次、外来人员近 8000 人次，有力维护了济钢社区职工

安康；三是迅速建立三级战“疫”舆情信息群，用最快的速度建立了舆情预警机制，在团员青年当中构建起横到边、纵到底，无缝隙、全覆盖的青年战“疫”网络，为抗“疫”储备青年能量，为保卫企业、保卫社会贡献青春力量。疫情之下不忘雷锋精神。将雷锋日服务活动与社区防疫行动相结合，疫情之下不忘榜样力量，传承榜样精神。志愿者在服务实践中有力的做到“奉献，有爱，互助，进步”的志愿者精神，向外界很好地展示了新济钢新青年的积极向上的精神风貌。青年突击队活动助力企业转型发展、复工复产。开展“助力新发展 青年当先锋”青年突击队活动，由各单位团委书记、青工委主任、团委负责人亲自带队执行任务，在服务企业、服务青年等方面都取得了显著的成效。疫情期间青年突击队科学防疫、精准施策全面助力企业复工复产，为打赢疫情防控阻击战，为企业安全平稳生产贡献青春力量。组织青年志愿者积极投身公益活动。按照山钢团委活动安排，组织“青春热血 缅怀先烈”无偿献血活动，60余名团员青年积极参与。积极响应国家“扶贫攻坚”号召，不忘扶贫脱困初心，牢记公益帮扶使命，组织5个青年文明号进行一对一结对助学，深耕公益事业，以诚信积极履行社会责任，用爱心和真情回馈社会。

【加强组织建设】 2020年底济钢团委召开了共青团济钢集团有限公司委员会第十次代表大会。进一步推进了全面从严治团各项工作，规范团的组织建设，提高团员政治意识、组织意识和模范意识。选举出全公司来自全集团生产、经营、营销、研发等各条战线87名优秀代表，代表了全公司1000余名团员青年。大会听取和审议了共青团济钢集团有限公司委员会工作报告，并选举产生了共青团济钢集团有限公司第十届委员会。济钢集团各级团组织以团代会的召开为契机，组织各项宣传活动，对团员进行《团章》、团的知识、组织纪律性教育。创新工作思路、探索有效载体、深化服务领域、拓展工作范围。2020年济钢团委结合共青团工作实际，优化梳理济钢共青团工作制度15项，进一步强化基层团组织建设。活跃基层团的工作，在广大团员青年中开展“牢记青春使命，不忘跟党初心”主题活动，强化共青团组织对团员青年的领导、引导、指导、督导。夯实共青团基础团建。开展了2020年度团支部换届选举工作；整顿基层团组织架构，增设“四新”产业园团总支；定期线上召开团委书记例会；开展季度共青团工作测评；提高工作效率和服务水平，不断夯实济钢共青团组织建设。加强团干部队伍建设。济钢团委对下属16个单位团组织状况进行了全面调研，配齐配强基层团组织领导班子；进一步核实《济钢共青团干部》档案，下发《济钢共青团工作通讯录》，加强工作沟通与联系；梳理基层团组织团员青年数据档案。

【竭诚服务青年】 为进一步激发团员青年创新创造热情，以“效率变革”为牵引，进一步开拓创新、创造突破。鼓励团员青年把创新的立足点放在效益、效率提升上，在加快推动济钢发展建设的征程中，勇当主力军、彰显新作为，为集团公司转型发展贡献新的智慧和力量。在全公司团员及青年职工中开展了第三期“效率变革”金点子擂台赛活动。举办“摆产业地摊 展济钢风采”漫画大赛活动。“五四”青年节期间评选并授予20名公司青年职工济钢“十大杰出青年”“青年岗位能手标兵”的荣誉称号，下发《关于命名表彰第七届济钢“十大杰出青年”“青年岗位能手标兵”的决定》并进行了表彰，旨在树立政治进步、品德高尚、各领域贡献突出的优秀青年典型，反映新形势下济钢青年职工的精神品格和价值追求。为进一步展示济钢人崭新的精神风貌，深入挖掘宣传各单位涌现出的“出彩”典型人物，策划制作了 20 期“出彩济钢人”宣传展播活动，多平台持续展播，展示了济钢青年风采，汇聚正能量提振精气神，引导激励更多的济钢人奋勇向前。开展双推优工作，对在 2019 年度共青团工作涌现出的先进进行表彰奖励。授予 5 个基层团组织“五四红旗团委（青工委）”荣誉称号，14 个基层团组织“标兵团支部”荣誉称号，9 个基层团组织“先进团支部”荣誉称号，5 名同志“杰出青年工作者”荣誉称号，10 名同志“优秀青年工作者”荣誉称号，14 名同志“优秀团支部书记”荣誉称号，18 名同志“优秀共青团员”荣誉称号，40 名同志“最美青工”荣誉称号。

（撰稿　辛　敬　审稿　王京巨）

生产经营

SHENGCHAN JINGYING

核心理念

☆ 企业经营宗旨——精品赢得市场，诚信创造未来

生产加工板块

冷弯型钢公司

【企业概况】 截至2020年底，冷弯型钢公司（以下简称“公司”）在册职工129人。其中，管理工技人员34人，高级职称6人，中级职称12人，初级职称7人。公司内设10个职能部门。共有4条产线，主要产品为方矩形管、圆管、U型钢和纵剪带，应用领域为路桥、船舶、钢构、工程等。

【生产运营】 2020年产量22.22万吨，比上年增加9.39万吨；销售收入9.03亿元，比上年增加3.03亿元；利润3088万元，比上年增加1325万元。面对新冠疫情考验，公司定位“经营提升年”，深入践行“九新”价值创造体系，聚焦“效率变革”，夯实“一体化”运营管控，引入防疫网格化管理模式，构建生产运营“四级三协同”网格化管控机制。领导班子带领职工深入现场，贴近市场，智慧经营，精益管理，创效为先，问题导向，快速解决，全面打赢“疫情防控、效率变革、生产经营、工艺改造”四大战役，实现经营绩效三年连续翻番，交出疫情防控和生产经营“双胜利”答卷。

【市场营销】 突出市场营销龙头地位，控风险拓展优质市场；打破原有商业模式限制，抓商机提升品牌效益。公司按照“技术+智慧”经营模式，利用“国企身躯、民企思维”，形成“国企的强、民企的活”国内独一无二的济钢冷弯特色经营机制。公司在巩固“四大领域、十大板块”内固有客户市场的同时积极培育第二梯队、第三梯队市场。业务人员打破“画地为牢”销售固有模式，利用疫情影响下市场洗牌机遇，敢于亮剑“抢地盘”，“虎口拔牙”抓订单，挺进武钢冷弯、上海佳艺等市场份额较大的两湖、两广地区，徐工、三一等高端客户签单量持续增加。当年累计开发新客户120家，产品直销占比达85%以上，实现订单量24.3万吨，比上年增加64%。公司创新原料采购模式，支撑高端产品研发，用“品牌策略”提升钢厂服务意识，用“技术纽带”拉近合作关系，先后与山钢日照公司、莱钢、邯钢、唐山不锈钢等钢厂签订专项技术协议20余份，为屏蔽低端客户、提升济钢冷弯品牌竞争力创造条件。

【生产保障】 深化“一体化”管理模式，推进协同高效；提升“集约化”管理能力，实现优质发展。公司牢固树立“现场就是市场”“产品就是客户”“质量是生产出来”理念，提升集约化管理能力。构建以成本控制为依托的生产组织模式，优化调度指挥系统及大循环生产计划，坚持专业点检与岗位点检相结合，实现生产维保互促互进，产线有效作业率提升15个百分点，确保订单保质、保时交付。当年，5人获得山钢集团有限公司“全员平凡创新成果一等奖”；2人获山钢集团合理化建议“金点子”二等奖。

【技术创新】 聚焦效率变革，提升企业软实力；坚持科技创新，培育核心竞争力。

公司将新产品开发作为市场开拓的不竭动力，大力推进结构调整、工艺优化及新产品开发工作，坚定不移地推进结构调整，加大研发力度，建设新产线，探索新工艺，实现方、圆产品“两条腿走路”，为公司提订单、促生产、保交付、提产能打下坚实基础。全年成功研发尖角方钢，ϕ76 毫米、ϕ189 毫米系列圆管，小型开口产品，加大以临工、济专为重点客户的精密用管、车辆用管研发，新产品均实现质量稳定批量供应，品种比提升到16.8%。公司申报专利6项，其中发明专利2项、实用新型专利4项，并申报团标3项，1人获“济南市2020年度创新能手”。

【项目建设】 扩大产能，推进项目落地见效；提高效率，全力提供设备保障。公司加大设备技术改造及新项目建设，包括LW1200线产能及产品质量提升技术改造、产品拓展及深加工、安全提升工程、产线功能提升改造、起重设备改造等项目。2020年完成投资7770万元，项目建设进度打破常规，高效组织，所有项目均较计划大幅度提前。ϕ76 毫米、ϕ114 毫米、新纵剪等新上及改造项目均实现达产即达效，发挥良好经济效益。产线自动收集、机器人焊接和机器人码垛实现自动化、智能化，整体装备水平大幅提升。

【安全管理】 强化双基双线一提升，抓实班组基础建设；改善现场工作环境，推动双基工作稳步提高。公司坚持“党政同责、一岗双责、齐抓共管”，紧紧围绕“安全是生命线、安全无大小”安全理念，强化落实安全生产主体责任和各级人员安全履职。深入推进“双基双线一提升”，严抓生产现场“三违”行为，严格督查生产单元风险管控，切实落实重污染天气减排措施，做好自身工作，向环保要效益。全年开展“安全月”、冬、夏季“四防”、安全标准化建设、安全生产专项整治三年行动等活动，先后完成环境保护管理办法、环境污染事故管理办法、污染物（废水、废气、噪声等）控制管理办法、职业病防治管理制度，实现全年安全环保“八个零”。

【党群工作】 使命引领抓班子，全面履行主体责任；高地思维抓制度，构建治理效能推进器。公司党支部以习近平新时代中国特色社会主义思想为指导，坚持“围绕中心抓党建，抓好党建促发展”的总体思路，以“党建一体化”品牌建设为主线，全面启动“党建一体化、幸福和谐企业、人人向往的企业、花园式企业、现代化企业”五大工程。党支部开展基层党建制度体系化建设，梳理修订党建基本工作制度17项，狠抓落实；实施政治监督、廉洁监督、风险监督、效能监督，实现“防止违纪、杜绝违法、防范风险、提升效能”目标；建设职工服务中心，改造职工食堂、浴室、书屋、活动室等服务场所，当年通过山钢幸福和谐企业验收；打造党建工作宣传阵地，建设党建文化广场，让党的“细胞”动起来，党员身份“亮”起来，使“党建+文化”深度融合，弘扬正能量，为公司高质量发展注入红色生产力，提供坚强政治保证。

（撰稿　杨学军　审稿　王丰祥）

合金科技/鲍德炉料/复合材料一体化运营公司

【概况】 2020年2月19日，济钢集团有限公司第四届董事会第九十次会议审议通过《关于山东济钢合金材料科技有限公司资产重组的议案》，以2019年12月31日为基准日，将山东济钢合金材料科技有限公司权属土地使用权、房屋建（构）筑物及部分机器设备等资产，以经审计的账面净值，重组转让至济南鲍德炉料有限公司。相关债权债务、人员、业务随资产重组一并转入济南鲍德炉料有限公司，由两公司签订资产重组协议。资产重组后的济南鲍德炉料有限公司

（简称鲍德炉料）与济南济钢复合材料有限公司（简称复合材料）实施一体化运营。截至2020年底，鲍德炉料/复合材料/合金材料一体化运营公司职工总数299人。其中，在岗职工278人，内退职工7人，集团公司混凝土项目待岗职工14人。公司下设党群部/综合管理部、安全环保部、财务部、生产技术部、资产部、供应部等6个部室以及经营部、合金车间、运行车间、综合车间等4个生产经营单位和日照市分公司，共计11个内设机构。

【生产运营】 2020年完成营业收入22.74亿元，实现报表利润1750.12万元，销售总量130万吨，完成自产产量46.02万吨，其中日照分公司完成产量42.38万吨，各类合金炉料产量3.64万吨。

【市场管理】 多措并举，抢抓商机，建立采购管理创新模式。着力拓展渠道资源，优化付款方式，全面实施采购模式创新，切实提高了客户的保供能力，比较优势日益突出。在铝系原料采购方面，采取“点价+周均价+混合模式”多种方式进行采购，针对不同定价模式的销售订单，采取不同采购模式，最大限度降低采购成本。瞄准市场增量，重点推行“稳规模、调结构、推模式、增效益”的经营策略。形成了山钢系、河钢系、日钢系、新天钢系、德隆系、沙钢系等重点维护客户群，并持续向外围延伸，实现了市场合理布局，华北区域市场影响力不断提升，整体营收规模达到历史最好水平。对产供销信息数据全面量化管控，建立了模拟“数据中心、指挥中心、信息中心”，大大提高了运营效率。

【生产管理】 一体化运营公司紧盯“经营绩效提升”的任务目标，顺利完成各产线搬迁和布局优化，坚持“高效生产”不动摇。根据销售订单落实生产进度，优化订单原料储备，按照合同订单的轻、重、缓、急，统筹协调原料采购和资金调配。日照分公司通过不断提升设备及工艺性能，主要设备年度作业率达到99.8%以上，促进了产能充分释放，为生产稳定运行打下坚实的基础。合金车间统筹人员班次编排和调度，推进实施铝线、铝粒产能升级改造，各类产品单班产量由最初的55吨，提升至175吨，整体生产效率实现质的突破。

【安全环保】 严密部署，狠抓落实，夯实防疫安全环保工作。落实防疫责任，各类防疫物资保障充足，为全体职工筑牢生产、生活屏障。强化疫情防控监督履职，确保各项防疫措施严格落实，建立了牢固的疫情阻击防线。严格落实企业安全生产主体责任和双基双线一提升工作要求，切实提升本质安全水平；强化相关方安全管控，建立“一户一档”安全风险及管控措施，提高了安全管控水平。日照分公司石灰窑超低排放改造暨环保绩效升级项目通过逐级审核验收，实现与山钢集团日照分公司环保绩效同步创A达标。

【基础管理】 健全和完善管理制度，修订完善管理制度202项，强化职能部室专业管理水平，全面提升管理效率。规范合同管理，建立了完备的合同管理台账和业务流程，明确了节点控制要素，提高全员法律意识、风险意识和责任意识。依法合规、积极主动处理历史遗留问题，降低法律风险，全年主诉案件10起，全部胜诉，追回应收账款2109万元。新编、修改采购管理文件12项，认真落实招投标及阳光采购工作，各项管理流程日趋规范。优化创新采购模式，有效实现了采购降成本，并建立物资采购信息数据库，为数据分析奠定基础。

【财务管理】 强化资金管控，资金周转效率提高30%以上。推进经营管理流程再造，抵御风险能力明显增强。强化制度约束，系统完善制度流程，强化过程监督。规范合同授权管理，从生产组织、交付保障、法律风险等方面进行综合评审，规避合同风险。构建“一户一档”采购、销售合同等各类台账，监督合同的履约情况，做到财务账和业务账规范统一。

【创新创效】 取得国家发明专利 2 项，分别为《一种钒氮合金的制备方法》《一种废旧纳米晶铁芯的资源化回收方法及其应用》。取得国家实用新型专利 2 项，分别为《一种翻板式铝液分配机构》《一种脱氧铝块连续浇铸装置》。

【党群工作】 政治引领，服务大局，实现党建工作风清气正。坚持把政治建设摆在首位，统筹一体化运营公司党建工作提升，牢牢把握党对意识形态工作的领导权。扎实开展“过硬党支部”创建，加大软件硬件建设力度。强化责任担当意识，狠抓重点事项监督和督导落实。常态化开展反腐倡廉教育，抓好“执行纪律作表率，效率变革勇担当”主题教育宣教活动，组织开展各类学习、研讨、知识测试，筑牢拒腐防变思想防线。顺利完成管理 7 级、8 级岗位人员调整，13 人参加集团公司干部轮岗交流，25 人参加内部竞聘上岗。深入推进职工服务中心建设，组织开展主题劳动竞赛和各类文体活动，获得集团公司“幸福和谐企业”。

（撰稿　李　鹏　审稿　王铭南）

济南鲁新新型建材股份有限公司

【概况】 截至 2020 年底，济南鲁新新型建材股份有限公司（以下简称鲁新公司）共有在册职工 144 人。其中，专业技术与管理人员 47 人，高级职称 5 人、中级职称 20 人、初级职称 7 人。下设 5 个职能部室、2 个子分公司。资产总额 3.76 亿元，负债总额 0.6 亿元，所有者权益 3.16 亿元。公司有鲁新济南公司、日照分公司、泉州子公司五条生产线，主要生产矿渣微粉，致力于实现冶金渣的高效综合利用，属国家鼓励发展的绿色环保建材项目。

【生产经营】 强化疫情防控，落实防疫制度，推行网格化管理，在济钢集团有限公司及所在乡镇率先复工复产，实现疫情常态化下的安全高效生产；实行二次混合所有制改革，引进战略投资者，实施骨干员工持股；全年生产矿渣微粉 248.52 万吨，实现销售收入 6.46 亿元，利润 2183.46 万元，归属母公司净利润 1196 万元，整体关键绩效指标均超额完成目标。

【市场贸易】 原料运输加大“公转铁”占比，保障济南产线水渣供应；细化进厂水渣分类，调整配掺比例，提高产品质量；深化“选鲁新，都放心”的经营理念，稳定战略客户资源，直供混凝土搅拌站，抢占高价市场；构建济南建材贸易平台，全年贸易销售收入 670 万元。日照分公司精心组织倒运水渣，确保产线原料供应平衡；针对周边矿粉产能严重过剩的不利局面，调整区域销售计划，大力拓展青岛市场提高销量。泉州分公司在原料价格低谷大量采购水渣降低成本；引进区域代理，联合实力合作伙伴进行市场筹划，紧抓高端工程用户，销量创出历史新高。

【安全管理】 安全管理向安全治理提升。深化安全源头治理、系统治理和综合治理，健全安全生产责任体系，成立三地抢险应急小组，组织安全教育培训、安全检查、应急演练、冬、夏季“四防”等活动，“三体系”建设取得认证证书，安全标准化建设通过济南市验收，日照分公司通过环保 A 类企业验收，泉州分公司成功申领排污许可证，济南公司输料皮带全封闭抑尘，排放达标率 100%，实现安全环保“八个零”目标。

【员工管理】 员工管理以人为本。接收安

置员工32人，筹划成立保运组，打造矿粉线专业化维修队伍，实现维护职工队伍稳定、降低维修费用的目标；开展导师带徒和技术比武，以考促学，提升岗位操作水平；强化精益管理，优化绩效考核，提高员工执行力；开展班组能耗竞赛，合理掺配水渣和原煤，实现生产过程提质降耗。

【财务管理】 财务加强资金占用管理，全面完成四金占用考核指标和“双降双提”目标；政策利用助力生产经营。累计获得土地使用税减半、医社保减免、省市区创新研发补贴等政策红利564万元。

【创新创效】 依托“曲丽娜创新工作室”，组建以市场为导向，以技术为支撑的攻坚团队，全年获得4项专利授权，申请5项实用新型专利；科技创新项目《大掺量矿物掺和料在混凝土中的性能应用研究》，获得集团公司科技成果二等奖；参与《石膏矿渣水泥》行业标准的编制，提升公司在行业内的知名度。曲丽娜所在的战略规划部获得“济南市女职工建功立业标兵岗”荣誉称号。在全公司营造创新光荣的良好氛围，鼓励员工打破传统思维、积极创新，全年共征集有成效的合理化建议94项，获集团公司奖励15项，济南公司完成煤磨热风炉管道改造等多项技改，降耗增产成效显著，设备有效运转率达到历史最佳水平；日照分公司根据职工提出的合理化建议，成功解决二线开机震动大、易停机的问题，保证磨机平稳运行；泉州分公司大胆实践，独立完成主电机返厂安装工作，并实施多项技改，降低维修成本。

【党群工作】 全面落实从严治党要求，夯实党建工作基础。制定下发《鲁新公司7级、8级管理人员考核评价办法》等管理制度，规范执行党的组织生活、“三会一课”、党务公开等制度；坚持中心组学习制度，领导干部带头参加“双重”组织生活，严肃党内政治生活；开展民主评议党员，党员合格率达到100%；加强廉洁教育，分析研判公司政治生态、自查党风廉政建设情况，组织签订党风廉政建设责任书48份；加强舆情关注和信息沟通，“小家热线”有效促进公司信访稳定、和谐劳动关系的构建；推进民主管理，落实厂务公开，维护职工合法权益；积极搭建职工成长平台，开展技术比武、岗位建功、合理化建议、导师带徒、劳动竞赛等活动；关心关爱职工，夏送清凉、冬送温暖，关怀驻外职工，慰问疫情防控一线工作人员、走访生病住院职工；成立文体协会，举办拔河比赛、工间操、知识竞赛、棋类比赛等多项文体活动；优化职工服务设施，建成包括职工健身室、乒乓球室、职工书屋、妈妈小屋、棋牌室、心理疏导室、青年之家、学习室等设施齐全的职工活动中心，整修职工食堂、澡堂、公厕，提升绿化覆盖面积，使职工的工作、生活和学习环境得到大幅改善，职工获得感、幸福感、安全感得到极大提升。公司先后获得济南市文明单位、济钢集团有限公司先进基层党组织、过硬党支部示范点、幸福和谐企业、模范职工之家等多项荣誉称号，通过济南市高新技术企业、“专精特新”中小企业认定，社会美誉度显著提升。

（撰稿　孙冬冬　审稿　朱　涛）

山东济钢环保新材料有限公司

【概况】 2020年，受新冠肺炎疫情影响，山东济钢环保新材料有限公司项目建设和矿山基建被迫延期，生产销售双重承压。面对严峻复杂的内外部形势和艰巨繁重的生产建设任务，全体干部职工以习近平新时代中国特色社会主义思想为指导，在集团公司党委的坚强领导下，深入践行“九新”价值创造体系，以经营创效、项目建设为中心，聚焦价值创造，加快效率变革，贯彻极限思维、推行极限管理，追求极限目标，坚定完成全年任务不动摇，克服重重困难，全面完成了“园区项目建设和矿山基建、安全环保‘八个零’、经济效益完成契约化目标”生产建设三大任务和“成功创建省级文明单位、济钢幸福和谐企业、100%通过过硬党支部验收”党建三大目标，迈出了高质量转型发展的坚实步伐，向集团公司和广大职工交出了一份满意的答卷。

【生产运营】 营业收入超额完成。2020 年完成收入 3.39 亿元，其中环保材料公司产销 328 万吨，收入 1.79 亿元；石灰石公司产销 151 万吨，收入 1.09 亿元；黄河爆破公司收入 0.51 亿元。利润超额完成。实现利润 1.23 亿元，超突破目标 316 万元，归属母公司净利润 9510 万元，超突破目标 515 万元。其中环保材料公司完成利润 6662 万元；鲍德石灰石公司完成利润 5092 万元；黄河爆破公司完成利润 591.51 万元。职工收入实现稳步增长。石灰石公司实现剥采比达到 1.29 的历史最高水平，在受外部影响停产 138 天的情况下，产销石灰石 151 万吨，日均 6600 吨。黄河爆破公司大力开拓内外两个市场，运营质效稳步提升。内部承接部分集团公司拆除项目并实现拆除资产的整体高额溢价拍卖；外部安全高效承揽济莱高铁、济泰高速等重点工程项目施工。发挥一体化运营优势，承接园区场平、机械破碎、爆破施工、原料运输和基建项目尾项等工程。

【市场开拓】 销售大力开拓市场，优化客户结构，形成了以大客户为主、中小散户为辅的客户群体。主动出击突破高端砂石料市场，供应 CBD 华润大厦、济莱高铁、大东环、穿黄隧道、京台高速、济高高速、小清河治理等重点工程项目。向策略要效益，把握季节和市场规律，把市场淡季当作商机来把握，采取灵活的定价策略，根据不同时期产量、品种结构和质量等确定销售政策和定价模式，最大限度获取利润；向品牌要效益。以综合实力提升济钢砂石品牌价值；向质量要效益，制定《质量管理办法》、《质量异议（事故）管理办法》，建立质量管理体系，产品粒级合格率现在稳定在 90%以上，产品质量全面提升。向废弃物要效益，转变观念，将一破筛下渣土、剥离山皮渣土和除尘粉作为副产品销售，解决了废弃物占用场地增加倒运费用的问题，全年累计 26.93 万吨，创效 632 万元；向高端产品要效益，持续追踪碳酸钙技术发展方向，加强高端产品的研发和技术引进。

【疫情防控】 按照集团公司疫情防控“五早五落实”要求，迅速建立起疫情防控四级网格化管理和同疫情防控相适应的安全生产经营新秩序，为项目建设和生产经营任务的完成提供了有力保障。建立职工家庭防疫档案并在全集团推广，大大提高排查效率。公司疫情防控工作获得两级集团公司认可，分别荣获济钢集团疫情防控先进单位、山钢集团疫情防控先进集体。

【安全管理】 强化红线意识，落实安全责任，构建全员安全生产责任体系，完善内部考核机制。围绕矿山基建、露天开采等重点安全隐患风险整治内容，动态更新“两个清单”，完成了起重机、皮带机等八项去根治理任务；加强“双基双线”建设。环保材料公司“双重预 防体系”建设按计划扎实推进；石灰石公司顺利通过安全标准化二级企业复审验收和安全生产许可证延续。加强应急救援队伍管理，修订完善了生产安全事故应急预案，并通过外部专家评审、备案；荣获山钢集团安全生产工作先进单位。坚持“绿色生态”发展理念，强化环保管控，密封、除尘、清洗，全年迎接各级环保检查 50 余次，实现环保“零”处罚。

【项目建设】 矿山基建项目取得战略性胜利。打通安全设施设计审查多项瓶颈制约，提前进行预审查，确保报告编制质量；半月内完成山东省应急厅函复国家应急部现场核查情况；按期安全设施设计修改复核版上报，安全实施设计于2020年7月13日获应急部批复。矿山基建施工精心筹划提前介入，倒排工期挂图作战，科学分析优化施工，强化过程确保安全，2020年5月12日开始修辅助路，2020年5月21日进行第一次爆破，2020年7月16日下达正式开工令，为矿山基建工程大面积开工建设创造了有利条件。确保矿山基建工程节点任务于2020年12月25日前完成内部竣工验收，较批复的基建期大大提前，创造了国内同类型矿山基建工期最短纪录。机制砂项目当年立项当年竣工。强化过程组织，目标引领，责任到人，考核到位，12月31日成功进行空负荷试车。

【基础管理】 夯实基础管理，快速有序理顺各项职能、流程和标准，完善发布实施116项管理制度，建立起较为完善的绩效考核体系和契约化方案。定期对干部职工档案进行系统整理、归档，加强政策利用，进行税收筹划，全年退税2678万元；利用政府惠企政策节约支出607万元；实行全面财务预算，利用贴息付款节约费用82万元。开展专业技术人员聘任工作，聘任不同层级技术人员62人、高技能人才37人；从工人岗位选拔年轻、有学历、表现优秀的12人从事管理工作，打通人员使用通道，充分调动起员工的主动性和积极性。扎实推进信息化和数字化园区建设，完善运营管控系统线上标准化操作，完成网络布线及124处远程视频监控点。加强物流管理，全年发运6.7万车次，日发运量突破2万吨。

【创新创效】 以“效率变革”为抓手，以创新驱动转型发展，不断增强核心竞争力。实施两化融合提升，提高产业园生产线智能化水平，优化产线工艺配置，解决影响高效率的瓶颈，累计创效1890万元。加强知识产权的梳理和管理，申请发明专利两项、实用新型专利一项。大力开展技术改造和产品研发，提升资源附加值，延伸产业链。《年产120万吨绿色新型建筑材料技术改造项目》已竣工投产，优化了产品结构，年可增收入1000余万元。围绕自有资源，与第三方机构合作，研究资源提升、高端碳酸钙产品的研究应用工作，初步研究论证利用超细石灰石粉生产环保防水石头纸、自有优质资源生产轻质碳酸钙和纳米碳酸钙等方面的可行性。

【党群工作】 全面加强党的建设。坚持把学懂弄通做实习近平新时代中国特色社会主义思想作为首要政治任务，坚持党的全面领导，高质量开展“两学一做”学习教育和“不忘初心、牢记使命”主题教育，党员干部党性受到洗礼，干事创业、担当作为的精气神得到提振。始终坚持党委创特色，支部创品牌的党建工作主线，全部党支部通过集团公司过硬党支部验收，创建采矿车间党支部“新愚公支部”品牌，秉承“五新”建设理念，搭建“三敢三做”工作体系，“行走的山石，坚强的堡垒”的党建理念深入人心。在疫情防控的关键时刻，公司党委成立的党员突击队进行华联超市搬家、社区围挡的安装及社会防疫执勤等工作，确保了济钢大后方的安全。着力打造园区文化品牌建设，营造浓厚党建氛围。加强宣传和思想政治工作，建立健全意识形态工作“三文一表”；全面推进职工政治理论学习制度化、规范化建设；创立环保材料电子期刊，加强阵地建设，建成创业路文化长廊。完成山钢集团、济钢集团两级党委巡查，整改问题共计 47 项，其中政治监督 25 项、管理监督 13 项均已全部整改完毕，风险提示 9 项已制定整改方案。加强党风廉政建设，认真落实“两个责任”，监督检查常态化，严肃执纪问责，始终保持高压态势。

加强群团组织建设。健全民主管理制度，落实职工权益，实施厂务公开，充分发挥职工代表监督作用，组织开展劳动竞赛、技术比武、合理化建议、安康杯竞赛等活动，开展夏送清凉冬送温暖活动，组织开展了庆国庆文艺汇演，构建起“一盘棋、一家人、一条心、一家亲”的和谐局面。开展青年创业活动，取得 7 项专利，对外结对帮扶，履行社会责任。关心职工福祉，以建设职工服务中心和创建红色园区为载体，重点搭建职工建功立业平台，增加服务职工的软硬件设施，提升职工衣食住行后勤服务水平，职工幸福感、获得感和满足感不断增强，20 多家中央媒体到园区采访，社会美誉度提高。

（撰稿 姜 鹏 审稿 盛培展）

济钢（马来西亚）钢板有限公司

【概况】 截至 2020 年 12 月底，济钢（马来西亚）钢板有限公司员工共 154 人。其中，中国员工 20 人，马来西亚当地员工 115 人，尼泊尔外籍劳工 19 人。股权结构为：济钢集团有限公司（简称集团公司）持股 58.5%，JEN－DELA BUMI 公司持股 41.5%。目前，公司共有主要设备 101 台（套），总吨位 5370 吨，总资产 3.53 亿马币。

【生产组织】 2020 年初新冠肺炎疫情暴发，公司生产组织受马来西亚行动管制令的影响有 5 个月没有生产。在此严峻的形势下公司精心组织，全年生产钢板 12.24 万吨，较去年减少 11.02 万吨；其中来料加工 10.17 万吨，比 2019 年减少 6.36 万吨；自主接单经营 2.07 万吨，比 2019 年减少 4.66 万吨。综合成材率为 89.06%。2020 年实现营业收入 13171.89 万人民币，实现利润总额 7.49 万人民币。

【经营管理】 面对全球疫情蔓延，国际政局复杂多变，自 2020 年 3 月开始马来西亚政府实施行动管制令，马来西亚经济也出现断崖式下滑的严峻形势，公司的经济活动处于停滞状态。为争取订单，扭转被动局面，公司主动对接客户，共商合作大计、共研市场趋势、坚决固守市场份额。全年自主出口 2.07 万吨，较上年环比降低 69%。

【设备保障】 强化设备管理，以工艺优化为突破口，瞄准与生产、工艺、成本、质量、技术上的最佳契合点，实现设备高质量、高效率、高精度、低成本运行。高度重视轧机、矫直机精度的保持与劣化趋势管控，对轧机、矫直机精度展开攻关，将测量收集轧机、矫直机相关涉及精度参数纳入日常管理，为设备稳定运行找到了基准；高度重视加热炉的稳定及经济化运行，挖掘炉子潜能，将加热炉作为公司全年设备管理提升的重心工作，充分调动向炉区倾斜力量，有效提升了加热炉运行质量，提高设备保障能力。

克服疫情影响，完成 3 号加热炉主体施工。上半年因马来西亚政府行动管制令要求，全国经济活动极近停滞、商家处于歇业的状态。公司超前计划，积极筹备工程材料，确保了在管制及厂区封闭期间，驻公司外籍员工继续推进工程建设。下半年合理调配，优化施工方案，主体工程、排出钢及输

送传动系统已基本全部完成。目前，公司正在计划向 DOSP 申办 PTI、PTO 批文。

坚定强化加热炉维护、技术创新，提升加热能力，降低消耗。加热炉在维护、投入、技术改进上严重失修，欠账较大，制约了生产效率，且单位能耗居高不下。炉区提升是生存和发展的迫切需要，是公司全年的重中之重。全年重点组织调动力量、技术向炉区倾斜。通过一系列措施，系统解决了加热炉薄弱环节，加热能力提高 30%，产能有效释放提高 20%，班产超过 1000t 已成常态化。且单位燃耗连续创出历史最好水平，全年平均单耗 2.12MMBtu/t，环比降低 0.09MMBtu/t，11 月份又一举实现 1.899MMBtu/t 最好纪录。同时，产能的释放带动单位电耗持续下降，均创出历史最好水平，联动降本增效收益巨大。

持续推进设备全员参检，技改与创新并举，提升设备保障能力。公司坚持“全员参检、细化点检、分级管控、持续改进”的设备管理思路，优化管理流程和制度，发挥全员维检的作用，实现了问题早发现、早处理、早解决，稳定了设备运行。全年有一百余项隐患得到了及时处置。如自制工装对轧机上位电机转子整流子进行车削抛光沟槽，解决了茨火，稳定了电机安全运行；对高压水离心泵测压传感器及安装方式进行改进，回避振动，提高了运行寿命；对轧机压下减速机高速轴进行了密封改进；对轧机传动端压下减速机高速轴隐患进行了自制改进处理，避免了较大隐患；对重要设备的关键点采取探伤诊断方式，提升了设备预知、预判管理水平。

【党群工作】 新冠肺炎疫情发生以来，党支部就把稳定人心、积极开展防疫工作，确保每一名职工的安全健康，作为支部工作的首要任务，积极组织党员投入到防疫各项工作中。支部坚持把抗击疫情作为强化党组织建设，加强党员教育，发挥党组织堡垒作用的重要一环，始终抓住抗疫这条主线不放松。根据马来西亚疫情发展的不同阶段，组织制定防疫方案，落实防疫措施，做好职工的安抚工作。党支部坚持把开展党员“三会一课”作为基层党建工作的重要内容，根据济钢集团党委宣传部的学习计划、组织部的工作部署，结合防疫要求和公司实际，认真开展党员政治学习、形势任务学习，召开党员会议，进行党员党课。通过学习，不断提高党员的政治理论素养，进一步增强党员的责任感和使命感，凝聚大家的力量，更好地落实集团公司的各项工作要求，促进公司生产经营目标的完成。

【疫情防控】 面对突如其来的新冠肺炎疫情和所在国的社会环境及企业实际，公司坚决贯彻集团公司提出的“按照国内标准开展防疫，不惜代价确保职工安全”的要求，全面开展抗疫阻击战。公司针对所在国国情，既全面开展员工的防护工作，又始终把中国员工的防护作为重点；既靠严格的预防措施及考核约束员工行为，又通过宣传教育提高员工防疫的自觉性；既要求每名员工保持对病毒的高度警惕，不轻敌不懈怠，又要避免紧张不安，保持平和理性。制定并不断完善疫情防控方案，使公司防疫工作有重点、有标准、有要求、有步骤地稳步推进。自疫情发生以来，集团公司始终关心济马公司中国员工的安全健康，及时指导公司开展防疫工作。在口罩最紧张的时候邮寄口罩，慰问职工并发放慰问品，奖励员工，使全体中国员工倍感温暖，备受鼓舞。这是全体员工面对疫情严峻挑战，取得抗疫阶段性成果，企业复产并实现扭亏的巨大精神力量。

（撰稿　康延忠　审稿　何绪友）

工程技术板块

济钢集团国际工程技术有限公司

【概况】 截至2020年底，在职职工261人。其中，管理专业技术人员255人，生产服务岗位6人；高级职称102人，中级职称74人；博士1人，硕士48人，本科190人。设事业部8个，管理科室6个，经营部门5个，生产服务部门1个，下设济钢集团国际工程技术有限公司自动化分公司一个分支机构。

【生产运营】 2020年完成销售收入6.71亿元，实现利润7534.52万元，超出集团公司考核指标654.52万元。新签合同总数102项，合同总额10.9亿元。其中总承包项目35项，设计咨询合同31项。2020年共完成设计任务246项，同比提高125.7%。各项生产经营指标均创国际工程历史新高。主营业务后劲十足，2020年签订唐山佳祥干熄焦、邹平福明干熄焦、新兴能源科技干熄焦、临沂不锈钢干熄焦、赤峰得丰干熄焦和河北天柱饱和蒸汽发电总承包工程，签订山钢日照公司超低排放一揽子项目总承包工程，为下一步抢占钢铁企业超低排放工程市场树立业绩标杆；签订华星水处理总承包工程，为后续进军水处理工程市场打下夯实基础；签订营口烧结机设计项目，驱动冶金长流程优势技术的加速复苏；唐山佳祥干熄焦项目为国内首套应用超高温超高压锅炉系统的干熄焦发电项目，奠定了公司在干熄焦发电行业的技术领先地位。新型节能焦罐业务市场扩张态势良好，2020年签订合同5821万元，同比提高138.6%，市场占有率接近八成，牢牢占据行业龙头地位；获得“2020年度山东省品牌创新成果”，行业影响力进一步扩大；通过售后维保等增值服务，实现可持续的长效收益。

【创新创效】 2020年公司获得山东省冶金工业总公司科技进步奖一等奖2项、三等奖1项；济钢集团科技进步奖一等奖2项、二等奖1项、三等奖1项；山东省机械工业科学技术进步奖成果类三等奖1项、工艺类三等奖1项；山东省企业品牌创新成果1项；专利奖1项；管理创新三等奖1项；全年申报专利15项，授权8项；7项科研创新项目完成结题；参编3项团体标准。公司获山钢“全员平凡创新示范单位”、9人次获得济南市“创新能手”、济南市总工会“济南市总工会女职工建功立业标兵岗”山钢“巾帼平凡创新达人”、山钢“平凡创新卓越职工”、济钢“科技创新标兵”等集团及以上奖项。2020年通过高新技术企业认定减免所得税、研发费用加计扣除等，公司累计降费1114余万元；通过高新技术企业财政补助、稳岗补贴等，公司累计获得政策性补助资金39余万元。

【专业管理】 在2016年运营转型、管理提升项目基础上，2017年度公司继续加大基础管理力度，实现精益化管理，压实各部门各岗位责任，办事效率和工作质量不断提升。推进管理制度和三体系建设，顺利通过了管理体系监督审核。公司调整完善了内部市场化绩效考核办法，突出了由发工资向挣工资的考核导向转变。制定月度重点工作计划并进行专项考核，促进了重点工作任务的

顺利完成。各设计部门按照设计工程量分配设计产值，多创多得，多担多得，提高了重点设计任务计划完成率。加强财务资金预算管理，严控资金收支平衡，实现了财务净收益111.5万元。充分利用国家税收政策，年度实现高新技术企业减免所得税445.84万元和研发费用加计扣除税费88.73万元。通过“多措并举创新回款，降低应收账款，确保资金链安全”管理创新项目，全年降低应收账款6178万元，实现了自2009年公司成立以来首次应收账款降低，对保证资金链安全、提高生产经营运行质量具有重大意义。全年总承包项目设备采购和建安分包直接成本比执行预算降低5%，节约建设成本3000余万元。加强工程设计优化和质量管理，及时提出整改防范措施，降低工程损失，获得2017年山东省服务名牌。认真组织工程设计、压力管道市场检查、咨询执业检查，保持了公司资质持续有效。坚持文明生产、优质服务，诚信守法经营，恪守职业道德，重合同、守信誉、保质量，为用户提供满意的产品和服务，具有良好的市场形象和较高的社会信誉，保持了“省级守合同重信用企业”称号。

【党群工作】 始终坚持把政治建设摆在首位，牢牢把握党对意识形态工作的领导权。围绕生产经营实际，进一步推进过硬党支部、过硬党支部示范点建设和“执行纪律作表率，效率变革勇担当”主题教育活动。结合山钢集团、济钢集团巡察反馈意见，对照检查，以整改促提升，将党建工作责任制落到实处。按照“谁主管、谁负责，一级抓一级、层层抓落实”和“一岗双责”的工作要求，层层签订党风廉政建设责任书，确保党风廉政建设常抓不懈、警钟长鸣。坚持持续改进监督管理体系，实时更新；加强对岗位人员的教育培训，提升岗位监督的实效性。2020年公司党员活动室全部改造完成，七个党支部全部达到“济钢过硬党支部”标准，第二党支部获得“山钢过硬党支部”“济钢过硬党支部示范点”荣誉称号。深入践行“为民情怀、职工福祉”的信念追求，以争创“山钢幸福和谐企业”为目标引领，自2020年4月起，公司全力推进为职工办“十件实事”，包括：开展八段锦工间操活动、升级职工活动室、改造职工餐厅、洗手池加装厨宝、成立职工互帮互助志愿服务队、加强职工职业技能培训、举办多种文体活动、发放职工生日卡、全员更换管理服、开展职工健康查体。实现了企业高质量发展与发展好职工群众根本利益的有机统一，把企业发展成果惠及全体职工，做到企业关怀“有温度”、职工幸福“看得见”。

（撰稿　李光珂　审稿　高忠升）

济南萨博特种汽车有限公司

【概况】 济南萨博特种汽车有限公司（以下简称“萨博汽车”或“公司”）为济钢集团有限公司子公司，注册资本金5000万元，其中济钢集团占84%，其他自然人占16%。公司占地面积131268平方米，厂房建筑面积48000平方米；2020年末萨博汽车资产总计35610万元，负债总额27210万元，资产负债率76.41%。在册职工140人，专业技术人员35人，其中，高级工程师9名，中级工程师14人。公司实行扁平化管理，共设党群办公室/综合管理部、财务部、采购部、质量保证部、营销部、研发中心、生产制造部、安全环保部等8个部门。根据军工保密资格认定工作办法的要求，公司设置了保密委员会、保密办公室，目前是武器装备科研生产二级保密资格单位。公司是山东省高新技术企业，是专用汽车行业的骨干企业、中国汽车工业学会专用车分会和山东省汽车工业协会、济南市机器人与高端装备产业协会会员、山东省应急产业协会理事单位。

【生产运营】 公司主营业务为军用、民用特种汽车的生产与销售，军工产品占全年销售收入总额95%以上。承制产品有野战工事装备、技术保障装备、野营装备、方舱、伪装作业装备、阵地构工机械、桥梁装备7大类，军用气源车、指挥所工事、伪装勘察检测车、工程救援箱组等10余个品种，先后获得军队科技进步奖6项，国家科技进步奖1项；民品产品涵盖市政、路政、冶金、工程抢险、民航机场、移动通信、移动电源等领域，拥有软件著作权5项、实用新型专利27项，发明专利5项。

2020年公司全体干部职工以习近平新时代中国特色社会主义思想为指导，在山钢集团党委和济钢集团党委的坚强领导下，始终坚定打好打赢“疫情防控阻击战”“效率变革攻坚战”“转型发展保卫战”三大战役的信心，用业绩践行“九新”价值创造体系，用行动促就萨博汽车大发展。在拓宽产品领域、品种多样化、新产品研发、项目建设、业绩提升等方面，以只争朝夕的态度，发扬斗争精神，克服了疫情常态化带来的极度困难，保持了公司健康稳定发展，圆满完成了集团公司下达的经营指标。当年销售收入首次突破10亿元大关，达到10.2亿元，同比增长21.6%；利润总额2626万元，同比增长30.97%；完成集团公司归母利润契约化指标104.35%；安全生产实现“六个零”目标，安全环保实现“八个零”目标；职工收入同比平均增长11.2%，较职代会目标提高3.2个百分点；全年项目投标中标率41.1%，达到最好水平。

【专业管理】 公司严格按照规章制度工作，充分利用近两年来的经济效益充分。先后获得章丘区疫情防控复工复产先进单位、章丘区第八届质量奖、章丘区纳税百强企业；济南市实体经济百强先进企业；第二届“影响济南”名企名牌百强企业；“飓风”牌特种车辆获得“山东优质品牌（产品）”、济钢集团幸福和谐企业、济钢集团设备管理先进单位，山钢文明单位、济南市工人先锋号，济南市职工职业道德建设标兵单位、济南市五一劳动奖状、济南市“绿色工厂”、山东省五一劳动奖状等荣誉称号。公司资质监督审核顺利。通过职业健康、安全环境双体系审核、装备承制单位资格监督及国军标质量管理体系监督审查、CCC强制性认证，公司经营资质合法合规有效。

【安全管理】 抓牢安全双基管理，夯实公司安全基础。推行“轮值安全员”制度，修订完善安全管理制度，设置安全总监，实施安全责任履职清单。对广场、园区道路、厂房、车间绿色通道、变配电室防爆等安全提升专项整改治理，使生产现场环境卫生、定置定位管理明显提升，安全隐患及时治理，职工生活作业环境改善，企业安全文化氛围浓厚。严格按照班组生产作业过程中落实作业前的危险因素辨识和措施；严格落实作业过程的互联互保制度、落实安全风险分级管控及隐患排查治理等制度体系；所有班组通过安全合格班组验收。各部门、作业区及相关方人员的安全意识明显提高。公司双体系建设在山东省双体系运行平台得分87.4分，在济钢集团各子分公司中名列前茅，获得济南市“绿色工厂”称号。按照山钢集团、济钢集团措施部署，高标准站位、严要求执行，勠力同心，实现了安全环保“八个零”“9个100%”的奋斗目标。2020年投资377万元对公司园区道路、厂房采光、绿色通道及基础项目等进行安全提升专项整改治理；深入开展去根治理隐患专项活动。投资112万元，维修14台起重设备、更换配电箱空气开关、对于重点工序、重点岗位的设备进行升级改造。顺利完成公司安全现状评价；通过了安全生产二级标准

化评审；获得了章丘区、山钢集团年度安全生产先进单位，两名同志获得安全、环境保护先进个人；取得了年度重污染天气“涉军保障类”企业资质；一年来全员“敬畏安全生产禁令、遵守安全操作规程，提升安全生产技能”的安全意识得以进一步提高。

【创新创效】 2020年持续加大研发投入，全年累计研发投入3800余万元。5月份成立特种汽车研发中心，细分科室，攻关有方向，项目有重点，统筹协调，进入核救援、消防2个新领域，研制了核防护方舱、扩展方舱、轻量化方舱3个新种类；完成41项研制项目，26项方案设计任务，32项投标设计任务；授权专利13项，其中发明专利2项；新申请专利11项，其中发明专利3项，大大提升了研发工作效率和项目研发质量。疫情期间完成了“充气帐篷式野战传染病医院”的方案设计，完善了“集装箱生物医院”的方案设计；在生产医疗体检车经验的基础上迅速组织研发负压救护车，完成公告申报、3C证书受理等工作。在应急装备专家团队的指导下，研发了日照宿营车、高速公路警戒车、移动推车、勾臂车等消防类产品，为全面进军消防领域奠定了基础；核事故现场突击抢险作业机器人车项目通过方案、设计、试验大纲、产品出厂质量等评审。

【党群工作】 激励党员冲锋，促进改革发展。亮明身份，实施半军事化管理，打造优良作风，塑造良好企业形象。搭建平台，冲锋攻坚。以“六大攻坚战”平台为载体，目标倒逼行为，确立了效益提升等19项攻坚任务，已全部完工；全年申报价值创造项目16项，内部评价16项，推荐集团公司作战室获得A级评价1项，C级评价1项。夯实党建工作基础。开展对党建工作的专项自查整改工作。对近两年来发展党员、选人用人、党费收缴、“三会一课”、组织生活等党的基本业务开展自查梳理工作，即知即改；制定发展党员全过程纪实材料清单、干部选拔任用材料清单，规范材料存档；健全制度，规范运行，组织健全完善“三会一课”、支部议事、责任清单等多项基本制度，并进行了全部修订；强化党建阵地建设，在园区广场新建了党建园地，在厂房及部分马路上新建了党建公示栏、厂务公开栏及多个宣传栏。规范召开职代会，强化民主监督。2020年已召开职代会3次，确立了年度任务、年中任务，补选新进职工代表8名，并组织研究通过考核、厂务公开等专项文件，强化民主监督工作。组织完成改造浴室的热水系统，重新装修职工浴室，建设职工活动中心，12月份通过了济钢集团幸福和谐企业验收和山钢文明单位验收。重视青年工作，关心青年成长。萨博汽车青工委连续三年被评为济钢集团“先进团委标兵单位”，青工委负责人连续三年被评为“共青团优秀工作者”；依托工会、女工委、青工委组织选树典型，使群团工作成为引领员工、凝聚员工、服务员工的重要载体，通过各种活动及先进的评比，创造职工学习先进、争当先进、赶超先进、创先争优的良好氛围。

（撰稿　赵　亮　审稿　赵传飞）

山东省冶金科学研究院有限公司

【概况】 截至2020年底，在册职工119人。其中，管理人员14人，工程技术人员92人，生产服务人员13人。管理及工程技术人员中：高级职称10人，中级职称19人，初级职称29人。设党政综合办公室、财务科、综合管理部/党群部三个职能管理部门，标准物质（样品）、环境检测、理化检测

（山东省冶金产品质量监督检验站）、能力验证、计量校准、产业化（检测设备）、金属材料七大业务中心，和《山东冶金》杂志编辑部。研究院资产总额 8993.21 万元，其中，流动资产 6391.73 万元，非流动资产 2601.48 万元。

【生产运营】 面对新冠肺炎疫情暴发、经济下行、各类风险交织叠加、内外部环境错综复杂的严峻局面，全面践行“九新”价值创造体系，严格执行“军规”，有序有力防控疫情，坚持以创新引领市场、以市场倒逼创新，不断夯实管理基础，打赢“疫情防控阻击战”“效率变革攻坚战”“转型发展保卫战”，全面完成集团公司下达的各项年度目标。2020 年，全院营业收入 6738.36 万元，利润总额 1766.45 万元，净利润 1607.94 万元，比上年分别增长 19.84%、20.77%、26.87%，超额完成了集团公司下达的年度考核指标。职工人均收入比上年增长 12.03%。年初召开安全环保工作会议，全方位部署全年安全环保工作，认真贯彻济钢转型发展安全管理文化，牢固树立“安全是生命线，安全无大小”的理念，强化安全生产红线责任制，严格落实“党政同责、一岗双责、齐抓共管、失职追责”和“三管三必须”要求，落实安全生产主体责任；推进班组安全基础建设和双重预防体系简化融合，提升安全生产基层基础工作，安全环保实现“八个零”目标。

【专业管理】 全面推进“效率变革”，持续攻坚提升、积极作为，市场运营质效逆势上扬，资产结构持续优化，彻底解决瑞宝分红款历史遗留问题，基础管理全面攻坚，升级改造实验室信息化系统，完善干部人才梯队建设，强化干部作风建设，为研究院顺利实施“三年行动计划”奠定坚实的管理基础。标准物质（样品）中心加快推进新电商网站建设，全面实施“研发人员走市场，市场人员进课堂”，标准样品合同额首次突破 4000 万元大关。理化检测中心抢抓风电市场快速发展机遇，与国内北方地区风电主机、塔筒和法兰等龙头企业建立起良好的合作关系，创造性开展“视频见证服务”项目，全年销售收入首次突破 1000 万元大关，较上年增长 55%。计量校准中心致力于为客户提供保姆式服务和技术性计量，销售收入较上年增加 51%，并获批筹建山东省冶金产业计量测试中心。环境检测中心新增排污许可审核、环评评审、土壤污染状况调查等技术能力，政府客户开拓取得积极成效。能力验证中心策划组织能力验证计划 106 项，与 2000 余家实验室建立了直接联系，新开发客户 200 余家，并顺利实施山东省市场监督管理局 2020 年度合金钢能力验证项目，提升了行业影响力。12 月底，成立金属材料中心。

【创新创效】 制定下发《2020 年创新计划》，聚焦“动力变革”，持续推进“价值创造”工作，重点围绕“提升人员动力、产业生命力和激发组织活力”，稳步提升创新动能，搭建高质量、高层次的创新平台，有效推动各业务板块高质量发展。当年发放创新奖励 53.1 万元，研发投入 761.47 万元，占营业收入的 11.3%。加快推进干部人才队伍建设。制定实施“效率变革加快推进干部人才队伍建设”1+5 系列管理制度。引进应届毕业生 9 名，其中硕士 4 名，提高人才储备，为研究院专业技术提升、战略发展等带来支持和支撑；持续开展导师带徒、全员学历提升、专业拓展和“效率变革 攻坚提升”全员技术比武和劳动竞赛活动，建立起一支数量充足、结构合理、充满活力、纪律严明、绩效卓越的干部人才队伍，为实现研究院“做强做大做久”的奋斗目标提供全面保障。技术创新项目完成 61 项，新扩充化学、环境、校准、能力验证能力资质 269 项，产品和服务创新能力明显增强。食品基体标准样品研制、标准溶液

研制取得新突破，蔬菜标准样品研制方法取得成功，共研制出4种蔬菜中重金属分析用标准样品。完成环境检测用系列混合标准溶液50余种，标准溶液合同额达到183余万元，较去年增长80%。完成《锰矿石　镍含量的测定　原子吸收光谱法》等3项国家标准和《含铁尘泥　硫含量的测定　红外线吸收法》等4项行业标准的制定；申请专利10项，新授权《一种恒温恒湿称重箱用多样品分布机构》等4项实用新型专利授权，发表科技论文9篇；获省冶金科技进步一、二、三等奖各2项，多项成果入围山钢集团科技进步奖评选。新材料产业顺利起航。以集团公司博士后工作站为契机，系统推进合金钢光谱标准样品冶炼工艺研究，积极推动耐火材料候选物选取和耐火材料高端标样研制工作，“7+*N*”产业格局初步形成。创新平台层次和质量大幅提升。连续斩获“山东省瞪羚企业”“山东省专精特新企业”“济南市企业技术中心”等省市级创新平台；组建“山东省冶金产业计量测试中心”并获山东省市场监管局批复；通过济南市工程实验室年度考核和济南市金种子计划验收；与冶金工业信息标准研究院等科研院所和优秀企业签署战略合作协议，加强产学研合作。创新平台对各产业的拉动作用进一步增强。

【党群工作】 认真落实和加强党的全面领导工作机制，发挥党委把方向、管大局、保落实作用，把党的建设与全院生产经营工作同谋划、同部署、同推进、同考核。制定下发《2020年度党群工作指导意见》《党群例会工作制度》。巩固拓展“不忘初心、牢记使命”主题教育成果，开展“加强作风建设，提升斗争意识”专题主题党日活动、“执行纪律作表率，效率变革勇担当”主题教育活动、“学党史、知党情、跟党走”红色诗词大会活动等。加强党支部品牌特色建设，实现3个党支部全面过硬，其中标样党支部获得省属企业过硬党支部、济钢先进党支部荣誉称号。组织党员到大峰山开展党建实践活动，提升基层党建活力。新冠肺炎疫情期间，院党委充分发挥政治领导力、战斗堡垒作用，攻关自制低味无毒消毒液、筑起联防联控严密防线，为疫情防控取得阶段性成效做出了突出贡献。院党委、纪委认真履行党委主体责任和纪委监督责任，扎实推进党建工作制度化、清单化，坚持把落实党风廉政建设责任制融入生产经营的全过程，坚持“两学一做”学习教育常态化，加强廉洁文化建设。认真落实山钢集团党委对集团公司党委巡察和济钢集团党委对研究院党委内部巡察整改要求，完善大监督体系建设，做好日常廉洁教育尤其是管理7级、8级干部廉洁教育，发挥好纪委“监督保障执行、促进完善发展”作用。获得济钢集团先进基层党组织、纪检工作先进单位荣誉称号。营造良好的“家”文化，持续推进文明单位、“幸福和谐企业”建设。持续开展“六关怀工程”，群团服务群众水平提升，为28人次送去组织的温暖和关怀。每月继续开展“包饺子，连情谊”活动，启用职工服务中心，开展各类文体活动，丰富职工文化生活，畅通沟通渠道，发挥《研究院简报》宣传作用，构筑亲情化企业。通过山东省文明单位、济南市文明单位、山钢集团文明单位和山钢集团“幸福和谐企业”复审。

（撰稿　郑娅娜　审稿　倪守生）

山东鲁冶瑞宝电气自动化有限公司

【概况】 山东鲁冶瑞宝电气自动化有限公司（以下简称“公司”）成立于2003年，是济钢集团有限公司子公司，国家高新技术企业，中国电气工业协会、山东省电气仪表工业协会和山东省电力企业协会会员单位。公司拥有《承装（修、试）电力设施许可证》承（装、修、试）资质，电力工程施工总承包资质和建筑机电安装工程专业承包资质。公司现有职工 235 人。其中，全国劳模、国务院特殊津贴获得者、泰山产业领军人才、全国技术能手 1 人，济南市五一劳动奖章获得者 3 人、青年技术创新能手 1 人、女职工建功立业标兵 1 人、济南工匠 2 人，山钢集团平凡创新卓越职工 1 人，山东省冶金（有色）行业首席技师 1 人；高级职称 11 人，中级职称 33 人，高级技师 22 人，技师 64 人，专业电工 125 人；党员 75 人。

【生产运营】 全公司以“九新”价值创造体系为统领，以“六大攻坚战”为总抓手，以高端产业为突破，以价值创造为导向，以效率变革为抓手，以创新创效为平台，以幸福和谐为载体，全力推进各项工作。成功引进智能制造高端装备项目，当年签约、当年创效，确立了发展方向；与上海嘉意合作，开展团队建设和技能转化有了一定积累；成功引进战略投资者并完成第一阶段混改；根据集团公司规划成功实现工厂搬迁，为公司发展提供了足够的空间；先行先试，率先开展职业经理人试点，并引进专业技术人才，助力公司发展；保持了与中冶京诚、山钢日照、济钢国际、爱普电气、山冶设计院等老客户长期合作关系；组织设计人员常驻生产现场，做好技术交底，明确控制要点，确保质量一次合格；按时间节点有序推进济钢环保产业园、新村户表改造、“四新”产业园临电、石横特钢专用铁路改扩建工程等工程项目；充分发挥自动化调试等专业优势开展集团内业务协同，承接济钢信息机房搬迁、鲍德炉料办公楼一层档案库房改造、冷弯型钢备品备件、厂区供电运维等项目，提升服务品质。公司 2020 年签订合同 2.69 亿元，完成销售收入 2.38 亿元，完成利润 625 万元。

【专业管理】 安全生产稳定。在常态化疫情防控不放松前提下，健全安全生产责任体系，夯实安全生产“双基”管理，逐级落实安全生产责任制；多措并举推进双重预防体系和安全标准化建设，积极推动线上线下齐头并进隐患治理；建立健全一人一档，实现了特种作业持证上岗 100%；安全管理人员培训 100%；班组车间安全基础建设验收通过 100%；安全生产标准化达标 100%；安全隐患整改落实 100%；接害查体、健康查体 100%；消防设施、设备完好 100%。经营绩效提升。通过市场调研规划、客户需求跟进、快速沟通反应、扩大信息来源等策略，实现了高端装备、智能居配、城市服务、电力建安等多个工程项目的有序拓展，建立了稳定的客户资源。通过自主找题、指定课题开展价值创造；通过房租减免、融资费用补贴、汇算清缴退税、疫情政策利用等收益显著。企业管理提质。组织开展管理制度梳理回头看工作，两个阶段完成公司所有管理部门制度的梳理；按节点完成混改，两化融合获批，承试资质升级，资产处置创效，规范合同管理；通过国家质量、环境和职业健康安全管理体系认证；通过一系列举措，打赢了“疫情防控阻击战”“效率变革攻坚战”“转型发展保卫战”三大战役，助力企业稳步提质。

【创新创效】 过优化平台建设，发挥首创精神，组建柔性团队，借助劳模创新工作室优势，以“平台+项目+人才”模式，构建了“组织推动、素质提升、评价激励、推广应用、典范带动”五位一体的全员平凡创新工作体系，在新产业构建、新产品研发、新市场开拓等方面取得了突破发展，打造了全员创新新景象，形成了多项创新成果，并逐步推向市场，积极推动了公司产品结构突破和提升社会影响力。累计授权发明

专利1项、实用新型专利17项；焦炉烟道喷补机器人在日照钢铁焦炉试验成功，实现不停产精确定位修补；《无接触免聚集售饭装置》《干熄炉内窥摄像装置》《智慧园区管控系统的开发及市场化应用》获全国钢铁行业、山东省、济南市创新成果三等奖，公司获山钢集团全员平凡创新示范单位称号。

【党群工作】 党建引领发力。发挥国企党建引领作用，引领群团组织成长。公司获山东省冶金行业技能竞赛维修电工团体三等奖，获山钢幸福和谐企业命名表彰；电力建安党支部获省属企业过硬党支部示范点称号，智能制造支会获山钢模范职工小家称号；“高端装备事业部”“环保产业园项目部”获集团岗位建功示范岗称号。公司大力实施文化建设工程，高标准建设劳动广场、智能装备展厅、劳模工作室、初心学堂、道德讲堂等，提升文化影响力。在劳模精神、工匠精神、榜样力量的感召下，涌现出获济南市青年技术创新能手、济南市女职工建功立业标兵等山钢以上荣誉5人次，获济钢劳模、优秀党员、十大杰出青年、先进生产者等济钢荣誉20余人次；公司表彰效率变革标兵、优秀党员等30余人次；在《新华网》《中国冶金报》等媒体报道疫情防控和复工复产先进事迹20余篇，充分宣传了正能量。

（撰稿　刘建平　赵　磊
审稿　刘树梅）

济钢炼铁焦化技术服务公司

【概况】 截止到2020年底，济钢炼铁焦化技术服务公司（以下简称“公司”）在职职工62人。其中，管理工技47人，生产服务岗位15人；高级职称7人，中级职称10人；硕士2人，本科29人。下设部室8个。

【生产运营】 2020年是充满艰难坎坷与风险挑战的一年。公司对外技术服务的外部环境随钢铁产能压减变得异常困难，同时受疫情影响，市场的开拓也异常困难。面对困难，全体职工始终坚守“建设全新济钢，造福全体职工的”的信心和初心，聚焦全年奋斗目标，坚定信心解难题，在逆境曲折中平稳运营，公司经营绩效平稳提升，职工收入得到了很好的保障。2020年度共完成营业收入2787.77万元，完成归母利润364.19万元。超额完成利润指标，指标完成率110.36%。

【专业管理】 2020年，公司坚持外部市场为主，内部市场为辅，调动一切力量、利用一切资源进行市场开发。对外技术服务，是我们公司的立身之本。黑猫1号、2号焦炉烘炉，中盛科技焦化运营，石横办事处是公司2020年重点的三个大项目，占比营业额58%。在开展大项目技术服务的同时，各部门充分发挥全员的积极性和主动性，跑市场、找业务，先后在山东、四川、山西、河南等地开展短平快的小项目。短平快项目的开展既丰富了个人的技术经验，又锻炼了开拓市场的能力。内部市场仍是公司经营强有力的支撑点，资产包拆除监管项目占比公司营业额的16%。

【创新创效】 坚持多元发展、大胆探索，为公司可持续发展注入新动能。2020年纳米纱窗销售团队引进了断桥铝门窗销售业务，正处于起步阶段，以周边市场开拓为契机，逐渐推向社会市场的销售模式。面对目前技术服务市场激烈竞争、业务开拓难度越来越大的严峻形势，铁焦技术公司积极培养技术服务团队，建立符合市场需要的专家骨干团队，培训一支能打硬仗、善打硬仗的企业员工队伍。2020年乌海运营项目团队、石横办事处团队，黑猫项目团队，以创新创效为前提、共创共赢为目标，以精湛的技术和周密的服务得到了甲方高度认可，得到技术服务市场同行的认可。

【党群工作】 坚持党建引领、夯实基础。加强政治学习、促进支部建设，党支部坚持利用“学习强国”App平台，在政治思想、时事新闻、传统文化等方面丰富知识内容，保持党员参与率100%；严格落实“三会一课”制度化、规范化；树立模范先锋典型，彰显先模作用，发挥党群功能，疫情期间为抗击疫情组织“慈善一日捐”活动，参与率100%；工会走访慰问职工20余人次，把组织的关怀和温暖及时传递到位。

（撰稿　徐晓磊　审稿　高忠升）

济钢集团山东建设工程有限公司

【概况】 截至2020年底，在册职工30人，其中在岗29人。组织机构内设6个职能管理部门：党群/综合管理部、安全环保部、财务部、经营市场部、园区事业部、工程项目管理事业部。注册资本9836万元，占地面积32万平方米，拥有建设公司和相公庄两个园区。公司具有建筑工程施工总承包贰级、冶金工程施工总承包贰级、钢结构工程专业承包贰级、防水防腐保温工程专业承包贰级、建筑机电安装工程专业承包贰级及预拌混凝土专业资质，并先后荣获山东省优质工程、全国质量先进单位等荣誉称号。下属分公司济钢集团山东建设工程有限公司混凝土搅拌中心，是商品混凝土专业生产企业，具有预拌混凝土专业承包资质。

【生产运营】 经营市场方面，构建“全生态链-提质增量-跨界复制”三维营销体系，“组合式营销+复合式路径”新型商业模式，逆创思维开发客户，建立精准营销及监督体系等途径，提升创效水平。“济钢牌”商砼以优异的质量和服务，先后服务于多个省市政府重点项目，社会知名度、美誉度不断提升；工程项目方面，克服疫情和高污染天气影响，充分利用内部产业协同政策，围绕“打进去、站稳脚，以点带面，稳步拓宽市场”思路，先后承接工北21号科创综合体、“四新”产业园、萨博、钢城矿业、冷弯型钢等32项重点施工项目。在“四新”产业园奠基仪式上，“首战用我、用我必胜”的新铁军精神得到了孙述涛市长首肯。下属分公司济钢集团山东建设工程有限公司混凝土搅拌中心，配备HZS180型混凝土全自动生产线两套、HZS120型混凝土全自动生产线一套，混凝土搅拌车50余辆，混凝土试检验设备先进、齐全、技术力量雄厚，可生产各种标号的混凝土和特种混凝土，年供应能力可达120万立方米。先后参与济南火车东站、遥墙机场、汉峪金谷金融中心等多项重点工程，获得“泰山杯”“济南市优质工程”等荣誉。

【专业管理】 全体干部职工以习近平新时代中国特色社会主义思想为指导，在山钢集团党委和济钢集团党委的坚强领导下，深入践行“九新”价值创造体系，紧紧围绕2020年度工作会议上确定的任务目标，充分发挥“六大攻坚战”平台作用，坚决打好打赢“疫情防控阻击战”“效率变革攻坚战”“转型发展保卫战”三大战役。公司运营中，严格执行“四项制度”，强化安全生产红线责任制，安全管理网格化全覆盖，实现由安全管理向安全治理提升，确保安全风险管控、隐患排查治理到位，有效防范遏制各类生产安全事故发生。组织运营提升全员取证，通过高级会计师1名、中级会计师1人、中级政工师1人、中级经济师2人、住建厅安全管理ABC证16人、特种作业人员证书30人，全面提高人员业务能力和公司运营水平；强化政策供给，新增、修订《工程管理办法》《采购管理办法》《合同管

理办法》及其实施细则30余项，形成较为完善的《建设公司制度汇编》。

【党群工作】 聚焦“繁星”品牌，党建引领作用突出。以“三建三抓一引领”为抓手，精准靶向施策，突出以人为本，服务赋能，倾力打造“繁星”党建升级版，擦亮党建新品牌；依托工北21号科创综合体，建设“熔炉·新时代”党性教育实践基地。成功获得济钢过硬党支部示范点，济南市级“两新”组织示范点重点培育对象、历城区党员教育实训基地“魏涛工作室”等称号；在党建引领下，提升对内作用力，“两新”组织蓬勃发展，历城区首家楼宇工会、团支部、统战及鲍山街道“商量工作中心”相继落户创智谷，实现服务创客全覆盖；同时，以项目化思路，聚集优势资源，引入山东喜马拉雅文化科技有限公司、山东智汇空间文化传播有限公司，通过建立柔性团队，完善融媒体中心矩阵建设实现党建服务输出。

【创新创效】 2020年建设公司在保证安全环保实现“八个零”目标，疫情防控做到有力有序的情况下，实现营业收入8631.61万元，超奋斗目标6831.61万元。实现利润536.92万元，实现归母净利润402.72万元，超奋斗目标80.22万元。归母净利润合计实现年度翻番目标。

（撰稿　赵　健　审稿　魏　涛）

社会服务板块

济钢城市矿产科技有限公司

【概况】 截至2020年底，公司在册员工234人。内设4个职能科室、3个贸易部门，7个生产经营部门。公司主营业务主要是钢材、废钢贸易业务；日照地区的厂内保岗和物流运输业务；以及济南地区的城市矿产业务，即济钢渣土运输和建筑再生资源利用项目。公司是一家集金融及第三方物流，钢材贸易，货物、渣土运输及仓储，金属综合利用及建筑再生资源综合利用为一体的国有综合型企业。

【生产运营】 2020年公司实现营业收入89.33亿元，比2019年提高21.3%，实现考核利润5288万元，比2019年提高35.9%；完成集团公司下达的奋斗目标。无重大交通责任死亡事故，无重大设备事故，无重大火灾事故，无重大险肇事故，实现安全生产“六个零”安全目标。

【专业管理】 公司党委、公司坚决贯彻落实集团公司党委、集团公司精神，始终把职工群众生命安全放在第一位，不敷衍不打折扣落实各项疫情防控措施。建立严密的网格化管理体系，严格落实网格化管理各项要求；备足疫情防控所需物资；对于出差人员按风险程度及时核酸检测，积极推进复工复产；迅速构建疫情形势下工作新秩序，自始至终防控疫情不放松。

公司严格落实企业安全生产主体责任，去根治理安全隐患，动态辨识各类安全风险，扎实开展安全生产集中整治，认真组织“安全生产月”“百日安全无事故”竞赛活动，强化相关方安全管理，实现安全管理网格化、全覆盖，抓好安全培训，全员风险意识、责任意识不断增强。不断强化安全基础管理，重点做好铁水运输、渣土运输等重点部位的安全管理。高度重视环保工作，落实责任，及时反应，保证了公司安全环保形势的稳定。妥善处置各类信访事项，在全省“两会”、全国“两会”等重大活动期间强化信息管控，未发生受到上级考核的信访事件。

【创新创效】 公司借疫情期间为山钢日照公司做好运输服务建立的良好信誉，不断拓展山钢日照公司市场。物流外发占比一直保持了入围商发运量第一名。积极开拓了莱钢钢材外发市场，使外运物流营业收入和效益都有较大幅度提升。日照厂内物流积极做好山钢日照公司铁水运输及原材物料的倒运，通过大力优化人力资源及强化成本控制，2020 年效益稳步提升。济南仓储物流，以安丰院仓储为依托，积极开拓冷弯型钢等物流运输业务，物流仓储业务有所拓展。公司废钢业务与客户建立贸易共同体取得突破性进展，客户群不断扩大，形成了以鲁丽公司、山钢日照公司为主体，莱钢、潍柴、齐河永峰、河北地区钢厂为补充的稳定销售渠道。以建立贸易共同体理念为指导，深化与鲁丽公司的合作，月贸易量飞跃式提升，带动了效益的稳步增长。风险控制能力进一步增强，有效化解了以前所形成的资金风险，为今后公司废钢业务的拓展打下了坚实基础。广东分公司贸易量稳步提升，与山钢日照公司等其他钢厂的关系更加紧密与稳固，为美的、格兰仕等终端客户服务提供了有力保障；共同促进了日照万方基地增加一条加工生产线；与博山地区的鑫泰公司合作更加顺畅。汽车拆解产业园项目基建工程完成后，在运行资质未办理的情况下，开通废钢加工、钢材仓储等业务，并积极引进社会废钢加工企业与之合作经营。日照金属资源项目在基建工程延迟完工的情况下，克服困难，进行设备调试、新进员工培训、建立购销渠道、厂区治理完善等，多项工作齐头并进，收到了良好成效，已具备正式投入运营条件。

【党群工作】 公司党委始终坚持把政治建设摆在首位，增强“四个意识”，坚定“四个自信”，做到“两个维护”，党员干部理想信念更加坚定、党性得到进一步锤炼。层层落实管党治党责任，深化过硬党支部建设，公司所有党支部都通过集团公司过硬党支部验收；全力配合山钢党委第一巡察组开展巡察工作、济钢党委第二巡察组的巡察工作，对巡察反馈的问题进行了彻底整改；牢牢把握党对意识形态工作的领导权，建立健全公司党委意识形态工作“三文一表”；大力抓好党员干部政治理论学习，有效巩固党员干部职工共谋发展的思想基础；驰而不息抓好党风廉政建设，认真落实“两个责任”，紧盯中央八项规定精神落实，纪律作风建设持续强化，为公司营造了良好的政治生态。积极推进幸福和谐企业建设，先后建立济南区域、日照区域职工服务中心，公司依法保障和维护职工合法权益，扎实开展帮扶救助工作，走访慰问疫情防控一线职工、困难职工及家庭；积极开展劳动竞赛和评先选优活动，构建新型导师带徒体系，大力开展群众性的合理化建议征集活动，积极搭建职工建功立业活动载体和活动平台，职工收入同比提高 13% 以上；荣获山钢集团幸福和谐企业称号；职工幸福感、获得感、价值感进一步增强。

（撰稿　王恒山　审稿　李赐波）

济钢国际物流有限公司

【概况】 2020 年，面对汹涌而来的新冠肺炎疫情和激烈严峻的市场竞争形势，济钢物流始终高举习近平新时代中国特色社会主义思想伟大旗帜，深入贯彻落实党的十九大和十九届历次全会精神，增强“四个意识”，

坚定“四个自信”，做到“两个维护”，深入践行“九新”价值创造体系，聚焦“决胜三大战役”要求，充分发挥“六大攻坚战”平台作用，紧抓“疫情防控、效率变革、价值创造”三条工作主线，众志成城齐抗疫，披荆斩棘拓市场，全力以赴创价值，在逆境中抢抓机遇，在竞争中攻坚突围，圆满完成了各项目标任务，向着“二次创业，重塑济钢”“建设全新济钢，造福全体职工”的使命目标砥砺奋进，为实现济钢高质量发展贡献了力量。2020 年全年完成销售收入 81.1 亿元，超计划指标 17 亿元，较上年增长 55.1%；完成利润总额 3353.89 万元，超计划指标 238.95 万元，较上年增长 84.4%；完成归母净利润 2838.48 万元，超计划指标 338.48 万元，较上年增长 68.9%，实现归属母公司净资产收益率 16.5%，较契约化目标提升 6.53 个百分点，较上年增长 5.6 个百分点。职工收入较上年度提升 10.3%。

【生产运营】 国际贸易面对全球疫情带来的严重冲击，在各国闭关封港、国外需求断崖式下滑的情况下，积极优化国际贸易产业布局，开拓新兴市场，调整业务结构，创新团队合作，形成了以涂镀类钢材出口为主，延伸到建材品类的国际贸易产业链，产品出口以东南亚和“一带一路”沿线国家地区为主，国际影响力逐步提高。全年实现出口 37 万吨，销售收入 17 亿元，与上年相比分别增长 71.3%、54.5%，利润 1700 万元，同比增长 54.5%，成为中国最大的涂镀类产品出口贸易商，成为山钢集团综合实力及出口量排名的重要支撑。国内贸易立足传统钢贸优势，突出产业链价值，优化业务机构，深化与终端工厂钢材直供合作，开发了 14 个螺纹钢工地直供项目，价值创造能力大幅提升；年累计供应废钢 52.36 万吨，玉米存储基地业务形成年供货量 60 万吨规模，产业链效应初显；非钢业务多点开花，销售收入 10.41 亿元，占公司销售收入的 12.8%。联运业务延伸场站功能，开发和提升集装箱货物加固、钢材下站配送、敞顶箱煤炭等业务，实现下站业务增量月均 6000 吨；利用铁路资源与冷弯型钢开展产业协同，开辟了两湖两广方向与冷弯型钢产品的铁路发运协同业务。日照地区贸易物流一体化运营功能不断释放，实施贸易、物流、仓储全面协同，年业务协同实现销售收入 12.4 亿元，占公司销售收入的 15.2%。保税区仓库充分利用新上货架优势，开拓收益较高的 20 号胶期货交割库业务，进一步提升了公司物流仓储行业的品牌影响力。莱芜、青岛、烟台、邹平等地设立的 6 个监管仓库，月创效 20 万元以上。

【专业管理】 建立疫情防控和安全生产新秩序，坚持底线思维，树立极限目标，落实安全生产红线责任制，加强“双基双线一提升”和去根治理工作，构建多维度安全管理体系，双重预防体系有效运行，源头治理、系统治理和综合治理有序展开，安全生产专项整治三年行动卓有成效，班组安全标准化合格率达到 100%，多式联运业务部获得山钢集团安全生产先进车间。坚决果断抗击疫情，压实网格长责任，时刻保持紧张状态，构建起疫情防控责任体系、联防联控机制和中枢统领的应急体系，抓紧抓实抓细疫情常态化防控各项措施，制定疫情防控工作方案、应对预案、复工复产方案等 12 项制度，严格双测温、两报告和信息登记。保持疫情防控常态化条件下安全环保稳定，实现了全年安全环保“八个零”目标。8S 管理卓有成效，“诚信+服务”企业文化深入人心，“精、细、严、实、快、新、诚”工作作风充分融入，根植于“阳光、健康、奋进、执着”的文化土壤，历练出“以做强做大济钢品牌为使命、以价值创造为荣耀”的过硬队伍。

【党群工作】 落实全面从严治党要求，发挥党组织领导力，围绕中心、统筹部署，创新学习模式，稳步推进“三重一大”决策制度贯彻落实，严格落实党管干部、党管人才原则，使管党治党工作真正走向严实，为公司高质量发展提供坚强政治保障。以创新和发展的理念开展党组织建设，坚持把强化思想建设放在首位，突出政治引领，压紧压实党建责任，严肃党内政治生活，强化党总支理论中心组学习和政治学习，搭建干事创业平台，使党建与业务相融互促，党员队伍战斗力充分展现。坚持把纪律和规矩挺在前面，以严肃党内政治生活为主基调，紧抓作风培育，做好巡察整改，开展廉洁教育，坚决推进全面从严治党向纵深发展，公司整体呈现积极向上的良好氛围。认真落实意识形态工作责任制要求，紧紧围绕党建引领公司高质量发展要求，综合运用文化阵地建设、幸福和谐企业合力，拓展职工成长成才空间，搭建建功立业平台，有效保障职业发展权益，让职工更有成就感；结合公司办公地址搬迁工作，积极建设完善职工服务中心，丰富职工文体活动设施，提升服务效果，幸福和谐环境得到职工赞誉，从根本上提升党建内生活力。公司被评为济钢集团“幸福和谐企业”“和谐工会”；群团工作丰富多彩，荣获山钢集团“五四”红旗团支部称号；职工收入较上年度提升 10.3%，超额完成上年职代会目标。

（撰稿　李　冲　审稿　孙德民）

山东济钢文化旅游产业发展有限公司

【概况】 截至 2020 年底，在册职工 198 人（其中，在岗 191 人，二线内退 7 人）。管理和专业技术人员 53 人，其中，高级职称 3 人，中级职称 13 人，初级职称 20 人。机关设立 5 个部门，下辖 9 个生产经营服务单位。公司党委下设 7 个党支部。注册资本金 9962.47 万元，总资产 16579.88 万元，资产负债率约为 34.55%。

【生产运营】 2020 年，主要经营指标均超额完成集团公司下达的考核计划。2020 年完成收入 3.3 亿元，超指标 1.1 亿元，同比增长 62.7%；完成利润总额 1408 万元，超指标 248 万元，同比增长 49.1%；完成归母净利润 1072 万元，超指标 202 万元，同比增长 45.2%，超契约化指标 3.6%。坚持契约化目标任务不动摇，强化运营过程管控，开展多渠道挖潜创效，在消化 600 万元减利因素的前提下，公司经营质效创出产能调整后最好水平。职工收入同比增加 13.1%，安全生产完成“八个零”目标。

【专业管理】 理顺管理流程，赋能放权，构建合同授权分权模型，减少审批环节，加快合同流转；理顺办公流程，限时公文办结；六大攻坚战督办，重点任务攻关，多管齐下，提升工作总效率。构建风险内控管理体系，针对合同、采购、绩效等重点经营环节，多维度开展风险评估和辨识，多举措制定防范和化解措施，促进公司风险防控能力有效提升。“双降双提”有序推进，经营资产负债率、“四项资金”占用压减等关键指标明显改善，完成年度目标。强化政策研究，建立政策利用体系，全年享受政策红利 419.4 万元。产业协同成效突出，全年完成协同额 2.4 亿元，同比增长 50%。严格落实企业安全生产主体责任，推进安全管理向安全治理提升。聘任安全总监，建立健全专职安全管理机构和人员。支出安全生产费用 74 万元，整改宾馆消防水、济钢商厦电梯、体育场东看台防水等重大隐患。实施“安全生产三年行动”，升维提级，纵深防御，推动“四个转变”。夯实基层基础建设，车间、班组全部通过集团公司的验收，达标率 100%。组织风险再辨识、问题大排查、隐

患去根治理，全年整改问题776项。

【党群工作】 坚持把政治建设摆在首位，深入开展党的十九大及十九届四中、五中全会精神宣讲，“不忘初心、牢记使命”主题教育成果巩固深化，党员理想信念更加坚定。坚持全面从严治党，推进责任落实，对内部巡察反馈问题迅速组织整改。深入推进党风廉政建设，举办“执行纪律作表率，效率变革勇担当”主题教育读书班，党委书记带头讲廉政党课。夯实党建基础，推进党支部全面过硬，7个党支部中有3个为山钢过硬党支部，3个为济钢过硬党支部，有效提升基层党建工作质量，促进党建工作与生产经营深度融合。开展全员军事化训练、作风建设专项行动，用“铁的纪律、铁的担当、铁的作风”淬炼“文旅铁军”，推动干部职工整体素质和精神面貌全面提升。全力推进社区党员移交，全年移交社区党员63名。加强干部管理考核，修订完善7级、8级干部考核管理办法，进行多维度、数据化测评。创新宣传教育手段，开展“金色十月·情动文旅”演讲比赛，讲述身边好人好事，抒发爱岗敬业情怀，形成爱企业、促发展的良好氛围。高标准建设职工服务中心，为一线职工配备了微波炉、洗衣机、冰箱等工作生活设施。配发工装、棉服，为职工在极寒天气中送去了温暖。组织职工查体，有效守护了职工身体健康。职工午餐补助由300元/月增加至400元/月，达到了同行业先进水平。开展金秋助学、职工帮困系列活动，时刻关注职工冷暖。2020年，公司被济钢集团授予“幸福和谐企业”称号。

【创新创效】 在经营单元7级、8级管理人员中全面推行契约化管理，充分授权，严格考核，在集团公司范围内成为标杆。为餐饮单元骨干人才搭建平台，推行阿米巴模式，有效激发了职工干事创业的积极性，成效显著。创造性地提出事业合伙人模式，充分挖掘人才潜力，盘活资源，形成了公司与职工“共画同心圆、共谱同心曲”的良好局面。创新营销模式，与山东卫视联动举办多场中超直播第二现场活动，提高产品知名度，塑造企业好形象，活化片区经济，提升销售业绩。主要领导率先垂范、引领开拓，“济钢牌”月饼首次打入北京、莱芜市场，月饼营销实现新突破，销售额同比增长30%以上。创新驱动成效显著，2020年公司提前3个月完成考核指标，提前2个月完成利润指标。

【转型发展】 固定资产投资项目完成集团公司立项6项，总投资额338.6万元，公司开工项目13项，采购合同额118万元。“济钢颐养天年康护中心”项目顺利通过集团公司审批并落地，2021年实现营业。与齐鲁粮油强强联合，优势互补，既为文旅自有产品销售拓展空间，又为集团粮油储备提前布局。与济南文旅、水发文旅合作签署了《战略合作框架协议》。与上海禄展合作形成了产业融合规划方案。与济南市足管中心合作建设“济钢青训基地”，既提升公司品牌形象，又带动相关产业发展，实现社会效益、经济效益双提升。

【疫情防控】 2020年初，新型冠状病毒肺炎疫情暴发，防疫“大考”面前，文旅公司彰显责任担当，保障了辖区职工群众“零感染”，获得了“济钢集团抗‘疫’最坚堡垒”的殊荣。文旅公司广大干部职工坚决贯彻落实党中央决策和上级党委部署，在公司党委的坚强领导下，立即组建指挥部，构建上下贯通、运行高效的疫情防控调度体系；建立三级网格化管理，层层压紧压实网格长责任，分工负责，联保互保；发布《济钢文旅“战疫”十条禁令》，严明纪律，严格执行。公司党政领导坚持人民至上，靠前指挥，克服障碍，利用三天时间完成华联超市搬迁，保卫了人民生命安全。突破天寒地冻、时间紧迫、人员短缺、设备不足、交通不便等重重困难，紧急改建、启动配餐中心，用最快速度、最严标准、最优服务确保集团整体安全就餐，得到山钢、济钢主要领导的高度认可。成立电子商务中心，实现蔬菜、水果及生活品原产地配送，保障社区居民生活无忧。加强外出人员管理，确保全员、全过程受控。提升门禁设备信息化水平，改善环境，提高效率，降低风险。

（撰稿　胡国雄　审稿　高海港）

山东济钢顺行出租车有限公司

【概况】 截至2020年底，山东济钢顺行出租车有限公司（以下简称“公司”）在册职工79人（含中层）。其中，管理5级、6级人员2人，管理7级、8级人员11人，一般管理人员8人，生产服务人员58人，平均年龄44岁，本科及以上学历22人，高级职称1人，中级职称5人。公司设党群部、综合管理部、安全技术部、市场开发部、巡游车运营部、网约车运营部、公务车运营部、轿车服务中心、汽车后市场业务部。公司拥有公务车162辆，巡游车出租车200辆，具备二类汽修资质。

【生产经营】 公司深入践行“九新”价值创造体系，积极应对“疫情大考”，坚定信心、迎难而上，深挖潜力、创新创效，坚决打好打赢“疫情防控阻击战”“效率变革攻坚战”“转型发展保卫战”三大战役，开创了快速发展新局面。全年实现营业收入3005.48万元，利润总额504.77万元，归母净利润312.95万元，超额完成济钢集团有限公司（以下简称为集团公司）下达的经营计划攻坚目标。巡游出租车规模进一步发展壮大。济南市500辆巡游出租车指标移交时间明确后，公司迅速制定巡游出租车投运攻坚实施方案，明确节点目标及责任人，确保指标按计划投入运营，全年新增120辆巡游出租车运营。公务车运营市场开拓持续发力。公司陆续中标山钢股份莱芜分公司、山钢股份营销总公司公务用车招标，被纳入山东大厦、南郊宾馆会议接待用车定点单位。以租赁方式引进9辆纯电动客车，逐步实现老旧燃油车更新。新购进5辆商务车、1辆皮卡车，满足新增客户需要。轿车维修保内拓外积极应对。轿车维修一方面全力做好公司内部车辆维修保养工作保运营，另一方面积极开发客户、抢抓“优质”业务增效益。烤漆房环评顺利通过，水性漆普及应用，实现环保与效益双提升。

【专业管理】 “效率变革”全面发力。成立以公司主要领导为组长的“效率变革”推进小组，研究制定《济钢顺行效率变革行动方案》，从“提升管理效率、激发人员效率、提高发展效率、强化党建保障”四个方面提出17项重点工作形成配档表，落实责任人，一体化解决效率制约点，深入推进自身效率提升，管理水平提升。法人治理结构更加完善，全年组织召开董事会7次，形成会议决议12项，修订完善支委会、董事会、总经理办公会议事规则，进一步健全国有企业法人治理结构。管理制度供给更加有效。完成修订15大类161项管理制度，推动公司管理科学化、规范化和精细化发展。信息化建设取得新成效。巡游出租车运行服务中心顺利启用，出租车智慧化信息管理平台上线运行。安全环保形势保持稳定。不断完善安全管理责任体系和制度体系，设置安全技术部，聘任安全总监一名，进一步配齐配强安全管理力量。扎实推进“双基双线一提升”，职工安全持证上岗率100%。加强日常安全监管，达到城市客运巡游出租车企业安全生产标准化二级标准。加强环保发展理念，轿车维修部烤漆房完成环评及验收，固废、危废依法处置。全年安全环保形势保持总体稳定，实现了安全环保“八个零”目标。

【创新创效】 新能源汽车充电站二期工程新增快充型充电桩20个，获得政府补贴48万元。充电站供电系统顺利并入国家电网，充电能力实现正常化。铺设沥青地面、规划停车位，建设公厕、维保车间、洗车台等配套设施，充电站及出租车综合服务区环境秩序不断提升优化。充电车辆和充电量增长明显，单月充电服务费收入突破2万元，未来效益可期。

【党群工作】 管党治党责任不断压实。先后制定下发年度党群工作计划、党风廉政建设工作计划、廉洁教育工作计划、《理论学习中心组学习指导计划》等工作制度和职责；公司领导主讲廉洁党课2次；全年开展支委中心组学习16次；坚持党管意识形态，制定下发“三文一表”，强化意识形态责任制落实，牢牢掌握意识形态工作领导权和主动权。积极探索党建工作品牌化。推进《擦亮“城市服务”党建品牌，探索基层党建与生产经营工作深度融合》党建突破项目，党建引领作用进一步充分发挥。政治理论学习形式不断创新。开展党员知识答题和收看爱国电影等特色活动，将广大党员践行初心和使命的内在要求变成为公司发展攻坚的实际行动。党建对群团工作的服务引导作用不断凸显。充分发挥党群工作组织优势和群众优势，广大职工主动参与推动改革发展。通过岗位建功、价值创造、合理化建议等活动，加大职工创新创效成果转化和推广的工作力度。企业文化墙、党建宣传栏、巡游车服务中心、办公区域面貌不断美化提升，“一封家书”“爱心助考”“创城服务”等活动已成为公司文明建设的一张张闪亮名片。2020年，公司党支部荣获集团公司“先进基层党组织”“过硬党支部示范点”荣誉称号，公司被命名为“济钢集团有限公司幸福和谐企业”荣誉称号。

（撰稿　冯　涛　审稿　刘柱石）

山东济钢保安服务有限公司

【概况】 截至2020年底，在册职工932人。其中，在岗603人，待上岗329人；管理人员28人，中级职称7人，初级职称4人。设立党群部/综合管理部、安全环保部/应急管理部、运营管理部/风险合规部、财务部、市场开发部五个部室，下设四个站务车间。面对突如其来的新冠肺炎疫情，山东济钢保安服务有限公司（以下简称保安公司）深入践行“九新”价值创造体系，围绕全面决胜“三大战役”，勠力同心、众志成城、攻坚克难，坚定不移贯彻新发展理念，圆满完成各项任务目标，实现年收入5021.84万元（考核收入），收入环比增长2859.10万元，利润总额超指标完成905.57万元。

【员工培训】 为确保地铁2号线安检职工顺利上岗（最后一批上岗人员），保安公司提前谋划，围绕安检业务范围、业务流程等主动与济南轨道交通密切对接。充分考虑疫情防控带来的不利因素，经与宁波轨道交通培训学院、济南轨道沟通，将原计划在宁波培训变更为在济南培训。自2020年6月18日起至12月7日共组织六批职工进行安检员岗前培训，培训职工317人，经过考核，全部学员一次过关，通过率达到100%，为来年顺利上岗奠定了基础。通过调整培训方案，不仅降低疫情防控风险和往返途中安全风险，而且降低了培训成本，人均节省交通费、核酸检测、食宿等费用约3000元，共节省费用约100万元。

【疫情防控】 强化疫情防控网格化管理，全方位落实防疫措施。建立公司、车间（科室）、班组三级网格，构建横到边，纵到底，职能到位，责任到人的全覆盖管理网格。组织全公司签订《疫情防控网格化管理监督责任书》972 份，确保了公司疫情防控工作不留死角，不出问题。“疫情就是命令、防控就是责任”，党员干部职工主动放弃休假，义无反顾奔赴自己的岗位，自始至终坚守在地铁疫情防控第一线。一个个逆行出征的最美身影，一面面迎风飘扬的鲜艳旗帜，581 个主动请缨摁下的红色手印，81100 元助力武汉的爱心捐款，无不见证了安检职工舍我其谁的勇气和担当，构筑起一道道阻击疫情的坚固防线。按照集团公司防疫物资配发标准以及《保安公司防疫物资管理办法》规定，公司及时配发防疫物资，全年累计发放口罩（一次性口罩、KN95 口罩）近 14 万个、隔离服近 2000 套、测温仪 30 个、面罩近 600 个、消毒液近 100 桶等，有效保障公司全体职工个体防护。

【安检运营】 为贯彻集团公司二十届三次职代会精神，深用笃行“九新”价值创造体系，加快效率变革，激发内生动力，进一步提升保安公司安检员工的服务意识，充分展示济钢保安的企业形象，为广大乘客提供更加便捷、优质的安检服务，制定提升方案。严格安检员着装标准，提升外在形象；加强对文明安检、优质服务意识的培养；加强对文明服务用语的学习；提升安检服务业务技能；建立健全服务考评机制、调动员工服务积极性。通过开展安检服务质量提升工作，充分展现保安公司安检队伍的良好形象。全年过包量 668.51 万件；共计查获违禁品 2040 件，其中管制品 1266 件、一般限带物品 814 件；收到表扬信 297 封。

【市场开拓】 利用山钢内部协同政策，与集团公司六家子公司签署安保服务项目；盘活优化水文、重机、二汽改工业园资产，经评估和梳理租赁合同，完成业务结算，加强现场看管，实现托管创效 280 万元；完善社会资质和业务拓展手续，与济南市特警支队、武警医院等 28 家单位签订保安劳务输出合同，同期筹划完成锦绣华府和潘田馨苑保安服务项目投标工作；另外，积极探索生物降解、光触媒项目开发，精心筹划项目落地，为实现安检服务主业和新产业项目“双战双赢”奠定坚实基础。

【党群工作】 一是加强党的建设。坚持党的政治建设为统领，严格落实党建、党风廉政建设责任制，把管党治党责任扛在肩。持续深化“党委书记亲自抓、班子成员分工抓、一级抓一级、层层抓落实”的党建工作格局，推动全面从严治党向基层延伸。巩固提升“不忘初心、牢记使命”主题教育成果，以党的最新理论武装头脑、指导实践，党政班子始终保持“五个过硬”。二是夯实党建基础。强化党支部规范建设，新建 2 个党员活动室和 1 个党建主题文化走廊，8 个党支部完成过硬创建和提升，支部过硬比例达到 89%，着力打造坚不可摧的“战斗堡垒”。三是深化党风廉政建设。组织逐级签订党风廉政建设责任书，实行责任制落实网格化管理，其中签订一岗双责责任书 84 份，签订主体责任责任书 9 份，签订监督责任责任书 9 份，签订廉洁从业责任书 174 份，签订廉洁从业承诺书（非党员）7 份。四是开展庆祝建党 99 周年系列活动，表彰优秀共产党员、优秀党务工作者和先进基层党组织，激励广大干部职工全面攻坚克难，奋力争先创优，对标先进，再创佳绩。

（撰稿　刘振学　审稿　董　波）

济南济钢人力资源服务有限公司

【概况】 济南济钢人力资源服务有限公司成立于 2017 年 6 月，截止到 2020 年底在册职工 56 人，学历全部大专以上，其中，高级职称 9 人，中级职称 14 人。下设综合管理部、财务管理部、内退管理部、劳动关系

部、劳务派遣/人才服务部、市场开发部、培训业务部七个部门。经营范围：劳务派遣；职业介绍和职业指导；人力资源供求信息收集、整理、储存、发布；绩效薪酬管理咨询、创业指导、职业生涯规划；人力资源素质测评；人力资源培训；高级人才寻访；举办人力资源交流会；人力资源管理服务外包；受用工单位或劳动者委托，代办社会保险事务；档案管理服务；企业管理咨询；安全技术开发、技术咨询、技术服务以及其他按法律、法规、国务院决定等规定未禁止和不需经营许可的项目。公司现有教学区域约5300平方米，网络机房3间，授课教室11间，其中100人以上的多媒体阶梯教室3间，可同时接纳600余人进行课堂培训。实训基地1处，建筑面积约1000平方米，实训基地设置有电工、电焊工、钳工、叉车、天车等工种培训设施，能够开展对应工种的培训、考试工作。

【生产运营】 公司目前两大主营业务：一是为集团公司做好内退人员管理工作；二是为集团公司转型发展做好各类培训工作，为集团公司转型发展做好培训服务工作。

公司成立以来，始终以“服务内退职工”为宗旨，全力把人力资源公司打造成内退职工的“家”，着力开展内退职工服务管理工作。从提高员工的服务意识入手，努力提升服务质量与服务水平，为内退职工提供贴心优质服务，全方位做好内退职工企业年金签字、答疑、两节福利发放、健康查体、口罩发放等工作。进一步优化内退职工服务办公环境，筹建济钢内退职工服务中心并投用，极大地满足了内退职工业务服务需求，内退职工满意度大幅度上升。2020年，办理内退转正式退休员工765名，截至2020年底尚有内退职工5811名。积极开展教育培训业务。全年共开班150个，培训4562人次。其中，全员安全取证68个班，培训2570人次；主要负责人、安全管理人员培训12个班，培训440人次；其他适应性培训31个班，培训872人次。推进公司济钢教培中心网络和电教设施优化项目的立项实施，对现有培训设备设施进行升级改造。开拓培训新模式，以服务用户为本，进行上门送培训服务，完成城市矿产、鲁新建材等单位安全取证培训工作。加强与社会培训机构合作，与山东威德培训学校合作，开展职业技能鉴定培训。开拓内退职工培训新思路，举办“家庭救助”“国学课堂”特色培训班，得到了内退职工的广泛好评。克服疫情影响，积极开拓内外部市场，在内部市场上，与铁焦技术公司、冶建公司、环保新材料、黄河爆破、济钢防务、萨博汽车等单位新签业务承包合同、劳务派遣合同。在外部市场上，与上海外服（山东）公司签署合作协议；维护、服务好与水发集团的合作项目；积极推动与山东嘉奥环保工程技术公司的务实合作。已与国内外数十家大型企事业单位建立了长期、稳固的合作伙伴关系，劳务派遣及业务承包人数达到599人。

【创新创效】 公司打破部门界限，实行项目经理负责制，根据项目情况，在公司范围内招聘项目经理。项目经理全权负责本项目的生产运营，可跨部门抽调技术骨干力量，组建项目团队。并给予政策上扶助，奖励向项目团队倾斜，鼓励大家勇闯市场、勇挑重担，让人人敢担当、人人善作为成为建设全新济钢主旋律。2020年公司实现销售收入6450.35万元，较契约化指标5968万元增加482.35万元；实现考核利润156.66万元，较契约化指标140万元增加16.66万元；考核净利117.5万元，较契约化指标105万元增加12.5万元。

【专业管理】 公司拥有安全教育培训和考试点资质，能承接安监局特种作业（安全管理、电工、电焊工等）、质监局特种设备作业（天车工、叉车工）培训、考试（初培、复审及换证）等整套业务。公司是国家高技能人才培养示范基地、山东省特种作业人员培训单位、山东省专业技术人员继续教育基地、山东省计算机应用能力等级考试考点、奥钢联连铸技术中国（济钢）培训中心，为专业人才培训提供保障。

【党群工作】 中共济南济钢人力资源服务有限公司党委于 2017 年 10 月经集团公司组织部批准成立，下设机关党支部、39 个内退党支部，共有 1500 余名党员。其中，机关党支部获得山钢过硬党支部荣誉称号；第 2 支部、第 3 支部、第 6 支部、第 9 支部、第 11 支部、第 15 支部、第 17 支部、第 20 支部、第 34 支部、第 39 支部等 10 个内退支部先后获得济钢过硬党支部荣誉称号；公司党委已有 13 个过硬党支部。积极主动做好内退党员退休后组织关系转出工作，全年共转出党员 172 名。夯实党建基础，全面提升党建质量。坚持全面从严治党，强化党员政治学习，提升党员思想意识，增强“四个意识”，坚定“四个自信”，做到“两个维护”。认真学习十九届五中全会精神，加强党员干部政治思想教育。持续抓好干部队伍建设，深入推进党风廉政建设和反腐败斗争，营造风清气正、干事创业的氛围。从严从快从实抓好集团公司巡察反馈问题的整改落实。加强党建基础建设，机关党支部进行第二届改选，新增委员 2 人，党支部组织结构更加年轻化；组织内退党支部书记、党员赴鲁中抗战纪念馆爱国主义教育基地、三涧溪村、宏济堂博物馆等地进行参观学习，组织军训并进行南部山区拉练，增强了党员的责任感、使命感，向心力、凝聚力得到进一步加强。

（撰稿　刘广友　审稿　刘庆玉）

济钢集团创智谷科技服务分公司

【概况】 截至 2020 年底，创智谷在册职工 14 人，学历全部大专以上，中级职称 3 人，下设党群/综合管理部、运营规划部、金融服务中心、孵化中心四个部门。2020 年创智谷全体干部职工，以“九新”价值创造体系为引领，全面围绕公司年度经济指标，实现了经济质效持续提升。

【建设运营】 与阿里巴巴共建的“数字经济生态产业园”得到历城区政府 2000 万专项资金支持，并已建成投入使用；与山东喜马拉雅科技文化有限公司规划的“熔炉·新时代”党性教育基地展厅 7 月底建成使用；与山东方成氢能有限公司签订《战略合作协议》；与清华大学逆创中心共同打造济钢创智谷-清谷逆创研发中心。安全环保实现“八个零”目标，全年未发生上级考核的信访事件。平台建设方面，山东循环宝以“线上+线下”的模式扩大规模，处置物资 1617 万元，实现创效 185.72 万元；中小微企业公共服务平台交付使用，举办线上、线下活动 20 场，帮助创就业者共计 201 人。园区管理方面，园区增设智能充电、餐厅、送水等配套服务；智慧园区以“互联网+产业”融合模式为手段，实现多维度智能分析，借助云计算、物联网等 IT 技术助力园区运营。创业服务方面，入驻企业突破 110 家，其中高新技术企业 6 家，自我培育孵化 2 家，实现带动就业 500 余人；疫情期间，为入驻企业提供金融及法律线上咨询 5 次，成功匹配小额贷款 140 万元；成功举办“九新杯”山东新旧动能创新创业大赛，收到参赛项目 96 个，复赛项目 66 个，决赛项目 15 个，获奖项目 6 个，共吸引 19 家媒体宣传报道，积极为入孵企业提供展示推介机会，参展第二届泉城电商大会；成立山东新动能产业科创联盟平台为创业企业提供最优化的创就业服务；园区增设智能充电、餐厅、快递、送水等配套服务。政策利用方面，政府 700 万元扶持资金年初到账并使用，获得济南市泉城众创空间奖补 32.49 万元，“两新”组织建设专项奖补 23.6 万元。

【专业管理】 全员重点围绕推进“效率变革”“攻坚创造”，分解九大任务，各项目负责人签订军令状、契约书；多部门联合完成《打造独具特色的济钢产业孵化生态体系》重大课题，《疫情期间生态合作生产口罩，开辟持股孵化新模式，保障集团公司口罩供应》获得集团公司荣誉。

【党群工作】 聚焦“繁星”品牌，党建引领作用突出。以“三建三抓一引领”为抓手，精准靶向施策，突出以人为本，服务赋能，倾力打造“繁星”党建升级版，擦亮党建新品牌；依托工北21号科创综合体，建设“熔炉·新时代”党性教育实践基地。成功获得济钢过硬党支部示范点，济南市级“两新”组织示范点重点培育对象、历城区党员教育实训基地“魏涛工作室”等称号；在党建引领下，提升对内作用力，“两新”组织蓬勃发展，历城区首家楼宇工会、团支部、统战及鲍山街道“商量工作中心”相继落户创智谷，实现服务创客全覆盖；同时，以项目化思路，聚集优势资源，引入山东喜马拉雅文化科技有限公司、山东智汇空间文化传播有限公司，通过建立柔性团队，完善融媒体中心矩阵建设实现党建服务输出。

【创新创效】 2020年，创智谷实现营业收入577.76万元，超奋斗目标317.76万元，同比增幅278.18%。实现净利润129.54万元，超奋斗目标29.54万元，同比扭亏为盈，实现历史性突破。

（撰稿　李宏伟　审稿　魏　涛）

“四新”产业园园区运营项目

【概况】 2020年5月，济钢防务技术有限公司（以下简称“济钢防务”）独立运营，由“四新”产业园园区运营项目（以下简称“‘四新’产业园”）/济钢防务筹备组调入济钢防务9人，截至2020年底，在册职工26人。下设招商引资室、园区建设室、综合协调室3个科室。主要负责招商引资、项目落地、园区规划及工程建设等相关工作。

【基础管理】 完善基础管理体系，年内修订综合管理制度25项、党建管理制度2项、安全管理制度17项、招商管理制度6项。根据工作实际动态修订绩效管理体系，实行全员“模拟契约化”，按照岗位职责量身打造建立“一人一表”考核机制，激发职工工作动力。开展内部课堂17次，有效提升了全员的专业能力知识储备，为形成职业化、专业化的人才梯队奠定基础。年内新获得社会专业技术职务资格7人。

【招商引资】 聚焦“新材料、高端装备制造、现代城市服务”三大主业方向开展招商引资工作，年度外出考察、对接项目81个，为子公司推介项目21个、召开专题会议上百次；签订合作协议10项。为济南鲁新新型建材有限公司推介济南大学项目，双方共建新材料产业研究院，并实现多方位合作，探索校企合作新模式。发挥筹备组作用，助力济钢防务实质化运营。组织策划股东会、董事会筹备、人员招聘、卫星公司注册等工作，助力济钢防务搭建完善运营架构和管理体系，为正式运营筑牢根基。4月30日，济钢防务进入正式运营阶段。

【重点项目申报】 借势借力山东省决定谋划实施一批重点项目的政策需求，组织重点项目申报工作。2月13日，济钢防务卫星总装基地项目（即“四新”产业园一期一步项目）成功入选2020年省重大建设项目名单（第29项，总计233项）；11月30日，《齐鲁低空监视服务网项目》入选历城区招商引资重大项目。

【项目建设】 负责“四新”产业园一期一

步项目（济钢防务空天信息产业基地项目）建设工作，为缩短建设周期，申请政府允许容缺开工建设，提前开工建设 80 天。创新建设模式，引进全过程咨询单位进行工程咨询、采用 EPC 总包形式，实现工程设计建设一体化，缩短建设周期。3 月 30 日，获取一期 206 亩的建设用地土地证；4 月 30 日，获取建设用地规划许可证；6 月 19 日施工单位正式进场施工；8 月 30 日，获得建设规划许可证。11 月份，办理重度污染二级应急响应下的施工许可，保障现场施工进度有序开展；11 月 27 日 E1 厂房三层封顶，标志着第一座厂房主体施工完成。负责组织济钢防务 XB 验证线厂房改造项目，4 月 2 日，XB 验证线正式移交山东微波电真空技术有限公司，6 月底首支产品下线。

【安全管理】 建立和完善安全管理体系，制定下发《“四新”产业园园区运营项目安全生产责任制》等一系列配套制度，成立现场项目部进行专项管理，联合相关方扎实开展“百安”、冬、夏季“四防”等专项检查、教育活动，组织现场安全应急演练，常态化现场隐患排查治理工作，实现安全环保“八个零”。疫情期间，严格按照各级政府政策文件要求，制定下发了《“四新”产业园常态化新冠疫情应急处置方案》《“四新”产业园双线办公管理要求》等 10 余项应急保障管理制度，坚持“双测温两报告”“日报告零报告”等疫情防控措施，外出人员执行外出写实经风险评估后上岗，确保疫情防控全覆盖、无死角，确保了职工身体健康。同时积极协助公司购买防疫物资，发动党员群众参加鲍山公园值守志愿工作，为集团公司打赢“疫情防控阻击战”做出了应有贡献。

【政策研究】 政策研究团队将集团公司及“四新”产业园适用于项目建设、土地获取、招商引资、人才新政及复工复产等方面的有关政策进行筛选、汇总，聚焦高端装备制造、新材料、现代城市服务三大培育主业方向，开展政策研究，编制完成《产业研究月报》7 期、政策研究报告 8 篇，为招商项目合理筛选、风险判断提供技术参考。

【创新创效】 为济钢炼铁焦化技术服务公司引荐北京众联盛化工工程有限公司，双方合作与内蒙古黑猫煤化工有限公司签订烘炉开工技术服务合同，实现营收 130 万元；XB 验证线厂房改造项目建设团队通过借势借力、联合王舍人街道办事处，深入对接交流沟通，由王舍人街道办事处负责修缮道路并承担全部费用，为集团公司节省开支 255 万元；引荐山东慧通智能机器人有限公司与济南鲍德炉料有限公司签订厂房租赁合同，盘活闲置资产创效 103.8 万元。

【党建工作】 2020 年 2 月，原隶属于机关党委管理的“四新”产业园党支部隶属关系调整为济钢集团党委直属管理。截止到 2020 年 12 月，共有中共党员 13 名。党支部积极开展“党员先锋岗”争创活动，认真落实“两个责任”，执行“一岗双责”，加强党风廉政建设，以党建带团建，于 2020 年 5 月组建“四新”产业园直属团支部。强化意识形态和宣传思想工作，将意识形态工作落实到岗到人，全年在公司及外部发表宣传稿件 10 篇。2020 年度，党支部分别获得济钢集团、山钢集团“过硬党支部”荣誉称号。

（撰稿　王子尚　审稿　郭　强）

媒体看济钢

MEITI KAN JIGANG

核心理念

☆ 企业愿景——打造城市钢厂转型
和山东省新旧动能转换的标杆

老厂区边有了新事业

盛夏的济钢创智谷孵化基地里一片繁忙，工人们正在对这座老建筑进行装修，1985年出生的吕厚鹏是这里一家企业的创始人，一路之隔的济钢集团老厂区，是他曾工作了9年的地方。

"我父亲在济钢工作了一辈子，我从小到大对济钢都耳濡目染……"

子从父业，2008年大学一毕业，吕厚鹏就进了济钢能源环保设计部，9年间，从一名普通工程师一路成长为业务骨干。但随着钢铁产能过剩问题越来越严重，跌到"白菜价"的窘境让整个行业都面临转型阵痛。吕厚鹏的一些同事们为了补贴家用开起了网约车。

"我宣布，济钢3200立方米高炉，现在停炉！"

时间回到2017年7月8号，出完了最后一炉铁水的济钢集团钢铁产线全线关停，新旧动能转换的势在必行与两万名职工的出路都摆在台面上。那时，吕厚鹏的妻子怀着双胞胎马上就要出生，原本可以继续留下的他决定出去闯一闯：

"我离开的时候和我妻子说，如果我做得不好，我媳妇养着我。如果我做得好，我们全家改变一种生活方式。"

创业的决定需要冒险，但吕厚鹏有后盾。拿着济钢20多万元的补偿款，凭借多年积累的专业技能，吕厚鹏组建了一家节能环保服务公司，而公司的落脚地就在老厂区对面的济钢转型发展十大项目之一——创智谷产业孵化基地：

"创智谷这里是个创业平台，经常会提供创业指导、小微企业扶持、人才引进政策的解读等，这些创业配套的工作都比较完善。"

现在，济钢创智谷里已经有60多家企业，入驻企业年产值约3亿元。借助在济钢积累的技能和平台的支持，短短3年间，吕厚鹏的团队就在节能环保领域崭露头角，国家电网等行业一流公司相继抛来橄榄枝，公司年产值也已经过千万。在外奋力打拼的他对济钢的归属感更深了：

"父亲在济钢工作了42年，今年正式退休了，一个月1万多元。我个人觉得济钢转型后发展会更好，过去受限于人员多、设备旧、环保包袱多，转型是个很好的释放。"

在济钢创智谷大楼正对面，有一块约10米长的钢板，上面刻着10个鲜红的大字——"续燃一团火，再造新济钢"。当年的老同事们已经各奔东西，吕厚鹏还是常常在微信群里碰到他们，偶尔一起吃饭聊天。滚烫的铁水成为一种记忆，转型阵痛中的努力拼搏却一直在路上，迎接新生的喜悦与希望。

（原载2020年8月16日中央广播电视总台中国之声《新闻和报纸摘要》栏目，记者：刘颖超　周　尧）

钢铁侠的新创意，聚焦济钢集团的转型之路

2017年7月，济钢关停了650万吨钢铁产能，全面落实中央、省委、市委及山钢

党委各项决策部署，以“多元主打、培育发展新兴产业”为战略目标，瞄准“四新”，梳理形成了十大转型发展项目，打造持续发展的“新生态”。济钢已由城市“排放型”企业转变为城市“消纳型”企业与“服务型”企业，与城市高质量发展相融合。今年济钢集团营收预计超额完成276亿元预算目标，体量接近钢铁主业停产前的水平，实现“三年再造一个新济钢”的一期目标，可以说实现了绿色华丽转身。12月8日，粤港澳大湾区主流媒体记者一行到济钢探究了昔日“工业巨人”的自我革新之旅。

济钢十大转型项目之一汽车拆解产业园，是利用原济钢钢结构公司停产后闲置的厂房改造建设的环保项目，规划总投资了1.1亿元，2019年9月开工建设，目前基建已经完成，准备投产，这个项目每年可拆解5万辆报废汽车，每辆汽车通对细分拣、深加工等工序，全部实现无害化处理，将废弃资源变废为宝，再生绿色财富。

据了解，济钢汽车拆解项目除了拥有大量可循环利用的资源外，其中很多的零部件可以通过机械加工、堆焊、表面处理等方式进行再制造，使退役零部件得到二次利用，可以说是城市矿山中的“富矿”，当前我国报废汽车处理行业将进入快速发展阶段，随着相关政策进一步完善，我们这个项目的前景越来越广阔。

另外，济钢即将投产的环保新材料科技园是山东省新旧动能转换重大项目库入选项目，这个园区利用所在地的优质石灰石资源，依靠现有的装备、环保、人才、技术和市场优势，采用清洁生产工艺，生产环保新材料等高端产品，尤其将来生产的高端碳酸钙产品面向橡胶、涂料、造纸和医药等行业，引领济南市碳酸钙产业链向环保化、集约化和大型化转变，具备明显的经济、环境和社会效益。

产能调整三年以来，济钢大胆实施“嫁接式跨界融合”工程，推动实现中科院空天院与济钢现有产业对接，着力构建以空天信息产业为轴心、三大产业辐辏、产研学融合发展的产业生态圈；与中科院空天院、济南市合作成立的济钢防务有限公司正式运行，国内首条行波管自动化生产线产品已经下线，空天信息产业园一期卫星总装项目已经开工建设。出租车、多式联运、创智谷孵化基地、金属资源综合利用等城市服务项目持续发力，多元创效；瑞宝电气、萨博汽车、冷弯型钢等公司，聚焦智能制造、高端装备制造，全力提升企业技术创新能力，与国家“十四五”发展规划同频共振。

十九届五中全会提出，深入实施可持续发展战略，促进经济社会发展全面绿色转型，建设人与自然和谐共生的现代化。可以看出，推动绿色发展是“十四五”甚至未来更长一段时期内经济、社会发展的重要方向。未来，济钢将抢抓“十四五”新机遇，深入贯彻新发展理念，融入新发展格局，推动高质量转型发展，济钢将以军民融合为着力点，以产城融合为主线，以产业园为载体，倾力打造国内具有品牌影响力的新材料、高端装备制造提供商和城市综合服务运营商，倾力打造研发成果转化、新旧动能转换、传统企业转型的“三转”新品牌，全力构建政、产、学、研、用五位一体融合发展的生态圈，努力成为城市钢厂转型和山东省新旧动能转换的新标杆。

（原载2020年12月9日《香港商报》，
记者：孙　珂　刘　佳　周　雪
侯宝之）

济钢以强化军事化管理冲刺 600 亿目标

日前，钢铁主业关停已三年有余的济钢，正在通过一场全员参与的军训，迎接其发展的第二个转折期！

2017 年 7 月，济钢关停 650 万吨钢铁产能，走上了一条转型发展之路。如今的济钢，已由城市“排放型”企业转变为城市“消纳型”企业与“服务型”企业，实现了与城市融合共生发展。

统计数据显示，2017 年主业停产时，月营业收入曾降到 4 亿元，经过三年探索、规划、发展同步推进，“高端装备制造、新材料、现代城市服务”成为济钢新三大主业。今年济钢集团营收预计超额完成 276 亿元预算目标，体量接近钢铁主业停产前的水平，实现“三年再造一个新济钢”的目标，2023 年，济钢计划实现营收 600 亿元，初步建立动能持续、产权优化、品牌高端、效益良好的新型生态体系。

如今，国内正逐步形成以国内大循环为主体、国内国际双循环相互促进的新发展格局，济钢发展正面临第二个转折期，如何迎接好这个转折期，他们想到了加强“军事化”管理。

山钢集团副总经理，济钢集团党委书记、董事长薄涛表示，要建立集中统一、运转高效、系统完备、内外互动的调度指挥体系，建成完备的生产、生活、物资储备保障机制，建设一支纪律严明、坚强有力的干部职工队伍，打造一支“特别能吃苦、特别能战斗”的应急队伍，提升管理的科学化、专业化、精细化水平，为促进企业高水平发展提供坚强保障。

今年 10 月中旬起，济钢全员参与，开始了为期一个月的军事化训练，既有实践训练，又有理论学习。从军训方案策划、后勤服务、过程督导检查、收官检验等方面一丝不苟，确保了军训质量。

从军训的成效看，全员执行意识显著增强，工作中接到任务立即行动明显改观；团队更加融合，凝聚力不断增强，成员能够步调一致；干部职工队伍纪律性得到进一步改善，规范行为、遵章守纪的自觉性大幅提升；作风进一步改观，提振士气，激发了敢打硬仗、敢于胜利的斗争精神。

下一步，济钢将抢抓“十四五”新机遇，深入贯彻新发展理念，融入新发展格局，推动高质量转型发展；将以产城融合为主线，以产业园为载体，倾力打造国内具有品牌影响力的新材料、高端装备制造提供商和城市综合服务运营商；倾力打造研发成果转化、新旧动能转换、传统企业转型的“三转”新品牌，全力构建政、产、学、研、用五位一体融合发展的生态圈，全力冲刺 600 亿元目标，争创城市钢厂转型和山东省新旧动能转换的新标杆。

（原载 2020 年 11 月 25 日济南日报 · 济南发布，记者：刘　彪　张洪雷）

济钢归来，“无钢”更有含金量

7月7日，中国科学院院士吴一戎一行来到济钢厂区调研空天信息科技馆，观看净空防御系统反制无人机演示，见证首批空间行波管下线。记者了解到，济钢与中科院合作的低空防务板块已经起势，这距离济钢关停生产线刚好三年，新济钢全面跨界转型。

从“靠钢吃饭”到“弃钢发展”，济钢集团正在冲刺300亿元的营收目标，力争恢复到主业关停前的水平。

在济钢城市矿产科技有限公司大院内，120辆渣土车整齐地排成队列，一尘不染。国企涉足渣土运输行业，济钢是第一家。“我们原来就是济钢的运输公司，主业关停之后，开始二次创业。从名字上也能看出来，要在城市里挖矿淘金。”济钢城市矿产科技有限公司执行董事、总经理李赐波说，主业关停之后，运输公司此前的厂内倒运、钢材外发等主营业务一夜归零，500多名员工分流安置之后还剩下200多人，500多辆货车报废，有120辆车的通勤客车车队解散，70多辆小车改成了出租车公司。这个年收入4亿元、利润数百万的二级公司，关停第一个月亏损1000多万元。

“最初就跟着客户走！”客户到哪儿采购钢材就跟到哪里服务，业务员的足迹遍布大江南北，之前非主流的钢贸业务成为顶梁柱。36岁的曹义转岗，原来只会炼铁的他要学会怎么卖钢，如何跟客户打交道。离开钢厂做钢铁销售，难度不言而喻。他们先后在广东顺德、日照、淄博等地站住了脚，首次把山钢的产品打入了美的、格兰仕等家电龙头企业。凭着对钢铁行业的熟悉，他们把废钢回收业务也做得风生水起，在日照投资2.64亿元建成了金属资源综合利用项目。

这些快盈项目在初期稳住了军心，解决了“吃饭”问题后，济钢瞄准循环经济，引进建筑废弃物移动破碎产线，“吞进”建筑垃圾“吐出”可再利用的混凝土原料，目前正在延伸产业链，计划进入商混行业。此外，利用原有厂址投资1.1亿元新上了报废汽车拆解项目，年拆解能力达5万辆，向城市废物掘金挖矿，从之前的排放型企业逐步向消纳型企业转变。“2018年营收额达到20多亿元，2019年接近60亿元。这是我们想都没想过的数字。”李赐波说。

为确保转型发展稳健起步，济钢集团先“盘地、种树”扎稳根基，再“播种、引凤”。兵分三路布局：盘活存量产业，开发快盈项目，建设未来工程。

“城市矿产”业务属于快盈项目，济南萨博特种汽车有限公司则是存量产业的代表。这个二级企业主要改装越野车，134个人，年收入几千万元，以前在济钢集团算是不入眼的非主业小单位。主业关停之后，100个员工选择内退或者买断工龄解除劳动合同，小富即安的日子也没了。总经理赵传飞没有退路，带领留下的骨干柔性引进三个技术团队，改革激励机制。他跟集团签了“军令状”，考核和绩效挂钩，干好了可能比集团一把手的收入高，完不成任务则随时下岗走人。依靠之前储备的项目，马不停蹄找出路，同时研发消防救援车，为城市消防站提供整体应急装备。一番努力下来，销售收入从2017年的不到6000万元，井喷式增加到2019年的8.39亿元。员工恢复到138人，另外还有几百人的外包队伍。当初的“小树枝”，迅速挑起了大梁，眼下正与欧洲洽谈合作，引进先进技术制造新能源垃圾

分拣车和市政园林车，随时准备扩产能。

济钢防务属于未来工程。济钢集团以开放的视野配置资源、跨界融合，与中科院空天信息研究院组建了济钢防务技术有限公司，先期重点发展空天信息等产业，卫星总装基地项目已列入2020年山东省重大项目名单，也是济钢未来转型发展的主业。

当年在33天内关停650万吨钢铁产能、平稳分流近2万名职工后，济钢集团董事长薄涛提出，“去产能不是去企业，三年再造一个新济钢。”按照济钢的“两步走”规划，2~3年内济钢的营收体量达到300亿元，恢复到钢铁主业停产前的水平；5年内达到600亿元的规模，比经营钢铁主业时翻一番。“无钢”的济钢转型之后更有含金量。

（原载2020年7月8日《大众日报》A3版，记者：赵国陆　申　红）

济钢推动企业绿色转型　打造新旧动能转换标杆

疫情防控期间，与全国减产停产企业的冷清不同，山钢集团济钢旗下25家子分公司一片繁忙景象。今年一季度，济钢集团实现营业收入51亿元，较上年同期增长41%，在市场下行、产业链受到冲击的形势下，实现防疫与生产经营“战时联动”，展现出强劲的发展潜能与转型活力。钢铁主业关停三年后，无钢无铁的新济钢完美转身，新业态新产业彰显新生机。

把好舵，方能行稳致远——从“靠钢吃饭”到“无钢发展”，济钢用实践作答“城市钢厂如何实现转型发展”的时代命题。

“2017年4月，李克强总理来济钢视察提出转型要求，至今整整三年时间。这三年济钢转型发展的历程异常艰难，但时至今日，可以自豪地说济钢兑现了承诺，未辱使命。”薄涛说。

济钢产能调整被认为是山钢集团近年来的最大改革。千万吨级钢铁企业整体关停主业，在我国没有先例。面对钢铁主业全线关停、近2万名职工分流安置等前所未有的挑战考验，解决人往哪里去、企业转向何方，是从山钢集团领导到济钢干部职工需要回答的时代命题。

山钢集团党委书记、董事长侯军为济钢的转型发展提出了“二次创业，重塑济钢”的总定位。济钢集团扛起社会责任，彰显国企担当，把职工安置作为破局点，用安置倒逼项目，以项目谋求发展，先“盘地、种树”扎稳根基，再“播种、引凤”倒推跟进。

“去产能不是去企业，加快新旧动能转换是关键。”薄涛用掷地有声的话语，勾勒出一幅济钢转型发展战略图：紧扣政策导向，借势高端布局，抓住钢铁产业结构调整试点省和国家新旧动能转换综合试验区的重大机遇，在现有非钢产业和优势资产基础上，明确“结构调整、转型升级存续产业，多元主打、培育发展新兴产业”的战略目标，规划“一个中心、两个基地、三个产业园”的发展格局，多元培育、逐步聚焦，倾力打造“更加高端、更加绿色、更具特色、更有活力”的全新济钢产业集团。

掌舵沉稳裕如，知难勇毅向前。

不到三年时间，从“靠钢吃饭”到“无钢发展”，济钢新材料、高端装备制造提供商和城市综合服务运营商等主业逐步聚焦，转型发展全面起势，全新产业格局初现。

数字无言，却最有说服力。2017年7

月停产当月，济钢营业收入骤降至 4 亿元；2018 年全年即实现营业收入 147 亿元，较 2017 年增长 59.49%；2019 年实现营业收入 229 亿元，同比增长 53.06 %，利润总额增长 50.68%。今年，济钢集团进一步提出“尽快壮大体量规模，2020 年底实现年营业收入 300 亿元”的目标，达到停产前营收水准。

谈及济钢在实践中形成的改革转型经验，薄涛说，我们创新提出并形成“九新”价值创造体系，即以“新主线、新主业、新核心”为发展方向，以“新作风、新纪律、新风险”为重要保障，以“新架构、新动力、新秩序”为强力支撑。同时，吹响“六大攻坚战”号角，把制约新济钢高质量发展的关键环节作为“攻坚主战场”，出台“军规”，建立准军事化的“评价考核、课题攻坚、督查督导、典范引领”机制，以攻坚之力筑牢转型之基。

勇击楫，奋进在激流——“两步走”战略目标蹄疾步稳，济钢转型发展整体部署全面展开。

济钢转型发展已打开局面，却仍然保持着冲锋的姿态。

济钢集团加快推进转型发展，加速构建可支撑济钢未来持续发展的多元产业布局和生态体系，整合资源、立柱架梁，尽快壮大济钢的体量规模，今年底前冲刺 300 亿元营收，力争 2022 年末完成 600 亿元营收，这两个“数字”比原计划“两步走”制定的战略目标均提前了一年。

这是一条从困难中开辟与发展出来的道路，也将是一条在挑战中不断实现突围与突破的道路。

综合研判内外部形势，薄涛用“痛”“难”“重”三个字高度凝练地概况了济钢转型发展面临的“三大”挑战和考验：一是转型之痛。钢铁主业关停后，由于存续产业多数依赖钢铁业务和内部市场，竞争力较弱，未形成体系，品牌力、研发力需重新确立。二是创业之难。济钢原有体制机制以及人才资源等均围绕钢铁生产展开，培育发展新兴产业，整体创新体系的架构和企业核心科技力量有待重塑。三是责任之重。济钢产能调整涉及每个职工和家庭，规模近 10 万人。通过发展济钢为部分已安置职工提供再上岗机会，持续增进民生福祉，维护社会稳定，是济钢义不容辞的社会责任。

审时度势，在山钢集团“1336”改革框架下，济钢集团出台《深化改革实施方案》，从全面从严治党、战略管控、业务提升、三项制度改革等方面明确重点改革任务，描绘出基于济钢实际、具有济钢特色的全面深化改革路线图。

一张是济钢绿色转型发展战略图、一张是全面深化改革路线图，一个是目标、一个是路径，两张图相互交织、交相呼应，在时间轴上全面展开。

“济钢要咬定发展第一要务不放松，保持定力、站稳脚跟、顺势而为，实现各产业板块的协同发展，奋力蹚出一条新济钢规模与质量同增的高质量发展新路。”薄涛目光坚定，言语铿锵。

转型发展的顶层设计在实践中不断完善、愈加清晰，配套的各项改革举措融汇其中，提供动力。

刚刚过去的 2019 年，是济钢集团转型发展全面进入决胜期的开局之年。在薄涛看来，成绩可圈可点：这一年，济钢改革步伐推深走实，在山钢范围率先实现了权属公司及新上项目契约化管理全覆盖，僵尸企业治理、公司制改制扎实推进。发展潜力持续释放，与中科院、青岛院士港开展深度合作交流，推动传统资源与高新技术对接融合，空

天信息、电气智能制造、现代物流、军民融合等一大批重点项目相继落地。

济钢环保新材料科技产业园“四新”产业园与山东银座、浪潮集团、华为等企业签订合作协议，并纳入山东省新旧动能转换重大项目库；济钢创智谷对接同行业机构200余家、入孵企业66家，获得山东省众创空间、山东省科技企业孵化器称号；济钢现代物流产业对接“一带一路”国家战略，开通“济钢号”济南至黄岛港集装箱班列，中欧、中亚班列每日开行，济钢多式联运基地成为济南连接中欧铁路、促进对外开放的桥头堡；济钢绿色渣土车项目年运输收入4600万元，利润600万元；济钢防务技术有限公司成立，瑞宝电气智能制造产业升级项目投入运营，干熄焦发电等自主技术输出国门……

新济钢正崛起为济南东部经济新引擎，成为山钢集团新的经济增长点。2019年，济钢集团因转型发展的突出作为获山东省最具活力企业奖、“影响济南”首届名企名牌等称号，薄涛本人被授予“山东省担当作为好干部”称号。

涉深水，感知潮涌所向——争创“城市钢厂转型的标杆”，成为济钢干部职工的共同信念和自觉行动。

济钢集团的转型，经历了由关停到存续的转变。“党和国家给予了济钢新的发展机会，我们要用成长和发展来践行济钢这一有着60多年历史的老国企应有的使命与担当。”薄涛满怀深情地说，“济钢这块金字招牌，不能消失在历史的长河里，不仅要立起来，更要向着百年企业的目标迈进。”薄涛的话，又何尝不是新济钢万千职工的共同信念和自觉行动。

串起济钢职工重塑济钢的二次创业故事，更能感知济钢转型发展的潮涌所向。

疫情防控期间，济钢旗下“创智谷”迅速集聚优势资源，孵化企业防疫口罩的生产，仅用30天就实现了济钢特有品牌“康智卫”防疫口罩的生产与销售，同时联合青岛院士港纳米材料团队，成功试制纳米口罩，出口南非等国家，支持国外抗击疫情。

这仅是济钢发展新业态一个缩影，却也是济钢精神的体现。

谈及济钢精神，薄涛说，“济钢精神”是一代代济钢人前仆后继、接续奋斗所积淀形成的精神集合，是山钢文化在新时代济钢的具体体现。从建厂初期的“艰苦奋斗、艰苦创业”精神，到20世纪80、90年代的“自我加压、争创一流”精神，从徒手造青山的“鲍山背土”精神，到铁水钢花锻造的“一分钟”精神、“大拇指”精神，以及产能调整时期的“壮士断腕、自强不息”精神，一代代济钢人用长期的奋斗实践，丰富着“恒心如山、创新超越”的山钢精神内涵。这种血脉相传的精神谱系，就像“一团火”一样，烧掉济钢前进道路上的艰难险阻，推动济钢在挫折和磨砺中豪迈坚定、勇毅前行。

未来的济钢在薄涛眼里是这样一番景象：“实力突出”，经济实力、科技实力大幅跃升，营业收入保持较快增长，产业生态体系得到全面巩固，形成2~3个在行业领先、起到引领作用的支柱型产业；“价值卓越”，以奋斗者为荣成为共同价值取向，形成全新价值创造生态体系，企业美誉度、贡献率和影响力大幅提高，品牌优势更加彰显；“活力迸发”，企业治理结构更加规范，产权结构更加优化，运行更加高效，锤炼出一支能打硬仗、敢打硬仗、善打硬仗的干部职工队伍，企业发展动力和创新活力更加强劲；“正气充盈”，党的建设全面进步、全面过硬，政治优势充分彰显，党建品牌特色突出，思想政治工作富有成效，干部队伍建设明显加强，企业文化深度融合发展，风清气正的政治生态更加优化；“幸福和谐”，职工民主管理制度更加健全，民主管理形式更加丰富，职工收入保持持续增长，职工权益保障有力，职工主人翁意识、安全感、获得感、幸福感显著增强。

“2020 年是济钢转型发展全面提速、实现跨越的突破之年。我们确定了九大奋斗目标、六项重点工作，转型发展仍然在路上。”薄涛说，“济钢转型发展功成不必在我，我和所有济钢人不懈奋斗是为了将济钢品牌传承下去，为建设魅力山钢贡献更多力量。”

（原载 2020 年 5 月 26 日大众网·海报新闻，记者：曾钰淇　通讯员：周传勇　党　浅　张洪雷）

（供稿人　张洪雷）

先进与荣誉

XIANJIN YU RONGYU

核心理念

☆ 企业使命——二次创业，重塑济钢

建设全新济钢，造福全体职工

获山钢集团有限公司及以上先进集体荣誉称号

国家级集体荣誉称号

序号	获得荣誉单位	荣誉称号	授予单位	授予时间
1	济钢集团有限公司	全国文明单位（第二次复查合格）	中央精神文明建设指导委员会	有效期 2017~2020 年
2	济钢集团有限公司	冶金企业管理现代化创新成果三等奖	中国钢铁工业协会	2020 年 11 月
3	济钢集团冷弯型钢公司	全国青年安全生产示范岗	共青团中央应急管理部	2020 年 9 月
4	济钢集团冷弯型钢公司	全国钢铁行业职工技术创新成果三等奖	中国机械冶金职工技术协会	2020 年 10 月

省级集体荣誉称号

序号	获得荣誉单位	荣誉称号	授予单位	授予时间
1	济钢集团有限公司	山东省“干事创业好班子”	中共山东省委组织部	2020 年 12 月
2	济钢集团有限公司	山东省文明单位	山东省精神文明建设委员会	2020 年 12 月
3	济钢集团城市矿产公司	山东省文明单位	山东省精神文明建设委员会	2020 年 12 月
4	山东省冶金科学研究院有限公司	山东省文明单位	山东省精神文明建设委员会	2020 年 12 月
5	山东济钢环保新材料有限公司	省属企业文明单位	山东省省属企业精神文明建设委员会	2020 年 11 月
6	济钢集团城市矿产公司	省属企业文明单位	山东省省属企业精神文明建设委员会	2020 年 11 月
7	山东鲁冶瑞宝电气自动化有限公司	省属企业文明单位	山东省省属企业精神文明建设委员会	2020 年 11 月
8	山东济钢合金材料科技有限公司合金第一车间合金班	山东省工人先锋号	山东省总工会	2020 年 4 月
9	曲丽娜创新工作室	山东省冶金行业劳模和工匠人才创新工作室	山东省冶金工会委员会	2020 年 10 月
10	中共济钢集团研究院标样支部委员会	省属企业过硬党支部示范点	中共山东省国资委委员会	2020 年 1 月

市级集体荣誉称号

序号	获得荣誉单位	荣誉称号	授予单位	授予时间
1	济钢集团有限公司	济南市文明单位	济南市精神文明建设委员会	2020 年 12 月
2	山东省冶金科学研究院有限公司	济南市文明单位	济南市精神文明建设委员会	2020 年 12 月
3	济钢集团国际工程技术有限公司	济南市文明单位	济南市精神文明建设委员会	2020 年 12 月
4	济南鲁新新型建材股份有限公司	济南市文明单位	济南市精神文明建设委员会	2020 年 12 月
5	济南鲁新新型建材股份有限公司战略规划部	济南市女职工建功立业标兵岗	济南市总工会	2020 年 6 月
6	济钢集团冷弯型钢公司	济南市职工优秀技术创新成果三等奖	济南市总工会	2020 年 12 月
7	济钢文旅绿润园林公司综合班	济南市女职工建功立业标兵岗	济南市总工会	2020 年 6 月
8	济钢集团国际工程技术有限公司	济南市总工会女职工建功立业标兵岗	济南市总工会	2020 年 6 月
9	济钢复合材料有限公司	2019 年度济南市按比例安排残疾人就业工作先进单位	济南市人民政府残疾人工作委员会	2020 年 9 月

山钢集团级集体荣誉称号

序号	获得荣誉单位	荣誉称号	授予单位	授予时间
1	济钢集团有限公司	2019 年度内部市场产业协同“红名单”	山东钢铁集团有限公司	2020 年 1 月
2	济钢集团有限公司纪委	山钢集团纪检工作先进集体	山钢集团纪委	2020 年 2 月
3	济钢财务部	2020 年度财务工作先进单位	山东钢铁集团有限公司	2020 年 12 月
4	济钢集团山东济钢环保新材料有限公司安全环保部	山钢集团疫情防控先进集体	中共山东钢铁集团有限公司委员会	2020 年 10 月
5	济钢集团有限公司保卫部	山钢集团疫情防控先进集体	中共山东钢铁集团有限公司委员会	2020 年 10 月
6	中共济钢集团保安公司保卫部护卫大队支部委员会	山钢集团过硬党支部	中共山东钢铁集团有限公司委员会	2020 年 6 月
7	中共济钢集团研究院机关支部委员会	山钢集团过硬党支部	中共山东钢铁集团有限公司委员会	2020 年 6 月

续表

序号	获得荣誉单位	荣誉称号	授予单位	授予时间
8	中共济钢集团工会/团委支部委员会	山钢集团过硬党支部	中共山东钢铁集团有限公司委员会	2020年6月
9	中共济钢集团财务部支部委员会	山钢集团过硬党支部	中共山东钢铁集团有限公司委员会	2020年6月
10	中共济钢集团“四新”产业园支部委员会	山钢集团过硬党支部	中共山东钢铁集团有限公司委员会	2020年6月
11	中共济钢集团资产管理部支部委员会	山钢集团过硬党支部	中共山东钢铁集团有限公司委员会	2020年6月
12	中共济钢集团运营管理部支部委员会	山钢集团过硬党支部	中共山东钢铁集团有限公司委员会	2020年6月
13	中共济钢集团国际工程第二支部委员会	山钢集团过硬党支部	中共山东钢铁集团有限公司委员会	2020年6月
14	中共济钢集团宣传部/统战部/武装部支部委员会	山钢集团过硬党支部	中共山东钢铁集团有限公司委员会	2020年9月
15	中共济钢文旅绿润园林公司支部委员会	山钢集团过硬党支部	中共山东钢铁集团有限公司委员会	2020年9月
16	中共济钢集团人力资源公司机关支部委员会	山钢集团过硬党支部	中共山东钢铁集团有限公司委员会	2020年9月
17	曲丽娜创新工作室	劳模（工匠/高技能人才）创新工作室	山东钢铁集团有限公司工会委员会	2020年4月
18	济钢集团国际工程技术有限公司	山钢集团全员平凡创新示范单位	山东钢铁集团有限公司工会委员会	2020年4月
19	山东鲁冶瑞宝电气自动化有限公司	山钢集团全员平凡创新示范单位	山东钢铁集团有限公司工会委员会	2020年4月

获山钢集团有限公司及以上先进个人荣誉称号

省级个人荣誉称号

姓名	所属单位	荣誉称号	授予单位	授予时间
黄善兵	工会	山东省五一劳动奖章	山东省总工会	2020年4月
邹国顺	冷弯型钢	山东省冶金行业职工信赖的娘家人	山东省冶金工会	2020年9月

市级个人荣誉称号

姓　名	所属单位	荣誉称号	授予单位	授予时间
李敏敏	萨博汽车	济南工匠、济南市五一劳动奖章	济南市总工会	2020 年 12 月
高　阳	瑞宝电气	济南市女职工建功立业标兵	济南市总工会	2020 年 6 月
吴继华	环保材料	济南市女职工建功立业标兵	济南市总工会	2020 年 6 月
刘丽云	济钢工会	济南市女职工建功立业标兵	济南市总工会	2020 年 6 月
李　欣	济钢物流	济南市女职工建功立业标兵	济南市总工会	2020 年 6 月
孟丽丽	研究院	济南市创新能手	济南市总工会	2020 年 12 月
荣金方	国际工程	济南市创新能手	济南市总工会	2020 年 12 月
牛爱宁	铁焦技术	济南市创新能手	济南市总工会	2020 年 12 月
王振伟	冷弯型钢	济南市创新能手	济南市总工会	2020 年 12 月

山钢集团级个人荣誉称号

姓　名	所属单位	荣誉称号	授予单位	授予时间
姜和信	瑞宝电气	山钢集团首席技能大师	山东钢铁集团有限公司	2020 年 1 月
张　莉	研究院	山钢集团首席专家	山东钢铁集团有限公司	2020 年 1 月
董宝利	国际工程	山钢集团首席专家	山东钢铁集团有限公司	2020 年 1 月
张立新	人服公司	山钢集团首席技能大师	山东钢铁集团有限公司	2020 年 1 月
李善磊	济钢运营部	2019 年度环境保护先进个人	山东钢铁集团有限公司	2020 年 1 月
王玉全	济钢财务部	2020 年度财务工作先进个人	山东钢铁集团有限公司	2020 年 12 月
李　健	济钢财务部	2020 年度财务工作先进个人	山东钢铁集团有限公司	2020 年 12 月
张　颖	济钢财务部	2020 年度财务工作先进个人	山东钢铁集团有限公司	2020 年 12 月
孟庆钢	济钢纪委	山钢集团纪检工作先进个人	山钢集团纪委	2020 年 2 月
石　芸	国际工程	巾帼平凡创新达人	山钢工会女职工委员会	2020 年 3 月
吴丽娟	研究院	巾帼平凡创新达人	山钢工会女职工委员会	2020 年 3 月
刘丽云	济钢工会	2019 年度优秀女职工工作者	山钢工会女职工委员会	2020 年 3 月
王　菊	瑞宝电气	2020 年度优秀女职工工作者	山钢工会女职工委员会	2020 年 3 月
王裕龙	国际工程	山钢集团平凡创新卓越职工	山钢集团工会	2020 年 4 月
康　鹏	瑞宝电气	山钢集团平凡创新卓越职工	山钢集团工会	2020 年 4 月
张立新	人服公司	山钢集团平凡创新卓越职工	山钢集团工会	2020 年 4 月
李善磊	济钢运营部	山钢集团平凡创新卓越职工	山钢集团工会	2020 年 4 月

济钢集团有限公司授予各类先进集体

2019—2020 年度先进基层党组织（9 个）

中共济钢离退休职工管理部委员会
中共济钢集团有限公司机关委员会
中共山东济钢环保新材料有限公司委员会
中共山东省冶金科学研究院有限公司委员会
中共山东济钢保安服务有限公司委员会
中共济钢集团冷弯型钢公司支部委员会
中共济南鲁新新型建材股份有限公司支部委员会
中共山东济钢顺行出租车有限公司支部委员会
中共济钢（马来西亚）钢板有限公司支部委员会

2019—2020 年度先进党支部（19 个）

中共济钢集团城市矿产机关支部委员会
中共济钢集团国际工程第二支部委员会
中共济钢文旅文体中心支部委员会
中共济钢集团鲍德炉料日照分公司支部委员会
中共济钢集团钢城矿业排水运行车间支部委员会
中共济钢集团研究院标样支部委员会
中共济钢集团环保材料石灰石公司支部委员会
中共济钢集团人力资源公司机关支部委员会
中共济钢集团人力资源公司第三十七支部委员会
中共济钢集团人力资源公司第三十八支部委员会
中共济钢集团人力资源公司第三十九支部委员会
中共济钢集团瑞宝电气建安支部委员会
中共济钢集团保安公司站务一车间支部委员会
中共济钢集团组织部/人力资源部支部委员会
中共济钢集团离退休职工管理部总厂区第六支部委员会
中共济钢集团离退休职工管理部总厂区第十二支部委员会
中共济钢集团离退休职工管理部总厂区第十九支部委员会
中共济钢集团关停办机关支部委员会
中共济钢集团济钢物流业务支部委员会

幸福和谐企业（5个）

山东省冶金科学研究院有限公司
济钢城市矿产科技有限公司
冷弯型钢公司
济钢集团国际工程技术有限公司
山东鲁冶瑞宝电气自动化有限公司

“九新先进集体”一等功

冷弯型钢公司
济南萨博特种汽车有限公司
济南钢城矿业有限公司
党委组织部/人力资源部

“九新先进集体”二等功

财务部
资产管理部
党委办公室/办公室

“九新先进集体”

济钢城市矿产科技有限公司
山东济钢环保新材料有限公司
山东济钢文化旅游产业发展有限公司商业大厦
山东省冶金科学研究院有限公司
资产管理公司

“济钢抗‘疫’最坚堡垒”

保卫部
山东济钢文化旅游产业发展有限公司
济钢（马来西亚）钢板有限公司
冷弯型钢安全环保部
环保材料安全环保部
钢城矿业安全环保部
城市矿产日照分公司党支部
保安公司站务二车间第一支部委员会第一党小组
济钢文旅济钢菜市场
济钢顺行公务车运营部客车运行班
铁焦技术资产拆除监管项目部

2020年1~4季度职工合理化建议成果优秀组织单位

国际工程/铁焦技术
瑞宝电气
鲍德炉料
冷弯型钢
城市矿产
环保材料
机关

济钢集团有限公司授予各类先进个人

优秀共产党员（82名）

高　鹏	李兆鑫	张华山	刘乃杰	白朝亮	孙兴国	范贵国
李金勇	田恒毅	于广成	韩　强	朱　慧	张利栋	李晓桐
杨八一	刘汉标	王英杰	张国华	孙文涛	苗　琦	李燕军
杨丰军	李亚梅	王玉军	冯　峰	高鲁颖	魏玉玲	张　峰
刘运华	赵明星	许正业	王　卫	张　萍	尉荣强	徐修苓
李红娟	吕　克	刘　军	胡卫国	赵秋芳	于兴国	刘凤萍
张金龙	周卫华	韩继金	付振海	袁爱国	宋钦涛	李宗元
杜增强	王福松	宋衍涛	王寿昊	杨文学	张　伟	陈狄新
侯宪滨	施　磊	王立纲	所文升	宫晶晶	张兴桥	曹艳茹
李　进	司加军	李敏敏	刘传辉	刘　骞	姜　蕾	王　冰
刁克增	曹秀真	李隆三	刘明生	刘世淮	任海声	孙启胜
王学文	杨俊国	张圣烈	夏克林	赵宗科		

优秀党务工作者（49名）

董　凤	刘法敏	王　凯	孙家营	谢润华	刘韶山	董德明
张文华	倪守生	张　莉	宿肖丽	王明勤	王　鑫	周　波
刘广友	王勇旗	赵文军	李宏林	杜　鹏	董　波	李　新
刘振学	孟繁华	王学诚	朱晓文	马　磊	王丰祥	杨宏钰
朱　涛	宋桂芝	刘柱石	刘　然	李宏伟	侯沙沙	安晓佳
黄恩洪	邹玉萍	于素云	刘红霞	徐西刚	陈　飞	于启涛
刘庆玉	解学启	马孝坤	张洪坤	於德英	吕家荣	乔　林

2019年度科技创新标兵（7人）

张继贞	荣金方	石　芸	孟丽丽	王振伟	牛爱宁	孔令彬

“二次创业先锋”一等功

王丰祥　赵传飞　方贻留　王文涛　郭　强　江荣波　李学鹏
曹明青　颜继生

“二次创业先锋”二等功

张永熙　曹孟博　董胜峰　董　波　靳玉启　周　军　孙　浩
刘自民　王建刚　白朝亮　安　科　黄　诚　闫业同　徐　升
徐　冬

二次创业先锋

冯英俊　何柳萌　邹玉萍　钟秀菊　李敏敏　王国才　杜宪卫
李晓虎　张洪雷　陈天学　王洪玉　侯成涛　解学启　张晓东
王　冰　王　建　郝召祥　武　强

岗位建功标兵（112 名）

王　众　韩福建　赵　磊　张　平　孙　健　周建军　王　峰
信叶瑞　王笃超　杨文学　张国华　王　强　曹中军　张良刚
孟庆晓　施京萍　李文进　苏春越　杨召军　邹　彤　张荣德
乔继军　路　坤　孙丽君　李学伟　马　磊　贾　珂　刘新杰
宋福林　王　建　王　锋　王　滨　董德明　刘自民　何柳萌
刘鸿春　於德英　李振清　于振刚　张锦元　张凯成　渠美云
蒋洪娇　卢　浩　曲洪柱　李宏伟　苏传亮　刘洪臣　宰令坤
颛孙同勋　韩会钊　曹建东　杨兆亮　刘公强　万　亮　杨成召
徐田龙　堵琳洁　桂玉明　崔　涛　王　铮　杨　勇　闫业同
马　健　肖海江　曹桂松　石佳福　李　键　邹　彤　郭鹏辉
程　宁　刘丽云　姜　蕾　张晓晨　武　林　韩　宁　张晓东
刘宏志　黄丙通　李晓礼　侯威臣　孙文礼　宋　健　张慧萍

郑　军	任　鹏	李　培	吕　强	胡　松	王　真	韩英杰
刘　芳	于素云	吴福俊	李光珂	王建刚	付廷滨	宿肖丽
何忠生	展　常	刘建军	刘春成	王兴国	杜绚丽	高　鹏
刘红霞	孙凤雷	孟贤锋	刘自民	路文亮	王　松	党金海

2020年1~4季度职工合理建议明星员工

马国梁　　颜继生　　刘世锋

2020年1~4季度职工合理建议优秀员工

徐　鑫	陈天学	李光珂	李　鹏	于启涛	李　健	刘自民
陈怀波	姜和信	王恒山	尚玉民	张立新	董宝利	李善磊
王爱华	郭广强	刘建平	黄善兵	王　冲	邹国顺	张　騄
盛培展						

统计资料

TONGJI ZILIAO

核心理念

☆ 企业使命——二次创业，重塑济钢

建设全新济钢，造福全体职工

主要产品简介

序号	单位	经营业务名称	产品种类/技术/服务范围 （包括具体规格或标准）	已获资质、能力、品牌等	备注
1	萨博汽车	（1）军品	（1）军用工程机械、工程保障装备、渡河配套器材、伪装器材、工程工具器材等； （2）军用气源车、指挥所工事、伪装勘察检测车、工程车辆救援箱组、装备保障野战宿营方舱（含车）、工程装备保养车、舟桥修理车等	（1）武器质量管理体系认证； （2）武器装备科研生产许可证； （3）装备承制单位注册资格证； （4）二级保密资格单位； （5）年产500辆	
		（2）民品	（1）红钢坯热送车、铁水罐运输车； （2）救险车（现场抢修）、指挥车（通信、照明等）、维修保障车（移动维修车）、生活保障方舱、车（住宿、办公）、工程保障车辆（提供电力、气源等）、电动平车等； （3）环保环卫车（公路清扫）、垃圾处理车等； （4）医疗服务车、救护车； （5）应急车辆及装备	（1）特种车辆公告及3C证书； （2）国标质量管理体系证书； （3）生产能力：1000个方舱，500台改装车； （4）商标：飓风牌； （5）环境管理体系； （6）职业健康安全管理体系； （7）高新技术企业证书； （8）两化融合管理体系	
2	瑞宝电气	（1）高低压配电成套设备	（1）高低压电器设备：KYN61－40.5、KYN28A－12、Mvnex、Blokset、GGD、GCY、GCS、WPS、XL21、JXF、BGR、MNS型； （2）各种照明配电箱、操作台、封闭母线桥等	（1）3C认证； （2）ISO9000质量体系认证	
		（2）电力工程施工总承包	（1）单机容量10万千瓦及以下发电工程施工； （2）110千伏及以下送电线路和变电站工程施工； （3）110千伏以下电压等级电力设施的安装、维修； （4）35千伏以下电压等级试验的资质	（1）电力工程施工总承包叁级资质； （2）《承装（修、试）电力设施许可证》承（装、修）三级、承试四级资质	

续表

序号	单位	经营业务名称	产品种类/技术/服务范围（包括具体规格或标准）	已获资质、能力、品牌等	备注
2	瑞宝电气	（3）电力运行维护	110千伏及以下变电站、供配电线路、变压器、高低压电机、变频控制、低压仪控、厂区路灯、计量的运维	（1）《承装（修、试）电力设施许可证》承（装、修）三级、承试四级资质； （2）电力工程施工总承包叁级资质	
		（4）建筑机电安装工程专业承包	（1）单项合同额1000万元以下的机电设备、线路、管道安装； （2）电气及自动化、仪器仪表、办公计算机及耗材、空调、网络、视频监控、智能门禁等设备的施工、运维、改造	（1）建筑机电安装工程专业承包叁级资质； （2）《承装（修、试）电力设施许可证》承（装、修）三级、承试四级资质	
		（5）能源监控管理	（1）电能分析、实时监测、能耗分析系列服务； （2）设备管理； （3）节能技术开发咨询及技术服务	与许继集团合作，具有专业团队	
		（6）钣金制造成套设备	从事钣金机械装备、机器人折弯单元装备、机器人焊接单元装备、机器人激光切割分拣单元装备技术领域内的技术开发、技术转让、技术咨询、技术服务、软件开发	与上海嘉意合作，具有专业团队	
3	研究院	（1）标准样品	（1）冶金标样； （2）环境标样； （3）食品标样	（1）中国认可委CNAS标准样品生产者； （2）冶金标样生产及销售认可； （3）有色标样生产及认可； （4）“山冶”济南名牌	
		（2）第三方检测	（1）环境检测； （2）理化检测； （3）工程检测； （4）食品检测	（1）质量技术监督局CMA资质认定授权； （2）CMA检验检测机构资质认定； （3）中国认可委CNAS实验室认可	
		（3）能力验证	（1）实验室能力验证； （2）培训与技术咨询服务	中国认可委CNAS能力验证提供者	

续表

序号	单位	经营业务名称	产品种类/技术/服务范围（包括具体规格或标准）	已获资质、能力、品牌等	备注
3	研究院	（4）计量校准	计量校准	（1）质量技术监督局CMA资质认定授权； （2）CMA检验检测机构资质认定； （3）中国认可委CNAS实验室认可	
		（5）检测设备	检测设备研发及销售		
4	铁焦技术	（1）高炉技术	（1）高炉停开炉与特殊炉况处理； （2）高炉系统管理诊断； （3）高炉生产流程托管	麦肯锡诊断专家	
		（2）烧结技术	（1）烧结机生产流程托管； （2）烧结系统管理诊断； （3）中和料配矿与优化； （4）降低燃耗和电耗	麦肯锡诊断专家	
		（3）干熄焦技术	（1）干熄焦生产流程托管； （2）干熄焦系统维保； （3）干熄焦工程建设监管		
		（4）焦炉技术	（1）焦炉生产流程托管； （2）焦炉工艺设备维修，焦炉烘炉、停炉； （3）焦炉生产优化与全流程诊断		
		（5）化产技术	（1）煤焦化生产流程托管； （2）煤焦化生产优化和诊断； （3）煤化工生产过程制冷工艺托管		
		（6）炼钢技术	（1）转炉生产流程托管； （2）铸机生产流程托管； （3）炼钢生产系统诊断	麦肯锡诊断专家	
		（7）门窗销售	代卖各种断桥铝门窗	和门窗厂合作	
		（8）环保技术	（1）烟气脱白、抑尘，降低氮氧化物和二氧化硫含量； （2）污水处理技术及设备代售		

续表

序号	单位	经营业务名称	产品种类/技术/服务范围（包括具体规格或标准）	已获资质、能力、品牌等	备注
4	铁焦技术	（9）纳米技术	纳米纱窗代售、安装	济南总代理权	
		（10）设备维修与工程建设监管	高炉、烧结、干熄焦、焦炉、煤化工设备大中修		
5	创智谷	项目孵化	（1）高新技术企业培育； （2）科技企业（团队）引入	（1）山东省省级众创空间； （2）山东省省级科技孵化器； （3）每培育1家高新技术企业奖励10万元（最高100万元/年）； （4）入驻科技企业（团队）可以申请科技资源共享服务创新卷	
			创新创业服务	（1）济南市创业创新活动券服务机构； （2）济南市市级创业孵化基地； （3）创新创业每年最高奖励10万元； （4）新旧动能高质量现场教学点	
6	国际工程	（1）咨询	冶金行业项目建议书、可行性研究报告	冶金工程咨询单位甲级资信	
		（2）设计	（1）冶金行业（金属冶炼工程、金属材料工程、焦化和耐火材料工程、冶金矿山工程）设计； （2）建筑行业（建筑工程）设计； （3）环境工程（水污染防治工程、污染修复工程、大气污染防治工程）设计； （4）电力行业（火力发电（含核电站常规岛设计）、新能源发电、送电工程、变电工程）设计	（1）冶金行业甲级； （2）建筑行业乙级； （3）环境工程乙级； （4）电力行业乙级	
		（3）总承包	（1）冶金行业总承包； （2）建筑行业总承包； （3）环境工程总承包； （4）电力行业总承包		

续表

序号	单位	经营业务名称	产品种类/技术/服务范围（包括具体规格或标准）	已获资质、能力、品牌等	备注
6	国际工程	（4）勘察	（1）工程勘察业务（岩土工程（勘察））； （2）地基基础工程专业承包； （3）施工劳务	（1）工程勘察专业类（岩土工程（勘察））甲级资质； （2）地基基础工程专业承包叁级； （3）施工劳务不分等级	
		（5）设备供货	（1）JL新型节能焦罐（方罐、圆罐）； （2）新型水冷套管	节能环保焦罐荣获“2020年山东省品牌创新成果”品牌	
7	济钢物流	（1）进出口贸易	出口贸易：镀锌板、彩涂板、镀锌瓦、方管等钢材及纺织品、化工、建材等； 进口贸易：再生钢铁、矿石、煤炭、石油等	（1）贸易量60万吨/年，具备50000吨/月出口能力； （2）集团公司唯一规模以上国际贸易进出口业务平台，拥有国际贸易业务专业运营团队	
		（2）国内贸易	钢材贸易：钢板、热轧卷板、冷轧卷板、螺纹钢、线材、H型钢等钢材； 非钢贸易：玉米、原料油、沥青等	（1）钢材贸易量100万吨/年能力； （2）非钢贸易量50万吨/年能力	
		（3）大宗原料贸易	矿石、球团、煤炭等	（1）矿石贸易100万吨/年能力； （2）煤炭贸易100万吨/年能力； （3）专业人才团队	
		（4）废钢业务	废钢采购、供应	废旧物资与废旧金属回收与利用资质	
		（5）港口货代	大宗原料港口货代	（1）具备430万吨/年能力； （2）船舶代理资质； （3）专业人才团队	
		（6）水陆联运	大宗原料水陆联运	（1）108万吨/年运作能力； （2）专业人才有保障，具备运作能力； （3）船舶代理资质	
		（7）物流运输	大宗原料汽车公路运输	（1）300万吨/年运作能力； （2）专业人才有保障，具备运作能力； （3）道路运输经营许可证	

续表

序号	单位	经营业务名称	产品种类/技术/服务范围（包括具体规格或标准）	已获资质、能力、品牌等	备注
7	济钢物流	（8）集装箱铁路、公路运输	化工、建材、机械、食品等铁路货物上下站、发运、装卸、仓储	（1）道路运输经营许可证；（2）铁路运输代理资质	
		（9）铁路运输代理	大宗原料铁路运输代理	铁路运输代理资质	
		（10）保税仓储	橡胶、塑料颗粒、轮胎等	周转量 8000 吨/年能力	
		（11）物流仓储	钢材仓储	（1）自有库房 11000m^2；（2）专业人才团队	
		（12）金属交割库业务	铝锭仓储	有色金属交割库资质	
8	城市矿产	（1）普货运输	普通货物运输、渣土运输	（1）道路货物运输资质；（2）大型运输车辆 25 台，场内自卸车 17 台，铁水车 18 台，渣土车 120 台	
		（2）工程机械租赁及维修	挖掘机及装载机租赁及维修	大型挖掘机 12 台，装载机 4 台	
		（3）钢材销售	钢材销售服务	年销售收入 90 亿元	
		（4）废钢、废纸销售	废钢、废纸收购及销售、废钢加工（金属资源）	（1）日照精品基地废钢中标单位；（2）莱钢集团废钢中标单位；（3）潍柴锻造厂废钢供应商；（4）鲁丽集团废钢、废纸供应商	
		（5）车辆维修	普通车辆维修	一类维修资质	
		（6）燃油销售	中石油柴油销售		
		（7）煤炭销售	魏桥集团煤炭销售		

续表

序号	单位	经营业务名称	产品种类/技术/服务范围（包括具体规格或标准）	已获资质、能力、品牌等	备注
9	济钢顺行	（1）出租车客运服务	巡游出租车、网约车客运服务	道路运输经营许可证37010099001号	
		（2）汽车维修	汽车维修、汽车零部件销售	二类维修资质	
		（3）汽车租赁	大客车、轿车租赁		
		（4）代办车险、年审	代办机动车车辆保险、车辆年审		
		（5）新能源汽车充电服务	新能源汽车充电服务		
10	济钢文旅	（1）餐饮住宿业务	（1）餐饮、住宿业务：可提供豪华套房、公寓房、商务房556个床位。中西餐厅、单间包房29间，可容纳1000餐位，承接各类团餐、婚宴。 （2）可提供多功能厅、大中小会议室8个，具备同时接待500人不同类型会议、培训	（1）三星级宾馆； （2）济南市市级党政机关会议定点饭店	
		（2）资产运营	商业综合体、体育场馆、便民服务中心等运营与管理	运营资产以山东济南为主，遍布上海、江苏、海南等地	
		（3）食品餐饮业务	（1）烘烤类：月饼、面包、糕点； （2）蒸制类：馒头、花样面点等各类高、中、低档礼盒； （3）团餐配送：传统自助餐、营养餐、盒餐； （4）蛋糕定制	（1）生产许可证，可生产五仁等十几种月饼产品，面包与桃酥等多种糕点产品，十余种花样面点及面点礼盒产品； （2）建有中央配餐加工中心，具备为多家大型企业、政府机关、产业园区提供自助餐、营养餐、盒餐等多种模式服务能力； （3）原材料纯天然无添加任何防腐剂蛋糕	
		（4）广告、出版印刷	（1）出版物印刷、包装装潢印刷； （2）工艺美术品加工； （3）国内广告业务、标牌制作； （4）党建室设计与安装； （5）演出背景布置及庆典服务	（1）国内广告业务许可证； （2）山东省出版物印刷许可证； （3）配有全套德国进口“海德堡”印刷设备	

续表

序号	单位	经营业务名称	产品种类/技术/服务范围（包括具体规格或标准）	已获资质、能力、品牌等	备注
10	济钢文旅	（5）园林绿化	（1）具备为政府机关、大型工矿企业提供绿化景观工程设计、施工及养护管理服务； （2）具备为政府机关、各类企业提供多种类型花卉租摆服务	（1）全国冶金行业绿化委员会常务会员单位； （2）服务单位获得“国家级绿化模范单位”“国家级花园式工厂”等荣誉称号	
		（6）旅游业务	（1）国内景区旅游产品包装及票务销售服务； （2）国内旅游、入境旅游业务； （3）旅游信息咨询，车、船、飞机等各类票务代购业务	旅行社业务经营许可证	
		（7）温泉洗浴	（1）供 400 人的室内外温泉洗浴； （2）含餐饮、住宿、会议接待业务	（1）餐饮经营许可证； （2）矿产资源（温泉）开发许可证； （3）国家食品卫生等级 A 级单位	
		（8）贸易、零售	白银贵金属、砂石料、钢材、农产品、文化用品等产品贸易	（1）红星宣纸、中国宣纸股份公司授权书； （2）德国施德楼、思笔乐、辉柏嘉、台湾雄狮、日本樱花、百乐、派通、中华一铅、上海马利等指定经销商	
		（9）纯净水、矿泉水	桶装纯净水、瓶装纯净水、活性水、矿物质饮用水	（1）生产许可证； （2）济南市名牌产品； （3）具备年生产能力 220 万桶，600 万标箱能力	
11	冷弯型钢	（1）冷弯方形管	F30mm × 30mm ~ F350mm × 350mm ，厚度 2 ~ 16mm	（1）取得证书：CE 欧盟认证、FPC 新加坡认证、ABS 美国船级社认证、LR 英国船级社认证、CCS 中国船级社认证、DNVGL 挪威德国船级社认证、BV 法国船级社认证、KR 韩国船级社认证、NK 日本船级社认证、ISO9001 质量体系认证； （2）执行标准： GB/T 6725—2017、GB/T 6728—2017、GB/T 26080—2010、GB/T 6723—2017、GB/T 13793—2016、GB/T 3091—2015、YB/T 4291—2012、YB/T 4624—2017、	
		（2）冷弯矩形管	J20mm × 40mm ~ J400mm × 250mm，厚度 2 ~ 16mm		
		（3）冷弯圆管	ϕ40mm ~ ϕ219mm，厚度 2 ~ 10mm		
		（4）冷弯 U 型肋	上口宽度 200 ~ 360mm，下底宽度 160 ~ 240mm，200 ~ 300mm，5 ~ 12mm		
		（5）冷弯 U 型槽	边宽 B：30 ~ 285mm， 高度 H：80mm ≤ H ≤ 300mm，产品厚度 t：3 ~ 12mm		

续表

序号	单位	经营业务名称	产品种类/技术/服务范围（包括具体规格或标准）	已获资质、能力、品牌等	备注
11	冷弯型钢	（6）冷弯尖角方钢	F75mm×75mm～F118mm×F118mm，厚度5～10mm	JG/T 178—2005、MT/T 557—1996、JIS G3466—2010、BS EN 10219—2006、BS EN 10219—2006	
		（7）纵剪带	宽度60～2000mm，厚度2～16mm		
		（8）开平板	宽度400～750mm，厚度6～12mm，长度6～12m		
12	石灰石公司	石灰石	粒度40～70mm、25～40mm、10～25mm、0～10mm石灰石	氧化钙含量50%以上	
13	鲁新建材	矿渣微分	矿渣微粉	执行标准GB/T 18046—2017	
14	环保材料	石灰石、机制砂、风选石粉	粒度：0-5石子：5～10mm，1-2石子：5～20mm，1-3石子：16～31mm； 机制砂：0～4.75mm，风选石粉：小于0.075mm	执行GB/T 14684—2011建设用砂标准； 执行GB/T 14685—2011建筑用卵石、碎石标准	
15	鲍德炉料	（1）套筒窑石灰	粒度4～10cm炼钢用石灰	氧化钙大于90%，年产43.8万吨	
		（2）合金产品经营	（1）中碳锰铁、中碳铬铁、金属锰、高碳锰铁、硅锰、铌铁、硅铁、碳化硅、萤石、锰矿石、增碳剂、硅钡、钼铁、钒氮合金、铬系合金等； （2）铝线、铝粒、铝块、硅铝钡、硅铝钡钙； （3）硅锰包芯线、硅铁包芯线、纯钙包芯线、碳铁包芯线、钛铁包芯线、高钙线	全国首批铁合金行业准入企业	
		（3）进出口矿石贸易	（1）锰矿、铬矿等国际矿石贸易； （2）有色金属、特种合金进出口贸易	进出口资质	
		（4）维修维保机加工业务	（1）阀门、液压缸、减速机、水泵等维修； （2）机加工、供暖工程、电器安装检修，设备拆除，备品备件； （3）废旧机电物资回收利用	济南市淘汰高耗能机电设备定点拆解中心	
16	人力资源公司	（1）教育培训	（1）一般行业主要负责人、安全管理，低压电工，金属熔化焊接与热切割作业；起重机械司机、起重机指挥、叉车司机培训取证、复审业务； （2）承办集团公司等定制培训业务	山东省应急管理厅培训考试机构教师人员资质	

续表

序号	单位	经营业务名称	产品种类/技术/服务范围（包括具体规格或标准）	已获资质、能力、品牌等	备注
16	人力资源公司	（2）人力资源业务	（1）劳务派遣； （2）劳务外包； （3）职业介绍； （4）创业指导； （5）人才寻访； （6）素质测评	劳务派遣资质、人力资源服务许可证	
		（3）档案管理服务	档案审核、整理、电子化等业务	档案管理人员资质	
		（4）管理咨询	人力资源、安全、能源等管理咨询、现场诊断业务	安全及其他专业人员资质	
		（5）技术服务	企业专题专项技术服务业务	安全及其他专业人员资质	
		（6）人才评价	管理人员、技术/技能人员、职业经理人等人才评价业务	延续全国冶金行业职业技能鉴定站资质，并正在申报技能人才评价中心资质	
17	建设公司	（1）混凝土	预拌商品混凝土的加工、销售	建筑企业资质证书	
		（2）各类建材销售	砂石、水泥、矿粉、门窗、电气、保温板、建筑钢材等的销售		
		（3）建筑及安装工程施工	建筑工程施工、冶金工程施工、防水防腐保温工程、钢结构工程、建筑机电安装工程	建筑企业资质证书	
		（4）园区管理	房屋、场地租赁、停车场服务等		

2020年末济钢集团有限公司专业技术人员基本情况统计表

项目		代码	合计	女	少数民族	中共党员	博士	硕士	港澳台及外籍人士	学历					年龄					
										研究生	大学本科	大学专科	中专	高中及以下	35岁及以下	36~40岁	41~45岁	46~50岁	51~54岁	55岁及以上
甲		乙	1	2	3	4	5	6	7	8	9	10	11	12	13	14	15	16	17	18
总计		1	2027	612	30	1191	6	208		111	1356	442	95	23	145	214	143	498	529	498
其中：1. 在管理岗位工作的		2	576	58	9	492	0	73	0	43	462	69	2	0	45	128	94	168	113	28
2. 具有职业资格的		3	355	129	4	208	2	45		30	258	56	11	0	47	40	28	82	83	75
专业技术职务	高级职务	4	597	189	11	391	5	131		50	513	34	0	0	6	46	34	145	219	147
	其中：正高级职务	5	19	1	0	17	0	9		1	17	1	0	0	0	0	0	1	4	14
	中级职务	6	926	290	12	525	1	57		44	614	246	20	2	81	112	65	230	227	211
	初级职务	7	450	129	7	235	0	20		17	212	138	69	14	58	56	38	111	74	113
	未聘任专业技术职务	8	54	4	0	40	0	0		0	17	24	6	7	0	0	6	12	9	27
专业类别	工程技术人员	9	1322	345	20	778	6	180		97	905	248	64	8	102	152	77	313	364	314
	卫生技术人员	10																		
	教学人员	11	15	5	0	8	0	1		0	9	6	0	0	0	0	0	1	7	7
	经济人员	12	363	123	5	217	0	16		8	220	105	19	11	21	35	33	100	78	96
	会计人员	13	141	85	4	45	0	7		5	92	38	6	0	21	24	14	30	24	28
	统计人员	14	20	13	0	7	0	0		0	10	9	1	0	0	0	1	5	9	5
	翻译人员	15	6	3	0	1	0	0		0	3	3	0	0	0	0	1	1	2	2
	图书档案、文博人员	16	8	6	1	4	0	1		0	7	1	0	0	0	0	1	4	2	1
	新闻、出版人员	17	1	1	0	0	0	0		0	1	0	0	0	0	0	1	0	0	0
	艺术人员	18	4	2	0	1	0	0		0	2	1	1	0	0	0	0	2	2	0
	政工人员	19	147	29	0	130	0	3		1	107	31	4	4	1	3	15	42	41	45

（制表　刘　骞）

2020 年末专业技术人员职称情况统计表

系列	总数	其中				
		正高级	高级	中级	初级	
					助级	员级
工程技术人员	1322	19	464	604	226	9
农业技术人员						
科学研究人员						
卫生技术人员						
教学人员	15		6	9		
经济人员	363		39	186	97	41
会计人员	141		28	57	54	2
统计人员	20		5	10	5	
翻译人员	6			6		
图书档案、文博人员	8		3	3	2	
新闻、出版人员	1			1		
律师、公证人员						
播音人员						
工艺美术人员						
体育人员						
艺术人员	4		1	3		
政工人员	147		32	47	66	2
总计	2027	19	578	926	450	54

（制表　李　键　审核　王广海）

2020 年末职工队伍状况统计表

序号	单位名称	用工总数	在册职工				
			小计	在岗		不在岗	女职工
				管理工技	生产服务		
合　计		10341	10104	1531	2220	6353	2469
①	机关部室（12 个）	284	281	265	0	16	79

续表

序号	单位名称	用工总数	在册职工				
			小计	在岗		不在岗	女职工
				管理工技	生产服务		
②	直属单位（2 个）	302	302	48	247	7	39
③	子分公司（18 个）	9755	9521	1218	1973	6330	2351
机关部室（12 个）		284	281	265	0	16	79
1	办公室	33	30	29	0	1	8
2	组织部/人力资源部	27	27	27	0	0	8
3	纪委	9	9	9	0	0	2
4	宣传部	9	9	8	0	1	2
5	工会/团委	13	13	13	0	0	6
6	财务部	47	47	46	0	1	27
7	资产管理部	52	52	43	0	9	7
8	规划发展部/对外事务部	39	39	37	0	2	8
9	运营管理部	17	17	15	0	2	2
10	安全环保部/应急管理部	11	11	11	0	0	0
11	风险合规部	9	9	9	0	0	3
12	离退部	18	18	18	0	0	6
直属单位（2 个）		302	302	48	247	7	39
1	保卫部	290	290	41	242	7	34
2	新闻传媒中心	12	12	7	5	0	5
子分公司（18 个）		9755	9521	1218	1973	6330	2351
1	人力资源公司	5938	5938	66	2	5870	1594
2	济钢物流	147	135	116	19	0	28
3	济钢顺行	121	79	21	58	0	8
4	国际工程/铁焦技术	327	324	291	29	4	80
5	研究院	124	120	106	13	1	60
6	萨博汽车	140	140	48	91	1	16
7	“四新”产业园	25	25	25	0	0	6
8	创智谷/建设公司	46	46	38	7	1	14
9	济钢文旅	232	198	53	138	7	76
10	保安公司	933	933	28	572	333	215
11	炉料公司/复合材料/合金科技	308	308	94	184	30	82
12	环保新材料/石灰石/黄河爆破	468	468	75	345	48	66
13	城市矿产	390	251	66	151	34	17
14	鲁新建材	144	144	46	98	0	30

续表

序号	单位名称	用工总数	在册职工				
			小计	在岗		不在岗	女职工
				管理工技	生产服务		
15	冷弯型钢	129	129	34	95	0	13
16	瑞宝电气	235	235	81	153	1	43
17	济（马来西亚）钢板	21	21	12	9	0	0
18	鲍德气体	27	27	18	9	0	3

（制表　郑海霞　审核　王广海）

2020 年授权专利

序号	专利类型	专利名称	发明人	申请日	授权日	专利号	申请人/专利权人
1	发明	一种针对门窗管材的自动折弯及焊接设备	赵传飞　梁　峰　李敏敏　赵　亮　刘琨伟	2018-06-25	2020-05-22	201810657832.9	济南萨博特种汽车有限公司
2	发明	一种用于圆管焊接的可调式固定装置	李敏敏　赵传飞　梁　峰　李学伟　王　彬	2018-09-21	2020-06-02	201811104971.5	济南萨博特种汽车有限公司
3	发明	一种内衬环氧陶瓷球墨铸铁复合管及其制造方法	蔡可辉　刘长森　滕文峰　李超刚　张玉湖　张学来	2018-09-21	2020-01-03	201811106411.3	山东国铭球墨铸管科技有限公司
4	发明	一种钒氮合金的制备方法	李明波　王　铮　冯思宾　杨兴友　王茂周　刘正华	2018-09-25	2020-01-17	201811115706.7	山东合金科技材料科技有限公司
5	发明	一种废旧纳米晶铁芯的资源化回收方法及其应用	李　智　林来斌　杨来顺　杨洪波　王茂周　张新凯　杨兴友　董　陶	2019-07-25	2020-07-03	201910677406.6	山东合金科技材料科技有限公司
6	发明	一种卷取机导尺短行程的控制方法	赵　磊　刘树梅　王法国　刘建平　商汉军　王文勇　杜　鹏　高　涛　王立新　金建郗　袁洪俊	2018-03-16	2020-02-01	201810219073.8	山东鲁冶瑞宝电气自动化有限公司

续表

序号	专利类型	专利名称	发明人	申请日	授权日	专利号	申请人/专利权人
7	实用新型	一种空分纯化系统吸附剂收集装置	杨兆亮 李宗辉 于启涛 陈怀波 刘传辉 张家勇 吴建刚 王峰	2019-12-18	2020-09-01	201922302132.0	济钢鲍德气体有限公司
8	实用新型	磁吸式多焦炉配建干熄装置运输系统	蒋升华 王常金 徐升 王龙飞 毕延林 于华 李清强	2018-10-24	2020-01-17	201821729471.6	集团公司国际工程技术有限公司
9	实用新型	一种新型汽车焦罐运载车	王伦 孔令彬 桂玉明 王福义 石芸 毕延林 薛德余 荣金方 贾仕文 蒋澎	2018-12-12	2020-01-21	201822084216.7	集团公司国际工程技术有限公司
10	实用新型	一种空油桶资源回收装置	张海山 张皓淳 程宇 王常金 李兵 程志洪 刘忻 张金秋	2019-06-24	2020-04-10	201920953864.3	集团公司国际工程技术有限公司
11	实用新型	干熄焦自动定位系统执行机构防松及行程校准装置	王伦 桂玉明 孔令彬 石芸 荣金方 王常金 杨涛	2019-08-29	2020-06-16	201921421353.3	集团公司国际工程技术有限公司
12	实用新型	一种整体式下罐口干熄焦焦罐	马明锴 王裕龙 孔令彬 王伦 栾元迪	2019-09-24	2020-06-16	201921592112.5	集团公司国际工程技术有限公司
13	实用新型	一种用于干熄焦常用放散烟气的脱硫工艺系统	徐升 王龙飞 蒋升华 王常金 栾元迪 刘冬梅 毕延林 于华	2019-09-30	2020-06-16	201921655536.1	集团公司国际工程技术有限公司
14	实用新型	一种循环氨水清扫保温焦油外送管道	杨涛 王常金 桂玉明 石芸 曹生前 汪高春 张帅	2019-12-18	2020-08-07	201922283085.X	集团公司国际工程技术有限公司
15	实用新型	一种干熄焦气体循环系统在线除灰装置	徐升 于华 王常金 张岩 毕延林 王龙飞 李清强 张伟	2019-12-16	2020-10-09	201922246982.3	集团公司国际工程技术有限公司
16	实用新型	新型废油桶处理系统	程志洪 王常金 李兵 张海山 程宇 陈树国 陈以豹 张璐	2020-03-13	2020-12-08	202020319622.1	集团公司国际工程技术有限公司

续表

序号	专利类型	专利名称	发明人	申请日	授权日	专利号	申请人/专利权人
17	实用新型	一种小断面隧道多头自动钻机	张 磊 陈 晔 孟 倩 马秀冬 范 雨	2019-07-19	2020-04-24	201921142375.6	济南黄河爆破工程有限责任公司
18	实用新型	一种安装于工程机械上的耐磨金属复合板	魏冰方 孙跃光 姜 宾 王化鹏 陈 杰	2019-07-19	2020-04-24	201921142376.0	济南黄河爆破工程有限责任公司
19	实用新型	一种铝合金金属复合板爆炸结构	孙跃光 姜 宾 王化鹏 杨春娜 明宗新 陈 杰	2019-06-26	2020-04-24	201920968998.2	济南黄河爆破工程有限责任公司
20	实用新型	一种爆破装药辅助工具	姜 宾 明宗新 杨春娜 陈 杰 王加营	2019-07-20	2020-04-28	201921142718.9	济南黄河爆破工程有限责任公司
21	实用新型	一种基于双面爆炸焊接的节能型装药结构	魏冰方 孙跃光 姜 宾 杨春娜 王加营	2019-07-22	2020-04-28	201921146523.1	济南黄河爆破工程有限责任公司
22	实用新型	一种深孔孔内积水排水器	孙跃光 魏冰方 明宗新 王化鹏 王加营	2019-07-22	2020-04-28	201921146499.1	济南黄河爆破工程有限责任公司
23	实用新型	一种炮孔孔内不耦合装药间隔器	魏冰方 孙跃光 姜 宾 杨春娜 王加营	2019-06-26	2020-05-22	201920968997.8	济南黄河爆破工程有限责任公司
24	实用新型	一种深孔爆破分层装药间隔器	孙跃光 魏冰方 姜 宾 明宗新 陈 杰	2019-06-26	2020-05-22	201920968996.3	济南黄河爆破工程有限责任公司
25	实用新型	一种阶梯结构爆炸复合结构	孙跃光 姜 宾 王化鹏 孟 倩 明宗新	2019-07-20	2020-06-05	201921142717.4	济南黄河爆破工程有限责任公司
26	实用新型	一种泥沼场地勘察钻探平台	张 磊 马秀冬 孟 倩 范 雨	2019-07-22	2020-06-05	201921146522.7	济南黄河爆破工程有限责任公司
27	实用新型	一种矿渣微粉计量装置	曲丽娜 朱 涛 刘学燕	2019-08-26	2020-04-28	201921392618.1	济南鲁新新型建材股份有限公司
28	实用新型	一种新型矿渣微粉储存装置	曲丽娜 朱 涛 刘学燕	2019-08-26	2020-06-05	201921387206.9	济南鲁新新型建材股份有限公司

续表

序号	专利类型	专利名称	发明人	申请日	授权日	专利号	申请人/专利权人
29	实用新型	一种高效矿渣选粉机	曲丽娜 朱 涛 刘学燕	2019-08-19	2020-06-05	201921342538.5	济南鲁新新型建材股份有限公司
30	实用新型	一种循环式矿渣粉碎选铁装置	曲丽娜 朱 涛 刘学燕	2019-08-26	2020-06-05	201921387173.8	济南鲁新新型建材股份有限公司
31	实用新型	一种钻孔凿岩装卸存放小车	耿忠亮 赵 亮 孔凡猛 李学伟	2019-05-16	2020-01-10	201920696145.8	济南萨博特种汽车有限公司
32	实用新型	一种铁水运输自卸车	刘琨伟 梁 峰 严凤涛 胡定飞	2018-09-30	2020-02-04	201821614145.0	济南萨博特种汽车有限公司
33	实用新型	一种装卸装置	李学伟 孔凡猛 李相贵 耿忠亮 李敏敏 谭承峰	2019-04-10	2020-02-04	201920474607.1	济南萨博特种汽车有限公司
34	实用新型	一种削角方舱的合舱装置	李中泽 梁 峰 王 彬 赵传飞	2019-02-11	2020-04-24	201920195536.1	济南萨博特种汽车有限公司
35	实用新型	一种小型车的取力发电系统	李敏敏 李学伟 张洪宝 叶建军	2019-02-11	2020-04-24	201920190025.0	济南萨博特种汽车有限公司
36	实用新型	一种大吨位洗扫车	刘琨伟 梁 峰 胡定飞 严凤涛	2019-02-11	2020-04-24	201920190089.0	济南萨博特种汽车有限公司
37	实用新型	一种快速收放车侧帐篷	孔凡猛 李相贵 耿忠亮	2019-06-10	2020-04-24	201920863995.2	济南萨博特种汽车有限公司
38	实用新型	一种自升降机构	李敏敏 李学伟 耿忠亮 李相贵	2019-08-23	2020-04-28	201921377975.0	济南萨博特种汽车有限公司
39	实用新型	一种扩展托架及应用该托架的车辆	李敏敏 孔凡猛 耿忠亮	2019-09-04	2020-04-28	201921457195.7	济南萨博特种汽车有限公司
40	实用新型	一种翻板式铝液分配机构	李明波 杜 婧 冯思宾 李传程	2019-07-10	2020-04-14	201921078834.9	山东合金科技材料科技有限公司
41	实用新型	一种脱氧铝块连续浇铸装置	李明波 杜 婧 冯思宾 李传程	2019-07-11	2020-04-14	201921077006.3	山东合金科技材料科技有限公司
42	实用新型	一种无人售货机	刘树梅 王法国 康 鹏 姜和信 高 涛 庞金华 赵文玉 陈树勇 朱春慧	2019-04-26	2020-01-04	201920631336.6	山东鲁冶瑞宝电气自动化有限公司

续表

序号	专利类型	专利名称	发明人	申请日	授权日	专利号	申请人/专利权人
43	实用新型	一种带监测功能的电机接线盒	刘建平 康鹏 姜和信 朱雷 金建邴 叶强 陈树勇 赵文玉 朱春慧	2019-04-26	2020-04-03	201920631179.9	山东鲁冶瑞宝电气自动化有限公司
44	实用新型	一种具有自行修复功能的电气触头	姜和信 康鹏 刘树梅 刘建平 高涛 葛颢 陈树勇 赵文玉 张杰 金建邴 叶强 朱春慧 王唯杰 白雪	2019-07-12	2020-05-12	201921138676.1	山东鲁冶瑞宝电气自动化有限公司
45	实用新型	一种干熄炉内窥摄像装置	姜和信 康鹏 赵文玉 朱雷 吉元喜 张炳林 陈树勇 朱春慧 王唯杰	2019-06-25	2020-05-12	201921019889.2	山东鲁冶瑞宝电气自动化有限公司
46	实用新型	一种干熄炉内窥摄像头的冷却装置	康鹏 姜和信 张炳林 吉元喜 赵文玉 叶强 陈树勇 朱春慧 白雪	2019-06-25	2020-05-12	201921020005.5	山东鲁冶瑞宝电气自动化有限公司
47	实用新型	一种数控折弯机全自动产量统计系统	庞金华 刘建平 于军 李式伟 孟辛酉 曹建东 杨洪林	2019-12-12	2020-06-02	201922228057.8	山东鲁冶瑞宝电气自动化有限公司
48	实用新型	一种微机保护系统	庞金华 刘建平 于军 李式伟 孟辛酉 曹建东 杨洪林	2019-12-12	2020-06-16	201922219833.8	山东鲁冶瑞宝电气自动化有限公司
49	实用新型	一种高低压配电柜铜排安装工具	耿红杰 孙喜亮 于军 姜和信 滕朋朋 曹旺 方谊 闫群 王海燕 唐茂堃 杜茨茨 李大顺	2019-11-21	2020-07-28	201922046357.4	山东鲁冶瑞宝电气自动化有限公司
50	实用新型	一种螺柱焊机的电容式储能电路	刘建平 于军 庞金华 李式伟 曹建东 孟辛酉 杨洪林	2019-11-22	2020-07-28	201922219952.3	山东鲁冶瑞宝电气自动化有限公司

续表

序号	专利类型	专利名称	发明人	申请日	授权日	专利号	申请人/专利权人
51	实用新型	一种多能过滤器	曹　旺　刘树梅　刘建平　商汉军　庞金华　杜　鹏　白洪光　葛　颗　左德忠　杨洪林　李式伟　陈　磊	2019-11-13	2020-07-28	201921959548. 3	山东鲁冶瑞宝电气自动化有限公司
52	实用新型	一种共享电源防护装置	滕朋朋　于　成　康　鹏　杜　鹏　白洪光　张乃福　付　鹏　王海燕　闫　群　张双喜　吴新华	2020-02-25	2020-08-04	202020209024. 9	山东鲁冶瑞宝电气自动化有限公司
53	实用新型	一种高压电机绝缘检测装置	姜和信　康　鹏　高　涛　杜　鹏　于　军　陈树勇　赵文玉　王唯杰　白　雪　朱春慧	2019-04-26	2020-08-25	201920631180. 1	山东鲁冶瑞宝电气自动化有限公司
54	实用新型	一种高低压开关柜通电实验台的测试电路	刘建平　于　军　庞金华　李式伟　曹建东　孟辛酉　杨洪林	2019-12-12	2020-10-13	201922220532. 7	山东鲁冶瑞宝电气自动化有限公司
55	实用新型	一种无接触售卖饭格	康　鹏　朱　雷　姜和信　陈树勇　金建炳　赵玉文　朱春慧	2020-05-08	2020-11-20	202020751568. 8	山东鲁冶瑞宝电气自动化有限公司
56	实用新型	一种恒温密封自助售卖饭格	赵文玉　陈树勇　康　鹏　王　强　高　涛　姜和信　朱春慧　王唯杰	2020-05-07	2020-11-20	202020749364. 0	山东鲁冶瑞宝电气自动化有限公司
57	实用新型	一种菜品自动售卖系统	姜和信　高　涛　康　鹏　叶　强　王唯杰　陈树勇　朱春慧　赵文玉	2020-05-08	2020-11-24	202020738567. X	山东鲁冶瑞宝电气自动化有限公司
58	实用新型	一种干熄炉内窥摄像装置	姜和信　康　鹏　赵文玉　陈树勇　高　涛　叶　强　金建炳　朱春慧　王唯杰　白　雪	2020-03-11	2020-11-27	202020388173. 6	山东鲁冶瑞宝电气自动化有限公司

续表

序号	专利类型	专利名称	发明人	申请日	授权日	专利号	申请人/专利权人
59	实用新型	一种道路空气净化装置	李晓桐 黄 诚 宋婷婷 王 琛 孙世强 隗 涛 刘平丽	2020-03-27	2020-11-20	202020415470.5	山东省冶金产品质量监督检验站有限公司
60	实用新型	一种读数显微镜读数操作台	宋婷婷 黄 诚 李晓桐 王 琛 荆宝强 李天海 米伟伟	2020-03-27	2020-11-20	202020415124.7	山东省冶金产品质量监督检验站有限公司
61	实用新型	一种恒温恒湿称重箱用多样品分布机构	倪守生 王晓明 李 勇 聂红梅	2020-06-22	2020-12-11	202021166522.6	山东省冶金科学研究院有限公司
62	实用新型	一种带有低浓度采样分布机构的恒温恒湿称重箱	倪守生 李 勇 聂红梅 刘 青	2020-06-22	2020-12-11	202021166523.0	山东省冶金科学研究院有限公司
63	实用新型	一种矿渣微粉储存装置	曲丽娜 朱 涛 王 建	2020-05-19	2020-12-25	202020833528.8	济南鲁新新型建材股份有限公司

2020 年科技成果奖

序号	项目名称	完成单位	获奖等级	主要研制人员名单
1	机动式野战指挥所工事	萨博汽车	一等奖	赵传飞 梁 峰 李敏敏 李 丽
2	4 套联排干熄焦系统工程化施工工艺应用	国际工程	一等奖	陈五升 刘 飞 石 磊 尹世友 赵忠蛟 白光卫 魏东方 王 齐 陈 亮
3	球墨铸铁管大型化环保新技术的研究及应用	国际工程	一等奖	李汝强 董宝利 张玉湖 王常金 尚 军 李 兵 刘鑫杰 姜文文 郭起营
4	高附加值低应力出口方矩形管的开发与应用	冷弯型钢	一等奖	王丰祥 王泰来 王振伟 张兴桥 杨 超 王国才 刘 奇 张 平 杨宏钰 秦立国
5	土壤中有机污染物检测技术的开发	研究院	一等奖	郭寿鹏 张 洁 齐应欢 张 琪 徐艺梅 程 磊
6	金矿石成分分析用标准物质的研制	研究院	二等奖	高洪吉 杨 繁 李 君 蒋洪娇 杜倩倩 李 倩 叶俊莹 高利明 杜广菊
7	大掺量矿物掺和料在混凝土中的性能应用研究	鲁新建材	二等奖	朱 涛 曲丽娜 卢文银 王 建 高 旭 颛孙同勋 李红燕

续表

序号	项目名称	完成单位	获奖等级	主要研制人员名单
8	固体垃圾中离子污染物检测技术开发与应用研究	研究院	二等奖	郭寿鹏　张　洁　张　琪　徐艺梅　程　磊　严　胜
9	桥梁用超宽超厚冷弯U型肋开发与应用	冷弯型钢	二等奖	邹国顺　王泰来　张兴桥　王振伟　王建刚　雷　刚　刘　奇　廉　鹏　颜继生
10	干熄焦优化在新兴铸管武安工业区干熄焦及发电项目中的应用	国际工程	二等奖	桂玉明　薛德余　石　芸　马延伟　宗　欣　郭　莉　王　蕾　周长朴　侯丽丽
11	载车及方舱和通讯装置及系统电源	萨博汽车	二等奖	崔　涛　李小清　叶建军　李敏敏
12	铝合金光谱分析用标准物质的研制	研究院	三等奖	吴丽娟　蒋洪娇　杨吉平　李　君　郑　苗　王素芬
13	煤中磷、砷、氟、氯和汞成分分析标准物质的研制	研究院	三等奖	张　莉　高洪吉　刘　艳　吴丽娟　楚新玉　杨　繁
14	焦化停产修复，实现达产达效	铁焦技术	三等奖	李维忠　李丙来　王同彦　张　健　张晓东　牛爱宁
15	大型煤气存储装置自动化控制系统的研究与应用	瑞宝电气	三等奖	祝洪新　白洪光　王永春　公　宝　杜　鹏　滕朋朋
16	特厚板用高压水除鳞箱的开发与应用	国际工程	三等奖	谷海龙　徐金来　程　宇　张海山　侯日斌　韩学好
17	发电机组控制系统小网适应性优化的研究与应用	瑞宝电气	三等奖	朱　雷　于　成　白洪光　刘成军　李业东　杜　鹏
18	冷弯型钢公司产线设备功能提升与改造	冷弯型钢	三等奖	王丰祥　范　伟　颜继生　廉　鹏　吴付广　路鹏飞
19	产能提升项目	萨博汽车	三等奖	赵传飞　严凤涛　梁　峰　展　常
20	碳钢、不锈钢中氧氮成分分析用标准物质的研制	研究院	三等奖	孟丽丽　刘　艳　楚新玉　孙咏芬　董艳娇　王　伟

2020年管理创新成果获奖名单

中国钢铁工业协会冶金企业管理现代化创新成果获奖名单

序号	单位名称	成果名称	主创人员	获奖等级
1	运营管理部	以优化制度体系助推钢铁企业转型发展的研究与实施	苗　刚　王景洲　徐守亮　王同彦　李善磊	三等奖

山东钢铁集团有限公司管理创新成果获奖名单

序号	单位名称	成果名称	主创人员	获奖等级
1	冷弯型钢	多维度创新平台助推企业经营绩效“再翻番”	王丰祥　贾泽民　邹国顺　王泰来　杨宏钰　张　峰	2
2	运营管理部	全面启动管理制度修订　为“二次创业，重塑济钢”保驾护航	苗　刚　徐守亮　李善磊　郑　丽　石瑞虎　陈天学	2
3	规划发展部	集团公司招商引资全流程管理	刘富增　盛桂军　刘长生　韩晰宇　谢　勇　孟庆晓　游佳慧	3
4	运营管理部	多维度市场行情分析模型的构建实践	高　翔　徐守亮　盖永刚　时义祥　李善磊	3
5	组织部/人力资源部	实施后备干部选拔培养工程，助推济钢转型发展	王文涛　徐西刚　张金秋　于启涛　李　键　苑　圆	3

2020 年集团公司管理创新成果获奖名单

序号	单位名称	成果名称	主创人员	获奖等级
1	冷弯型钢	多维度创新平台助推企业经营绩效“再翻番”	王丰祥　贾泽民　邹国顺　王泰来　杨宏钰　张　峰	一等奖
2	财务部	系统推进“双降双提”工作，实现运营质量不断提升	丁双旗　王玉全　陈天学　万　亮　李　健　张　颖　陈　佳　李晓礼	一等奖
3	组织部/人力资源部	实施后备干部选拔培养工程，助推济钢转型发展	薄　涛　王文涛　徐西刚　张金秋　于启涛　李　键　苑　圆　陈　飞	一等奖
4	运营管理部	全面启动管理制度修订　为“二次创业，重塑济钢”保驾护航	徐守亮　盖永刚　李　玮　李善磊　张家峰　焦何生　杜荧荧	一等奖
5	鲍德气体	以资产盘活为主线，重构济钢气体产业	高　翔　张永熙　李宗辉　宋　锋　鲁宏洲　刘春成　孙彦江　陈怀波	一等奖
6	萨博汽车	全面诊断　快速提升　实现产值翻倍	赵传飞　严凤涛　梁　峰　展　常　张俊刚	一等奖
7	规划发展部	集团公司招商引资全流程管理	刘富增　盛桂军　刘长生　韩晰宇　谢　勇　孟庆晓　游佳慧	一等奖
8	济钢物流	构建“物流+贸易”双产业模式，转型发展显成效	魏信栋　孙德民　董旭东　谭学博　毛新锋　宫晶晶　于　雪　范　雯	一等奖
9	工会/团委	建立职工合理化建议“网络智慧库”搭建创新创造平台激发创新活力和动力	黄善兵　张玉华　王京巨　王爱华　刘红霞　杨春雨	一等奖
10	济钢顺行	创新合作模式建设新能源汽车充电站	刘柱石　杜宪卫　马　辉　冯　涛　刘延军	一等奖
11	组织部/人力资源部	实施能力提升工程，重塑济钢核心竞争力	王文涛　徐西刚　张金秋　郑海霞　刘　骞	二等奖

续表

序号	单位名称	成果名称	主创人员	获奖等级
12	运营管理部	多维度市场行情分析模型的构建实践	徐守亮　盖永刚　时义祥　李善磊	二等奖
13	纪委	构建领导人员廉洁审核管理机制，严把干部廉洁监督关	孟庆钢　张　涛　孙　超　邹　彤　于素云	二等奖
14	运营管理部	以存货管理评审提升基础管理的研究与实施	徐守亮　王国才　李善磊　张良刚　张家峰　郑香增	二等奖
15	资产管理部	资产出租流程再造	刘学燕　张永熙　周　军　万　亮　李宣亮　刘　艺	二等奖
16	运营管理部	以经营诊断促进挖潜补漏、提质提效的研究与实施	徐守亮　陈天学　郑香增　李善磊	二等奖
17	资产公司	固定资产处置管理体系的优化与提升	郭　强　刘　华　侯成涛　张洪宝　耿成鹏　刘　易	二等奖
18	组织部/人力资源部	基于过硬党支部示范点制度标准体系建设的党建管理提升	王景洲　王文涛　徐西刚　张金秋　李　键　陈　飞	二等奖
19	财务部	搭建贸易业务平台，合理节税	丁双旗　王玉全　孙　浩　时义祥　马　成　张　玉	二等奖
20	资产公司	创新管控模式，实现物资采购降本增效	郭　强　高岩军　单为春　张洪宝　王　磊　袁　林	二等奖
21	冷弯型钢	打造狼性团队　加强内部管理，提升订单及利润	王丰祥　王建刚　刘　宁　雷　刚　张　平　刘　奇	二等奖
22	“四新”产业园	深化政策研究，提升政策转化应用效能	盛桂军　韩晰宇　刘　芳　刘冰曙　许　强	二等奖
23	安全环保部	创新源头管控，实现达标排放	高　翔　江永波　王四江　王　冰　朱　涛　李同宣	二等奖
24	关事办	中电华创合同遗留重大风险问题处置对策研究与有效应对	李作鑫　齐志新　刘悦慧　李兴芳　曹中军　李　峰	二等奖
25	规划发展部	基于与院士港合作项目培育济钢新兴产业	刘富增　刘柱石　王晓明　张军娟　陈继伟　梁平生	二等奖
26	规划发展部	可视化项目管理在产业培育攻坚战中的研究与应用	刘富增　闫永章　张贺全　谷　民　王　鑫	三等奖
27	“四新”产业园	大型企业转型发展中招商引资模式的创新实践	盛桂军　韩晰宇　刘冰曙　刘　芳　许　强	三等奖
28	创智谷	引企业聚团队，打造具有济钢特色的产业生态孵化体系	魏　涛　都志斌　刘　倩　刘增强　张念彬	三等奖
29	安全环保部	济钢转型发展安全监管新模式探索与实践	江永波　刘自民	三等奖
30	保卫部	资产处置加速期的治安交通综合管控	董　波　王坤轩　祁　岩　熊泽宏　高吉祥	三等奖
31	城市矿产	强力拓展市场，做强废钢贸易	李赐波　管池森　闫业同　张　騄　张慧萍	三等奖

续表

序号	单位名称	成果名称	主创人员	获奖等级
32	离退部	构建“三三”联动机制，融炼“文化载体”，营造济钢转型发展大家庭氛围	刘庆玉　周家进　孙建平　解学启　杨立军	三等奖
33	萨博汽车	研究政府政策，获取财政补贴	赵传飞　赵　亮　董士雷　管延科　舒　飞	三等奖
34	工会/团委	落实“九新”价值创造体系，争创幸福和谐企业	黄善兵　邱延祥　刘红霞　刘鸿春	三等奖
35	鲁新建材	绿色物流　打造鲁新新的竞争力	朱　涛　王　建　高　旭　侯　捷　张玉生	三等奖
36	鲁新建材	鲁新建材打造一流智能高效节能矿渣微粉工厂	朱　涛　卢文银　王兴龙　马　健　孔令彬	三等奖
37	合金科技	科学优化营销管理，增收创利提效益	何绪友　王铭南　韩　强　杨兴友　孙文栋	三等奖
38	保安公司	“新济钢、新行业、新模式、新发展”系统管理思想助力公司转型发展	苏永鹏　王　锋　陈　凯　李茂泉　张　伟	三等奖
39	工会/团委	全面推进团组织改革激发“共青团+新媒体”新活力	王京巨　张　哲	三等奖
40	济钢物流	“贸易+物流”一体化运营探索	魏信栋　吕　超　孙爱国　李　文　贾志良	三等奖
41	瑞宝电气	构建瑞宝电气价值创造和测量考核的分配体系	刘树梅　高　涛　金建炳　叶　强　王唯杰	三等奖
42	保卫部	新风险下的济钢应急管理队伍建设	董　波　王坤轩　杜增强　张树兵　高吉祥	三等奖
43	办公室	加强公司公务接待管理	董胜峰　吕仁波　程　宁	三等奖
44	国际工程	提升合规意识，加强风险管控	郭广强　孙丽君　崔　佳　何柳萌　刘　青	三等奖
45	保安公司	创新安全管理模式确保地铁安检公共安全	董　波　左　涛　张　伟　李传友　付衍国	三等奖
46	济钢顺行	加强燃油消耗管理降低燃油成本	刘柱石　高景泉　金振南　滕军杰　冯　涛	三等奖
47	瑞宝电气	一套合同法律风险防控“组合拳”	刘树梅　高　涛　金建炳　叶　强　白　雪	三等奖
48	合金科技	建立生产信息数据库，增加生产经营绩效	何绪友　王铭南　孙照源　韩　强　李　牧	三等奖
49	人力资源服务公司	基于风险控制的灵活用工模式的创新与应用，旨在为公司打造安全运营“防火墙”	崔德伟　李惠琴　周　波　姜　蕾　刘　敏	三等奖
50	城市矿产	精心组织，助力山钢日照2号高炉投产顺行	张同义　刘俊青　徐方成　孙金博　王　若	三等奖

（供稿人　时义祥）

2020年职工合理化建议优秀成果

序号	单位	主创人	协作人	成果名称	等级
1	济钢文旅	范贵国	李延新　王　滨　宋绪辉	增援值守岗位力量、继续实施菜市场错峰购物	1
2	国际工程/铁焦技术	张东力		XB验证线项目消防泵站设置方案优化	1
3	鲍德炉料公司	李俊武	韩　强　张向阳　王　伟	铝原料长协采购，实现降本增效	1
4	规划部/对外事务部	党金海	常大勇　刘昌伟	降低疫情防控风险，优化济钢市场华联超市建设方案	1
5	运营部	陈天学	徐守亮　时义祥	探索建立集团公司视频会议新秩序，确保疫情期间双线办公效率	1
6	安环部/应急管理部	常庆海	江永波　王四江	建立疫情防控社区联动应急数据库	1
7	研究院	郭寿鹏	张　婺　张　琪	企业排污许可证审核技术服务	1
8	研究院	耿后安	马文莉　闫　萍　孟庆晨	红外体温计测量误差的校准和修正	1
9	城市矿产	董　凤	王恒山	创建幸福和谐企业　谱写转型发展新篇章	1
10	济钢物流	马　磊	邱文超　刘　贝	开发直供客户，提升利润水平	1
11	济钢物流	李学鹏	刘　洋　许传越　侯银生	转变市场开拓方向，提升下站配送业务量	1
12	济钢顺行	程　宁	刘柱石	关于实施新能源车充换电一体化工作站的建议	1
13	瑞宝电气	姜和信		无接触自动售饭机	1
14	保卫部	刘发兴	董　波	疫情防控期间济钢新村“抓两端，控闭环，严把关，细预案”闭环管控方案	1
15	国际工程/铁焦技术	张　健	李维忠　方怡留　王同彦	“技术服务+产品贸易”产业协同的开发与应用	1
16	冷弯型钢	张　帅	李尊山　王洪军　肖海江	方矩管打包防松台架	1
17	冷弯型钢	颜继生	关玉宝　霍本军　付道法	189线快换装置改造创新项目	1
18	环保材料	左　平		集中化放料操作系统	1
19	萨博汽车	刘坤伟	梁　峰　赵传飞	产业培育再升级，开拓应急装备业务	1
20	济钢顺行	梁平生	刘柱石　马立山	利用自有充电桩优势，推广纯电客车使用，拓展职工通勤效益最大化	1
21	瑞宝电气	赵　磊	刘建平　姜和信	实施全员创新工程，助推企业突破发展	1
22	瑞宝电气	姜和信	康　鹏　赵文玉	干熄炉内窥摄像装置	1
23	鲁新建材	颛孙同勋	解加平	高端产品粗粉回收项目改造	1
24	鲁新建材	宋桂芝	朱　涛　滕绪兰	积极争取政府政策，实现公司利益最大化	1
25	研究院	吴丽娟	高洪吉　杜倩倩	烟煤黏结指数标准样品的研制	1
26	工会/团委	杨春雨	刘丽云　刘鸿春	集合众智创新提效，推动企业创新发展	1

续表

序号	单位	主创人	协作人	成果名称	等级
27	资产管理部	万　亮	尹秀锦	依法合规转增注册资本，助推萨博公司高质量发展	1
28	规划发展部	张贺全	王　鑫　贺　兵	科学规划、合理调配，盘活现有资源助推公司高端装备制造主业	1
29	济钢物流	毛新锋	于　雪　韩　惠	加强疫情期间政策研究利用，实现管理创效	1
30	冷弯型钢	颜继生	范　伟　路鹏飞　赵康宁	1200 产线后区废管下线链床的改造	1
31	鲍德炉料	焦树琴	杨来顺	行车道轨延长改造，促进生产降本增效	1
32	研究院	高洪吉	杨　繁　吴丽娟　孟丽丽	金矿石成分分析标准物质的开发应用	1
33	环保材料	马国梁	沙　珉　刘洪臣　孙　建	调整产品粒度与降低产品含粉率攻关	1
34	国际工程/铁焦技术	桂玉明	石　芸　薛德余　杨　涛	邹平福明干熄焦项目工艺设备专业协同设计优化	1
35	工会/团委	杨春雨	王爱华　刘鸿春　刘丽云	开展重点激励劳动竞赛活动，引领职工开拓创新，永攀高峰	1
36	鲁新建材	曲丽娜	张　静　李红燕	深度研学科技政策，实现多个首次，创效160.92 万元	1
37	济钢文旅	赵凤席	高海港　李延新　于广成	人员密集场所疫情新风险管控合理化建议	2
38	国际工程/铁焦技术	孙广庭		充分利用设备采购渠道，开展设备贸易工作	2
39	国际工程/铁焦技术	刘鑫杰		大型联排干熄焦工业电视监控系统设计优化增效	2
40	鲍德炉料公司	孙　锐	孙照源　刘正华　王　铮	使用经济料生产，降低生产成本	2
41	鲍德炉料公司	韩　朋	王　铮　李明波	螺旋输送布料机的设计制作，消化落料，降低生产成本	2
42	鲍德炉料公司	刘　恺	靳连文　李健全	不动产租赁增效	2
43	指挥部作战室	何柳萌	王志钢　周　晶　孙　蕾	网格化管理在疫情防控中的创新应用	2
44	工会/团委	刘红霞	刘鸿春　王爱华	济钢工会设立 450 万元疫情防控专项资金，保障职工生命健康安全	2
45	工会/团委	杨春雨	王爱华　刘鸿春　刘丽云	加强基层班组建设，推动企业创新创效	2
46	资产部	李宣亮	周　军　万　亮　张希胜　丁玉国	简化流程，抢抓商机，快速实施翼板区域部分房屋建筑物盘活创效	2
47	资产部	张洪宝	张永熙　周　军　张少杰	公司一体化运营的探索与实践	2
48	规划部/对外事务部	张军娟	闫永章　谷　民	利用政府政策，提升项目建设手续办理效率，同时争取奖补资金	2
49	运营部	王国才	徐守亮　时义祥	加强疫情防控，全力做好复工复产	2
50	运营部	时义祥	徐守亮　王国才　李善磊	强化疫情期间政策分析解读，能用尽用	2
51	安环部/应急管理部	刘自民	江永波　王四江	动态辨识疫情风险，及时制度供给，构筑疫情防控安全防线	2

续表

序号	单位	主创人	协作人	成果名称	等级
52	安环部/应急管理部	刘自民	江永波　胥维刚　蒋文志　常庆海	将疫情防控和安全生产相结合，实现安全复工复产	2
53	人力资源公司	严　胜	崔德伟　李际东　刘广友	细化内部管理、创新合作模式、引进先进设备、全方位实现人力资源公司疫情防控无死角	2
54	研究院	高洪吉	杨　繁　吴丽娟　孟丽丽	铝合金光谱标准物质的开发应用	2
55	研究院	宋婷婷	李晓桐　黄　诚　王　琛	基于 SEM 技术的失效分析模式在风电领域的应用	2
56	研究院	王向阳	刘　伟　支　浩　张钦华	镀锌板镀层量的测定能力验证项目的开发	2
57	城市矿产	王增春	李国征　王建忠　徐国栋	建立交流微信群，提高铁水兑装准确率	2
58	城市矿产	郭华明	梁　冰　郭华明　宋福林　马新正	渣土车篷布电机连接减速机的改型降本增效	2
59	城市矿产	夏国青	尚付海	汽车拆解高压变压器基础容量费再次优化	2
60	城市矿产	王恒山	董　凤	疫情期间利用手机进行管理人员民主测评	2
61	城市矿产	滕德林	周建军　梁安涛	制作移动式车辆消毒设备，落实车辆安全防疫防控措施	2
62	济钢物流	张海东	韩　亮　曹殿雷　王　静	开发“合金和有色金属”贸易业务	2
63	钢城矿业	张文华	李　强　张洪宝	努力争取政策支持，变不可能为可行，降低公司用电成本	2
64	鲁新建材	王经梅	黄建东　张　茂　张　红	协同三地加强资金运作，盘活存量降低资金成本	2
65	济钢顺行	程　宁	刘柱石	擦亮党建品牌，助力打造城市服务板块行业标杆	2
66	济钢顺行	梁平生	刘柱石　马立山	优化配置防疫资源，降低防疫成本	2
67	瑞宝电气	耿红杰	孙喜亮　于　军　方　谊	数字化协同平台（D-Hub）引入瑞宝成套设计系统	2
68	瑞宝电气	赵　磊	刘建平　李宏林　王　菊	借助劳动竞赛，提升实操技能，助力效率变革和增产创效	2
69	瑞宝电气	韩　宁	朱　雷　袁洪俊　黄瑞芬	科技引领，打造远程运维新模式	2
70	瑞宝电气	张银刚	蒋　林　吕红芝　孔祥梅	优化采购资金支付策略，发挥采购资金效益	2
71	离退部	杨立军	於德英　解学启　杨俊国	“搭建四个精准平台”确保离退休职工公共活动安全	2
72	保卫部	高吉祥		深入挖掘战疫一线感人事迹，编导《战役家书》视频的建议	2
73	保卫部	王坤轩		疫情防控期间“鲍山小区”承接管控方案	2
74	国际工程/铁焦技术	张　健	李维忠　王同彦　刘兆峰	打造多元化技术服务模式，助推公司“效率变革”	2
75	冷弯型钢	赵康宁	王振伟　孔祥周　刘　奇	船用产品远程检验	2
76	冷弯型钢	颜继生	蒋书辉　许宝平　侯镇岭	189 产线毛刺卷取机传动链防松动改造	2

续表

序号	单位	主创人	协作人	成果名称	等级
77	冷弯型钢	颜继生	路鹏飞　付道法　张守俊	1200 产线开卷机锥头改造	2
78	冷弯型钢	王建刚	吕　军　杨宏钰　梁立东	改造剪刃提高换型效率	2
79	冷弯型钢	张　峰	李长亮　刘建新　崔鑫刚	设立职工室外餐厅，防控新冠疫情	2
80	创智谷/建设公司	柴相刚	刘　青　贾　珂	盘活备品备件、做到“物尽其用”	2
81	创智谷/建设公司	刘　倩	赵　健　李宏伟　刘增强	把握疫情风口期落地口罩项目，助力内外部企业共创共赢	2
82	萨博汽车	张俊刚	郭　宁	边角料立体存放架	2
83	鲍德气体	杨兆亮	李宗辉　陈怀波	打破常规，顺利通过项目设立安全条件审查	2
84	鲍德气体	孙彦江	李宗辉　杨兆亮	争取优惠用地政策，实现经济效益最大化	2
85	国际工程/铁焦技术	王裕龙	张　伟	提高内衬修补效率和质量的探索与应用	2
86	国际工程/铁焦技术	曹鲁奇	孙　航　宗　欣	柳钢防城港干熄焦项目锅炉排污水余热回收及利用	2
87	人力资源公司	张立新	郭庆鹏　谢允澄	应对疫情，拓展市场，创新培训方式，利用政策红利增加新的效益增长极	2
88	济钢文旅	杜绚丽	焦爱国　都志斌	优化人力资源配置　提高人员劳动效率	2
89	瑞宝电气	于　军	高　阳　曹明青	立足电力市场，开拓电力业扩及居配新局面	2
90	瑞宝电气	张银刚		打造招投标团队，提高投标竞争力和中标率	2
91	钢城矿业	张文华	张洪宝　李　强	-360m 泵房排水远程自动控制改造	2
92	钢城矿业	张文华	王培厚　孙京杰	30m 浓缩池改造成储水池，增加地面水仓容量，利用峰谷电费差价增加效益	2
93	鲍德炉料	刘世锋	胡新站　张振华	双线铝粒机的改造与加高安装	2
94	鲍德炉料	刘世锋	王　铮　胡新站	包芯线整体产线升级改造	2
95	鲍德炉料	刘正华	张岐涛　叶恒奎	优化原料铝杆结构，提高产品市场占有率	2
96	鲍德炉料	王　铮	张海涛　刘世峰	铝线高速复卷机设计提高产能	2
97	鲁新建材	马　健	赵永旺　孔令彬	超低排放创 A 类企业设备设施、工艺改造提升方案	2
98	研究院	王向阳	刘　伟　支　浩	金属材料盐雾试验能力验证项目的开发	2
99	人力资源部	郑海霞	刘　骞	实施“专业拓展三年百人培养计划”，为建设全新济钢提供智力支持	2
100	纪委	葛　颢		建立重点、典型违纪案件“一案四查找”分析会机制，深入推进“三不机制”建设	2
101	工会/团委	刘鸿春	刘红霞	完善工会会费收缴方案，助益企业稳定和谐	2
102	资产管理部	万　亮	李宣亮	高效解决法人人格混同问题，合规转让环保材料所需资产	2
103	运营管理部	李　勇	焦何生　杨　超	探索信息化运维服务模式　助推集团总部效益提升	2

续表

序号	单位	主创人	协作人	成果名称	等级
104	济钢物流	李学鹏	刘　洋　许传越	盘活场站优势资源，实现场站功能延伸	2
105	济钢物流	李自云	郑　佳　徐振华	在危机中把握机遇　做大做强国贸业务	2
106	城市矿产	李国华	王　剑　刘　东	车辆改造加装排放系统护板及车架护板	2
107	城市矿产	弭广彩	张　磊	优化产品运输模式，降低物流运输成本，提高盈利能力	2
108	城市矿产	郭华明	梁　冰　马新正	渣土车安装360度高清记录仪消除货车盲区减少事故隐患	2
109	冷弯型钢	杨宏钰	张兴桥　赵康宁	纵剪线新安装过跨车采取方管梁设计	2
110	冷弯型钢	郝延林	梁立东　秦立国	创新优化纵切方式，提高产品质量	2
111	创智谷/建设公司	李宏伟	赵　健　胡　松	创新孵化模式，建立柔性团队，形成创智谷服务输出新亮点	2
112	创智谷/建设公司	刘　青	司加军　刘爱青	采用“托梁扶柱+钢管桩”加固法，解决冷弯地下乳化液池施工地基防护难题	2
113	环保材料	杨传举	王明勤　乔继军	变废为产品，提高企业利润	2
114	环保材料	马国梁	沙　珉　孙华政	振筛分料器的改造	2
115	环保材料	马国梁	郭刚涛　孙　建	提高12石子粒度措施	2
116	环保材料	潘金旗	柴政刚　李全章	破碎机下溜子改造，延长设备使用寿命	2
117	环保材料	鹿传兵	李全章　刘西军	溜槽设计加装砸料盒，杜绝漏料隐患	2
118	萨博汽车	刘琨伟	梁　峰　赵传飞	疫情逆境求发展，化危为机谋订单	2
119	萨博汽车	张俊刚	郭　宁	无齿锯铁屑、烟尘收集箱	2
120	萨博汽车	徐寿德	马德学　李振峰	钩臂车遥控一体化操作改造	2
121	萨博汽车	王　瑞		舱体结构工艺的改进	2
122	萨博汽车	李相贵		舱类产品底板结构及制作工艺的改进	2
123	济钢顺行	梁平生	马立山	获取维修授权，护航新能源，挖掘维修新价值	2
124	济钢文旅	杜绚丽	张加春	面食厂操作间优化布局改造	2
125	济钢文旅	范贵国	马　红	关于济钢菜市场海产品经营场所、案板一日三消的建议	2
126	组织部/人力资源部	王志钢	李　键　苑　圆	制定实施领导人员能上能下实施细则，优化领导人员管理	2
127	组织部/人力资源部	李　键	陈　飞	推进全面从严治党向纵深发展，为集团公司转型发展保驾护航	2
128	宣传部	路文亮	郭庆苗	设计制作退休人员纪念册，体现济钢组织关怀、记录职工奋斗足迹	2
129	工会/团委	刘鸿春		围绕效率变革，创新工会会费收缴方式	2
130	资产部	张洪宝	施京萍　马宝来	积极推进利润分配，助力集团公司扭亏	2
131	规划部	郝雅丽	史　涛　张贺全	建立招标采购业务监管机制，确保招标采购业务依法合规	2

续表

序号	单位	主创人	协作人	成果名称	等级
132	规划部	徐　鑫	孟庆晓　尚玉民	高质量完成济钢集团有限公司新旧动能转换三年行动计划（2020—2022 年）	2
133	运营部	李　勇	杨　超　韩文殿	探索信息系统运行机制，完善系统运行效果评价体系	2
134	运营部	杨成召	李善磊	加强用水输出端管理　实现能源管理精细化	2
135	冷弯型钢	颜继生	路鹏飞　赵康宁　范　伟	1200 产线前对中立辊调整方式的改造	2
136	冷弯型钢	王　锋	杨宏钰　王建刚　吕　军	1200 线喷淋防划伤装置的设计与使用	2
137	济钢保安公司	王茂森	陈　凯　周　锐	优化创新培训方案，建立培训临时网格，助力地铁 2 号线安检员培训取证工作顺利开展	2
138	环保材料	乔继军	杨传举	开拓中高端砂石用户，构筑稳定合作销售渠道，助推全年经营任务完成	2
139	环保材料	马国梁	郭刚涛　刘洪臣	利用气吹方式提高产品质量的研究与应用	2
140	“四新”产业园	刁鲁明	潘忠民　王　东	研究建设项目“多测合一”工程测绘服务管理新政策，降低工程项目测绘服务费	2
141	济钢物流	徐振华	李自云	增加国外直供客户　提升利润率	2
142	鲍德炉料	李　鹏	王　冲　李　朋	疫情防控中统筹车辆调度，全面降低办公及差旅费用	2
143	鲍德炉料	王　铮	张海涛	铝线生产工艺改进，实现原料带水高速拉拔	2
144	鲍德炉料	刘正华	张岐涛　胡新战	铝饼剪切工艺技术改进	2
145	保卫部	路　坤	郝　强　刘发兴	结合队伍特点，深挖内部潜力，承接社会学校入学军训任务	2
146	城市矿产	刘俊青	徐方成　孙金博	对 4 号铁水车加装电子秤改造，提升称量精度	2
147	城市矿产	滕德林	周建军	打破常规的运行组织模式，提高渣土车辆利用率，提升运行效益	2
148	城市矿产	郭华明	梁　冰　马新正　宋福林	渣土车篷布机构空气回位气缸的改型，降本增效	2
149	创智谷/建设公司	刘　青	刘爱青	优化设计，运用价值工程理论和清单报价技巧，实现降本增效	2
150	鲁新建材	颛孙同勋	徐　峰　郭庆斌	磨内喷水系统升级改造	2
151	鲁新建材	王春东	于水良　马　玉	紧抓商机，集采水渣，降本增效	2
152	研究院	齐应欢	张　琪	环境空气和废气中乙腈和丙烯腈检测技术的开发	2
153	鲍德气体	杨兆亮		争取项目能耗指标无偿使用，降低项目总体投资	2
154	国际工程/铁焦技术	王裕龙	孔令彬　张　伟	6. 25m 以上大型捣固焦节能焦罐的研制	2
155	国际工程/铁焦技术	孙丽君	王　凯　袁　群	三项举措督促巡察问题整改落实	2

续表

序号	单位	主创人	协作人	成果名称	等级
156	国际工程/铁焦技术	桂玉明	薛德余　石　芸	唐山佳祥干熄焦项目工艺设备专业设计优化	2
157	国际工程/铁焦技术	陈　涛	张　波	一种自研工具在大型焦炉烘炉铁件调节中的应用	2
158	人力资源公司	谢允澄	郭庆鹏　张立新	理顺应急局考试系统和学习铸安平台流程，促进疫情常态下取证复审培训工作的网络化开展	2
159	萨博汽车	赵　亮	王　鑫　管延科　郭家晓	申报章丘区质量奖，助力公司品牌再提升	2
160	济钢顺行	程　宁	刘桂石	打造云平台，实现手机“微党建”“微工会”智慧化管理	2
161	人力资源公司	张　燕	马受锦　任　波	推行公益积分制度，激发内退职工活力，共同创建“和谐济钢”	2
162	人力资源公司	张立新	郭庆鹏　刘广友	紧抓政策红利，实现真金白银创效	2
163	人力资源公司	李惠琴	张国华　王福源	提供再就业渠道，实现内退职工收入与公司创效双提升	2
164	萨博汽车	吴新安		电缆盘更换定位难，驱动轴盲插不到位问题的解决	2
165	济钢文旅	杜绚丽	丁春起	私人订制月饼款	2
166	环保材料	沙　珉	孙　建　马国粱　郭刚涛	溜槽长寿化攻关	2
167	环保材料	邵长亮	马国粱　潘金旗　马昌岭	生产线储气罐排气阀的改造	2
168	环保材料	郝思生	杨　勇　马国粱　苗本润	工艺参数研究　提升质量　提高生产效率	2
169	环保材料	马国粱	沙　珉　刘洪臣　郭刚涛	一级筛分振动筛筛网长寿化攻关	2
170	城市矿产	赵　刚	张　磊　弭广彩	盘活安丰仓储用地，使资源效益最大化	2
171	研究院	孙咏芬	高洪吉　吴丽娟	固体废弃物含铁尘泥系列标准样品的开发应用	2
172	研究院	张　琪	齐应欢　徐艺梅	土壤和沉积物中有机氯农药检测技术开发与应用	2
173	瑞宝电气	左德忠	张宏伟　刘新杰	折弯机模具中心调整工装研发	2
174	组织部/人力资源部	王志钢	苑　圆　王家琳	实施瑞宝电气职业经理人社会化选聘，试点推行职业经理人	2
175	宣传部	路文亮	李振清　赵冬梅　朱晓邦	《钢铁工人》报宣传效果再深化受众群体全覆盖	2
176	工会/团委	刘红霞	刘鸿春	创新职工满意度测评形式，提高测评真实性和有效性，促进开展服务职工各项工作，提升职工满意度，助推幸福和谐企业创建	2
177	资产部	施京萍	马宝来　尹秀锦	推进改革发展再出发，大胆探索鲁新建材混改新途径	2
178	资产部	肖百文	曹中军　李　峰	创新思路，借助政府力量节约水文公司高压电缆改造费用	2

续表

序号	单位	主创人	协作人	成果名称	等级
179	运营部	杨成召	孟贤锋　李善磊	创新用电管理新思路，强化供电线路用电分析，实现用能管理精细化	2
180	安环部/应急部	蒋文志	王四江　成佳方	多措并举，强力推进双重预防体系建设	2
181	安环部/应急部	王　冰	展　常	抓住政策时机，减少生产损失	2
182	风险合规部	张晓晨	解婉荣	强化应收账款管理，实现逾期清收创效	2
183	冷弯型钢	王　锋	刘建新　杨　强　赵康宁	制作模具支架	2
184	鲁新建材	曹艳茹	宋桂芝　孙冬冬	推进过硬党支部示范点建设，发挥基层党组织战斗堡垒作用	2
185	保卫部	杜增强	王善泉　张树兵	发挥核酸检测阻断疫情前哨作用	2
186	“四新”产业园	王子尚	张荣德　孙　芳	完善基础管理、试行“模拟契约化”，进一步提高职工工作主动性	2
187	济钢文旅	于广成	赵凤席	“看、闻、巡、计”点检操作	3
188	济钢文旅	卢福光	张在芝　李笃忠	开展消防预案演练和消防培训，确保鲍山防火安全	3
189	国际工程/铁焦技术	张华山		降低宝丰县洁石煤化干熄焦本体区域基础回填投资	3
190	国际工程/铁焦技术	王裕龙		干熄炉长寿命攻关——不定型浇注料替代干熄炉炉口砖，提高炉口砖、水封槽使用寿命	3
191	国际工程/铁焦技术	贺西娟		俄罗斯 MMK 项目放散气体 CO 处理方案	3
192	鲍德炉料公司	王茂周	李　智	自产产品缺陷及其对策手册的编制	3
193	鲍德炉料公司	孙　锐	孙照源　张海涛	增加产品单重，降低单位成本	3
194	鲍德炉料公司	刘世锋	杨洪波　杨来顺　杜　彬	天车跨距调整技术改造	3
195	组织部/人力资源部	李　键	陈　飞　王志钢	运用网络化方式，平台化模式，优化落实“三会一课”	3
196	组织部/人力资源部	戴　爽	于启涛	建立档案“分级双轨”审核机制，实现“管理+服务”矢量赋能	3
197	组织部/人力资源部	张　倩	李晓虎	齐心协力战疫情　社保服务不间断	3
198	组织部/人力资源部	赵守义	胥广学	妥善化解辅警岗位安置人员信访矛盾	3
199	组织部/人力资源部	郑海霞	刘　骞	促进效率变革，实施教育经费管理权限下放	3
200	组织部/人力资源部	江荣波	李　杰　徐　帅	优化流程，减少审核环节，确保疫情防控期间薪酬及时准确发放	3
201	组织部/人力资源部	李君彦	苑　圆	发挥人才战略优势，为济钢转型发展提供智力支撑	3

续表

序号	单位	主创人	协作人	成果名称	等级
202	工会/团委	刘红霞	王爱华　刘鸿春	开展疫情防控、复工复产一线人员关心慰问工作，把组织的温暖和关怀体现在方方面面	3
203	工会/团委	刘丽云	王爱华　杨春雨	整合巾帼文明岗评比标准，提升工作效率	3
204	工会/团委	张　哲	丁志勇	济钢战“疫”摄影展	3
205	资产部	施京萍	鲁宏洲　尹秀锦	制订《济钢集团企业产权登记管理办法》，规范投资管理行为，助推济钢“效率变革”	3
206	规划部/对外事务部	安　科	刘长生　陈　超	盘活土地资源　实现国有闲置土地创效	3
207	规划部/对外事务部	孟庆晓	郭强于　海　博　张军娟	借势空天信息产业实施，开展校企合作	3
208	规划部/对外事务部	袁　林	郭　强　常大勇	发挥专业技术优势，为环保产业园项目保驾护航	3
209	运营部	王国才	徐守亮　张家峰	创新产业协同新模式，保障经营稳定运行	3
210	运营部	张家峰	徐守亮　王国才	推行网格化管理，打造运营管控新模式	3
211	安环部/应急管理部	胥维刚	江永波	制定地震应急响应管理办法，完善地震应急响应机制	3
212	安环部/应急管理部	蒋文志	江永波　刘自民　成佳方	疫情管控网络视频安全督查新模式	3
213	人力资源公司	荀文竹	崔德伟　田亚农　郝山德	加强特殊时期劳动关系处理的指导与服务　确保劳动关系和谐稳定	3
214	人力资源公司	严　胜	崔德伟　李际东　杨宏波	组织女职工在家庭、在岗位做好心理疏导角色，让铿锵玫瑰绽放在疫情防控阻击战中	3
215	人力资源公司	李惠琴	杨宏波	疫情期间的客户服务及业务开展，确保取得“抗疫”和“创效”双胜利	3
216	人力资源公司	邵传收	郭庆鹏　胡国雄	抓住关键环节　提升安全培训质量	3
217	保安公司	左　涛	王　锋　陈　凯　张　伟	结合网格化管理平台，实施清单化管理，提升工作效率	3
218	济钢物流	宫晶晶		利用政府惠企政策争取利益返还	3
219	济钢物流	孙爱国	吕　超　刘　超　贾志良	疫情面前显真章，利用多种方式确保山钢日照公司产品发运，保障客户需求	3
220	济钢物流	宫晶晶	周海英　姚　璐　曲升蕾	调整国贸业务结算确认方式　敲实订单当期利润	3
221	济钢物流	肖　旭	郭宝辉　张　明	做好疫情期间安全环保各项防控措施	3
222	济钢物流	李自云		扩大出口贸易量稳定目标市场	3
223	济钢物流	毛新锋	于　雪　韩　惠	防范化解合同履行风险，为企业发展保驾护航	3
224	鲁新建材	曲丽娜		利用高企优惠政策，为公司创造效益	3
225	鲁新建材	亓振来	李永刚　田宏强　常叶菊	统筹规划解困境、合理布局保稳定	3
226	鲁新建材	王　建	侯　捷　张玉生　段其禄	上下同欲，打赢市场攻坚战	3

续表

序号	单位	主创人	协作人	成果名称	等级
227	鲁新建材	王春东	于水良　董连祥　马　玉	抢抓商机，降低原料采购成本	3
228	济钢顺行	程　宁	刘柱石	优化用车调度管理高效保障公务出行的建议	3
229	瑞宝电气	刘　岩	尹延斌　赵　磊	强化国家电网挂岗对标学习，培育优秀电力施工项目管理人员	3
230	瑞宝电气	刘　煜	刘　岩　杨　辉	配电现场高低压电缆敷设及检查	3
231	瑞宝电气	杨松林	孙文庆	10kV 开关柜二次保护及调试的优化和柜体的安装	3
232	离退部	徐同勋	陈路明　孙　芳	利用 Delphi 平台自主开发统计软件，助力完成公司离退休职工健康养老服务需求调查工作	3
233	离退部	於德英	刘庆玉　孙建平　殷桂文	发挥党支部战斗堡垒作用，银发老党员冲在战“疫”一线	3
234	离退部	孙　芳	陈路明	措施得当　疫情防控、工作业务两不误	3
235	离退部	於德英	殷桂文	营造浓郁传统文化氛围，促进企业和谐发展	3
236	保卫部	李泉城	熊泽宏　韩道彬	济钢新村社区疫情防控监测点安装红外线体温、身份证检测设备	3
237	保卫部	高吉祥		济钢市场错时分区购物周期 3 变 6 调整为 3 变 5 方案	3
238	保卫部	路　坤		济钢医院职工开车上下班走新村西路高峰通道协调方案	3
239	国际工程/铁焦技术	张　波	陈　涛	焦炉交换机链轮防断裂装备安装使用	3
240	冷弯型钢	刘建新	王心炉　崔鑫刚　刘　堃	以安全生产管理理念防控疫情	3
241	冷弯型钢	郝延林	王建刚　程　程　程晓静	成立成本结算中心	3
242	冷弯型钢	王建刚	张　峰　刘建新　李长亮	建立疫情工作领导小组+工作小组+三级网格，形成联防联控工作机制	3
243	环保材料	李新国	赵新虎　李全章　刘西军	关于 2 号皮带加装除铁器的实施措施建议	3
244	环保材料	李新国	柴政刚　牛宝东　刘西军	关于挖掘机更换网式挖斗的实施建议	3
245	环保材料	刘　亮		点对点包车推进环保新材料产业园项目复工复产	3
246	环保材料	王　静		聚焦项目建设新风险，构建安全班组新模式	3
247	创智谷/建设公司	李　伟	孙　青　程霄霆	成功背书转让商业承兑汇票，规避财务风险，提升资金使用效率	3
248	创智谷/建设公司	汤安民	赵　健　黄　玲　孙　青	成功申报济南市众创空间，获得政策扶持资金 32.49 万元	3
249	创智谷/建设公司	刘　青	司加军	构建相关方疫情防控保障体系，开展疫情防控下工程施工建设	3
250	创智谷/建设公司	刘　青		一手抓疫情防控，一手用网络平台防控企业债务风险	3

续表

序号	单位	主创人	协作人	成果名称	等级
251	创智谷/建设公司	王莺博	赵　健　胡　松　刘　倩	创智谷/建设公司利用“钉钉”做好疫情防控阻击战	3
252	创智谷/建设公司	谭悦磊	柴相刚　胡　松	通过无线网卡，保障正常办公	3
253	创智谷/建设公司	胡　松	赵　健　李宏伟	公司一体化运营，快速建立效率变革新秩序	3
254	创智谷/建设公司	李宏伟	赵　健　郭耀荣　辛　敬	强化资源整合、利用创智谷融媒体平台，进行业务拓展和创效	3
255	萨博汽车	赵　亮	管延科　侯沙沙	购买保密类书籍，提升保密水平	3
256	关停办	曹中军	肖百文　毕思山　王寿昊	追责到底保资产，节支维修促运行	3
257	济钢顺行	何忠生	苏　文　田延忠	依托交通安全综合服务管理平台，实施对出租车驾驶员交通违法精准管理	3
258	鲍德气体	陈怀波	李宗辉　杨兆亮	做好疫情防控同时，启动修配改设备外运工作，为缩短修配改合同工期，项目建设提供前提条件	3
259	国际工程/铁焦技术	王　丽	宋芳芳　陈　硕	超前融资筹划，积极争取银行授信，为总承包项目及时付款保驾护航	3
260	国际工程/铁焦技术	王裕龙	张　伟　潘　鹤	竞争中合作——节能焦罐市场推广的探索与应用	3
261	国际工程/铁焦技术	毕延林		创新工作方式，加强基础建设，全面提升青工的创新创效能力	3
262	人力资源公司	杨宏波	崔德伟　严　胜	多举措并行，提前预判，主打帮扶解困，实现两会维稳常态化	3
263	人力资源公司	李惠琴	崔德伟　郭鹏辉	以提升内退职工获得感、幸福感为目的的后疫情时代内退职工服务流程再造	3
264	保安公司	刘振学	姜　伟　杨文学	党员量化积分管理制度探索	3
265	保安公司	杨海宁	陈　凯　姜　伟	实行首问责任制，提升安检服务质量，降低乘客投诉率	3
266	保安公司	杨海宁	李茂泉　陈　凯	建立职工配餐保障体系，严防疫情输入，确保疫情期间配餐食品安全	3
267	保安公司	李玉艳	张　伟　李传友	构建网络平台，实现在线安全培训、安全答题，提示职工安全素质	3
268	保安公司	张　伟	李传友	降本增效，提升职工住宿质量，发挥疫情防控指挥系统优势，确保职工人身健康安全	3
269	济钢文旅	安　敏	王兰凤　王衔君	重视传播手段建设，占领意识形态阵地	3
270	瑞宝电气	王　菊	李宏林　赵　磊	创新活动载体，发挥“半边天”作用，助推企业转型发展	3
271	瑞宝电气	付　鹏	郭　洋	加强过程控制，提升电力工程质量	3
272	瑞宝电气	田恒忠	苗书民	规范变电站二次施工	3
273	钢城矿业	张文华	赵正伟　韩　勇	积极争取借助政府力量完成厂区道路建设	3

续表

序号	单位	主创人	协作人	成果名称	等级
274	钢城矿业	赵正伟	李　强　张文华	统筹规划，升级完善井下人员定位系统，提升安全管理水平	3
275	钢城矿业	李　强	王培厚　纪汉泉	主动出击，巧借外力，零投入实现矿井下4G信号实时通信	3
276	鲍德炉料	李　鹏		直达绿化加工厂，同时实现绿化美化与创收创效	3
277	鲁新建材	王　建	高　旭　张玉生	促进集团协同业务，打造鲁新建材贸易平台	3
278	鲁新建材	王春东	于水良　马　玉	紧抓时机组织运输线路招标　降低成本	3
279	研究院	王　琛	江　舟　刘　超	小尺寸试样的直读光谱法化学成分分析	3
280	研究院	闫　萍	李学林　徐凯欣	对标国际标准，实现大型加热炉炉温均匀性的检测	3
281	人力资源部	赵守义	韩英杰　胥广学	分流安置一体化单位富余人员，助力实现经营绩效提升	3
282	宣传部	刘公强	谭　震	关于重新制作集团公司转型发展工作展示片的建议	3
283	工会/团委	刘丽云	张　哲　辛　敬	规范志愿服务队管理，推动志愿服务工作，扩大企业文化影响力	3
284	资产管理部	施京萍	张洪宝　张少杰	制定《济钢集团全资企业工商登记变更办理流程》，完善公司治理体系	3
285	规划发展部	展　军	袁　林　张　靓	济钢环保新材料公司绿色新型建筑材料机制砂项目推进公关	3
286	运营管理部	时义祥	王国才　李善磊	疫情期间海外公司系统性风险防控的对策与应用	3
287	运营管理部	张家峰	王国才　李善磊	修订完善集团总部管控制度流程，提高决策质量与效率	3
288	安环部/应急管理部	成佳方	蒋文志	建立“两单两表一账”，实现车间、班组风险管控与检查记录的有效融合	3
289	安环部/应急管理部	冯会昌	江永波　王四江	日照济钢金属资源综合利用新建项目实施下沉式安全环保“服务+监督管理”，确保建设项目建设安全和安全环保设施“三同时”建设合法合规	3
290	风险合规部	杨召军	杨召军　王　珂	开发政策信息平台，实现政策信息快速共享	3
291	风险合规部	王　珂	王　珂　杨召军	建立政策研究利用体系，全面提升集团公司政策研究利用管理水平	3
292	济钢物流	宫晶晶	李璘琳　魏文艳	盘活存量信用证、扩容循环资金	3
293	济钢物流	马　磊	邱文超　石守甜	创新开展非钢业务，提升利润水平	3
294	城市矿产	周建军	滕德林　李振清	改变渣土车辆利用模式，提升综合收益	3
295	城市矿产	丛艳来	王恒山	积极利用国家中小微企业社保优惠减免政策，有效降低公司人工成本	3
296	城市矿产	张　騄	尤树伟	积极开拓生铁贸易市场，拓宽公司盈利渠道	3

续表

序号	单位	主创人	协作人	成果名称	等级
297	城市矿产	刘法敏	董　凤	党建引领聚合力，支部共建促发展	3
298	国际工程/铁焦技术	张　健	高忠升　刘兆峰	实施焦化化产洗脱苯改造，提升系统收益	3
299	国际工程/铁焦技术	陈　涛	朱艳祥	空压密封技术解决焦炉炭化室裂缝的应用	3
300	冷弯型钢	杨宏钰	吕　军　肖海江	1200 线扁担吊带梁防吊带割伤垫板	3
301	冷弯型钢	王建刚	郝延林　程　程	登记发运车辆信息，按“牌”发货提升发运效率	3
302	冷弯型钢	王　锋	宋　亮　蒋书辉	开发备用毛刺刀功能，提高产品成材率	3
303	冷弯型钢	郝延林	程晓静　孟祥福	运用企业微信快速实现生产信息统计和发布	3
304	创智谷/建设公司	刘　倩	汤安民　张念彬	创智谷以业务先行为基准，开拓新业务板块，创建新销售模式	3
305	保卫部	马立悦	李　猛　周红楼	疫情期间鲍山防火备勤方案	3
306	保卫部	高吉祥	刘发兴	关于薛立伟感人事迹挖掘摄制的建议实施	3
307	保卫部	杜增强	王善泉　刘泉城	为妥善解决疫情防控的封闭性和生产经营的流动性之间的矛盾提供有效支撑	3
308	关停办	董庆水	郭英峰　施　磊	多措并举　分户施策　资产拆除受让方用能费用回款清欠	3
309	关停办	施　磊	郭英峰　董庆水	优化主厂区新水计量割接　降低新水能源无功耗损	3
310	环保材料	潘金旗	张先胜　史美伟	发挥敏锐嗅觉特长，研学政策减少基础设施配套费支出 391.48 万元	3
311	环保材料	马国梁	沙　珉　刘洪臣	气流清扫器在皮带机上的研究与应用	3
312	济钢顺行	杜宪卫	刘延军	充分利用服务区相关设施，为驾驶员提供贴心服务，提升济钢顺行经济效益和服务品牌	3
313	济钢顺行	初明吉	吴　通	维修部成立 24 小时应急救援保岗维修小组	3
314	济钢文旅	安　敏	王兰凤　王衔君	举办“执行纪律作表率，效率变革勇担当”主题教育读书班	3
315	济钢文旅	谢润华	夏广新　黄修斌	助推复工复产，合理开放夜市	3
316	办公室	郭玉玲	江昕蔚　王　辉	关于项目档案细化卷内目录的建议	3
317	组织部/人力资源部	王　涛	戴　爽	实施干部人事档案统一管理，构建新时代干部人事档案管理体系	3
318	纪委	邹　彤		加强 7 级、8 级人员监督管理，努力建设忠诚干净担当的“狮子型”过硬干部队伍	3
319	纪委	葛　颢	于素云	实施纪检日常监督过程管理，提高监督效能	3
320	纪委	王　颖		纪检组织派驻制管理，实现精准监督常态化	3
321	工会/团委	张　哲		开展团干部、新媒体业务提升班	3
322	财务部	李晓礼	王玉全　马　成	改革考核调整报告方式，实践效率变革	3

续表

序号	单位	主创人	协作人	成果名称	等级
323	资产部	孙凤雷	刘　易	优化产业整合，实现国际工程勘察业务资质重组攻坚战	3
324	资产部	马　龙	孙凤雷　张少杰	创新处置思路，借助外力打赢翼板公司破产清算攻坚战	3
325	规划部	谢　勇	游佳慧	放权提效、激发活力，构建“规范、顺畅、高效”的服务管控体系	3
326	风险合规部	王　珂	杨召军	完成“济钢集团车辆更新换代风险分析及建议”课题	3
327	风险合规部	张晓晨	王　珂	开展全面风险、法务合规、审计内控、政策研究一体化建设，建立健全风险防控体系，推动护航企业转型发展	3
328	风险合规部	张晓晨	解婉荣	组织土地、房屋租赁合同专项风险排查和法律诊断，解决合同纠纷和历史遗留问题，建立长效机制，防控法律风险	3
329	安环部/应急部	徐田龙	刘自民　常庆海	去“根”治理安全隐患，提高安全本质化水平	3
330	离退部	徐同勋		开发身份信息自动登记系统，消除新冠疫情常态化防控短板	3
331	离退部	李君彦	於德英　杨立军	探索疫情防控期间活动场所安全新举措，实现离退休人员活动本质“双保险”	3
332	冷弯型钢	孙明明	王　锋　吕　军　杨宏钰	高频焊机降低感应圈损耗	3
333	环保材料	马国梁	郭刚涛　孙　建	回转皮带机漏料整改措施的设计与实施	3
334	环保材料	沙　珉	孙　建　孙华政	生产线皮带机、振动筛下溜槽改造的设计与应用	3
335	“四新”产业园	刘冰曙	刘　芳	加强招商谈判流程化管理，实现精准招商	3
336	“四新”产业园	张亚楠	孙　芳	搭建青年之家平台，服务青年成长成才	3
337	济钢物流	李学鹏	许传越　张　斌	能源节点控制，杜绝“跑冒滴漏”	3
338	济钢物流	李自云	郑　佳　徐振华	拓展单兵业务素质　打造一流外贸团队	3
339	济钢物流	韩余敏	谢惠远　张兴桐	优化作业流程，提高作业效率	3
340	鲍德炉料	刘世锋	路廷强　杜　彬	铝线包装笼子技术标准制定及高效制作	3
341	鲍德炉料	徐宝华	李　鹏	利用信息技术，搭建网络视频平台，提高一体化运营公司管理水平	3
342	城市矿产	张慧萍	宋晓秋	启动法律程序，追缴应收账款	3
343	城市矿产	郭华明	梁　冰　马新正　宋福林	渣土车氮氧传感器位置的改装减少喷淋损坏降本增效	3
344	创智谷/建设公司	李宏伟	陈方勇　柴相刚	工业遗迹改造，让“老物件”焕发“新活力”	3

续表

序号	单位	主创人	协作人	成果名称	等级
345	创智谷/建设公司	胡　松	赵　健　徐明君	全面准备无缝衔接确保办公秩序不受工程施工影响	3
346	鲁新建材	曲丽娜	邵明师　张　静　李红燕	深挖设备潜能，开发不同细度的新产品，提升效益	3
347	鲁新建材	王　建	高　旭　段其禄　郭继宏	优化采购渠道，开拓铁路运输，降低采购成本	3
348	鲁新建材	王经梅	张　红　黄建东　董元娟	积极利用现有资金存量，创新资金管理降本增效	3
349	研究院	李天海	隗　涛	连续式标点机升级改造系统	3
350	研究院	王向阳	刘　伟　支　浩　刘雪朋	金属材料室温拉伸系列验证项目的开发	3
351	鲍德气体	刘传辉	王　峰　杨兆亮	英格索兰压缩机高速轴质量缺陷修复技术攻关	3
352	国际工程/铁焦技术	张　健	刘彩华	做强焦化代理运营业务，实现技术服务长效发展	3
353	瑞宝电气	赵　磊	王　菊	拓展路径，以“十家”建设，助推创建幸福和谐企业	3
354	瑞宝电气	张银刚	王立新　赵　磊	实施“严格引进、过程管控、用后评价”全过程控制策略，提升外委工程管控效能	3
355	瑞宝电气	郭　洋	白洪光　张乃福	加强多维管理控制，降低项目综合成本	3
356	瑞宝电气	高　涛	金建炳　李厚国	运用法律强制执行武器追回工程欠款	3
357	瑞宝电气	李宏林	时鹏涛　王　菊	摒弃传统模式，利用数字化、信息化管理，优化配餐结构，践行“光盘行动”	3
358	人力资源公司	郝山德	严　胜　王英杰	积极开拓外部档案审核业务　为公司创效多贡献	3
359	萨博汽车	张俊刚	郭　宁	假性铣床（多功能激光切割机）	3
360	萨博汽车	李庆彬	马德学	车辆车挂锁专用护罩	3
361	萨博汽车	宋维程		随处安装嵌件及工艺改进	3
362	济钢顺行	梁平生	刘柱石　马立山	实施水性漆替代，去根治理 VOC 排放	3
363	人力资源公司	苗　琦	安　晖　张　颖	梳理完善内退职工特殊工种信息，优化职工提前转内退工作流程	3
364	萨博汽车	赵　亮	郭晓光　王　鑫　郭家晓	利用政府平台，提高产品知名度	3
365	萨博汽车	张俊刚	郭　宁	设计制作拉弯机工装	3
366	济钢文旅	李　东	韩文举　赵凤席	持续加强党组织基层基础建设，建设全新型党组织	3
367	济钢文旅	于广成	李云龙	公共区域增加人脸识别测温设备	3
368	环保材料	潘金旗	李　伟　侯宗璞	除铁器自动卸铁合理化建议	3
369	国际工程/铁焦技术	王裕龙	张　伟	新型节能环保长寿命焦罐持续优化提升	3
370	国际工程/铁焦技术	孙丽君	袁　群	搭建党建平台，助推党群服务中心阵地作用发挥	3
371	国际工程/铁焦技术	王　丽	李　建　宋芳芳	积极研究谋划，新争取浦发银行授信额度 5000 万元，确保公司资金周转及总承包项目付款需求	3

续表

序号	单位	主创人	协作人	成果名称	等级
372	国际工程/铁焦技术	陈　涛	张　波	改变调节方式，提高工作效率	3
373	国际工程/铁焦技术	王　文	刘兆峰	“济钢”门窗的创立	3
374	创智谷/建设公司	刘　青	柴相刚　司加军	采用“脱离分隔+液压拉伸”法，拆除 3200 高炉风口套	3
375	城市矿产	丛艳来	王恒山	积极跟进企业稳岗扩岗专项支持计划以工代训补贴政策，提升公司效益	3
376	城市矿产	夏国青	尚付海	拓展业务市场，加强内部协同，增设待岗职工安置岗位	3
377	城市矿产	李国华	刘　东　孙德强	北奔电卡及中集挂车日常使用安全技术改造	3
378	城市矿产	单益庆	杨国胜　高　鹏	液压龙门剪加装阻挡物料飞溅防护帘	3
379	城市矿产	周建军	滕德林	开拓济南周边渣土运输市场，提升车队综合收益	3
380	研究院	王向阳	刘　伟　支　浩	钢板焊缝超声波检测能力验证项目的开发	3
381	瑞宝电气	赵　磊	魏玉杰　白　雪	聚智青年后备力量培育，促进企业持续发展	3
382	瑞宝电气	刘新杰	刘建平	谋划高端装备新产业，积蓄公司发展新动力	3
383	瑞宝电气	王　菊	刘建平	充分利用资源、多渠道提升困难职工帮扶	3
384	瑞宝电气	高　涛	王唯杰	两化融合管理体系认证	3
385	瑞宝电气	李　博	杨　辉	防水绝缘电缆胶在 10kV 及以下电缆绝缘恢复施工中的应用	3
386	办公室	郝振宇	郭玉玲　江昕蔚　王　辉	关于企业死亡人员档案的开发利用	3
387	组织部/人力资源部	江荣波	李　杰　徐　帅	考勤信息化系统上线推进人力资源精细化管理	3
388	纪委	葛　颢	于素云	创新监督形式，建立后备干部廉洁从业档案	3
389	纪委	于素云		开展党员干部“算清七笔账”廉洁教育，打造清正廉洁、干事创业、改革创新干部队伍	3
390	工会/团委	刘丽云		核对已婚女职工信息，保证与省计生系统信息相一致	3
391	财务部	孙　浩	马　辉　李沛峰	搭建智税发票集中管理平台，实时监控各子公司开票情况，防控各类税收风险	3
392	资产部	张少杰	张洪宝　乔卫恒	依法合规推进国铭铸管股份制改造，助推国铭铸管上市进程	3
393	规划发展部	袁　林	郭　强　单为春	发挥设备管理潜能，提升设备运行效率	3
394	规划发展部	侯成涛	贺　兵　王　鑫	制度修定先行，项目投资责任落实	3
395	规划发展部	张军娟	谷　民　肖国平	把业务流程固化到制度中，提高流程执行力	3
396	运营部	孟贤锋	时义祥　杨成召	创新尾渣处置新思路，深挖内部协同潜力，实现生产经营绩效新突破	3

续表

序号	单位	主创人	协作人	成果名称	等级
397	运营部	时义祥	孟贤锋　张家峰	加强与省市属企业产业协同对接，延伸产业链，实现经营提质增量	3
398	离退部	杨立军	解学启　杨俊国	搭建离退休服务管理网络平台、稳固企业与离退休人员纽带桥梁	3
399	离退部	於德英	杨俊国	围绕效率变革，创新“三三二”管理模式，提升党建执行力，助攻倒计时完美收官	3
400	鲍德炉料	刘世锋	胡新站　杜　彬　武晓东	运行车间配电设施规范化改造	3
401	鲍德炉料	李燕伟	王　冲　李　鹏	新建职工亲子读书室，着力打通职工服务的“最后一公里”	3
402	鲍德炉料	李　鹏	刘韶山　李燕伟　任　鹏	依托职工服务中心建设，拓宽服务职工渠道	3
403	鲍德炉料	王　铮	张海涛	优化设计拉拔模具固定工装	3
404	鲍德炉料	王　铮	万　骋　朱　慧	铝杆绑绳解捆再加工，实现原料“零浪费”	3
405	鲍德炉料	刘世锋	李明波　路廷强　杜　彬	铝线包芯线笼子制作质量改进以及提升	3
406	鲍德炉料	贾法强	董德明　伊现兵	成品皮带机头安装吹扫装置	3
407	冷弯型钢	孔祥周	王振伟　洪　雪	20 线 135 方挤压侧辊轴套改造	3
408	冷弯型钢	刘　奇	王建刚　张　平　雷　刚	优化钢结构用管接单模式	3
409	冷弯型钢	王振伟	王　哲　孔祥周　洪　雪	产品质保书理化性能数据自动录入	3
410	鲁新建材	董元娟	吕成祥　孙冬冬	高效完成新公司注册登记备案，助力公司混改工作稳步推进	3
411	鲁新建材	王永向	黄丙通	创新配掺低成本辅料，降成本 15 万元	3
412	鲁新建材	王　建	高　旭　段其禄　郭继宏	发挥铁路优势，降低原料采购成本 200 万元	3
413	保卫部	熊泽宏		加快推进子分公司治安保卫工作统管进程	3
414	保卫部	路　坤	刘发兴	全员军训实施方案	3
415	“四新”产业园	李　凯	刘　健　张亚楠	聚焦新兴技术产业，引领集团创新发展，促进济钢与太赫兹技术的有机整合	3
416	“四新”产业园	胡　镝	姜国顺　刘　健	济钢防务空天信息产业基地一期（一步）工程项目夯基固本筑牢安全防线护航完成全年建设任务	3
417	气体公司	杨兆亮	刘春成　焦何生	开拓思路、多措并举，顺利取得工程施工许可证	3
418	济钢保安公司	左　涛	陈　凯　张　伟	实现网格化与安全管理的有效结合，创建保安公司领导履职尽责、全员遵章守则的“安全网格化管理模式”	3
419	济钢保安公司	路西勇		搭建互联网培训云平台、打造知识型安检团队	3

2020 年 1~4 季度职工合理化建议成果优秀组织单位

国际工程/铁焦技术　　瑞宝电气　　鲍德炉料　　冷弯型钢　　城市矿产

环保材料　　机　关

附录

FULU

核心理念

☆ 企业使命——二次创业，重塑济钢

建设全新济钢，造福全体职工

一、2020年公司文件目录

发文字号	标　　题
济钢安字［2020］1号	济钢集团有限公司关于印发《2020年安全环保工作总体方案及计划》的通知
济钢安字［2020］2号	济钢集团有限公司关于调整集团公司安全生产委员会组成人员的通知
济钢安字［2020］3号	济钢集团有限公司关于印发《关于做好新型冠状病毒感染肺炎疫情防控工作方案和应对预案》的通知
济钢安字［2020］4号	济钢集团有限公司关于印发《应急体系管理办法》的通知
济钢安字［2020］5号	济钢集团有限公司关于印发《地震应急响应管理办法》的通知
济钢安字［2020］6号	中共济钢集团有限公司委员会关于调整集团公司疫情处置工作领导小组人员的通知
济钢安字［2020］7号	济钢集团有限公司关于印发《突发公共卫生事件应急响应管理办法》和《自然灾害应急响应管理办法》的通知
济钢安字［2020］8号	济钢集团有限公司关于申请济南萨博特种汽车有限公司在重污染天气应急响应期间豁免的请示
济钢安字［2020］9号	济钢集团有限公司关于印发《安全总监管理办法》的通知
济钢安字［2020］10号	济钢集团有限公司关于印发《社会服务单位突发事件应急响应管理办法》的通知
济钢安字［2020］11号	济钢集团有限公司关于境外人员疫情防控工作的报告
济钢安字［2020］12号	济钢集团有限公司印发《安全生产反“三违”专项活动方案》的通知
济钢安字［2020］13号	济钢集团有限公司印发《2020年度员工安全素质提升教育实施方案》的通知
济钢安字［2020］14号	济钢集团有限公司关于印发《相关方安全管理模板》和《相关方安全行为规范》的通知
济钢安字［2020］15号	济钢集团有限公司关于印发《疫情防控常态化工作方案》的通知
济钢安字［2020］16号	济钢集团有限公司关于印发《2020年“安全生产月”活动实施方案》的通知
济钢安字［2020］17号	济钢集团有限公司关于日照济钢金属资源综合利用项目系统调试的报告
济钢安字［2020］18号	济钢集团有限公司关于印发《建设项目安全管理模板》的通知

济钢安字［2020］19号　济钢集团有限公司关于印发《安全生产专项整治三年行动方案》的通知

济钢安字［2020］20号　济钢集团有限公司关于印发《2020年重污染天气应急减排措施落实方案》的通知

济钢安字［2020］21号　济钢集团有限公司关于印发《常态化新冠疫情应急处置方案》的通知

济钢安字［2020］22号　济钢集团有限公司关于印发《安全生产管理责任体系及安全总监目标考核办法》的通知

济钢安字［2020］23号　济钢集团有限公司关于印发《安全生产责任制》的通知

济钢安字［2020］24号　济钢集团有限公司关于印发《秋冬季新冠肺炎疫情防控方案》的通知

济钢安字［2020］25号　济钢集团有限公司关于印发《2020年“百日安全生产无事故”活动实施方案》的通知

济钢安字［2020］26号　济钢集团有限公司关于山东济钢环保新材料有限公司环保产业园加工区一期2#线系统调试的报告

济钢安字［2020］27号　济钢集团有限公司关于印发《新冠疫情分级管控应急响应管理办法》的通知

济钢财字［2020］1号　济钢集团有限公司关于履行付款义务的联络函

济钢财字［2020］2号　济钢集团有限公司关于修订利润分配金额的请示

济钢财字［2020］3号　济钢集团有限公司关于为山东济钢环保新材料有限公司在工商银行济南东郊支行项目贷款业务提供担保的请示

济钢财字［2020］4号　济钢集团有限公司关于移交山钢股份济南分公司账务的联络函

济钢财字［2020］5号　济钢集团有限公司关于下达2020年1月份财务预算的通知

济钢财字［2020］6号　济钢集团有限公司关于集团公司为济钢集团在泰安银行济南分行授信业务提供担保的请示

济钢财字［2020］7号　济钢集团有限公司2020年度预算目标及归口预算大纲

济钢财字［2020］8号　济钢集团有限公司关于疫情期间强化资金管理的通知

济钢财字［2020］9号　济钢集团有限公司关于下达2020年2月份财务预算的通知

济钢财字［2020］10号　济钢集团有限公司关于下达2020年3月份财务预算的通知

济钢财字［2020］11号　济钢集团有限公司关于考核剔除2020年辅警返岗人员工资性费用的请示

济钢财字［2020］12号　关于下达2020年4月份财务预算的通知

济钢财字［2020］13号　济钢集团有限公司审计整改情况报告

济钢财字［2020］14号　济钢集团有限公司关于印发《2020年度“双降双提”工作方案》的通知

济钢财字［2020］15号　济钢集团有限公司关于印发《济钢集团有限公司创智谷科技服务分公司专项资金使用及监督管理办法》的通知

济钢财字［2020］16号　济钢集团有限公司关于增加内部借款的请示

济钢财字［2020］17号	济钢集团有限公司关于下达2020年5月份财务预算的通知
济钢财字［2020］18号	济钢集团有限公司关于印发《济钢集团有限公司担保管理办法》的通知
济钢财字［2020］19号	济钢集团有限公司关于开展资产质量清查工作的通知
济钢财字［2020］20号	济钢集团有限公司关于在集团公司内部贷款到期展期的请示
济钢财字［2020］21号	关于下达2020年6月份财务预算的通知
济钢财字［2020］22号	济钢集团有限公司关于申请集团公司为济钢集团在东营银行济南分行新增授信业务提供担保的请示
济钢财字［2020］23号	济钢集团有限公司关于印发《济钢集团有限公司内部贷款管理办法》的通知
济钢财字［2020］24号	济钢集团有限公司关于下达2020年7月份财务预算的通知
济钢财字［2020］25号	济钢集团有限公司关于资产减值准备财务核销的请示
济钢财字［2020］26号	济钢集团有限公司关于增加内部借款的请示
济钢财字［2020］27号	济钢集团有限公司关于对济南钢城矿业有限公司清产核资结果审议的请示
济钢财字［2020］28号	济钢集团有限公司关于《济钢集团有限公司创智谷科技服务分公司专项资金使用及监督管理办法》的补充通知
济钢财字［2020］29号	济钢集团有限公司关于下达2020年8月份财务预算的通知
济钢财字［2020］30号	济钢集团有限公司关于济南钢城矿业有限公司改制财务审计结果的报告
济钢财字［2020］31号	济钢集团有限公司关于印发2020年9月份财务预算的通知
济钢财字［2020］32号	济钢集团有限公司关于移交山钢股份及济南分公司银行账户的联络函
济钢财字［2020］33号	济钢集团有限公司关于对山东鲁冶瑞宝电气自动化有限公司清产核资结果审议的请示
济钢财字［2020］34号	济钢集团有限公司关于山东鲁冶瑞宝电气自动化有限公司改制财务审计结果的报告
济钢财字［2020］35号	济钢集团有限公司关于下达2020年10月份财务预算的通知
济钢财字［2020］36号	济钢集团有限公司关于印发《济钢集团有限公司资金收支预算管理办法》的通知
济钢财字［2020］37号	济钢集团有限公司关于印发《济钢集团有限公司融资管理办法》的通知
济钢财字［2020］38号	济钢集团有限公司关于印发《济钢集团有限公司货币资金管理办法》的通知
济钢财字［2020］39号	济钢集团有限公司关于增加流动借款的请示
济钢财字［2020］40号	济钢集团有限公司关于提前收回贷款的联络函

济钢财字［2020］41 号	济钢集团有限公司关于做好 2021 年全面预算编报工作的通知
济钢财字［2020］42 号	济钢集团有限公司关于下达 2020 年 11 月份财务预算的通知
济钢财字［2020］43 号	济钢集团有限公司关于印发《济钢集团有限公司票据管理办法》的通知
济钢财字［2020］44 号	济钢集团有限公司关于进一步加强资金支付管理的通知
济钢财字［2020］45 号	济钢集团有限公司关于增加流动借款的请示
济钢财字［2020］46 号	济钢集团有限公司关于对济南鲁新新型建材股份有限公司清产核资结果审议的请示
济钢财字［2020］47 号	济钢集团有限公司关于山钢股份有限公司支付老旧柴油车报废政府补贴的联络函
济钢财字［2020］48 号	济钢集团有限公司关于下达 2020 年 12 月份财务预算的通知
济钢财字［2020］49 号	济钢集团有限公司关于申请集团公司为济钢集团在兴业银行济南分行新增授信业务提供担保的请示
济钢财字［2020］50 号	济钢集团有限公司关于申请集团公司为济钢集团在青岛银行济南分行新增授信业务提供担保的请示
济钢财字［2020］51 号	济钢集团有限公司关于申请协助提供山东国铭球墨铸管科技有限公司 IPO 补充尽职调查资料的请示
济钢财字［2020］52 号	济钢集团有限公司关于实施利润分配的请示
济钢财字［2020］53 号	济钢集团有限公司关于印发《济钢集团有限公司资金优化配置管理办法》的通知
济钢财字［2020］54 号	济钢集团有限公司关于印发《济钢集团有限公司信用等级评价管理办法》的通知
济钢财字［2020］55 号	济钢集团有限公司关于济南鲁新新型建材股份有限公司改制财务审计结果的报告
济钢财字［2020］56 号	济钢集团有限公司关于做好 2020 年度财务决算工作的通知
济钢党发［2020］1 号	中共济钢集团有限公司委员会济钢集团有限公司关于命名“幸福和谐企业”的决定
济钢党发［2020］3 号	中共济钢集团有限公司委员会关于同意确定冷弯型钢党支部李长亮同志为中共预备党员的批复
济钢党发［2020］4 号	中共济钢集团有限公司委员会关于同意萨博汽车党支部侯沙沙、程亮同志转为中共正式党员的批复
济钢党发［2020］5 号	中共济钢集团有限公司委员会关于同意济钢物流党总支李伟、邱文超同志转为中共正式党员的批复
济钢党发［2020］6 号	中共济钢集团有限公司委员会关于进一步发挥各级党组织和党员干部在疫情防控工作中的战斗堡垒作用和先锋模

	范作用的通知
济钢党发［2020］7号	中共济钢集团有限公司委员会济钢集团有限公司关于印发《济钢集团新型冠状病毒感染的肺炎疫情联防联控工作方案》的通知
济钢党发［2020］8号	中共济钢集团有限公司委员会关于山钢党委巡察“回头看”及专项巡察反馈问题的整改情况报告
济钢党发［2020］9号	中共济钢集团有限公司委员会印发《关于山钢党委巡察“回头看”及专项巡察反馈问题的整改情况通报》的通知
济钢党发［2020］10号	中共济钢集团有限公司委员会关于3起疫情防控中违规典型问题及督导检查不精准问题的通报
济钢党发［2020］11号	中共济钢集团有限公司委员会关于印发《济钢集团有限公司2020年深入落实“九新”价值创造体系争创山钢幸福和谐企业推进指导意见》的通知
济钢党发［2020］12号	中共济钢集团有限公司委员会关于印发《济钢集团有限公司深化改革实施方案》的通知
济钢党发［2020］13号	中共济钢集团有限公司委员会关于疫情防控期间对领导班子和领导人员实施“战时”考核评价的通知
济钢党发［2020］14号	中共济钢集团有限公司委员会关于印发《2020年全员平凡创新工作推进意见》的通知
济钢党发［2020］15号	中共济钢集团有限公司委员会关于印发《济钢集团有限公司职工政治理论学习制度（试行）》的通知
济钢党发［2020］16号	中共济钢集团有限公司委员会关于印发修订后的《党建工作责任制》的通知
济钢党发［2020］17号	中共济钢集团有限公司委员会关于调整济钢集团有限公司精神文明建设委员会通知
济钢党发［2020］18号	中共济钢集团有限公司委员会关于评选2019年度文明单位、先进集体、先进个人和“济钢工匠”的通知
济钢党发［2020］19号	中共济钢集团有限公司委员会关于郭洪卫同志降职处理的通知
济钢党发［2020］20号	中共济钢集团有限公司委员会关于印发《2020年党委理论学习中心组学习计划》的通知
济钢党发［2020］21号	中共济钢集团有限公司委员会关于评选2019年度集团公司文明单位的通知
济钢党发［2020］22号	中共济钢集团有限公司委员会关于推荐薄涛兼任济钢防务技术有限公司职务的请示
济钢党发［2020］23号	中共济钢集团有限公司委员会关于印发《领导人员选拔任用任前家访考察管理办法（试行）》的通知
济钢党发［2020］24号	中共济钢集团有限公司委员会关于调整领导班子工作分工

	的请示（上报山钢党委）
济钢党发［2020］25 号	中共济钢集团有限公司委员会印发《关于贯彻落实山钢集团党委关于进一步做好新中国成立前入党的老党员关心关爱工作的意见》的通知
济钢党发［2020］26 号	中共济钢集团有限公司委员会关于印发《关于建立“探寻建厂元勋、传承济钢精神”长效机制工作方案》的通知
济钢党发［2020］27 号	中共济钢集团有限公司委员会关于开展内部巡察工作的通知
济钢党发［2020］28 号	中共济钢集团有限公司委员会关于印发《博士后科研工作站管理办法（试行）》的通知
济钢党发［2020］29 号	中共济钢集团有限公司委员会 2020 年党群工作指导意见
济钢党发［2020］30 号	中共济钢集团有限公司委员会关于调整集团公司关心下一代工作委员会成员的通知
济钢党发［2020］32 号	中共济钢集团有限公司委员会关于对山东济钢文化旅游产业发展有限公司等 8 个党组织增补“两委”委员请示报告的批复
济钢党发［2020］33 号	中共济钢集团有限公司委员会关于山东省冶金科学研究院有限公司党委委员调整的批复
济钢党发［2020］34 号	中共济钢集团有限公司委员会关于同意召开中共济钢鲍德气体有限公司支部委员会党员大会的批复
济钢党发［2020］35 号	中共济钢集团有限公司委员会关于表彰 2019 年度文明建设先进集体先进个人的决定
济钢党发［2020］36 号	中共济钢集团有限公司委员会济钢集团有限公司关于 2019 年度领导班子和领导人员考核结果的通报
济钢党发［2020］39 号	中共济钢集团有限公司委员会关于 2019 年度党风廉政建设责任制考核测评情况的通报
济钢党发［2020］40 号	中共济钢集团有限公司委员会关于济钢文旅等 8 个党组织增补“两委”委员候选人预备人选和济钢气体党支部组成人员候选人预备人选的批复
济钢党发［2020］42 号	中共济钢集团有限公司委员会关于印发《重大决策社会稳定风险评估办法》的通知
济钢党发［2020］43 号	中共济钢集团有限公司委员会关于印发《2020 年党风廉政建设责任制任务分工意见》的通知
济钢党发［2020］44 号	中共济钢集团有限公司委员会关于印发《全面从严治党主体责任落实情况自查整改工作实施方案》的通知
济钢党发［2020］45 号	中共济钢集团有限公司委员会济钢集团有限公司关于印发《履职行为容错免责清单（试行）》的通知
济钢党发［2020］46 号	中共济钢集团有限公司委员会关于济钢文旅等 8 个党组织

	"两委"增补选举结果和济钢气体党支部组建选举结果的批复
济钢党发［2020］47号	中共济钢集团有限公司委员会关于调整保密委员会成员的通知
济钢党发［2020］48号	中共济钢集团有限公司委员会关于印发《纪检组织派驻制管理实施办法（试行）》的通知
济钢党发［2020］49号	中共济钢集团有限公司委员会关于表彰2019—2020年度党内先进集体和先进个人的决定
济钢党发［2020］50号	中共济钢集团有限公司委员会关于组建济钢防务技术有限公司党总支的通知
济钢党发［2020］51号	中共济钢集团有限公司委员会关于印发《济钢集团有限公司党委会前置研究讨论及研究决定事项》的通知
济钢党发［2020］52号	中共济钢集团有限公司委员会关于省委第十二巡视组反馈意见事项整改情况的报告
济钢党发［2020］53号	中共济钢集团有限公司委员会关于印发《"构建新型导师带徒体系优化职工心力成长生态"工作方案》的通知
济钢党发［2020］54号	中共济钢集团有限公司委员会关于印发《政治生态分析研判办法（试行）》的通知
济钢党发［2020］55号	中共济钢集团有限公司委员会关于2019年度党风廉政建设责任制检查考核反馈问题的整改情况报告
济钢党发［2020］56号	中共济钢集团有限公司委员会关于表彰疫情防控先进集体和先进个人的决定
济钢党发［2020］57号	中共济钢集团有限公司委员会关于进一步加强作风建设持续提升斗争意识的通知
济钢党发［2020］58号	中共济钢集团有限公司委员会关于同意中共济钢防务技术有限公司总支部委员会组建选举的批复
济钢党发［2020］59号	中共济钢集团有限公司委员会关于2020年上半年党建工作责任制检查情况的通报
济钢党发［2020］60号	中共济钢集团有限公司委员会印发《关于推进大监督体系建设的实施方案》的通知
济钢党发［2020］61号	中共济钢集团有限公司委员会关于印发《济钢集团有限公司劳动模范管理办法（试行）》的通知
济钢党发［2020］62号	中共济钢集团有限公司委员会关于印发《推进领导人员能上能下实施细则（试行）》的通知
济钢党发［2020］63号	中共济钢集团有限公司委员会关于印发《党员领导干部民主生活会制度》的通知
济钢党发［2020］64号	中共济钢集团有限公司委员会关于印发《党建工作会议制度》的通知
济钢党发［2020］65号	中共济钢集团有限公司委员会关于2020年集团公司党委

	直属党支部党员发展对象备案的批复
济钢党发［2020］66 号	中共济钢集团有限公司委员会关于印发《2020 年第二轮巡察工作方案》的通知
济钢党发［2020］67 号	中共济钢集团有限公司委员会关于成立巡察反馈意见整改工作领导小组的通知
济钢党发［2020］68 号	中共济钢集团有限公司委员会关于印发《庆祝中国共产党成立 100 周年活动方案》的通知
济钢党发［2020］69 号	中共济钢集团有限公司委员会关于印发《“双培养”工程实施管理办法》的通知
济钢党发［2020］70 号	中共济钢集团有限公司委员会印发《关于山钢集团党委巡察反馈意见的整改方案》的通知
济钢党发［2020］71 号	中共济钢集团有限公司委员会印发《关于在企业混改过程中充分发挥工会组织作用的工作方案》的通知
济钢党发［2020］72 号	中共济钢集团有限公司委员会印发《关于深化产业工人队伍建设改革工作实施方案》的通知
济钢党发［2020］73 号	中共济钢集团有限公司委员会关于同意济钢防务党总支第一届总支部委员会组成人员候选人预备人选的批复
济钢党发［2020］74 号	中共济钢集团有限公司委员会关于印发《济钢集团有限公司督查督办工作管理规定》的通知
济钢党发［2020］75 号	中共济钢集团有限公司委员会印发《关于开展党的十九届五中全会精神宣讲工作方案》的通知
济钢党发［2020］76 号	中共济钢集团有限公司委员会关于同意济钢物流联运党支部委员会换届选举的批复
济钢党发［2020］77 号	中共济钢集团有限公司委员会关于济钢集团领导班子成员工作分工的通知
济钢党发［2020］78 号	中共济钢集团有限公司委员会关于同意确定李中泽等 2 名同志为发展对象的通知
济钢党发［2020］79 号	中共济钢集团有限公司委员会关于中共济钢防务技术有限公司总支部委员会组建选举结果的批复
济钢党发［2020］80 号	中共济钢集团有限公司委员会关于印发《中共济钢集团有限公司委员会贯彻〈中国共产党党务公开条例（试行）〉实施细则》的通知
济钢党发［2020］81 号	中共济钢集团有限公司委员会关于公布共青团济钢集团有限公司第十次代表大会选举结果的通知
济钢党发［2020］82 号	中共济钢集团有限公司委员会关于同意济钢物流联运党支部换届选举委员候选人预备人选的批复
济钢党发［2020］83 号	中共济钢集团有限公司委员会关于印发《中共济钢集团有限公司委员会关于落实全面从严治党主体责任的实施意见》及其配套文件的通知

济钢党发［2020］84号	中共济钢集团有限公司委员会关于印发《“头雁工程”实施方案》的通知
济钢党发［2020］85号	中共济钢集团有限公司委员会关于同意济钢防务党总支成立党支部的批复
济钢办字［2020］1号	济钢集团有限公司关于产能调整退出类职工待遇诉求情况的预警报告
济钢办字［2020］2号	济钢集团有限公司关于调整计划生育协会的通知
济钢办字［2020］3号	济钢集团有限公司关于印发《2020年企业文化建设宣贯计划》的通知
济钢办字［2020］4号	济钢集团有限公司关于对蒋升华同志离任审计的委托函
济钢办字［2020］5号	济钢集团有限公司关于省信访工作领导小组交办2020年新增信访积案于纯巧信访事项办理情况的报告
济钢办字［2020］6号	济钢集团有限公司关于印发《总部管理事项清单（试行）》等四项事项清单的通知
济钢办字［2020］7号	济钢集团有限公司印发《关于规范公司治理的实施方案》的通知
济钢办字［2020］8号	济钢集团有限公司关于申请协调济钢“四新”产业园项目用地事宜的请示
济钢办字［2020］9号	济钢集团有限公司关于500辆巡游出租车指标按期投放有关问题的函
济钢办字［2020］10号	济钢集团有限公司关于何绪友等2人办理赴马来西亚工作签证的请示
济钢办字［2020］11号	济钢集团有限公司关于调整济钢集团2020年度合同授权的通知
济钢办字［2020］12号	济钢集团有限公司关于印发《济钢集团有限公司总经理（经理办公会）审批事项》的通知
济钢办字［2020］13号	济钢集团有限公司关于对孙玮同志离任审计的委托函
济钢办字［2020］14号	济钢集团有限公司关于对何绪友同志离任审计的委托函
济钢办字［2020］15号	济钢集团有限公司关于省信访工作领导小组交办5年以下信访积案宋立军信访事项办理情况的报告
济钢办字［2020］16号	济钢集团有限公司关于对李作鑫同志离任审计的委托函
济钢办字［2020］17号	济钢集团有限公司关于企业诉求“接诉即办”二次不满意办理情况报告
济钢办字［2020］18号	济钢集团有限公司关于山钢转省国资委交办省级政务服务热线信访事项的办理情况报告
济钢办字［2020］19号	济钢集团有限公司关于印发《济钢集团有限公司总部公务接待管理办法》的通知
济钢办字［2020］20号	济钢集团有限公司关于山钢集团交办5年以下信访积案宋师军信访事项办理情况的报告

济钢编字［2020］1号	济钢集团有限公司关于合金科技公司、鲍德炉料公司和复合材料公司实施一体化运营的通知
济钢编字［2020］2号	济钢集团有限公司关于撤销资产管理公司的通知
济钢编字［2020］3号	济钢集团有限公司关于国际工程公司与铁焦技术公司实施一体化运营的通知
济钢编字［2020］4号	济钢集团有限公司关于成立派驻纪检组的通知
济钢编字［2020］5号	济钢集团有限公司关于撤销关停事务工作办公室的通知
济钢党纪字［2020］1号	中共济钢集团有限公司委员会关于给予程亮开除党籍处分的决定
济钢党纪字［2020］2号	中共济钢集团有限公司委员会关于按期恢复郭晓峰同志党员权利的决定
济钢党字［2020］1号	中共济钢集团有限公司委员会关于济钢“四新”产业园等3个党支部隶属关系调整及郭强等同志职务任免的通知
济钢党字［2020］2号	中共济钢集团有限公司委员会关于济钢炼铁焦化技术服务公司党支部隶属关系调整及高忠升等同志职务任免的通知
济钢党字［2020］3号	中共济钢集团有限公司委员会关于时传华等同志不再任职的通知
济钢党字［2020］4号	中共济钢集团有限公司委员会关于山东济钢合金材料科技有限公司党委纪委更名和高岩军等同志职务任免的通知
济钢党字［2020］5号	中共济钢集团有限公司委员会关于组建济钢鲍德气体有限公司党支部和李宗辉同志任职的通知
济钢党字［2020］6号	中共济钢集团有限公司委员会关于调整济钢（马来西亚）钢板有限公司董事、董事长人选的请示
济钢党字［2020］7号	中共济钢集团有限公司委员会关于推荐盖永刚等同志职务任免的函
济钢党字［2020］8号	中共济钢集团有限公司委员会关于李电同志不再任职的通知
济钢党字［2020］9号	中共济钢集团有限公司委员会关于李静等同志职务任免的通知
济钢党字［2020］10号	中共济钢集团有限公司委员会关于调整济南钢城矿业有限公司领导班子管理关系的通知
济钢党字［2020］11号	中共济钢集团有限公司委员会关于李际东等同志不再任职的通知
济钢党字［2020］12号	中共济钢集团有限公司委员会关于孙玮等同志不再任职的通知
济钢党字［2020］13号	中共济钢集团有限公司委员会关于徐守亮等同志职务调整的推荐函

济钢党字［2020］14 号　　中共济钢集团有限公司委员会关于田亚农等同志任职的通知

济钢党字［2020］15 号　　中共济钢集团有限公司委员会关于何绪友等同志任职的通知

济钢党字［2020］16 号　　中共济钢集团有限公司委员会关于贾玉芬同志不再任职的通知

济钢党字［2020］17 号　　中共济钢集团有限公司委员会关于李赐波等同志任职的通知

济钢党字［2020］18 号　　中共济钢集团有限公司委员会关于李作鑫同志不再任职的通知

济钢党字［2020］19 号　　中共济钢集团有限公司委员会关于肖广勇等同志不再任职的通知

济钢党字［2020］20 号　　中共济钢集团有限公司委员会关于王坤轩等同志职务任免的通知

济钢党字［2020］21 号　　中共济钢集团有限公司委员会关于商汉军同志任职的通知

济钢党字［2020］22 号　　中共济钢集团有限公司委员会关于孙玮等同志不再任职的通知

济钢党字［2020］23 号　　中共济钢集团有限公司委员会关于李志德同志不再任职的通知

济钢董事会［2020］1 号　　济钢集团有限公司董事会关于高忠升等人员职务任免的通知

济钢董事会［2020］2 号　　济钢集团有限公司董事会关于何绪友等人员职务任免的通知

济钢董事会［2020］3 号　　济钢集团有限公司董事会关于高忠升等人员职务任免的通知

济钢董事会［2020］4 号　　济钢集团有限公司董事会关于高翔等人员职务任免的通知

济钢董事会［2020］5 号　　济钢集团有限公司董事会关于高翔等人员职务任免的通知

济钢董事会［2020］6 号　　济钢集团有限公司董事会关于王景洲任职的通知

济钢董事会［2020］7 号　　济钢集团有限公司董事会关于设置董事会风险合规与审计委员会的通知

济钢董事会［2020］8 号　　济钢集团有限公司董事会关于周军等人员职务任免的通知

济钢董事会［2020］9 号　　济钢集团有限公司董事会关于苗刚等人员职务任免的通知

济钢董事会［2020］10 号　　济钢集团有限公司董事会关于张素兰等人员职务任免的通知

济钢董事会［2020］11 号　　济钢集团有限公司董事会关于江永波等人员职务任免的通知

济钢董事会［2020］12 号　　济钢集团有限公司董事会关于印发《济钢集团有限公司董事会审议、审批事项》的通知

济钢董事会［2020］13 号　　济钢集团有限公司董事会关于盖永刚等人员职务任免的

	通知
济钢董事会［2020］14 号	济钢集团有限公司董事会关于谭学博等人员职务任免的通知
济钢董事会［2020］15 号	济钢集团有限公司董事会关于刘乃杰任职的通知
济钢法字［2020］1 号	济钢集团有限公司关于 2020 年度合同授权范围、审批权限及合同章使用权限的通知
济钢规字［2020］1 号	济钢集团有限公司关于济钢“四新”产业园一期项目立项实施的请示
济钢规字［2020］2 号	济钢集团有限公司关于顺行公司济钢（青岛院士港）滤纸纳米覆膜产线项目立项实施的请示
济钢规字［2020］3 号	济钢集团有限公司关于复合材料锂离子电池组装流水线项目立项实施的请示
济钢规字［2020］4 号	济钢集团有限公司关于建筑废弃物资源化综合利用项目立项实施的请示
济钢规字［2020］5 号	济钢集团有限公司关于申报 2020 年度固定资产投资计划的请示
济钢规字［2020］6 号	济钢集团有限公司关于冷弯型钢产品拓展及深加工项目立项实施的请示
济钢规字［2020］7 号	济钢集团有限公司关于瑞宝电气传感器生产线项目立项实施的请示
济钢规字［2020］8 号	济钢集团有限公司关于环保园机制砂生产线项目立项实施的请示
济钢规字［2020］9 号	济钢集团有限公司年产 100 万立方米绿色新型建材项目立项实施的请示
济钢规字［2020］10 号	济钢集团有限公司关于济南至潍坊高速公路项目对环保新材料产业园影响的报告
济钢规字［2020］11 号	济钢集团有限公司关于建设建筑废弃物资源综合利用项目有关问题的请示
济钢规字［2020］12 号	济钢集团有限公司关于推进济钢环保新材料产业园Ⅱ矿区资源获取工作的请示
济钢规字［2020］13 号	济钢集团有限公司关于济钢保安服务有限公司地铁安检点购置红外线测温设备项目立项实施的请示
济钢规字［2020］14 号	济钢集团有限公司关于保安服务有限公司地铁安检点购置红外线测温设备项目立项实施的请示
济钢规字［2020］15 号	济钢集团有限公司关于济钢防务空天信息产业基地一期（一步）工程总承包（EPC）项目竞争性谈判结果的确认函
济钢规字［2020］16 号	济钢集团有限公司关于申请新旧动能转换三年行动计划（2020—2022 年）审批的请示

济钢规字［2020］17号　济钢集团有限公司关于鲍德炉料日照石灰窑超低排放改造暨环保绩效升级项目立项实施的请示

济钢规字［2020］18号　济钢集团有限公司关于督促济钢“四新”产业园项目推进的复函

济钢规字［2020］19号　济钢集团有限公司关于济钢主厂区工业遗存开发利用项目的请示

济钢规字［2020］20号　济钢集团有限公司关于终止绿色新型建材项目有关问题的请示

济钢规字［2020］21号　济钢集团有限公司关于产能调整专项资金到位情况工作报告（2020年9月）

济钢规字［2020］22号　济钢集团有限公司关于鲍山水库启用提供业务指导的联络函

济钢规字［2020］23号　济钢集团有限公司关于济钢主厂区土地移交相关问题的请示

济钢规字［2020］24号　济钢集团有限公司关于进一步推进济钢土地移交相关工作的报告

济钢规字［2020］25号　济钢集团有限公司关于将济钢集团有限公司名下两宗土地部分作价济钢防务技术有限公司的请示

济钢人字［2020］1号　济钢集团有限公司关于印发《济钢集团有限公司企业年金实施细则》的通知

济钢人字［2020］2号　济钢集团有限公司关于产能调整企业内部退养等退出工作岗位人员退休后统筹外待遇的通知

济钢人字［2020］3号　济钢集团有限公司关于总部增加固定租赁公务用车的请示

济钢人字［2020］4号　济钢集团有限公司关于印发《2020年度职工教育培训计划》的通知

济钢人字［2020］5号　济钢集团有限公司关于落实《国务院办公厅关于延长2020年春节假期的通知》的通知

济钢人字［2020］6号　济钢集团有限公司关于印发《2020年绩效管理实施意见》的通知

济钢人字［2020］7号　济钢集团有限公司印发《关于推进“效率变革”的实施意见》的通知

济钢人字［2020］8号　济钢集团有限公司关于印发《济钢集团有限公司2020—2022年人力资源规划》的通知

济钢人字［2020］9号　济钢集团有限公司关于表彰2019年度“九新先进集体”“二次创业先锋”的决定

济钢人字［2020］10号　济钢集团有限公司关于考核剔除事项的请示

济钢人字［2020］11号　济钢集团有限公司关于印发《济钢集团有限公司职工进入济钢防务技术有限公司管理办法》的通知

济钢人字［2020］12号　济钢集团有限公司关于印发《济钢集团有限公司关于完

善薪酬分配制度实施年功工资的方案》的通知

济钢人字［2020］13 号　济钢集团有限公司关于表彰 2019 年度优秀见习生的决定

济钢人字［2020］14 号　济钢集团有限公司关于安置退出类人员企业年金公共账户资金不足支付需补充缴费的请示

济钢人字［2020］15 号　济钢集团有限公司关于公布 2019 年度获得社会专业技术职务资格人员名单的通知

济钢任字［2020］1 号　济钢集团有限公司关于刘富增等人员职务任免的通知

济钢任字［2020］2 号　济钢集团有限公司关于徐守亮等人员职务任免的通知

济钢任字［2020］3 号　济钢集团有限公司关于聘任刘安运等人员的通知

济钢任字［2020］4 号　济钢集团有限公司关于高忠升等人员职务任免的通知

济钢任字［2020］5 号　济钢集团有限公司关于苗苗等人员职务任免的通知

济钢任字［2020］6 号　济钢集团有限公司关于王四江等人员职务任免的通知

济钢任字［2020］7 号　济钢集团有限公司关于许军免职的通知

济钢任字［2020］8 号　济钢集团有限公司关于李兴芳职务任免的通知

济钢任字［2020］9 号　济钢集团有限公司关于调整推荐济南鲍德冶金石灰石有限公司董事长、总经理人选的函

济钢任字［2020］10 号　济钢集团有限公司关于孟辛酉等同志职务任免的通知

济钢任字［2020］11 号　济钢集团有限公司关于王坤轩不再任职的通知

济钢任字［2020］12 号　济钢集团有限公司关于委派济钢（马）钢板有限公司董事的函

济钢任字［2020］13 号　济钢集团有限公司关于调整推荐山东济钢保安服务有限公司监事的函

济钢运字［2020］1 号　济钢集团有限公司关于印发《2020 年技术创新项目计划》和《2020 年研发费用和研发投入计划》的通知

济钢运字［2020］2 号　济钢集团有限公司关于下达《2020 年元月份多元化产业经营考核计划及攻坚目标》的通知

济钢运字［2020］3 号　济钢集团有限公司关于下达《2020 年多元化产业经营计划》的通知

济钢运字［2020］4 号　济钢集团有限公司关于下达《2020 年 2 月份多元化产业经营考核计划及攻坚目标》的通知

济钢运字［2020］5 号　济钢集团有限公司关于下达《2020 年 3 月份多元化产业经营考核计划及攻坚目标》的通知

济钢运字［2020］6 号　济钢集团有限公司关于下达《2020 年 4 月份多元化产业经营考核计划及攻坚目标》的通知

济钢运字［2020］7 号　济钢集团有限公司关于申报 2020 年省工程实验室（技术中心）的请示

济钢运字［2020］8 号　济钢集团有限公司关于下达《2020 年 5 月份多元化产业经营考核计划及攻坚目标》的通知

济钢运字［2020］9 号　济钢集团有限公司关于济钢集团国铭铸管参与长江水厂和

	运河水厂市政配水管道建设项目的请示
济钢运字［2020］10 号	济钢集团有限公司关于印发《促进科技成果转移转化工作方案（试行)》的通知
济钢运字［2020］11 号	济钢集团有限公司关于下达《2020 年 6 月份多元化产业经营考核计划及攻坚目标》的通知
济钢运字［2020］12 号	济钢集团有限公司关于日照济钢金属科技有限公司等新建工程项目基础信息系统压茬实施的请示
济钢运字［2020］13 号	济钢集团有限公司关于下达《2020 年 7 月份多元化产业经营考核计划及攻坚目标》的通知
济钢运字［2020］14 号	济钢集团有限公司关于印发《济钢集团有限公司科技成果转移转化实施细则（试行)》的通知
济钢运字［2020］15 号	济钢集团有限公司关于表彰 2019 年度管理创新成果的决定
济钢运字［2020］16 号	济钢集团有限公司关于表彰 2019 年度科技进步奖的决定
济钢运字［2020］17 号	济钢集团有限公司关于表彰 2019 年度专利奖的决定
济钢运字［2020］18 号	济钢集团有限公司关于表彰 2019 年度科技创新标兵的决定
济钢运字［2020］19 号	济钢集团有限公司关于下达《2020 年 8 月份多元化产业经营考核计划及攻坚目标》的通知
济钢运字［2020］20 号	济钢集团有限公司关于下达《2020 年 9 月份多元化产业经营考核计划及攻坚目标》的通知
济钢运字［2020］21 号	济钢集团有限公司关于产业协同业务主体变更及日照济钢金属科技有限公司申请加入山钢集团产业协同白名单的请示
济钢运字［2020］22 号	济钢集团有限公司关于下达《2020 年 10 月份多元化产业经营考核计划及攻坚目标》的通知
济钢运字［2020］23 号	济钢集团有限公司关于下达《2020 年 11 月份多元化产业经营考核计划及攻坚目标》的通知
济钢运字［2020］24 号	济钢集团有限公司关于申报“山东省省级产业计量测试中心”计量技术平台的请示
济钢运字［2020］25 号	济钢集团有限公司关于下达《2020 年 12 月份多元化产业经营考核计划及攻坚目标》的通知
济钢运字［2020］26 号	济钢集团有限公司关于下达《2021 年元月份多元化产业经营考核计划及攻坚目标》的通知
济钢资产字［2020］1 号	济钢集团有限公司关于印发《2020 年元月份资产管理工作计划》的通知
济钢资产字［2020］2 号	济钢集团有限公司关于提报 2020 年度股权投资计划的请示
济钢资产字［2020］3 号	济钢集团有限公司关于印发《2020 年 2 月份资产管理工作计划》的通知
济钢资产字［2020］4 号	济钢集团有限公司关于成立合金科技资产重组工作专班的

	通知
济钢资产字［2020］5 号	济钢集团有限公司关于增持山东钢铁股份有限公司股票的请示
济钢资产字［2020］6 号	济钢集团有限公司关于印发《合金科技资产重组及相关单位一体化运营推进计划》的通知
济钢资产字［2020］7 号	济钢集团有限公司关于印发《2020 年 3 月份资产管理工作计划》的通知
济钢资产字［2020］8 号	济钢集团有限公司关于成立“僵尸”企业处置工作机构的通知
济钢资产字［2020］9 号	济钢集团有限公司关于提报《济钢集团有限公司 2020—2021 年混合所有制改革推进方案》的请示
济钢资产字［2020］10 号	济钢集团有限公司关于重新拟定公司章程的请示
济钢资产字［2020］11 号	济钢集团有限公司关于印发《2020 年“僵尸”企业处置工作计划》的通知
济钢资产字［2020］12 号	济钢集团有限公司关于印发《2020 年 4 月份资产管理工作计划》的通知
济钢资产字［2020］13 号	济钢集团有限公司关于实施济钢城市矿产科技有限公司增资项目的通知
济钢资产字［2020］14 号	济钢集团有限公司关于印发《济钢集团有限公司企业产权登记管理暂行办法》的通知
济钢资产字［2020］15 号	济钢集团有限公司关于济南萨博特种汽车有限公司增加注册资本金的请示——投资
济钢资产字［2020］16 号	济钢集团有限公司关于拟资产处置涉及的部分车辆评估结果备案的请示
济钢资产字［2020］17 号	济钢集团有限公司关于印发《2020 年 5 月份资产管理工作计划》的通知
济钢资产字［2020］18 号	济钢集团有限公司关于拟处置资产涉及的其部分资产评估结果备案的请示
济钢资产字［2020］19 号	济钢集团有限公司关于实施济南萨博特种汽车有限公司增加注册资本金的通知
济钢资产字［2020］20 号	济钢集团有限公司关于成立山东鲍德金属复合板有限公司清算注销工作机构和清算组的通知
济钢资产字［2020］21 号	济钢集团有限公司关于成立山东球墨铸铁管有限公司清算注销工作机构和清算组的通知
济钢资产字［2020］22 号	济钢集团有限公司关于济钢国际物流有限公司拟处置资产评估结果备案的请示
济钢资产字［2020］23 号	济钢集团有限公司关于山东济钢合金材料科技有限公司拟处置资产涉及的其所拥有的部分资产评估结果备案的请示

济钢资产字［2020］24号　济钢集团有限公司关于印发《2020年6月份资产管理工作计划》的通知

济钢资产字［2020］25号　济钢集团有限公司关于印发《2020年7月份资产管理工作计划》的通知

济钢资产字［2020］26号　济钢集团有限公司关于济南鲍德炉料有限公司拟处置资产涉及的其所拥有的部分资产评估结果备案的请示

济钢资产字［2020］27号　济钢集团有限公司关于山东鲁冶瑞宝电气自动化有限公司混合所有制改革方案的请示

济钢资产字［2020］28号　济钢集团有限公司关于印发《2020年8月份资产管理工作计划》的通知

济钢资产字［2020］29号　济钢集团有限公司关于山东济钢合金材料科技有限公司混改有关事项的请示

济钢资产字［2020］30号　济钢集团有限公司关于济南钢城矿业有限公司股权、济钢集团有限公司部分土地使用权等评估结果备案的请示

济钢资产字［2020］31号　济钢集团有限公司关于对日照济钢金属科技有限公司增资的请示

济钢资产字［2020］32号　济钢集团有限公司关于印发《2020年9月份资产管理工作计划》的通知

济钢资产字［2020］33号　济钢集团有限公司关于《济钢集团国际工程技术有限公司重组济南黄河爆破工程有限责任公司岩土勘察业务方案》的批复

济钢资产字［2020］34号　济钢集团有限公司关于发布《不动产管理及经营实施细则》的通知

济钢资产字［2020］35号　济钢集团有限公司关于济南跑马岭景区管理服务股份有限公司股东全部权益价值资产评估结果备案的请示

济钢资产字［2020］36号　济钢集团有限公司关于山东鲁冶瑞宝电气自动化有限公司股东全部权益价值资产评估结果备案的请示

济钢资产字［2020］37号　济钢集团有限公司关于持有的济南跑马岭景区管理服务股份有限公司10%国有股份进场挂牌交易委托代理有关情况的请示

济钢资产字［2020］38号　济钢集团有限公司关于印发《2020年10月份资产管理工作计划》的通知

济钢资产字［2020］39号　济钢集团有限公司关于提报《山东国铭球墨铸管科技有限公司整体变更为股份有限公司方案》的请示

济钢资产字［2020］40号　济钢集团有限公司印发《济钢集团有限公司关于出资企业利润分配的指导意见》的通知

济钢资产字［2020］41号　济钢集团有限公司关于山东鲁冶瑞宝电气自动化有限公司进场挂牌交易委托代理有关情况的请示

济钢资产字［2020］42号　济钢集团有限公司关于济南鲁新新型建材股份有限公司混

合所有制改革方案的请示

济钢资产字［2020］43 号　济钢集团有限公司关于济钢集团有限公司经营范围规范化表述的请示

济钢资产字［2020］44 号　济钢集团有限公司关于济钢防务技术有限公司办理保密资质需协助提供材料的函

济钢资产字［2020］45 号　济钢集团有限公司关于济钢防务技术有限公司办理保密资质需协助提供材料的函——风险合规

济钢资产字［2020］46 号　济钢集团有限公司关于印发《2020 年 11 月份资产管理工作计划》的通知

济钢资产字［2020］47 号　济钢集团有限公司关于对部分权属企业实施 2019 年度利润分配的通知

济钢资产字［2020］48 号　济钢集团有限公司关于印发《2020 年 12 月份资产管理工作计划》的通知

济钢资产字［2020］49 号　济钢集团有限公司关于济钢集团部分房屋资产无偿划转鲍山街道办事处的请示

济钢资产字［2020］50 号　济钢集团有限公司关于济南鲁新新型建材股份有限公司股东全部权益价值资产评估结果备案的请示

济钢资产字［2020］51 号　济钢集团有限公司关于印发《2021 年元月份资产管理工作计划》的通知

二、《济钢年鉴》（2021）组稿人员名单

邹玉萍　济钢集团办公室
李　辉　济钢集团办公室
王　海　济钢集团办公室
王　真　济钢集团办公室
郭玉玲　济钢集团办公室
李　键　组织部/人力资源部
戴　爽　组织部/人力资源部
郑海霞　组织部/人力资源部
刘　骞　组织部/人力资源部
于素云　纪委
张洪雷　宣传部/统战部/武装部
李振清　宣传部/统战部/武装部
王彤彤　宣传部/统战部/武装部
刘红霞　工会/团委
辛　敬　工会/团委
谢　勇　发展规划部/对外事务部
时义祥　资本运营部
王国才　资本运营部
杜莹莹　资本运营部
李　勇　资本运营部
王　凯　资本运营部
王玉全　财务部
李晓礼　财务部
刘自民　安全环保部/应急管理部
常庆海　安全环保部/应急管理部
王　珂　风险控制部/审计部
刘广友　济南济钢人力资源服务有限公司
李　新　保卫部
杨立军　离退休职工管理部
王子尚　“四新”产业园园区运营项目
杨学军　山东济钢型材有限公司
李　鹏　山东济钢合金材料科技有限公司
孙冬冬　济南鲁新新型建材股份有限公司
姜　鹏　山东济钢环保新材料有限公司
李光珂　济钢集团国际工程技术有限公司
赵　亮　济南萨博特种汽车有限公司
郑娅娜　山东省冶金科学研究院
刘建平　山东鲁冶瑞宝电气自动化有限公司
赵　磊　山东鲁冶瑞宝电气自动化有限公司
徐晓磊　济钢炼铁焦化技术服务公司
赵　健　济钢集团山东建设工程有限公司
王恒山　济钢城市矿产科技有限公司
李　冲　青岛保税区济钢国际物流有限公司
胡国雄　山东济钢文化旅游产业发展有限公司
冯　涛　山东济钢顺行出租车有限公司
刘振学　山东济钢保安服务有限公司
刘广友　济南济钢人力资源服务有限公司
李宏伟　济钢集团创智谷科技服务分公司
康延忠　济钢（马来西亚）钢板有限公司

《济钢年鉴》(2021)

审稿人员名单

（以姓氏笔画为序）

王广海　王丰祥　王四江　王京巨　王铭南　朱　涛　刘庆玉
刘柱石　刘树梅　刘富增　孙德民　李赐波　何绪友　张永熙
孟庆钢　赵传飞　柳润民　倪守生　徐守亮　高忠升　高海港
郭　强　黄善兵　曹孟博　盛培展　董　波　董胜峰　薄　涛
魏　涛